"一带一路"对外直接投资逆向技术溢出研究

潘涛 著

中国社会科学出版社

图书在版编目（CIP）数据

"一带一路"对外直接投资逆向技术溢出研究 / 潘涛著． -- 北京：中国社会科学出版社，2024. 8.
ISBN 978-7-5227-3894-9

Ⅰ．F832.6；F124.3

中国国家版本馆 CIP 数据核字第 20243FB878 号

出 版 人	赵剑英
责任编辑	谢欣露
责任校对	周晓东
责任印制	郝美娜

出　　版	中国社会科学出版社
社　　址	北京鼓楼西大街甲 158 号
邮　　编	100720
网　　址	http：//www.csspw.cn
发 行 部	010-84083685
门 市 部	010-84029450
经　　销	新华书店及其他书店
印　　刷	北京明恒达印务有限公司
装　　订	廊坊市广阳区广增装订厂
版　　次	2024 年 8 月第 1 版
印　　次	2024 年 8 月第 1 次印刷
开　　本	710×1000　1/16
印　　张	17.75
字　　数	282 千字
定　　价	108.00 元

凡购买中国社会科学出版社图书，如有质量问题请与本社营销中心联系调换
电话：010-84083683
版权所有　侵权必究

前　言

20世纪80年代以来，随着经济全球化的持续深入，产品内分工逐步代替产业间分工，国际生产和分工日益呈现垂直专业化和链条化，世界各国基于自身要素禀赋和比较优势参与到产品内分工，嵌入全球价值链的生产体系当中，经济资源互补性的增强直接带动国家和地区的经济联动发展。在产品内生产分工下，世界各国通过价值链融入世界市场，产品生产过程被分割成多个生产环节和工序，各国根据自身的比较优势承接不同的生产分工，与外部生产资源和要素相结合，从而获得不同的贸易收益。在这种背景下，对外直接投资（OFDI）成为促进要素资源全球范围内优化配置的重要方式，成为驱动全球价值链分工格局形成的重要引擎。党的十八大以来，中国对外直接投资呈加速发展态势，特别是"一带一路"共建的推进实施，对构建命运共同体和推动高质量发展具有重要意义。随着中国对"一带一路"沿线国家直接投资的持续增加，对OFDI的经济效应，尤其是对其逆向技术溢出效应的研究成为持续跟踪研究的问题。

本书以界定分析"一带一路"OFDI逆向技术溢出的制造业升级效应形成依据和传导机制为基础，基于增加值核算视角，系统研究"一带一路"OFDI对中国制造业的升级效应。选取"一带一路"沿线样本国，按照技术异质性分国别和行业两个层面测度分析"一带一路"沿线国家制造业价值链分工、OFDI逆向技术溢出和制造业升级效应状况。在此基础上，进一步实证分析"一带一路"OFDI逆向技术溢出对中国制造业升级的直接效应与间接效应。该研究的重要意义在于，通过明确"一带一路"沿线相关国家在主要行业的价值链分工位置，以及"一带一路"OFDI逆向技术溢出效应程度，为今后不断推进实施"一带一路"共建，加强中国与"一带一路"沿线国家产能合作，构建"一带一路"区域价值链，提升中国在国际经济中的影响力提供参考借鉴。

本书的主要研究内容如下：

一是系统界定梳理"一带一路"OFDI制造业升级效应的形成依据。在重新审视发展中国家OFDI逆向技术溢出形成机制的基础上，界定"一带一路"OFDI的制造业升级效应形成机制与传导路径，构建增加值贸易核算框架体系，为客观判断"一带一路"OFDI逆向技术溢出对中国制造业升级的影响提供理论依据。

二是采用增加值贸易核算方法，构建和运用价值链分工分析相关指标体系和分工位置指数，分别从国家层面和14个制造业行业层面分析"一带一路"沿线国家的制造业增加值来源和价值链分工的真实状况。展示沿线国家在制造业价值链分工位置与参与度上的差异性，为在"一带一路"共建推进中有针对性地实施差异化国际合作，更好地发挥OFDI逆向技术溢出效应提供现实依据。

三是"一带一路"OFDI逆向技术溢出制造业升级效应状况分析。基于对"一带一路"沿线国家制造业价值链分工状况的分析，分别从国家和行业层面的技术异质性角度出发，测度分析中国对"一带一路"沿线国家制造业OFDI逆向技术溢出状况、制造业升级状况，以及制造业升级的出口技术复杂度效应状况，为进一步实证检验提供基础数据。

四是进行"一带一路"OFDI逆向技术溢出对制造业升级的直接效应和间接效应的实证检验。采用划分的高技术、中技术和低技术制造业层面的跨国面板数据，依据样本国制造业价值链分工位置和参与度状况，从不同技术层次的国别和行业层面实证分析"一带一路"OFDI逆向技术溢出对中国制造业升级的直接效应和间接效应。

本书的主要贡献在于：①界定分析"一带一路"OFDI逆向技术溢出的制造业升级效应形成机制，并对中国制造业升级的影响状况和影响程度进行递进性分析研究。用增加值测度其溢出效应是否存在，检验其影响作用的程度，从而形成对"一带一路"OFDI逆向技术溢出的制造业升级效应的系统研究，本书具有增进和丰富此类问题系统化研究的价值。②用增加值核算框架分析"一带一路"沿线国家主要制造业行业价值链的分工位置与参与度，以客观反映中国同"一带一路"沿线国家之间的真实贸易状况，为准确测度和掌握"一带一路"沿线国家制造业逆向技术溢出效应提供新的研究视角和工具方法。③多层面拓宽OFDI逆向技术溢出对中国制造业升级影响效应的传导路径和实证方法。现有文献在实证研究中多采用平行研究方法，未能体现多层次关系的交叉研究。本书首次采用动态 GMM 面板数据模型和静态固定效应面板模型相结合的方法进行对比分析，分别从不同技术层次的国别和行业两个维度，实证"一带一路"OFDI 逆向技术溢出对中国制造业升级的直接效应。将不同技术层次的制造业升级作为解释变量，验证"一带一路"OFDI 逆向技术溢出对制造业升级中的出口技术复杂度的间接效应，并在构建变量中以增加值分析框架中的国内增加值为权重，构建逆向技术溢出、制造业升级效应指标和制造业出口技术复杂度的影响系数，以拓展和完善 OFDI 逆向技术溢出影响中国制造业升级的传导路径和实证方法。

总之，本书通过对"一带一路"沿线国家价值链位置与分工参与度的分析，研究构建"一带一路"价值链并重新融入全球价值链分工格局的可能性，从而更加有针对性地构建"一带一路"互利共赢的国际产能分工合作机制，发挥"一带一路"国际产能合作经济价值。通过形成"一带一路"区域价值链分工，显著增强"一带一路"沿线中小国家应对国际经济动荡的能力，增加其同发达国家利益集团的博弈能力，发挥其对全球价值链分工变革的引领作用，提升以中国为代表的发展中国家在世界秩序重构中的话语权和作用。

目 录

第一章 导论 ... 1
第一节 研究背景与意义 ... 1
第二节 文献综述 ... 4
第三节 研究思路与主要内容 ... 28
第四节 研究方法与创新点 ... 32

第二章 理论基础 ... 35
第一节 对外直接投资相关理论 ... 35
第二节 国际技术溢出相关理论 ... 40
第三节 国际分工相关理论 ... 44
第四节 产业升级相关理论 ... 50
第五节 "一带一路"倡议相关理论 ... 56

第三章 "一带一路"OFDI逆向技术溢出的制造业升级效应形成依据分析 ... 62
第一节 关于增加值贸易核算依据 ... 62
第二节 发展中国家OFDI逆向技术溢出的形成依据 ... 69
第二节 制造业价值链形成及升级机制分析 ... 77
第四节 "一带一路"OFDI逆向技术溢出的制造业升级效应机制 ... 81

第四章 "一带一路"沿线国家的制造业价值链分工分析 ... 87
第一节 国家层面的制造业价值链分工状况 ... 87
第二节 行业层面的制造业价值链分工状况 ... 107
第三节 本章小结 ... 158

第五章 "一带一路"OFDI逆向技术溢出的制造业升级效应分析 ········ 161

第一节 "一带一路"沿线国家制造业OFDI状况 ·········· 161
第二节 "一带一路"沿线国家制造业OFDI逆向技术溢出状况 ·········· 168
第三节 "一带一路"沿线国家OFDI的制造业升级状况 ······· 176
第四节 "一带一路"沿线国家OFDI制造业升级的出口技术复杂度状况 ·········· 182
第五节 本章小结 ·········· 192

第六章 "一带一路"OFDI逆向技术溢出对制造业升级的直接效应实证 ·········· 194

第一节 模型设定 ·········· 194
第二节 变量选取与数据来源 ·········· 195
第三节 实证结果与分析 ·········· 199
第四节 本章小结 ·········· 217

第七章 "一带一路"OFDI逆向技术溢出对制造业升级的间接效应实证 ·········· 220

第一节 "一带一路"OFDI制造业升级对出口技术复杂度影响的实证 ·········· 220
第二节 "一带一路"OFDI逆向技术溢出的制造业出口技术复杂度效应实证 ·········· 235
第三节 本章小结 ·········· 242

第八章 研究结论与对策建议 ·········· 246

第一节 研究结论 ·········· 246
第二节 对策建议 ·········· 252

主要参考文献 ·········· 257

后 记 ·········· 274

第一章　导论

第一节　研究背景与意义

一　研究背景

自 20 世纪 90 年代以来，国际贸易生产分工格局由传统的产业间分工转变为产品内分工，产品的跨国生产导致基于传统总值贸易的核算框架很难对价值链分工下的国际贸易规模和贸易利得做出准确的衡量。传统总值贸易核算框架存在两个前提假设：一是假设产品所有生产环节和相关流程均在国内完成；二是假设产品在国内生产过程中仅使用国内投入，不存在进口国外中间品的情况。但在目前全球价值链分工蓬勃发展的现实情况下，产品内的跨国分工程度和使用国外中间品的比重都在不断增加，传统总值贸易核算框架的假设前提不再成立。因此，在全球价值链分工条件下，世界各国如果继续按照传统商品总值口径统计一国的进出口状况，就很难准确反映一国出口贸易利得的真实状况和规模。因此，如何构建新的国际贸易核算框架，以适应全球价值链生产分工新模式日益成为政府部门、学术界等关注的焦点。国际投入产品表的成功编制和日益完善，为以基于产品生产环节产生的增加值核算口径的贸易核算框架提供了数据来源，使准确核算各国出口贸易增加值和出口技术复杂度水平成为可能。

在全球价值链分工背景下，中国对外开放的程度日益提高，特别是加入世界贸易组织后，中国主要通过利用廉价劳动力和土地资源参与全球价值链分工环节而逐渐成为"世界工厂"。中国通过承接加工装配环节，虽然嵌入了发达国家主导的全球价值链分工体系，但是价值链分工位置较低，而且在全球价值链的调整中主导性出口产品的国内增加值含量和出口技术复杂度低，产品的国际竞争力低。由此可见，在原有的全球价值链分工中，特别是在目前国际经济不确定性增强，面临的贸易外部环境严峻，中美经贸关系不确定性呈现向高技术领域延伸的态势下，中国对外投资获得的逆向技术溢出效应有限，因此需要中国主动改变在"微笑曲线"上的位置。为了改变中国在世界价值链上现有的地位，迎接世界经济一体化带来的机会与挑战，中国提出了"一带一路"倡议，目前"一带一路"共建已成为推进中国对外直接投资的重要平台和途径。通过"一带一路"共建推进中国对外直接投资发展，一方面有利于改变中国对外开放的格局；另一方面能够改变现有的国际经济格局。通过与"一带一路"沿线国家和地区进行产能合作，建立生产技术网络分工体系和资源、技术、研发合作平台，主动获取对外直接投资（OFDI）逆向技术溢出效应，推动国内制造业升级和出口技术复杂度提升。因此，随着"一带一路"的推进实施，跟踪"一带一路"OFDI 对国内经济发展的带动效应越来越值得关注和研究。比如，如何在增加值贸易核算框架下研究"一带一路"OFDI 逆向技术溢出对中国制造业结构升级的影响效应，从而在"一带一路"共建的推进实施中构建"一带一路"区域价值链，以进一步提升中国在全球价值链中的分工位置和国际经济影响力具有重要的现实意义。

从目前的研究情况来看，多数研究主要集中在中国对发达国家 OFDI 逆向技术溢出的分析，关于中国对发展中国家 OFDI 逆向技术溢出效应的研究较为分散，尚未形成系统性研究，其中更少见关于"一带一路"制造业 OFDI 逆向技术溢出效应的系统性研究。同时，以往研究 OFDI 逆向技术溢出效应都是使用总值贸易口径，难以准确反映中国的真实出口技术水平，难以为中国制造业升级、高水平开放、高质量发展提供精准建议，并且国内外的研究多是单一分析 OFDI 逆向技术溢出与制造业升级、OFDI 逆向技术溢出和制造业升级的出口技术复杂度问题。因此，在国际经贸关系不确定性呈现加剧态势和"一带一路"共建深入推进的背景下，以"一带一路"制造业 OFDI 为研究对象，改变总值贸易核算口径，采用增加值贸易核算框架，系统分析和论证"一带一路"制造业 OFDI 逆向技术溢出、制造业升级和制造业出口技术复杂度效应之间的关系机理和相关程度是本书的研究价值所在。

二　研究意义

中国制造业在参与全球价值链分工中面临来自发达国家价值链分工低端位置封锁和核心技术隔离的危险，面临国内人口红利消退、自然资源约束趋紧等发展要素的变化，面临中低端产业被新兴发展中国家替代、高技术产业发展紧迫的压力。因此，如何实现制造业转型升级，从而更好地应对全球价值链分工的持续深化和新一轮全球科学技术变革，推动制造业智能化、精细化发展，成为研究的热点问题。由此，跟踪研究"一带一路"OFDI 的制造业升级效应具有重要的理论意义和现实意义。

（一）理论意义

（1）以"一带一路"OFDI 逆向技术溢出效应为研究视角，有利于建立和完善中国 OFDI 逆向技术溢出的理论体系，有利于丰富发展中国家对外直接投资理论研究的范围和内涵。OFDI 逆向技术溢出作为国家间技术溢出的重要途径，也是对外直接投资理论的重要组成部分。本书系统研究中国对"一带一路"OFDI 逆向技术溢出的影响效应、从不同技术层次制造业行业和国别层面对中国制造业产业升级，以及对制造业升级的出口技术复杂度影响的机理、程度和路径，有利于丰富和完善中国 OFDI 逆向技术溢出效应的理论研究框架，有利于增加 OFDI 逆向技术溢出在制造业升级效应方面的学术研究成果，丰富"一带一路"建设的理论体系。

（2）厘清"一带一路"OFDI 逆向技术溢出、制造业升级和出口技术复杂度效应之间的机理，为全面分析"一带一路"OFDI 制造业升级效应提供理论基础。以往研究 OFDI 逆向技术溢出对制造业升级的影响时，主要认为发展中国家对发达国家 OFDI 获得逆向技术溢出，从而推动国内制造业结构升级，而较少针对"一带一路"OFDI 逆向技术溢出、制造业升级和制造业出口技术复杂度间的机理进行分析梳理和关系检验。本书主要系统地分析阐述"一带一路"OFDI 逆向技术溢出对制造业升级、制造业升级对出口技术复杂度，以及逆向技术溢出对制造业出口技术复杂度的影响机理，并分别从国家层面和行业层面研究"一带一路"OFDI 逆向技术溢出对中国制造业升级效应的影响，为研究中国对"一带一路"OFDI 制造业升级效应提供理论分析框架。

（3）基于增加值贸易核算框架，为准确测度和掌握"一带一路"OFDI 逆向技术溢出效应提供新的研究工具和研究方法。以往关于 OFDI 逆向技术溢出对国内产业结构升级或制造业出口技术复杂度效应影响的研究多是基于传统贸易统计方法，采用总量贸易数据进行研究，因而出现了"重复计算"的问题，使制造业升级的出口技术复杂度效应测算结果严重失真。而增加值贸易统计方法可以解决"重复计算"的问题，能够准确度量国别层面和行业层面的OFDI逆向技术溢出、制造业升级和出口技术复杂度状况，从而更为真实客观地测度"一带一路"OFDI逆向技术溢出对国内制造业升级效应的影响。因此，本书采用增加值贸易统计口径，为理论研究和实证分析逆向技术溢出视角下"一带一路"OFDI的制造业升级效应提供新的研究工具和方法。

（二）现实意义

（1）通过分析研究明确了"一带一路"沿线国家在价值链分工中的位置，为加强中国与"一带一路"沿线国家的产业分工合作，实现国内制造业升级和出口技术复杂度提升提供决策参考。本书在增加值贸易核算框架下，分别从国家和行业层面度量了"一带一路"沿线国家制造业全球价值链分工参与度和位置、OFDI逆向技术溢出和制造业升级的出口技术复杂度现状，为中国按照不同国家在不同行业的分工参与度和位置获得逆向技术溢出效应，通过对沿线国家实施差异化发展合作，以及加强与"一带一路"沿线国家在产业分工中的优势互补，提升中国制造业出口技术复杂度水平提供了科学依据。

（2）通过科学客观地测度中国对"一带一路"沿线国家制造业升级的逆向技术溢出效应，为寻找和挖掘中国提升技术水平和创新能力的动力源和发展机会提供现实依据。随着中国对外开放程度的不断提高，中国充分利用国际市场和要素条件促进国内经济发展的愿望更强。"一带一路"共建伴随OFDI规模的增加，因此，跟踪研究如何形成OFDI逆向技术溢出效应，获得国内不同技术层次制造业升级，形成创新内生源动力，提升国内不同技术层次制造业出口技术复杂度，以及价值链分工位置和参与度，具有重要的现实意义。

第二节　文献综述

一　发展中国家对外直接投资逆向技术溢出效应的相关研究

经典的国际直接投资理论主要以发达国家为研究对象，20世纪80年代后，随着全球价值链分工的兴起，发展中国家开始进行对外直接投资（OFDI）。由于中国是发展中国家，所以，梳理发展中国家OFDI研究具有借鉴意义。

（一）发展中国家对外直接投资动因的相关研究

1. 发展中国家OFDI动因取向的探讨

发展中国家OFDI的动因不再局限于企业特定的比较优势，而是主要来自投资国自身的资源禀赋和产业发展的特定优势，因此发展中国家OFDI存在不同于发达国家OFDI的异质性。比如，Wells（1983）研究发展中国家通过发挥市场型技术优势，开展具有自身技术特定优势的OFDI，即进入东道国市场后可以专业化服务于东道国小规模市场，或以较低要素价格和适合的技术水平与管理经验满足工业化程度不高的东道国经济发展所需。Lall（1983）指出，发展中国家OFDI存在小规模、标准化、劳动密集型的技术特点，由此形成了自身的OFDI的内部创新动力和特定优势。比如，区别于发达国家的技术知识本土化，将进口技术产品进行本土化改造以更好地适应东道国，或将本国产品创新活动同东道国市场需求相结合。Cantwell和Tolentino（1990）发现，发展中国家OFDI存在技术互动效应，即OFDI的增长对投资国和东道国都存在显著相关性，形成发展中国家OFDI带动技术进步的持续积累过程。同时，发展中国家OFDI的地域性显著，以地域拓展为基础，通过OFDI促进技术创新和双边产业结构升级，形成技术积累的原动力，即从资源获取型转变为技术依赖型，推动投资国和东道国的制造业升级。

Cantwell（1995）进一步研究发展中国家OFDI获取逆向技术溢出的途径，即通过模仿或者技术改造以形成适应东道国的生产和管理技术，而东道国现有的管理经验模式、创新技术、研发能力对投资国也会产生显著的影响。或者在东道国雇用技术工人、研发人才，其熟练程度和经验促进东道国技术水平的改良和创新，东道国运用新技术实现管理技术和生产设备的改造，对投资国的国内技术水平发展、产业结构优化和经济水平提升也会产生逆向溢出影响。Luo和Tung（2007）从发展中国家企业国际化扩张视角分析，认为发展中国家OFDI的动机在于规避母国制度约束和市场限制，通过收购发达国家战略性资产弥补自身在市场竞争中的短板，克服后发劣势。可见，发展中国家OFDI主要是以"走出去"方式主动学习先进技术，缩小技术差距为主要目标。

2. 发展中国家技术获取型 OFDI 动因的相关研究

Dunning（1998，2001）研究指出，在全球价值链分工下，技术知识、学习经验、管理专长和组织能力等方面是发展中国家寻求的新资源。因此，发展中国家通过进口和吸引外资均不能有效实现获得国外技术转移的效果，特别是在全球价值链生产分工背景下，从发达国家进口商品或者承接其产业转移，可能面临被锁定在全球价值链分工的低附加值环节，进而沦为发达国家的代工厂的风险。因此，发展中国家要充分利用 OFDI 渠道参与到东道国的生产中，形成产品跨国生产分工体系，充分利用国外研发资源和跨国生产分工平台分享东道国最新的研发成果，并发挥研发机构的协同作用，实现信息资源共享，实现技术获取型 OFDI 的理想效果。Keller（2000）在研究发展中国家对发达国家 OFDI 产生的技术知识溢出效应时发现，发达国家的核心产业和技术研发确实形成了技术垄断优势，如果发达国家允许 OFDI 进入核心产业和技术研发领域，那么 OFDI 的投资国会产生较为显著的技术溢出效应。相反，当 OFDI 无法吸收东道国的研发知识和技术成果时，OFDI 对投资国在一定程度上会产生负向影响，即拖累投资国的国内技术水平的提升。由此可见，国外学者的研究证实了 OFDI 存在逆向技术溢出，并肯定了其对国内经济具有正向的影响效应。

以中国的 OFDI 为研究对象的研究，主要是技术获取型 OFDI。比如，杨先明（2004）认为，中国等发展中国家的国内技术进步存在两个路径：一是内源式技术进步，主要依靠本国企业的自主创新、企业自身的研发进步和技术水平的改进；二是外源式技术进步，主要从国外获得逆向技术转移来实现企业的技术水平提升。在全球价值链的生产分工模式持续深化的条件下，国际的技术溢出和转移日益普遍，国际技术溢出可以缩短国内研发的投入周期、节约研发成本，并有助于国家间的先进技术差距跳跃式缩短。因此，技术获取始终是中国 OFDI 的重要动因。通过对中国企业的 OFDI 进行调查研究，发现中国企业技术获取型 OFDI 在海外市场中占比最大（鲁桐，2000）。中国对发达国家的 OFDI，特别是对发达国家的研发中心或者高技术企业的投资，使国内高技术产品可以利用 OFDI 获得国外研发资源，增强国内企业的自主创新能力（江小娟，2000）。通过 OFDI 开展国际技术合作，获取国外技术知识和管理经验对中国自主创新能力的提升具有显著效果（景劲松等，2003）。在全球价值链分工模式下，OFDI可以实现中国高技术产业在研发、生产和销售等价值链环节上的成本最小化，从而实现中国高技术产业的利润最大化（徐卫武和王河流，2005）。由此可见，中国的技术获取型OFDI的动因较为明确，并且通过借鉴发达国家的经验可以认定，对外开放有利于获取外部发展要素，有利于发展本国经济。

上述是从动因视角研究技术获取型OFDI对国内经济的带动影响，也有研究从OFDI进入模式，探讨通过OFDI实现提高自身技术水平的目的。如果采用绿地投资或跨国并购模式，在国外建立研发中心，对提升国内企业的自主创新能力的效果较为显著（杜群阳和朱勤，2007）。吴先明（2007）在分析中国企业对发达国家OFDI的案例时发现，绿地投资、跨国并购等方式已成为中国利用OFDI获得海外技术资源的有效方式。特别是在全球价值链分工格局下，跨国并购已成为发展中国家OFDI主动获取国外先进技术的一种有效手段。由此可见，技术获取型OFDI是推动中国企业整体竞争力提升的有效途径（李强，2011）。技术获取型跨国并购可以实现对目标企业技术的整合和消化，可以促进企业技术创新能力的提升（刘秀玲，2009）。比如，从技术资源特性、企业文化差异、竞争战略契合性角度分析TCL集团和万向集团的技术获取型跨国并购案例，发现中国的OFDI主要是按照技术贸易、技术联盟、技术并购的渐进方式实施跨国并购（刘文纲等，2009）。肖慧敏等（2014）从企业性质角度研究发现，民营企业的OFDI学习目的强，对技术进步的促进作用更显著。李群峰（2015）从技术差距和母国吸收能力角度出发，利用门槛模型实证分析了中国OFDI的逆向技术溢出效应。丁一兵等（2016）从技术异质性角度分析发现，中国对发达国家和资源丰富国家的OFDI可以推动国内的技术进步。刘晓丹等（2019）研究结果表明，OFDI可以显著提升企业的技术创新能力，OFDI存在较强的学习效应，东道国非正式制度对OFDI母国企业的持续创新影响存在显著差异。刘海云和方海燕（2021）探究了与东道国之间的制度距离对中国OFDI方式的影响，运用Logit模型分析发现，制度距离与中国的OFDI方式呈倒"U"形关系，在临界值前后，中国企业分别倾向于跨国并购和绿地投资两种方式。黄友星等（2021）基于2008—2016年的OFDI数据，检验了东道国知识产权保护水平对中国企业OFDI动机和方式的影响，发现效率寻求型OFDI和选用跨国并购模式进入东道国市场受东道国知识产权保护的影响较显著，而市场寻求型 OFDI、技术获取型 OFDI 和绿地投资未受显著影响。

（二）发展中国家对外直接投资存在逆向技术溢出的事实和机理研究

关于发展中国家 OFDI 逆向技术溢出的研究相对较晚，最早是关于发展中国家 OFDI 逆向技术溢出的机理研究。Fosfuri 和 Motta（1999）运用两阶段完全信息的双寡头古诺博弈模型，解释发展中国家技术优势不显著的企业进行 OFDI 的可行性，研究发现，在既定市场规模下，发展中国家技术落后的企业进行 OFDI 可能存在亏损，但是逆向技术溢出的显著效果可以起到弥补作用，OFDI 依然是发展中国家技术落后企业的重要选择。当投资国企业整体的技术优势低于东道国企业的情况下，如果投资企业的某一方面技术优势领先东道国企业时，双边企业可以实现相互的技术模仿，当技术消耗效应大于技术加强效应时，技术先进的东道国企业会选择出口；相反，当技术消耗效应小于技术加强效应时，技术落后的投资企业会加大 OFDI，以提升 OFDI 的技术加强效应和技术寻求效应（Georges Siotis，2004）。如果技术水平高的企业投资东道国后会加剧东道国的市场竞争，降低东道国企业的市场份额和利润，那么当技术溢出迈过门槛值后，对投资国技术溢出的进步作用会随着 OFDI 的增加值而上升（Bjorvatn and Eekel，2006）。但由于发展中国家资金有限，在加大 OFDI 获得逆向技术溢出的同时，国内研发资本的投入必然下降，两者相互抵消导致国内技术进步具有不确定性（Petr Pavlinek et al.，2009）。

多数国内学者的研究认为，发展中国家跨国企业向发达国家进行 OFDI 的逆向技术溢出效应对投资企业自身的技术水平和创新能力的提升效果显著（冼国明和杨锐，1998；马亚明等，2003）。跨国公司的技术获取型 OFDI 可以加强跨国公司的内部化能力，对于投资国而言，OFDI 逆向技术溢出可以缩小同其他国家间的技术差距，通过建立跨国生产分工，可以打破基于比较优势的国际产业分工格局的发展路径依赖，从而提升本国产业的竞争力和国际分工地位（茹玉骢，2004）。赵佳颖等（2009）从国家宏观层面、产业中观层面和企业微观层面，对中国的 OFDI 逆向技术溢出效应进行分析，研究发现，在宏观、中观和微观三个层面企业 OFDI 的逆向技术溢出效果均为显著。并且认为 OFDI 逆向技术溢出存在区域异质性（李梅等，2012），东部、中部、西部地区对技术吸收能力存在显著异质性（尹东东等，2016）。另外，技术脱节和研发投入不足是导致企业 OFDI 逆向技术溢出吸收能力较低的主要原因（沙文兵等，2018）。

赵伟等（2006）总结出中国 OFDI 逆向技术溢出对企业自主创新能力和技术水平提升的影响机制：一是研发费用分摊机制。通过东道国政府、企业和 OFDI 企业共同分摊研发费用支出，参与到东道国核心研究项目和开发中心。二是研发成果反馈机制。投资国的跨国公司通过设立海外研发中心或者子公司，建立向投资国反馈技术的逆向技术溢出机制，使投资国的技术水平可以得到有效提升。三是逆向技术转移机制。中国的跨国公司向技术水平先进、工业化程度高的发达国家进行 OFDI，可以产生逆向技术溢出效应。四是外围研发剥离机制。投资国的跨国公司通过 OFDI，将国内的非核心产业或者富余产能转移到海外有比较优势的国家，投资国的企业将更多的资源用于提升企业的核心竞争力，促进投资国的制造业升级。

尹华等（2008）从企业层面印证中国 OFDI 获得逆向技术溢出效应的主要途径：一是通过 OFDI 参与到东道国企业或者研究机构的工作之中，通过学习、模仿和跟随效应获得逆向技术溢出，提升自身的技术水平；二是通过 OFDI 获得国外的技术溢出，增强本国企业的核心技术能力和产品竞争力，提升本国在全球价值链分工中的位置。陈菲琼等（2009）提出了 OFDI 研发反馈机制、OFDI 收益反补机制、海外子公司本土化机制和 OFDI 公共效应机制。由此可见，中国企业通过 OFDI 获得海外投资收益和逆向技术溢出，对于国内的整体技术水平和企业创新能力的增强效果显著，其主要体现在海外投资收益可以增加母公司的研发投入和其他资源的投入，本土化的海外子公司可以为母公司产品进入东道国市场建立品牌，可以更为直接地参与到东道国的技术、知识、管理等方面的工作之中，降低国内制造业升级的成本，增强本国供应商的生产能力，获得更大的逆向技术溢出效应。汪斌等（2010 年）也分别从 OFDI 获得的国外研发技术反馈、OFDI 国外企业适用性技术收购、OFDI 海外子公司的利润反馈和 OFDI 的外部效应四个方面进行了分析。赵伟等（2010）指出，投资国通过 OFDI，可以扩大企业的市场规模，增加企业对上游产品的需求，从而刺激上游企业改进技术水平，扩大市场规模，同时获得的海外利润还可以用于技术研发和创新。杨建清等（2012）将中国的 OFDI 划分为"逆梯度"和"顺梯度"两种类型，基于这两种类型的 OFDI，研究中国 OFDI 逆向技术溢出对中国技术水平的影响，发现"逆梯度"侧重于吸收发达国家的先进技术，而"顺梯度"则侧重于将中国有技术优势的富余产业转移到国外。李东坤等（2016）指出，中国通过 OFDI 可以融入激烈的国际竞争环境之中，可以通过学习和模仿获得东道国的逆向技术溢出，从而提升技术创新能力，同时可以对中国企业形成示范效应和竞争效应，引导企业加大研发投资力度，促进整个行业的优化发展。陈颂等（2017）研究了绿地投资、跨国并购和海外合资三种 OFDI 逆向技术溢出传导机制，发现跨国并购的短期 OFDI 逆向技术溢出效果显著，以及绿地投资的长期 OFDI 逆向技术溢出效果显著。何瑾（2019）在探究投资型国际创业、东道国制度距离与 OFDI 逆向技术溢出的关系时，基于东道国制度异质性研究了中国 OFDI 逆向技术溢出的存在性，发现 OFDI 逆向技术溢出与东道国的发展程度无关，与东道国间的制度距离对中国的 OFDI 逆向技术溢出存在显著异质性影响，正式制度距离有利于中国的 OFDI 逆向技术溢出，非正式制度距离抑制中国的 OFDI 逆向技术溢出。汪丽娟等（2022）基于技术势差视角构建了"走出去"企业与当地企业间的技术扩散吸收模型，探究了 OFDI 逆向技术溢出的发生机理。还有学者从要素配置视角，检验了"一带一路"倡议下省际 OFDI 的技术创新效应及其作用机制。

（三）关于中国 OFDI 逆向技术溢出效应的实证研究

随着中国 OFDI 的增加，国内关于 OFDI 逆向技术溢出效应的研究日益受到学术界的广泛关注。赵伟等（2006）基于省级面板数据采用 L-P 模型实证分析了中国 OFDI 对中国全要素生产率的影响，发现 OFDI 逆向技术溢出效应有利于中国全要素生产率的提高。刘凯敏和朱钟棣（2007）基于 1985—2005 年时间序列模型分析了 OFDI 对中国全要素生产率的影响，研究发现，OFDI 的逆向技术溢出在显著提升中国各部门技术水平的同时，反过来也带动了中国 OFDI 的进一步增加。王英等（2008）使用 1985—2005 年中国省级 OFDI 的面板数据分析了中国 OFDI 逆向技术溢出效应，研究表明 OFDI 逆向技术溢出对中国全要素生产率的影响显著，但效果低于中国国内研发投入所产生的影响。周春应（2009）基于 1991—2007 年中国的 OFDI 数据，研究发现，中国的 OFDI 逆向技术溢出效应正向影响显著。刘伟全（2010）也基于 1987—2008 年数据分析了 OFDI 逆向技术溢出对中国技术创新的研发投入和产出水平的影响，研究发现，中国的 OFDI 逆向技术溢出对技术创新有正向影响，但效果不显著。陈菲琼等（2010）基于动态模拟地理临近性、知识异质性和吸收转化能力三个方面分析了 OFDI 对区域企业技术学习及知识创造的影响，发现自主创新效果在 OFDI 区域中效果显著，在其他区域中效果不显著。张宏等（2011）采用中国 2003—2008 年 30 个省际的面板数据，运用 C-H 模型和 L-P 模型分析了中国 OFDI 对全要素生产率的影响，表明中国 OFDI 获得的逆向技术溢出效应对中国全要素生产率从总体上存在正向显著影响，在省级层面受地区经济发展水平、研发投入强度、外向型经济开放程度等因素影响，OFDI 逆向技术溢出对全要素生产率的影响存在显著的异质性。李梅等（2011）采用同样的方法和数据，分析了 OFDI 逆向技术溢出效应和投资国技术吸收能力对 OFDI 逆向技术溢出的调节效应，研究发现，OFDI 逆向技术溢出对国内技术水平、技术效率及全要素生产率影响不显著，分地区的 OFDI 逆向技术溢出对国内技术水平、技术效率及全要素生产率的影响存在异质性，对东部地区和中部地区的全要素生产率提升影响显著，东部地区人力资本的提高可以显著改善 OFDI 逆向技术溢出效应。赵伟等（2015）实证研究母国企业通过 OFDI 设立海外研究中心的作用，研究发现，海外研究中心有利于母国利用东道国研发资源和先进技术，有利于促进技术进步。刘宏（2017）利用跨国面板数据实证分析母国跨国公司 OFDI 的人才流动效应，认为通过 OFDI 可以实现人才交流，可以实现母国公司人才引进，提升母公司的技术。孔群喜等（2019）基于人力资本视角，利用 2003—2016 年的中国 OFDI 存量数据检验了中国企业 OFDI 逆向技术溢出对区域绿色发展的影响，得出人力资本的异质性导致 OFDI 逆向技术溢出对区域绿色生产率的发展产生异质性作用。孙志红等（2019）基于 2003—2015 年的省际面板数据，分析中国与"一带一路"沿线国家产能合作促进技术进步的机理，研究发现，中国对"一带一路"沿线国家整体层面的 OFDI 逆向技术溢出效应为正，不同地区间的 OFDI 逆向技术溢出效应差异性显著。邵宇佳（2019）利用杜宾模型从 OFDI 逆向技术溢出视角研究中国 OFDI 的"制度异象"，研究发现，OFDI 逆向技术溢出效果与东道国吸引中国 OFDI 的能力呈正相关，OFDI 逆向技术溢出可以调节国别制度距离对中国 OFDI 的区位选择。蒲佐毅（2019）利用 2007—2015 年的省际面板数据，实证分析了中国对"一带一路"沿线国家的 OFDI 对省际层面技术创新的逆向溢出效应，研究发现，从整体层面看 OFDI 逆向技术溢出效应显著，但是对东部、中部、西部地区的影响存在差异。陈培如和冼国明（2020）借鉴 L-P 研发溢出扩展模型，将 OFDI 逆向技术溢出分解为往期溢出效应和新增溢出效应，利用 2007—2014 年的省际面板数据分析 OFDI 对母国技术的影响机制，研究发现，往期和新增的 OFDI 逆向技术溢出均有利于中国技术创新能力的提升。章志华等（2021）实证检验了知识产权保护对中国 OFDI 逆向技术溢出的影响，研究发现，知识产权对中国 OFDI 逆向技术溢出的影响存在门槛效应。

也有学者研究发现，中国的 OFDI 逆向技术溢出效应并不明显。比如，邹玉娟等（2008）利用 VAR 模型分析发现，中国的 OFDI 逆向技术溢出效应对中国全要素生产率的影响不显著。王英等（2008）运用 L-P 模型分析了技术溢出的四个渠道，即对外直接投资、外商直接投资、国际贸易和国内研发，发现 OFDI 逆向技术溢出效应对国内技术进步的影响不显著。徐健等（2014）运用 2004—2010 年的省级面板数据和国际 R&D 溢出模型实证分析中国 OFDI 逆向溢出的存在性，研究发现，通过 OFDI 渠道获得的国际 R&D 并未显著提升中国的全要素生产率。何建华等（2016）基于 C-H 模型与 L-P 模型，运用 1996—2003 年的 OFDI 等数据研究中国 OFDI 逆向技术溢出与中国技术创新能力的关系，研究发现，中国 OFDI 逆向技术溢出对中国的技术创新能力有负向抑制作用，但不显著。朴英爱等（2022）运用交互项模型检验了中国省际 OFDI 逆向技术溢出对中国技术进步的影响，研究发现，OFDI 逆向技术溢出的母国技术进步效应在中国尚未显现。

二 OFDI 逆向技术溢出对制造业产业升级影响的相关研究

（一）OFDI 逆向技术溢出对投资国制造业升级的影响研究

关于 OFDI 逆向技术溢出与制造业升级之间关系的理论和实证分析，发达国家和发展中国家都展开了广泛研究。比如，Dowlinga（2000）基于 1970—1995 年的 20 个国家的面板数据，实证研究了 OFDI 逆向技术溢出效应的存在性和对投资国的国内制造业升级的影响，研究发现，发展中国家的 OFDI 具有较强的逆向技术溢出效应，发展中国家通过 OFDI 可以推动国内技术水平提升，实现国内产业的换代升级。Lipsey（2002）对比研究了部分发达国家和新兴经济体国家的 OFDI 对国内制造业升级的影响，研究发现，OFDI 对投资国的中间品需求结构和国内产业结构产生了影响，发达国家的 OFDI 引起中间品需求结构的改变效果更为显著。杨小凯等（2003）认为，中国高新技术企业对发达国家的 OFDI 可以通过利用当地的人力资本要素来提升国内企业的研发技术水平、积累管理经验，对投资国制造业的升级具有显著效用。

联合国贸易与发展会议（2006）对亚洲新兴工业国家或地区的OFDI与制造业升级之间的关系进行了研究，研究发现：在消费电子产品领域，中国对韩国的OFDI逆向技术溢出对国内制造业升级的效果显著；在半导体及计算机领域，中国对台湾地区的OFDI逆向技术溢出对国内制造业升级的效果显著；在信息技术产业，印度的OFDI逆向技术溢出对国内制造业升级的效果显著。Mathews（2006）指出，进行OFDI可以通过"资源联系""干中学""杠杆效应"获得逆向技术溢出，增强投资国国内的技术水平，促进国内的制造业升级。Jiangyong和Xiaohui（2016）在探究OFDI逆向技术溢出对国内产业结构的影响时运用了灰色关联度分析法，研究发现，在省级面板数据中OFDI的逆向技术溢出效应促进国内制造业升级的作用较为显著，在行业面板数据中采矿业和制造业OFDI的逆向技术溢出效应可以重塑行业结构，从整体上看，OFDI逆向技术溢出促进国内产业结构调整的作用显著。李洪亚（2021）研究发现，制造业企业的OFDI可以影响制造业的创新活动，向技术水平高的国家投资能够提高制造业企业的生产率。杨小花和刘成（2022）通过引入逆向技术溢出系数和协同系数等参数，发现OFDI逆向技术溢出为同行业的异质性制造业企业带来了技术升级的新机遇和新选择。

对外直接投资对一国所具有的促进作用，也体现在投资于不同国家和地区，以及投资于不同产业和行业。贾妮莎等（2016）以国内522家制造业企业2005—2007年的制造业OFDI面板数据为基础，实证研究了制造业企业OFDI对制造业升级的影响效应，研究发现：对于中高端制造业企业，中国制造业企业的OFDI可以提升增加值份额；对于低技术制造业企业，中国制造业企业的OFDI对国内增加值提升的效果不显著。整体而言，OFDI可以促进国内制造业升级，但是存在东道国异质性，投资到发达国家的OFDI有利于国内制造业的升级，而投资到发展中国家的OFDI对投资国制造业升级的效果不显著。陈昊等（2016）从国别层面分析了中国OFDI逆向技术溢出对国内技术进步和制造业升级影响的异质性，中国对发达国家的OFDI具有显著的逆向技术溢出效果，对发展中国家的OFDI逆向技术溢出不显著，技术输出效果显著。李逢春（2013）认为，在制造业领域，OFDI对制造业升级的影响效果最为显著；在资源行业、金融行业、商贸服务业领域，OFDI 对制造业升级的影响效果依次递减。柴庆春等（2016）在研究 OFDI 逆向技术溢出效应对行业生产率影响的异质性时发现，中国制造业和建筑业的 OFDI 逆向技术溢出效应与行业生产率的关联性最强，行业技术水平对 OFDI 逆向技术溢出效应与行业生产率的关联性呈反方向变化。张远鹏等（2014）实证发现，高技术产业的 OFDI 产生的逆向技术溢出效应对投资国高技术产业的升级和长远影响显著，有利于促进国内制造业的升级。陶爱萍、盛蔚（2018）研究了 OFDI 逆向技术溢出对产业高端化的影响，研究发现，OFDI 逆向技术溢出对制造业高端化水平的提升存在拐点效应，在 OFDI 的规模和技术势差达到"拐点"之前具有显著的正向作用，超过"拐点"后则出现不显著的负向作用。许立伟、王跃生（2019）在研究地区人力资本禀赋、研发资本存量等因素对母国 OFDI 产业升级的门限效应时指出，整体上来看，OFDI 可以促进中国的产业升级，但是当人力资本禀赋、研发资本存量等因素低于门限值时，OFDI 对产业升级的逆向促进作用不显著，而跨越门限值后，OFDI 对产业升级的逆向促进作用显著。

也有研究从省级层面进行相关分析。比如，阚大学（2010）将省级面板数据分为东部、中部、西部三个地区，分别研究 OFDI 逆向技术溢出对国内产业结构升级的效应，研究发现，东部、中部、西部三个地区 OFDI 获得的逆向技术溢出效应存在异质性。霍杰（2011）对 2003—2008 年的省际 OFDI 面板数据进行分析时发现，OFDI 逆向技术溢出效应对省级层面全要素生产率的影响存在区域差异。陈琳等（2015）基于 2003—2012 年的省级面板数据，从产业内和产业间两个层面研究 OFDI 逆向技术溢出对产业发展的影响，研究发现，OFDI 对产业间升级的正向影响显著，但对第二、第三产业的影响不显著。杨建清（2015）运用 2003—2013 年的省际数据研究区域效应时发现，东部地区的 OFDI 逆向技术溢出对中国制造业升级的效果显著，中部、西部地区的 OFDI 逆向技术溢出对中国制造业升级的效果不显著。张诚等（2018）运用演化博弈理论分析法，基于 2003—2015 年的升级面板模型分析认为，OFDI 逆向技术溢出对中国制造业技术水平有促进作用，但是存在地区差异性。谢长青等（2022）基于 2004—2019 年的省级面板数据，通过构建综合产业结构升级系数，检验了 OFDI 逆向绿色创新技术对产业升级的作用机制，发现 OFDI 具有逆向绿色技术创新效应，可以促进中国产业升级。

(二)"一带一路"OFDI制造业升级效应的相关研究

目前关于"一带一路"OFDI产业升级效应的研究不多,现有研究多集中在OFDI的背景、动因、区位选择和产业选择问题上。高虎城(2014)研究了"一带一路"沿线国家中不同收入水平国家吸收中国OFDI后产生的逆向技术溢出效应,及其促进中国国内不同技术层面的制造业升级的问题。李军等(2016年)研究指出,"一带一路"倡议为中国制造业升级提供了全新视角,对"一带一路"沿线国家的投资为中国产业发展机制调整、企业转型升级提供了路径。汪孙达(2017)研究中国"一带一路"OFDI的逆向技术溢出效应对中国国内产业结构的影响时指出,"一带一路"OFDI的逆向技术溢出对中国的中部、东部、西部地区和不同所有制企业的影响存在差异,其中对东部地区的影响、对民营企业的影响最为显著。姚战琪(2017)对"一带一路"OFDI逆向技术溢出的存在性、影响因素、对国内产业结构的作用等方面进行了研究,发现东道国创新能力强的OFDI逆向技术溢出效应更为显著,从整体上来看,中国从"一带一路"沿线国家获得的逆向技术溢出效应会促进国内产业结构更加趋于合理。谭赛(2019)基于2003—2015年的省际层面的"一带一路"OFDI面板数据,分析了中国"一带一路"OFDI逆向技术溢出效应对中国不同省份创新能力的影响,研究发现,中国的"一带一路"OFDI提升国内创新能力的效果显著,其中对"一带一路"沿线发达国家的OFDI逆向技术溢出效应在提升国内创新能力方面的效果大于"一带一路"沿线中东欧转型国家或沿线发展中国家。孙志红等(2019)研究指出,中国的"一带一路"OFDI具有正向的逆向技术溢出效应。梁锶等(2018)基于修正的C-H贸易溢出模型,对2005—2016年中国对"一带一路"沿线中东欧国家的OFDI逆向技术溢出对中国全要素生产率的影响进行了研究,发现中国对"一带一路"沿线中东欧国家的直接投资在不断增加,但是中东欧国家的OFDI逆向技术溢出效应对中国国内的技术进步作用并不显著。由此可见,研究结论不一。曾倩等(2021)基于省际面板数据,分析了中国对"一带一路"沿线国家的OFDI逆向技术溢出的产业升级效应,认为存在技术进步中介,沿线发达经济体的技术水平较高,对沿线发达经济体的OFDI逆向技术溢出可以促进中国产业结构的升级。宋瑛等(2023)以中国对"一带一路"沿线国家的OFDI数据为样本,分析了东道国禀赋对中国OFDI逆向技术溢出的影响,研究发现,对技术充裕型东道国进行OFDI能够产生更强的逆向技术溢出效应。

三 OFDI逆向技术溢出对出口技术复杂度影响的相关研究

(一) 关于出口技术复杂度的测度方法的研究

关于出口技术复杂度的研究，从其概念内涵形成来看，最早出现在Michaely (1984) 研究如何衡量国家间贸易专业化程度时，他首次提出了贸易专业化指标 (Trade Specialization Index, TSI) 概念。贸易专业化程度与一国出口产品的技术含量有关，假设一国出口技术含量的高低与该国的国民收入水平呈正相关关系，以一国某产品的出口额占世界所有产品出口总额的比重为权重对出口该产品的所有国家加权平均，得到该产品的贸易专业化指标。该指标忽略了世界各国收入差距的影响，导致使用该指标衡量该国出口产品专业化程度时存在失真问题，放大了高收入国家的出口产品专业化程度，缩小了发展中国家的出口产品专业化程度。为修正贸易专业化指标存在的严重失真问题，Hausmann (2007) 在研究中首次提出了出口技术复杂度的概念。Lall (2006) 将出口技术复杂度运用到开放条件下的国际贸易中，认为出口技术复杂度是由一国所有出口商品的技术含量与质量构成，一国的出口技术复杂度越高，则该国出口产品的技术水平越高，二者存在显著的正相关关系。随后，Hausmann (2006) 对出口技术复杂度的含义做了进一步剖析，指出商品出口技术复杂度包括对产品价值、技术含量和生产效率的综合衡量。Hausmann、Hwang和Rodrik (2007) 在使用贸易专业化指标时，对各国的比较优势进行了考量，将权重修正为出口产品的比较优势，以界定出口技术复杂度，该指标用于衡量一国总体的技术水平和产品及行业层面的出口技术水平，这为量化影响一国出口产品结构的因素提供了可行方法。

关于出口技术复杂度的测度方法，Lall、Weiss和Zhang (2006) 从比较优势理论出发，构造了出口技术复杂度指数，基于市场份额的测度方法在SITC三位和四位编码下，测算亚洲主要国家1999—2000年的产品出口技术复杂度。该方法以一国某一产品的出口额占世界总出口额的比重为权重，对各国的人均国内生产总值进行加权平均，并对计算出的出口技术复杂度做标准化处理，标准化的出口技术复杂度在0—100。Wang (2008) 在分析中国不同区域的出口技术复杂度时构建了出口非相似性指数 (Export Dissimilarity Index, EDI)，以测量中国不同区域同世界主要国家之间的出口相似度状况，研究发现，出口非相似性指数越高，出口产品的竞争力越强。Xu（2010）认为，各国出口的同种产品也可能存在质量差异，为了消除这种干扰，对 Rodick 提出的 PRODY 指数进行了调整，在衡量过程中用出口产品相对单位值代替产品质量指标，对各国出口产品的质量进行标准化处理后，发现一国出口技术复杂度越高，该国标准化出口技术复杂度越高。Jarreau 和 Poncet（2011）测算了在价值链分工条件下，跨国产品的出口技术复杂度状况，研究发现，中国作为"世界工厂"，出口产品技术复杂度测算值要显著高于世界其他发展程度相似的国家。Van Assche 和 Gangnes（2008）强调在衡量出口技术复杂度时，对国内增加值和国外增加值及加工贸易进行区别，但是受数据可得性的影响，并未提出具有适用性的测量方法。

中国关于出口技术复杂度测度方法的研究起步较晚，但是发展较快。樊纲等（2006）提出，以显示比较优势为权重，构建衡量出口技术复杂度的显示技术附加值指标，分析中国不同技术层次出口技术复杂度的状况。研究发现，中国出口技术结构正处于从低技术转向中高技术环节的关键时期，但以中国总规模测度，其出口技术复杂度在世界处于低端水平。杨汝岱等（2008）在比较优势理论的基础之上，对 EXPY 模型做了进一步的修正，提出以有限赶超指数（Limited Catch-up Index，LCI）来衡量一国出口技术复杂度和出口技术复杂度赶超程度，在用 EXPY 模型分析出口商品技术复杂度时区分最终商品和中间商品、国内增加值和国外增加值部分，研究指出了剔除加工贸易的出口技术复杂度对衡量国内出口技术复杂度实际情况影响的重要性。

戴翔、张二震（2011）借鉴 Lall 等提出的出口技术复杂度分类测算方法，分别从"相对平均单位价值""出口重叠指数"两个方面对比分析中国同发达国家之间不同技术层次的出口技术复杂度及其变化趋势，研究发现，中国的出口技术复杂度的变化趋势同发达国家的变化趋势脱节。孟祺（2012）区分了总出口技术复杂度和剔除出口产品中进口中间品的国外增加值贡献之后的出口技术复杂度，研究发现，两者之间的测算指数存在较大差异，高技术行业剔除出口产品中进口中间品的国外增加值贡献之后的出口技术复杂度增长速度显著低于传统产业出口技术复杂度的增长速度。陈晓华（2013）构建了贸易条件、出口价格指数和进口价格指数三个指标来测度中国制造业出口技术复杂度对贸易条件的作用机制，研究发现，制造业出口技术复杂度的提升与中国同发达国家之间的贸易条件和贸易利得改善有关，中国出口技术复杂度的改善呈现"国外高端中间品和技术"替代功能、"非均衡型赶超"均衡化功能。黄永明等（2012）利用 Hausmann 的出口技术复杂度测算方法，分别从产品层面、产业层面和国家层面测算了中国的出口技术复杂度指数，研究发现，未剔除加工贸易影响的出口技术复杂度可以反映出中国的经济发展水平，还发现按区域对中国人均收入水平进行划分后计算出的出口技术复杂度可更为有效地解释中国区域间出口技术复杂度的差异性。刘维林等（2014）基于 Hausmann 等在 2005 年提出的"成本发现"理论模型，研究了中国各行业的出口技术复杂度与全球价值链的嵌入程度和嵌入结构之间的关系，研究发现，服务贸易全球价值链的嵌入程度对出口技术复杂度的提升效果更为显著。刘新宇（2016）借鉴 Lall 等提出的基于市场份额的 SITC 三位和四位编码产品出口技术复杂度测度方法，利用引力模型对中国东部、中部、西部地区的出口技术复杂度进行了测算和对比分析。席艳乐等（2019）利用 CEPII—BACI 数据库中中国与 175 个国家和地区 2000—2015 年的双边贸易数据，基于扩展的引力模型实证分析了经济政策不确定性波动对中国出口技术复杂度的影响及渠道机制，研究发现，经济政策不确定性波动会通过抑制制度质量显著抑制中国出口技术复杂度。刘会政和朱光（2019）利用剔除中间品的方式修正了出口技术复杂度指数。

（二）关于 OFDI 对出口技术复杂度影响研究

关于出口技术复杂度影响因素的相关研究，国内外学者分别从经济发展水平、国内要素禀赋和国际技术溢出等层面展开了广泛的论证。其中，OFDI 作为获得国外研发资本和先进技术的重要渠道，在推动国内出口技术复杂度的过程中起着重要作用。国外学者最早关注 OFDI 对出口技术复杂度的影响。随着发达国家间 OFDI 的迅速扩张，OFDI 对出口产品贸易结构影响的研究不断得到重视。Bladwin（1999）最早研究了美国的 OFDI 对其出口产品结构的影响，发现 OFDI 会影响国内要素禀赋分配状况，进而影响一国的出口产品结构。同时，OFDI 会促进美国中间品的出口，对美国出口产品技术结构和规模起到扩大和提升作用（Munisamy et al.，1998）。另外，美国的 OFDI 也有利于美国货物贸易和服务贸易出口技术结构的提升（Hejazi and Safarian，1999）。Kazuhiko Ishida（1998）研究了 20 世纪 80 年代日本的 OFDI 与出口贸易结构的关系，研究发现，日本的 OFDI 促进了机械设备成品和原材料的出口，促进了国内生产要素向高技术、高附加值的集聚，促进了日本出口产品技术水平和贸易结构的改善（Tamin Bayoumi and Gabrirlle Lipworth，1997）。同理，韩国的 OFDI 也显著优化了国内出口产品的技术结构（Kim，1997；June-Dong，1997）。Bishwanath 和 Etsuro（1999）指出，亚洲主要国家 OFDI 的增长对投资国国内出口产品技术结构和贸易规模的扩大起到了显著的促进作用。Goldberg 和 Klein（1999）研究发现，发达经济体对发展中经济体的 OFDI 可以促进发达经济体的中间品出口规模，出口结构的优化促进了发达国家出口品技术结构的提升和出口贸易结构的优化。Stephen（2003）将研究对象分为高、中、低三个收入层次，研究了 OFDI 对不同收入水平的国家出口技术复杂度的影响，Manabu 和 Kaoru（2012）也做了类似研究。还有研究指出，跨国企业生产效率的差异与投资国出口贸易之间存在影响，即生产率高的企业更倾向于 OFDI，从而带动国内出口技术复杂度的提升，生产率居中的企业倾向于选择产品出口以扩大出口规模，生产率较低的企业倾向于在国内经营。综合来看，企业生产率异质性下 OFDI 在投资国产品出口中存在一定的替代关系（Head and Ries，2002；Helpman and Yeaple，2006）。

关于中国 OFDI 对出口技术复杂度的影响研究开始得较晚。俞毅等（2009）基于中国对 40 个国家的 OFDI 的面板数据，运用引力模型分析发现，中国的 OFDI 的快速增长与国内出口产品技术复杂度提升之间存在长期的均衡关系。唐心智（2009）利用 1982—2006 年中国的 OFDI 数据研究了 OFDI 对中国出口贸易规模和技术结构的影响，发现中国 OFDI 的贸易创造效应显著，并且 OFDI 对中国出口产品结构和技术复杂度的改善作用显著。从短期来看，对初级产品和原材料出口的带动效果显著；从长期来看，对工业制成品出口的带动效果显著。周昕等（2012）基于引力模型利用中国 2003—2009 年对 40 个国家的 OFDI 和出口贸易面板数据进行分析，研究发现，中国 OFDI 的增长促进了中国零部件出口规模的扩大，并加速了中国融入国际产业分工网络的步伐，促进中国出口产品技术进步和出口产品结构优化的作用显著。陈愉瑜（2012）在宏观层面采用时间序列数据分析认为 1982—2010 年中国的 OFDI 对出口产品技术结构存在持续性，在产业层面采用面板数据分析了 2006—2010 年中国的 OFDI 对出口产品技术结构的影响，研究发现，OFDI 提升了中国出口产品的技术水平。张海波（2014）利用系统 GMM 动态面板数据模型进行分析，指出 OFDI 提升中国出口产品技术复杂度的效果显著。隋月红等（2012）将中国的 OFDI 分为顺梯度和逆梯度两个类型，分析了两类 OFDI 对出口技术的逆向机理，并利用 2003—2009 年中国对 24 个发展中国家的 OFDI 和 22 个发达国家的 OFDI 数据进行分析，得出两类 OFDI 均可以提升中国出口产品技术含量、优化中国出口产品结构的结论。陈俊聪等（2013）运用两步 GMM 系统估计方法分析了 2004—2010 年中国省际 OFDI 与出口技术复杂度之间的关系，研究发现，OFDI 的扩大与中国出口技术复杂度的提升之间存在正相关关系。项本武（2009）、郭晶（2010）、张春萍（2012）、李磊等（2016）运用面板数据的协整实证分析了 OFDI 和地区出口专业化对产品出口技术复杂度的影响，研究发现，OFDI 提升投资国出口技术复杂度的效应显著，两者存在长期的协整关系。李夏玲等（2015）从区域异质性的角度分析了 2003—2015 年中国 25 个省份的 OFDI 对投资国出口技术结构的影响，研究发现，东部地区的 OFDI 对出口技术复杂度的改善效果最为显著，中部地区和西部地区影响的显著性呈递减趋势，从整体上看，中国的 OFDI 对出口技术复杂度的影响效果显著。魏方和胡雅婷（2021）利用 2004—2018 年中国 30 个省际面板数据，探究中国的 OFDI 对出口技术复杂度的影响，研究发现，受省际信息化水平门槛的影响，中国的 OFDI 对出口技术复杂度的提升效应呈门槛特征。陶爱萍等则（2022）基于中国省级面板数据检验双向 OFDI 能否提升出口技术复杂度，研究发现，双向 OFDI 影响出口技术复杂度受知识产权保护的影响，现行的知识产权保护不利于双向 OFDI 提升出口技术复杂度。

（三）关于 OFDI 逆向技术溢出对出口技术复杂度效应的影响研究

OFDI 逆向技术溢出对制造业出口技术复杂度效应的研究，呈现出不断增长的趋势。Coe 等（1995）利用 21 个经济合作与发展组织成员 1971—1990 年的 OFDI 数据，研究了 OFDI 逆向技术溢出的存在性和 OFDI 逆向技术溢出对投资国出口技术复杂度的影响，发现 OFDI 投资国通过绿地投资和跨国并购进入东道国，通过学习模仿吸收东道国的先进技术，或者雇用当地技术人员产生 OFDI 逆向技术溢出，提升投资国的自主创新能力和技术水平，投资国企业将获得的逆向技术运用到出口产品中，从而实现该国出口技术复杂度的提升。Lipsey（2004）指出，发展中国家将 OFDI 投向新兴产业可以推动投资国的高技术产品出口，从而提升出口技术复杂度。

研究中国的 OFDI 逆向技术溢出对出口技术复杂度的影响的成果不多。陈俊聪（2015）运用两步 GMM 系统估计法实证研究了中国的 OFDI 对服务业出口技术复杂度的影响，研究发现，服务业的 OFDI 会产生技术外溢效应，从而开拓国内服务业的技术边界，提升投资国的服务业出口技术复杂度，特别是对发达国家服务业的 OFDI 提升投资国服务业出口技术复杂度较为显著。蒋瑛（2016）基于数理模型研究中国的 OFDI 逆向技术溢出对出口技术复杂度的影响，研究发现，受人力资本水平的影响，OFDI 逆向技术溢出对于中国出口技术复杂度的影响呈"J"形的非线性关系。杨连星等（2016）运用系统 GMM 方法分析了 2003—2010 年中国的 OFDI 与行业间出口技术复杂度的关系，研究发现，行业层面和产品层面的 OFDI 逆向技术溢出对出口技术复杂度大多具有显著的促进作用，受中国存在大量加工贸易的影响，劳动密集型行业的 OFDI 逆向技术溢出对出口技术复杂度的促进效果更为显著，技术密集型行业的 OFDI 逆向技术溢出对出口技术复杂度的促进效果不显著。

目前，关于"一带一路"OFDI 逆向技术溢出对出口技术复杂度的影响机理和实证研究还处于探索阶段。比如，杨成玉等（2016）对中国出口到"一带一路"中东欧 16 国的 200 多种产品按照 SITC 三位数标准，测算了中国对中东欧国家的出口技术复杂度，实证分析发现，中国对"一带一路"中东欧 16 国的 OFDI 促进了中国对该地区出口产品结构的转型升级，对提升出口技术复杂度的效果显著。姚战琪（2017）基于 2003—2014 年各省份对"一带一路"沿线国家的 OFDI 的面板数据研究发现，OFDI 产生的逆向技术溢出对各省份的出口技术复杂度提升存在异质性。梁锶等（2018）基于 C-H 贸易溢出修正模型，利用 2005—2016 年中国对"一带一路"沿线中东欧国家的 OFDI 的面板数据研究发现，中国对中东欧国家的 OFDI 逆向技术溢出对国内出口技术复杂度的促进作用效果较小。谭赛（2019）基于国际 R&D 溢出理论，研究了 2003—2015 年中国各省份对"一带一路"沿线国家的 OFDI 逆向技术溢出对中国创新能力的影响，研究发现，"一带一路"OFDI 逆向技术溢出促进了中国创新能力的提升，进而提升出口技术复杂度的效果显著。李沛瑶（2018）基于中国 21 个制造业部门的面板数据，实证分析了 OFDI 逆向技术溢出对制造业出口技术复杂度的影响，研究发现，OFDI 逆向技术溢出对制造业出口技术复杂度存在显著的正向影响。李惠茹和潘涛（2020）采用"一带一路"沿线 27 个国家 2010—2017 年的数据探究了 OFDI 逆向技术溢出对制造业出口技术复杂度的影响，发现 OFDI 逆向技术溢出均有利于中国出口技术复杂度的提升，特别是在中低技术领域。

由此可见，国内外现有文献关于 OFDI 的逆向技术溢出对投资国出口技术复杂度影响的研究不多，而且多集中在发展中国家对发达国家的 OFDI 方面的影响的研究，涉及对发展中国家的 OFDI 对投资国出口技术复杂度的研究较少，尤其是跟踪研究"一带一路"OFDI 逆向技术溢出的出口技术复杂度效应的成果较少。

四 关于增加值贸易测度的相关研究

产品生产的全球化使产品生产分工的垂直分离不断深化，形成产品生产的全球分工体系。全球价值链分工理论认为，在产品生产全球化分工下，产品生产的各价值链环节相互衔接，形成一条连续的生产链条。同时，OFDI 打破了产品生产价值创造的国界限制，价值创造呈"片段化"。研究世界各国如何通过 OFDI 加入价值链分工体系，发展中国家如何实现价值链位置的攀升成为学术界研究的重点。

（一）关于增加值贸易测度方法问题

全球价值链分工格局下，一国出口产品的价值来源一部分是国内增加值，另一部分是国外增加值。当一国出口产品的国外增加值比例较高时，比如中国加工贸易占较大比例的情况下，如果按照海关统计的传统总值贸易口径，可能导致国内出口创造的价值出现"虚高"问题。Maurer 和 Degain（2012）指出，传统总值贸易的统计口径，即海关进出口数据会造成"所见非所得"的问题，难以准确地反映一国真正的贸易分工利得。因此，研究如何准确反映一国出口产品的贸易利得一直是国内外学者关注的焦点。Ng 和 Yeats（1999）为了分离一国出口商品的增加值，将传统海关统计数据中的出口商品分为中间品和最终品，按照零部件商品编码对进出口贸易的增加值进行分解。Campa 和 Goldberg（1999）在研究一国进口品在国内总生产中所占的比例时首次使用了投入产出方法。Hummels、Ishii 和 Yi（2001）利用投入产出表首次提出了垂直专业化率（Vertical Specialization Index，VSI）的测度方法，研究发现，一国出口中所包含的进口中间品越多，该国出口的垂直专业化率越高。但是由于多国投入产出表还没有形成，基于单国投入产出表只能计算得出一国的垂直专业化程度，因此难以形成多国垂直专业化率的对比研究。Daudin 等（2011）使用 GTAP 数据研究了垂直专业化，将垂直专业化分为垂直专业化指数（VS 指数）和附加值回流指数（VS1*指数），一是测量一国出口中的国外增加值状况，二是测度中间品出口的国内增加值又回流本国的状况。Johnson 和 Noguera（2012）在 Daudin 等的研究基础上，提出了出口产品国内增加值比重（VAX）指数，出口产品国内增加值比重越高，表明该国出口产品的国内增加值占比越高，该国参与全球价值链分工的程度越低。Robert Stehrer（2013）将贸易中的增加值分为增加值贸易（TiVA）和贸易增加值（VAiT）。增加值贸易研究一国的最终消费品中来自国外增加值和国内增加值的比例情况，分析其他国家直接或间接创造的增加值被一国最终消费的部分。贸易增加值分析一国进口的中间品中来自国外增加值的部分，考虑中间品的使用将总出口分解为中间品出口和最终品出口，剔除一国出口中的国外增加值部分，可以更为真实地反映一国出口的贸易利得。由于贸易增加值存在重复计算问题，而增加值贸易避免了重复计算问题，因此增加值贸易可以更加真实地反映一国的贸易情况。

Koopman 等（2008，2010，2014）试图构建一般性的跨国投入产出研究框架，形成多维度、多层面分析增加值贸易的分解方法，即 KWW 增加值分解方法，将一国出口的增加值分解为国内增加值、出口后又进口的国内增加值、国外增加值和重复计算 4 个部分。KWW 增加值分解方法将以往增加值的相关研究指标进行了细化，对垂直专业化指数、垂直专业化程度、返回国内增加值指数和出口产品国内增加值指数进行了系统梳理，将上述指数体系纳入 KWW 增加值分解方法中，对出口增加值中重复计算部分的价值来源、流向和最终目的地进行细化。Antras 等（2004，2013）基于 KWW 增加值分解方法，按照价值链参与的分工环节，提出了价值链"上游度"和"下游度"参与度指数。Wang 等（2013）将国家层面的 KWW 增加值分解方法拓展到部门层面、双边层面和部门双边层面，实现了增加值框架分解方法的扩展，形成更为一般的 WWZ 增加值分解方法。Los 等（2015）将分析一国出口中国外增加值的分解方法拓展到多国模型，以及行业层面的出口国外增加值（FVA），进一步将行业层面的国外附加值分解为区域内和区域外的国外增加值。由此可见，关于增加值贸易的测度研究在不断完善和系统化。Koopman 等（2010，2013，

2014）从产品生产的视角出发，对全球价值链分工位置的研究进行了突破性改进，通过对一国的不同类型生产活动的生产长度进行研究，构建了全球价值链参与程度指数和位置指数，在此基础上进一步实现了对一国参与全球价值链分工的科学量化。

（二）关于增加值贸易下中国贸易利得的研究

1. 关于制造业价值链分工利益分配问题

全球价值链分工格局形成后，各国在价值链分工上的获利能力存在差异，如何提升本国在价值链分工中的利润份额一直是国内外学者研究的关键点。价值链分工格局下的贸易利得分配体现价值链收益获取能力的强弱，价值链收益获取能力强的企业通常具有技术优势、政策支持、雄厚的资金和强大的组织营销能力等，能够有效规避其他企业参与核心市场的竞争，或将价值链收益获取能力弱的企业限定在价值链低附加值环节中。

在全球价值链分工格局下，中国以不断对外开放融入全球价值链，但是参与价值链分工的主要方式是加工组装等低附加值环节，中国如何突破价值链低端锁定，获得更高贸易利益一直是学术界研究的重点。比如，张二震（2003）、林毅夫等（2003）、曹明福等（2005）指出，价值链分工的"微笑曲线"中各国获得贸易增加值是非均衡的，发达国家拥有雄厚的资本、核心技术、先进管理经验、发达的营销网络等优势，主导着价值链两端的高附加值环节，发展中国家只能通过自然资源消耗、低劳动力成本等嵌入价值链的低附加值环节。张幼文（2005）在研究中国与发达国家之间增加值贸易状况时发现，中国同发达国家之间在价值链分工获利能力上存在低端锁定问题。各国在价值链分工中的贸易利得取决于该国在价值链中要素投入的质量和数量，以及在全球价值链中发挥作用的程度（佟家栋，2005）。张咏华（2013）、王岚等（2014）在分别运用增加值贸易核算方法和传统总值贸易核算方法对比研究中国制造业贸易对美出口和中美贸易失衡时发现，中美制造业在不同行业利益分配格局方面存在显著差异，制造业贸易核算方法下的中美贸易失衡问题严重。李萍和赵曙东（2015）在测算2002—2012年中国主要制造业行业垂直分工状况和全球价值链分工条件时发现，中国绝大多数的价值链分工条件正在改善。潘文卿等（2018）基于1997—2007年中国区域投入产出表研究了加入世界贸易组织对中国区域贸易利得的影响，研究发现，加入世界贸易组织后，中国加入了全球价值链分工，从而降低了中国区域贸易的成本。郑丹青等（2019）利用拓展的增加值贸易引力模型测度了中国制造业增加值的贸易成本，研究发现，中国制造业的增加值贸易成本呈递减趋势，但是在不同技术水平的行业和贸易伙伴国间存在显著异质性。王迎等（2023）利用 2007—2014 年 WIOD 数据库测算了各国贸易利益水平，同时考察了数字贸易发展对一国贸易利益的提升作用，研究发现，通过增强利益关联可以抑制价值链分工的区域化、本土化趋势，从而提高一国的贸易利益水平。

2. 增加值贸易核算下的中国贸易

中国不仅是世界第一大货物贸易国，还是世界上最大的贸易顺差国，从增加值贸易测度法的角度来看中国的贸易顺差，显然中国的贸易顺差在传统的海关总值统计口径下被高估了。特别是中国加工贸易占比较重的现状，容易导致国内外相关部门对中国的贸易形势产生误判。为了有效地解决这一问题，采用增加值贸易核算方法可以厘清中国出口贸易增加值的来源和真实状况。因此，相关研究陆续出现，主要是利用投入产出表测算中国相关年份的垂直专业化程度（刘志彪等，2009），以及中国价值链分工的参与程度，研究发现，中国的出口国外增加值占比达 50%，其中电子行业的出口国外增加值占比达 80%（Lau et al., 2007, Koopman et al., 2008）。研究还发现，中国制造业的整体分工位置较低，不同技术层次的制造业分工位置差异化显著，低技术制造业的价值链分工位置显著高于中高技术制造业，劳动密集型制造业的价值链分工位置较高，但是受到国内人口红利消减和成本上升的影响，中国的出口竞争力下降，技术密集型制造业在全球价值链分工中总体处于较低位置（张海燕，2013；马风涛等，2014；张建华等，2015；尹伟华，2016）。周升起等（2014）、刘海云等（2015）基于 KWW 增加值核算方法测度了中国制造业各部门的全球价值链位置。童剑锋（2013）基于 TiVA 数据库重新测算了中美间的贸易数据，研究发现，在增加值核算方法下中国对美国的贸易顺差缩减了 25%，出口国外增加值比重最高的是电子行业，占比达 40%，同时基于 WIOD 数据库，使用增加值核算法测算了中国同欧盟之间的贸易数据，研究发现，中国同欧盟之间的贸易顺差比传统统计的方法低了 36%。

邓军（2013）基于 WIOD 数据库测算了中国行业的出口竞争力，研究发现，纺织服装行业和皮革鞋类行业的出口竞争力被低估，电子和光学设备行业的出口竞争力被高估。樊茂清等（2014）基于 WIOD 数据库研究了中国在全球价值链中的分工地位及变化，研究发现，中国在全球生产网络中的地位不断提升。黎峰（2016）使用增加值核算方法计算了中日两国的价值链分工，研究发现，中国制造业的价值链分工位置总体处于上升态势，要素禀赋差异仍然是价值链增值能力的决定因素。张平南（2018）基于 Kee 和 Tang 的研究方法，分别从加工贸易企业和非加工贸易企业的角度测算了企业层面出口国内附加值，探究了贸易自由化对企业出口国内附加值的影响，研究发现，异质性企业特征显著影响了企业的出口国内附加值，贸易自由化显著提高了企业出口国内附加值率。彭继增和王怡（2020）基于价值链参与度视角，实证分析了交通基础设施和通信基础设施对"一带一路"沿线国家贸易利益的影响，研究发现，交通基础设施和通信基础设施通过降低贸易成本促进了贸易利益的提升。彭水军和曾勇（2022）基于结构引力模型和中国签订贸易协定的相关数据，实证分析了自由贸易协定深度一体化对贸易增加值的影响，研究发现，自由贸易协定深度一体化整体上显著促进了各成员出口增加值的提升，且对各成员出口的国（地区）内增加值的正向促进作用大于对出口的国（地区）外增加值的影响。

李炎等（2019）基于增加值贸易视角研究了中美双边贸易，研究发现，中美双边服务贸易存在严重失衡的情况。田宇涵（2021）指出，在中美贸易摩擦的背景下，中美两国通过垄断优势和关税调节中间品价格，提高企业利润，在产量博弈的产业中，本国中间品企业选择更高利润的同时开展博弈，贸易摩擦的持续时间长会扩大两国的全球价值链分工收益的差距，贸易摩擦的持续时间针对不同的全球价值链指标影响不同。由此可见，相关研究成果的所得结论有所不同。袁凯华等（2019）基于 Novy 贸易成本测度范式，利用 1997 年、2002 年和 2007 年区域间投入产出表测算分解了中国区际贸易成本，研究发现，低端化整合促进了中国区际贸易成本的显著下降，但是由于东部沿海地区更多利用国外需求进行替代区际分工整合，于是出现了对外依存度高、产业同构度高等问题。李真等（2020）运用结构性分解模型从排放强度、技术结构、进出口规模、进口品中间投入、进出口结构五个层面评估了中国真实的贸易利益，研究发现，用于出口品生产的进口中间投入需从进口抵减排放中剔除，否则会导致中国的真实贸易利益被高估或出口贸易真实福利的损失。赵佳颖和孙磊（2023）探究了全球价值链重构的利益分配动态发展格局，研究发现，中国在服务贸易利益分配中处于相对弱势地位，制造管理工序相对获利能力持续偏低，外循环贸易获利能力的拉动作用减弱，数字技术竞争的加剧对中国向价值链高端攀升形成了严峻挑战。

梳理上述分析可以看出，"一带一路"实施以来中国 OFDI 的重点逐步转向"一带一路"沿线国家，但是鲜有关注中国与"一带一路"沿线国家间的价值链分工问题的研究成果。

五　文献评述

从国内外关于 OFDI 逆向技术溢出、制造业升级和制造业出口技术复杂度效应的相关文献综述中可见，目前的相关研究为本书留下了研究空间，主要体现在以下几个方面：

（1）多数相关研究成果主要以中国对发达国家的 OFDI 逆向技术溢出为研究对象，关于中国对发展中国家的 OFDI 逆向技术溢出效应的研究较为分散，尚未形成系统性研究，而较为体系化研究中国对"一带一路"沿线国家制造业 OFDI 产生逆向技术效应的存在性及其影响效应的相对较少。由于早期的 OFDI 起源于发达国家的海外投资，因此关于技术获取型 OFDI 等方面的延展性研究均围绕发达国家跨国企业的 OFDI 逐步形成。比如，关于 OFDI 逆向技术溢出的理论机理研究，国外主要开展 C-H 模型、两阶段完全信息的双寡头古诺模型、产品异质性博弈模型等的相关论证。国内主要研究的是中国向发达国家 OFDI 逆向技术溢出的动因、机理和影响效应等层面，而较少研究关于发展中国家间的 OFDI 逆向技术溢出效应，而对投资于"一带一路"制造业主要行业的逆向技术溢出效应的研究相比更少。

（2）尚未看到探讨"一带一路" OFDI 逆向技术溢出的制造业升级效应的传导机制和路径分析的成果。在上述梳理关于 OFDI 逆向技术溢出对制造业出口技术复杂度和制造业产业升级影响机理的文献中发现，国内外多数文献基本上是单方面分析发展中国家对发达国家或者发达国家间的 OFDI 逆向技术溢出对制造业升级、出口技术复杂度的影响机理，而未将 OFDI 可能具有的多元逆向技术溢出效应进行延伸性和递进性的分析和检验，也未看到以"一带一路"沿线国家的 OFDI 为分析范畴的研究。关于 OFDI 逆向技术溢出的实证研究，国外多是运用跨国家、跨年度的国别面板数据进行多产业部门研究，国内多是运用国别或者省际的面板数据进行综合分析。此外，在实证单一影响效应时，存在论证结论各异或观点不一的情况。所以，需要不断跟踪分析研究，特别是增加关于"一带一路"沿线国家 OFDI 逆向技术溢出效应的研究成果，并且需要采用更加科学客观的研究视角和研究方法，多层面进行系统论证。比如，需要运用增加值分析框架，基于国别异质性和不同技术层次，专门对"一带一路"沿线国家的 OFDI 逆向技术溢出的制造业升级效应进行系统研究。

（3）在分析中国在全球价值链分工格局，以及增加值贸易下的贸易利益时，所得结论基本相同，认为中国对外开放初期参与价值链分工的主要方式是加工、组装等低附加值环节，因此存在价值链低端锁定问题，但这种状况会随着中国经济竞争力的逐渐增强而有所变化。此外，应考虑不同技术层次制造业分工位置的差异，中国低技术制造业的价值链分工位置显著高于中高技术制造业，劳动密集型制造业的价值链分工位置较高等。但如果采用增加值测算，就可以避免传统总值统计口径的弊端和方法缺陷，又会出现不同的研究观点和结论。比如，中国在全球生产网络中的地位不断提升，出口中的国外增加值比重最高的是电子行业等。但少有针对"一带一路"沿线国家间价值链分工问题的研究成果，这为本书留下了研究空间。

所以，本书在增加值贸易核算框架下，不仅系统探究"一带一路" OFDI 逆向技术溢出对中国制造业升级的效应，而且从国别和行业两个维度，分不同国别类型，以及高、中、低三个技术层次，分析"一带一路"制造业价值链分工、OFDI 逆向技术溢出、制造业升级和出口技术复杂度状况，并实证分析其效应程度。对这些问题的跟踪探究对于中国持续推动"一带一路"建设，形成更高水平的对外开放新格局具有重要意义，也构成本书研究的重要内容。

第三节　研究思路与主要内容

在"一带一路"共建持续推进和世界经济发展环境不确定性增强的背景下，本书基于增加值贸易核算框架，系统研究"一带一路" OFDI 逆向技术溢出的制造业升级效应。从国别层面和技术层面，分析中国对"一带一路"沿线国家 OFDI 逆向技术溢出效应及其对制造业升级的直接和间接效应。

一　研究思路

由于传统总值统计口径以海关的商品进出口总值为基础数据，特别是在制造业跨国生产分工中，总值统计方法一方面忽略了中间品跨国产品生产过程中的多次往返引发的重复计算问题，另一方面忽略了出口中的国外增加值问题，因此难以真实准确地反映中国制造业出口的真实规模、不同技术层次制造业价值链分工状况，以及出口产品的技术复杂度和出口竞争力水平。非竞争性跨国投入产出表的成功编制和逐步成熟，将传统制造业总贸易额分别从部门层面、国别层面、双边部门层面进行了分解，能够基于增加值视角重新诠释显性比较优势、出口技术复杂度等国际贸易研究指标。因此，本书在增加值贸易核算框架下，探究 OFDI 逆向技术溢出、制造业升级和出口技术复杂度提升的状况，综合运用 2011—2017 年 ADB-WIOD（MRIO2018）数据、OFDI 数据、中国工业经济统计年鉴和世界银行数据库等，分析印证 "一带一路" 沿线国家制造业分工、OFDI 逆向技术溢出和制造业升级状况，进一步实证检验 "一带一路" 制造业逆向技术溢出对中国制造业升级的直接效应和对出口技术复杂度提升的间接效应（见图 1-1）。

二　主要内容

第一章为导论。本章主要探究增加值视角下中国对 "一带一路" OFDI 的逆向技术溢出效应的研究背景和研究意义，发现 "一带一路" 的实施在促进中国 OFDI 发展的同时，对国内经济发展的带动效应具有持续跟踪研究的价值。比如，在增加值贸易核算框架下，通过系统分析研究 "一带一路" OFDI 逆向技术溢出对中国制造业升级的直接效应和制造业出口技术复杂度的间接效应，为今后继续推进 "一带一路" 建设提供了依据。此外，本章从技术获取型 OFDI、OFDI 逆向技术溢出效应、OFDI 逆向技术溢出的产业升级效应、中国对 "一带一路" 沿线国家的 OFDI 逆向技术溢出效应，以及产业升级的出口技术复杂度效应、测度方法和影响因素，OFDI 逆向技术溢出对产业升级的出口技术复杂度的间接效应的影响等方面进行系统梳理综述。同时还对价值链的发展演变、发展动因、价值链分工的利益分配，以及增加值贸易测度方法和增加值贸易核算框架下的中国贸易利益方面进行了分析综述。

30 / "一带一路"对外直接投资逆向技术溢出研究

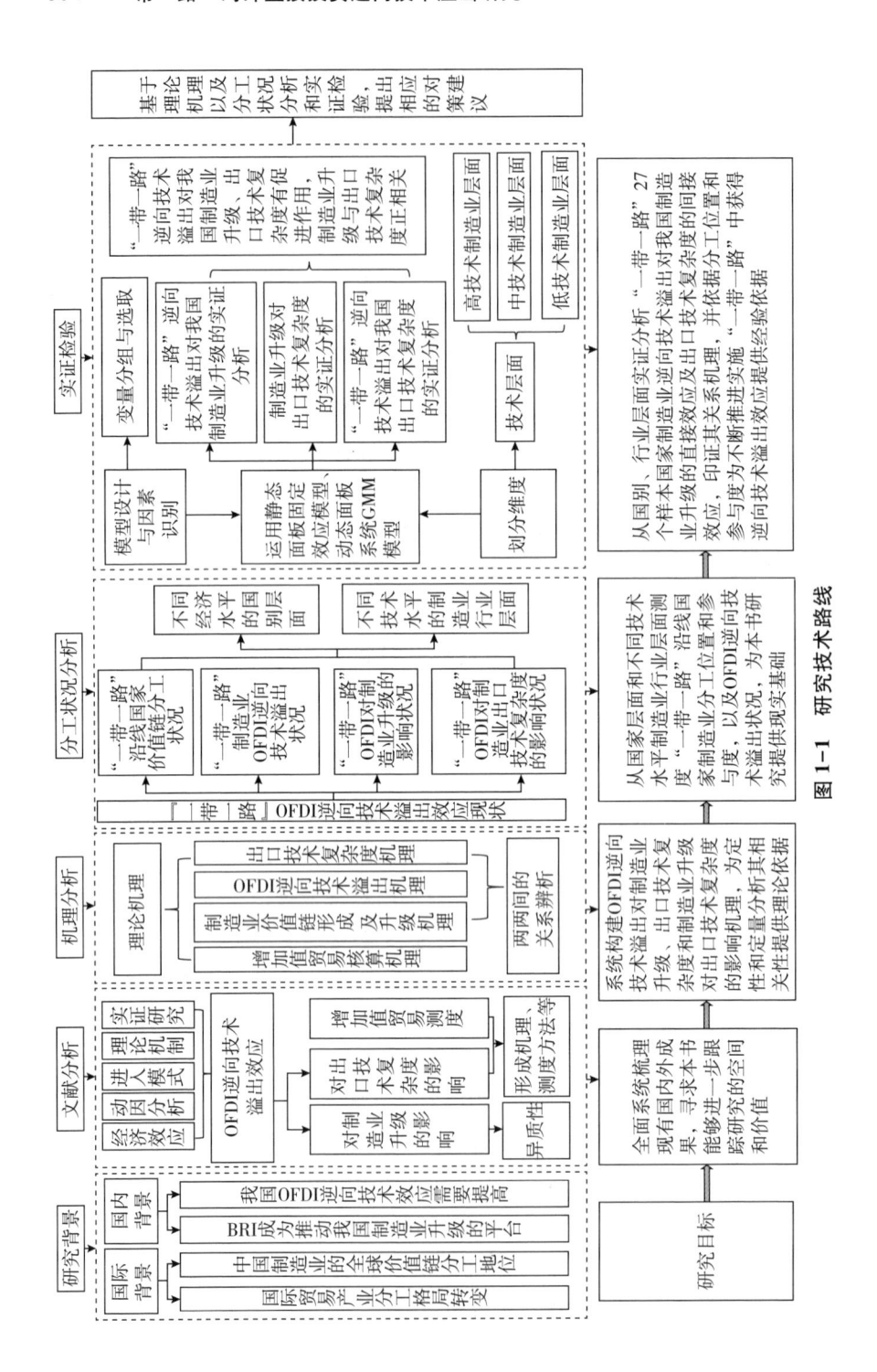

图 1-1 研究技术路线

第二章为理论基础。本章概述了对外直接投资、国际技术溢出、国际分工和产业升级等多方面的理论。首先研究了发达国家的传统 OFDI 理论，如垄断优势、内部化、国际生产折中、产品生命周期理论，以及发展中国家特有的小规模技术应用、技术创新推动产业升级和本土化技术调整理论。技术溢出理论方面，既分析了正向溢出也分析了逆向溢出，特别是外商直接投资如何在不同产业内外、通过贸易等渠道促进技术扩散。国际分工理论中的绝对优势、比较优势与赫克歇尔—俄林模型、全球价值链理论和产业内分工理论，都可以被用来解析"一带一路"如何重塑国际合作与分工模式。产业升级理论则通过配第—克拉克定理、二元经济转换、主导产业理论等，探讨经济结构的动态变化。本章最后通过这些理论，解析"一带一路"倡议如何在全球价值链和国际分工体系中促进中国制造业升级并重构世界经济新秩序。

第三章为"一带一路"OFDI 逆向技术溢出的制造业升级效应形成依据分析。一是主要分析和界定了价值链分工动因的发展演变、增加值贸易核算框架和增加值贸易框架下的指标体系构建；二是界定性分析发展中国家 OFDI 逆向技术溢出、制造业价值链升级机制，以及制造业出口技术复杂度提升机制与测度方法；三是专门界定和分析中国对"一带一路"OFDI 逆向技术溢出对制造业升级效应的形成机制，为后续以增加值贸易核算框架测度中国与"一带一路"沿线国家价值链分工状况、"一带一路"OFDI 制造业升级状况，以及实证检验"一带一路"OFDI 逆向技术溢出对制造业升级的直接和间接效应奠定理论基础。

第四章为"一带一路"沿线国家制造业价值链分工分析。本章采用增加值贸易核算方法，构建和运用了价值链分工分析相关指标体系和分工位置指数，利用对外经贸大学发布的 ADB-WIOD（MRIO2018）数据库，分别从国家层面和 14 个制造业行业层面，采用价值链的位置指数和参与度指数，分析了 27 个"一带一路"沿线国家的制造业增加值来源和价值链分工真实状况。在此基础上，本章指出，由于沿线国家在制造业价值链分工位置与参与度存在差异，在不同技术层次具有异质性比较优势，需要在"一带一路"推进中对沿线国家实施差异化国际合作，为进一步探究"一带一路"OFDI 逆向技术溢出效应提供现实依据。

第五章为"一带一路"OFDI 逆向技术溢出的制造业升级效应分析。一是分析中国对"一带一路"沿线国家 OFDI 制造业的投资状况，以印证上述制造业价值链的分工状况；二是基于上述"一带一路"OFDI制造业升级效应的形成机理，以及"一带一路"沿线国家制造业价值链的分工分析，分别从国家层面和行业层面的技术异质性角度出发，测度分析中国对"一带一路"沿线国家制造业OFDI逆向技术溢出的状况、中国对"一带一路"OFDI制造业的升级状况、"一带一路"OFDI制造业升级的出口技术复杂度状况，为进一步实证检验提供基础数据。

第六章为"一带一路"OFDI逆向技术溢出对制造业升级的直接效应实证。本章在考虑数据可得性和完整性的基础上，选取了27个"一带一路"沿线国家，划分了高技术、中技术和低技术三个层次制造业的跨国面板数据，依据27个国家的分工位置状况，通过构建基于国家层面和行业层面的不同技术层次"一带一路"OFDI逆向技术溢出对中国制造业升级的直接效应模型，分析中国从"一带一路"沿线不同技术层次国家获得OFDI逆向技术溢出对中国制造业升级的影响效应，以及对中国制造业高技术、中技术和低技术三个层次制造业的升级影响。

第七章为"一带一路"OFDI逆向技术溢出对制造业升级的间接效应实证。基于产业升级与出口结构优化的关联性，选择出口技术复杂度作为表征产业升级的指标，以进一步验证"一带一路"OFDI逆向技术溢出对中国制造业出口技术复杂度的影响。同样选取27个"一带一路"国家，利用高技术、中技术和低技术三个层次制造业的跨国面板数据，基于上述对制造业升级的测算结果、OFDI逆向技术溢出效应的量化结果，分别从国别层面和行业层面检验"一带一路"OFDI逆向技术溢出的制造业出口技术复杂度效应，作为"一带一路"OFDI逆向技术溢出对中国制造业升级效应的延伸性表征。

第八章为研究结论与对策建议。针对上述对"一带一路"沿线国家OFDI逆向技术溢出的制造业升级效应进行的定性和定量分析，从宏观和微观方面提出相应的对策建议。

第四节　研究方法与创新点

一　研究方法

本书需要综合运用多学科领域的相关理论和多元化研究方法，开展跨学科、跨领域的交叉研究，其中主要采用的研究方法如下。

（1）文献研究法。一是系统研读梳理关于 OFDI 逆向技术溢出效应、增加值贸易、全球价值链分工等的文献，为探究"一带一路"OFDI 逆向技术溢出效应提供基础性依据，并全面系统地梳理 OFDI 逆向技术溢出、制造业价值链分工与升级和出口技术复杂度提升之间关系的研究，以寻求本书能够进一步跟踪研究的价值和空间；二是综合利用 2011—2017 年 ADB-WIOD（MRIO2018）数据、中国工业经济统计年鉴和世界银行数据库等数据资源，满足本书以增加值贸易核算框架进行测度和实证检验的需要。

（2）定性分析与定量分析相结合的方法。本书综合运用全球价值链分工理论和 OFDI 逆向技术溢出效应形成机制，定性分析"一带一路"OFDI 逆向技术溢出对中国制造业升级的影响作用机理和测度方法。在此基础上，利用指标体系、增加值分解核算和动态比较等方法，通过统计可视化形式从国别和行业异质性层面，分层次量化分析"一带一路"沿线 27 个国家的制造业价值链分工位置状况、中国"一带一路"OFDI 逆向技术溢出状况，以及对中国制造业升级和出口技术复杂度的影响状况。

（3）利用静态面板固定效应模型、动态面板系统 GMM 模型等方法，分别从国别和行业两个层面，采用 2010—2018 年的跨国面板数据，按照本书划分的全样本、高技术国家、中低技术国家、高技术行业、中技术行业、低技术行业六个层面实证分析"一带一路"沿线 27 个国家的制造业逆向技术溢出对中国制造业升级的直接影响效应，以及对中国制造业出口技术复杂度的间接影响效应。运用 LLC 检验方法、Fisher-ADF 检验和误差修正模型等数理模型和计量方法对实证结果进行验证。

二 创新点

（1）在研究 OFDI 逆向技术溢出方面拓展新的研究范畴和研究视角。多数相关研究成果主要以中国对发达国家的 OFDI 逆向技术溢出为研究对象，而以发展中国家间的 OFDI 逆向技术溢出效应为对象的研究较为分散，并且尚未形成系统性研究。本书以中国"一带一路"制造业 OFDI 逆向技术溢出效应为研究对象和研究范畴，运用增加值核算法测度其溢出效应是否存在及影响效应的程度，可以提升对此类问题进行系统研究的空间和价值。

（2）用增加值测算"一带一路"沿线国家的制造业价值链分工位置与参与度，为准确测度和掌握"一带一路"沿线国家制造业的 OFDI 逆向技术溢出效应提供新的研究视角和工具方法。以往在研究 OFDI 逆向技术溢出对国内制造业升级的影响时，多采用总量贸易数据的传统贸易统计方法，导致出现"重复计算"和测算结果失真等问题。本书突破传统的总值分析框架，用增加值核算分析"一带一路"沿线国家制造业 OFDI 逆向技术溢出特定效应，以客观反映中国同"一带一路"沿线国家之间的真实贸易状况。同时，运用增加值测算"一带一路"沿线国家主要行业制造业的价值链分工位置与参与度是本书的主要研究内容。

（3）延伸性界定分析"一带一路"OFDI 逆向技术溢出的制造业升级效应形成机制。以往的相关研究仅考虑了中国对发达国家的顺梯度逆向技术溢出对中国制造业升级的影响，也未对不同技术层次的制造业逆向技术溢出效应进行细化研究。本书将对"一带一路"沿线国家 OFDI 逆向技术溢出对中国制造业升级的影响状况和影响程度进行了递进性分析研究，以形成对"一带一路"沿线国家 OFDI 逆向技术溢出的制造业升级效应的系统研究成果。

（4）多层面拓宽 OFDI 逆向技术溢出对中国制造业升级影响效应的传导路径和实证方法。现有文献在实证研究中多采用平行研究方法，未能实现体现多层次关系的交叉研究。因此，本书首次采用动态 GMM 面板数据模型和静态固定效应面板模型相结合的分析方法进行对比分析，分别从国别和行业两个维度，按照本书界定的全样本、高技术国家、中低技术国家、高技术制造业、中技术制造业、低技术制造业六个层面实证"一带一路"逆向技术溢出对中国制造业升级的直接效应，并将不同技术层次的制造业升级作为解释变量，验证"一带一路"OFDI 逆向技术溢出对制造业升级中的出口技术复杂度的间接影响效应，以拓展和完善 OFDI 逆向技术溢出对中国制造业升级影响的传导路径和实证方法。

（5）在构建变量时同样以增加值贸易核算框架中的国内增加值为权重，构建逆向技术溢出和制造业升级效应指标，以及制造业出口技术复杂度效应指标，以解决传统总值口径下的出口所导致的"所见非所得"的问题，并在修正传统研究方法的基础上，采用制造业结构优化指数和制造业效率提升指数，以及"一带一路"沿线国家的人均国内生产总值与中国的人均国内生产总值的比值，构建"一带一路"沿线国家 OFDI 逆向技术溢出对中国制造业升级的直接效应系数，以及对制造业出口技术复杂度影响的间接效应系数。

第二章 理论基础

本书主要研究中国对"一带一路"OFDI的逆向技术溢出对中国制造业升级的影响效应，涉及对外直接投资、国际技术溢出、国际分工等相关领域的理论。

第一节 对外直接投资相关理论

进入20世纪80年代，世界经济格局发生了变化，发展中国家在世界中的地位越来越重要，也逐渐开始进行OFDI。此时，传统的西方发达国家的OFDI理论在一些领域内就不再适用于发展中国家的实际情况，在这种情况下，学术界对OFDI进行了更加深入的探讨。与此同时，中国在世界经济中的地位越来越重要，OFDI也得到了迅速发展，投资额度、投资范围和投资对象都在不断增加，很多学者对中国的OFDI进行了研究分析，并形成了一定的理论成果。

一 发达国家传统的OFDI理论

对外直接投资的兴盛和发展最初是由一国和地区的经济实力起决定作用的，因此，国家间的对外直接投资开始于发达国家，由此国际直接投资理论是跟踪发达国家对外直接投资形成的，这些解释依据也具有不断完善的特征。

（一）垄断优势理论

OFDI是指一个国家的投资者出于经济利益的考虑，向另一个国家输出设备、资本、技术和管理等一系列生产需要的要素，在东道国进行技术转移、投资建厂等一系列的跨国经济活动。第二次世界大战结束以后，世界经济处于恢复和发展时期，在发达国家，一些企业迅速扩张，自身实力不断增长，向其他国家进行投资的意愿和行为明显增多，OFDI得到了一定的发展。20世纪60年代开始,一些学者对OFDI给予了充分的关注,其中,美国学者海默在他的论文《国内企业的国际经营:对外直接投资的研究》中,从垄断优势角度进行了阐述,这也是比较早的关于OFDI的理论。该理论认为,一些跨国企业开展跨国投资,不仅是因为经济实力雄厚,而且是因为可以克服东道国法律、语言、环境等方面的困难,能够在当地形成规模经济,进而形成垄断优势。一是跨国公司在生产规模、技术、管理上等方面具有明显优势,二是跨国公司有能够克服东道国方面存在的困难的能力。由此形成一定的垄断优势,从而获得较大的超额利润,在其驱动下,跨国企业积极进行对外投资活动。自海默开始,越来越多的学者对垄断优势理论做了进一步的发展。比如,从"货币汇率论"、产品差异化、知识资产垄断的角度,分析垄断优势的形成。

(二) 内部化理论

产品和技术的输出一般有两种方式:一是通过对外贸易出口商品;二是在东道国投资建厂,也就是对外直接投资,内部化理论就是从这个角度进行研究。其代表人物是英国的经济学家Buckley和Casson,他们在1977年出版了《跨国公司的未来》一书,对OFDI的原因和效果进行了分析。该理论认为,企业之所以选择OFDI代替对外贸易,是因为贸易是一种外部交易,在实际过程中会产生较高的交易成本,而OFDI把外部交易内部化,很多交易费用可以较少,甚至消失,比如贸易壁垒、产生的关税等。内部化理论的出发点是,由于内部交易系统替代了外部交易系统,成本的降低使跨国公司的利润得到增加,在高额利润的驱动下,它们综合考虑管理成本和收益,做出理性的决定。根据Buckley和Casson的理论,并不是所有的产品和技术通过OFDI方式的输出都会带来比对外贸易高的超额利润,专利、半成品、知识产品等中间产品具有技术垄断优势,通过外部交易系统内部化则可以获得较高的超额利润。

(三) 国际生产折中理论

国际生产折中理论又被称为国际生产综合理论,是邓宁在1977年提出的。他认为海默等人在研究跨国公司OFDI时缺乏必要的实证数据作为支撑,缺乏说服力和普遍性,因此具有一定的片面性。在邓宁的研究中,他结合了区位理论、垄断优势理论、内部化理论,以及要素禀赋理论等多个理论体系,最终在此基础上提出了国际生产折中理论。该理论认为,跨国企业只有在具备了区位优势、内部化优势和垄断优势的前提下才会进行 OFDI。可以看到，邓宁的理论是对现有理论的综合和折中，但并不是简单的折中。1981 年，邓宁对该理论做了进一步的深化，出版了《国际生产和跨国企业》一书，引入了时间概念，认为在东道国的不同发展时期，OFDI 的区位选择也具有一定的差异性。

（四）产品生命周期理论

产品生命周期理论由美国经济学家 Vernon 提出，1966 年他发表了论文《产品周期中的国际投资和国际贸易》，对该理论进行了阐述。Vernon 对第二次世界大战以后美国的跨国公司 OFDI 行为进行了考察和分析，据此提出产品具有一定的生命周期，可以分为创新、成熟和标准化三个阶段，每一个阶段具有的比较优势并不相同，获取的利润额度也不相同，OFDI 情况也具有一定的差异性。Vernon 认为，在创新阶段，技术上近乎垄断，没有必要进行 OFDI；在成熟阶段，国内市场趋于饱和，应该考虑对合适的国家进行 OFDI，主要是针对经济发展水平相近的国家，因为其消费水平要高于发展中国家，且产品仍然具有一定的技术优势；在标准化阶段，技术优势几乎消失，竞争主要体现在成本和价格方面，应该选择发展中国家进行 OFDI，因为东道国的劳动力价格较低，所以可以获得超额利润。

二　发展中国家 OFDI 的相关理论

与发达国家相比，发展中国家的经济实力、技术水平、装备能力和生产能力都较低。但随着 20 世纪经济格局的不断变化和全球整体经济水平的不断提高，发展中国家也逐渐开始向其他国家进行 OFDI，这种行为受到了有关学者的关注。但是，发展中国家的 OFDI 和发达国家相比具有一定的差异性，比较明显的特点是发展中国家的技术水平相对落后，并没有垄断优势，这就使得发达国家传统的 OFDI 理论并不适用于发展中国家。因此，有关学者从其他方面进行了研究，如产业结构、技术创新等，形成解析发展中国家对外直接投资的理论。

（一）小规模技术理论

小规模技术理论可以说是发展中国家早期在 OFDI 方面具有代表意义的理论，由美国经济学家威尔斯于 1977 年提出。该理论认为，发展中国家与发达国家相比，在 OFDI 方面也具有一定的竞争优势，主要体现在：一是劳动力成本较低，且多为劳动密集型企业，这样跨国公司的生产成本就会相对较低，在小规模生产上具有一定的优势；二是发展中国家在营销策略方面基本上以低价营销为主，与发达国家相比，投入的广告费用和研发费用较少，使产品成本进一步下降，在价格方面具有一定的优势；三是发展中国家进行 OFDI 时尽量选择和本国市场相近，且具有丰富生产资源的国家作为东道国，在生产要素使用方面也有一定的优势；四是发达国家具有大规模的生产技术，而发展中国家经营灵活，在一些领域拥有小规模技术，可以满足小规模市场，这也是一种技术优势。

（二）技术创新产业升级理论

进入 20 世纪 80 年代，发展中国家的经济发展越来越迅速，在世界经济中的地位逐渐提高，OFDI 也有了很大发展。在持续的对外经济关系中，发展中国家的技术不断进步，产业结构也在不断升级，甚至在某些领域已经超过了发达国家。在这种情况下，一些学者开始从这个角度分析发展中国家的 OFDI 行为，其中比较典型的是英国学者 Cantwell 和 Tolentino，他们在 1990 年《技术积累与第三世界跨国公司》一文中对 OFDI 和技术进步，以及产业结构升级的关系进行了分析。该理论认为，发展中国家的技术进步与发达国家不同，后者依靠投入研发，前者则是在实践中积累和模仿，虽然与发达国家尚有差距，但是发展中国家的方法简单有效。一方面，OFDI 能够促使技术进步和产业结构升级，反过来追求技术进步又进一步刺激了 OFDI，从而扩大了 OFDI 的范围和深度。另一方面，发展中国家在 OFDI 东道国的选择上，一般选择从周边国家到其他发展中国家，再到发达国家的路径，在投资领域上由技术含量较低的产业到技术含量较高的产业，在不断进行 OFDI 的过程中，投资国的生产技术不断进步，产业结构逐渐升级。

（三）技术地方化理论

技术地方化理论是从技术角度出发进行研究的，由英国经济学家拉尔提出。1983 年，拉尔出版了《新跨国公司——第三世界企业的发展》一书，对发展中国家的 OFDI 进行了分析。拉尔的研究是以印度跨国公司为基础的，在掌握大量相关知识信息后，最终形成了技术地方化理论。该理论认为，随着 OFDI 的不断深入，发展中国家获得了国外比较先进的技术，而获得这种技术之后经过本国的再加工，形成一种适应性技术，这种技术虽然不是原汁原味的国外技术，但是在本国，甚至在其他发展中国家更具有地方特色，更具有适应性，进而产生了更多的经济效益。

在这一方面，发达国家往往不会开发适合于发展中国家的技术，也可以说它们很难开发出具有针对性的创新技术，这给发展中国家的 OFDI 提供了机会。事实上，在一些领域中，发展中国家在长期的技术引进和加工过程中已经具有了一定的优势，其产品也有较强的竞争力，在国际市场上能够占据一席之地。

（四）中国 OFDI 的相关理论

改革开放以来，中国和世界的联系逐渐加强，中国在世界经济中的地位越来越重要，在经济领域，不但广泛深入地招商引资，让国外企业"走进来"，还积极地"走出去"，越来越多的公司到其他国家进行投资，实现了历史性的发展。OFDI 也得到了迅速发展，投资额度、投资范围和投资对象都在不断增加，很多学者对中国的 OFDI 进行了研究分析，并形成了一定的理论成果。

总体上来看，中国的 OFDI 经历了以下几个阶段：一是探索阶段（1979—1984 年），这一时期以经济特区为媒介，对港澳地区和周边发展中国家进行小规模投资，这一阶段缺乏经验，在探索中前行；二是起步阶段（1985—1991 年），这一时期相关制度逐步完善，OFDI 出现了较大规模的增长，投资区域也逐渐扩大；三是优化调整阶段（1992—2000 年），1992 年中国确立了市场经济体制，并提出扩大 OFDI，在 OFDI 继续深入推进的同时，各项配套制度也在逐渐完善，但这一阶段整体还是缺乏经验；四是稳步推进阶段（2001—2007 年），这一阶段以中国加入世界贸易组织为契机，为 OFDI 创造了良好条件，并通过一系列政策鼓励企业对外投资，OFDI 得到了稳步且明显的提升；五是高速发展阶段（2008 年至今），在 2008 年国际金融危机中，中国不仅受影响较小，而且充分利用经济环境，积极推进整体 OFDI，这一时期习近平总书记提出了"一带一路"倡议，中国与沿线国家的经济往来进一步密切，为 OFDI 创造了良好的环境，OFDI 的整体范围和深度都有了大幅度的提高。

应该说，中国是世界经济的一部分，也是重要的发展中国家，一些关于发展 OFDI 的相关理论同样适用于中国的实际情况，具有一定的借鉴意义。比如，威尔斯的小规模技术理论和拉尔的技术地方化理论都比较侧重发展中国家的竞争优势，尤其是与发达国家相比具有的优势，从这些理论的视角出发，我们可以解释中国在其他发展中国家的 OFDI 行为，如南非、越南等国。再如，从技术创新、产业升级理论的角度出发，我们可以解释很多中国企业在不断进行跨国投资过程中学习先进的技术，并进行再加工和创新，形成自己的适应技术，从而促使整个产业的技术升级和结构调整。比亚迪汽车在近几年的跨国投资中坚持引进新技术，并在此基础上加大研发力度，终于成了世界新能源汽车业的翘楚，OFDI 额度和利润额都有了较大幅度的增长。

随着中国 OFDI 的发展，有不少国内学者对中国 OFDI 实践进行了跟踪研究和探讨，并在不断的探索中形成了一种学习型动机理论。据有关学者分析，中国是二元经济结构，具有自己的鲜明特色。近年来，越来越多的国内资本流向发达国家，国内学者冼国明和杨锐在 1998 年提出了学习型投资的有关理论，即通过在发达国家进行投资，可以获得当地先进的生产和管理技术，可以在实践中学习和成长。采用学习型投资策略，有利于中国企业的产业结构升级和技术进步，进而可以获得有利的国际分工。1999 年，鲁桐对中国的跨国公司进行了问卷调查，结果表明，中国的跨国公司进行 OFDI 活动的主要动机是获取先进技术并进一步扩大市场，在发达国家建立技术研发机构可以在很大程度上提升中国的科技研发水平。

诚然，中国的跨国公司并不将追求技术进步作为唯一目的，获取更大的竞争力和市场，进而扩展利润空间也是重要目标。比如，冼国明和杨锐（1998）提出，发展中国家的 OFDI 活动分为两种：一是学习发达国家的先进技术；二是到其他发展中国家投资。在长期实践中，中国逐渐形成了比较所有权优势理论，该理论认为，跨国公司应积极利用投资东道国具有比较优势的资源，并逐渐转化为自身的所有权优势，提升企业的竞争能力，因此在开展 OFDI 活动时应充分培养自己的竞争优势。

第二节　国际技术溢出相关理论

一　国际技术溢出的基本概念

技术溢出的概念产生于 20 世纪 60 年代，当时世界处于第二次世界大战结束后的经济高速恢复和发展时期，但整体的技术水平并不高，在生产要素中，知识和技术并未成为主要力量。随着世界经济的不断发展，知识和技术越来越受到普遍重视，并成为一种主要的生产要素，在经济中的影响力日益提高，所产生的溢出效应日趋明显。从根本上讲，知识和技术属于公共产品，既可以为创造者带来经济收益，也可以为其他的相关企业和主体带来收益，因此具有一定的外部性。据有关学者的相关描述，技术溢出是由于跨国公司在世界范围内的经济往来，对当地的生产技术带来扩散转移，从而提高其技术水平，或者通过贸易往来等提高本国技术水平。因此，可以说技术溢出是一种知识技术转移扩散现象，通过经济全球化，使其在不同国家之间形成共享，也就是产生了比较明显的正外部性，是一种技术资源的再配置。更通俗地来说，虽然某个国家没有研发创造出一项新的生产技术，但随着与其他技术创造国家的经济往来日趋密切，可以逐渐获得并利用其他国家创造的技术，并且这项技术的创造国家可能还是自愿的。

一般来讲，国际技术溢出分为正向技术溢出和逆向技术溢出两类。

正向技术溢出的主要渠道是外商直接投资和进口贸易，国外跨国公司在国内进行技术研发，或者通过投资设厂的形式，使国内企业的生产技术水平和研发能力得到一定的提高。从整体上来看，这是本国吸引国外资金或者进口商品的结果，与技术外溢的方向是一致的，因此称为正向技术溢出。从世界方位来看，技术研发国对本国的投资或者出口，出于获取经济收益的考虑，现金、技术流向本国并不是本意，但产生的正向技术溢出却是一种客观现象，输出商品和资本的同时也输出了技术，二者同时输出，且方向一致。显而易见，这种技术溢出一般发生在发达国家向发展中国家的投资和出口中。

逆向技术溢出的主要途径是OFDI。顾名思义，逆向技术溢出与正向技术溢出的投资方向相反，通过资本输出而使本国的技术水平得到提高。近年来，随着经济全球化的发展，不仅发达国家向发展中国家的投资在不断增长，发展中国家对发达国家的投资也在不断增长。在此过程中，发展中国家的资本流向了其他国家，不可避免地与当地企业发生联系，如企业并购、合作研发、技术交流等，使海外子公司接触到了东道国更加先进的技术高地，生产技术水平和研发能力得到了进一步的提升。在此基础上，通过一定的内部渠道，技术研发思路和成果转移回了国内，使得本国的技术水平普遍提升。可以看到，这种投资方式是向外投资，得到的却是本国技术水平的提高，其方向是相反的，因此称为逆向技术溢出。对于一些发展中国家，OFDI的目的可能不仅是获取利润，也可能是获取先进技术，是一种主动获得技术的方式。先进技术从东道国传到母国，在母国国内扩散，使得母国整体的技术水平得到有效提升。

二 外商直接投资技术溢出理论

相对于发展中国家，世界范围内的外商直接投资由发达国家的跨国公司主导，尽管随着全球一体化的逐步深入，发展中国家所占比例日益增加，但发达国家的主体地位仍然不可改变，因为它们的资本和技术优势是比较明显的。外商直接投资的一般路径是发达国家的跨国公司在其他国家通过投资建厂的方式进行资本输出，同时也使东道国的科研技术水平得到提升。从整体上来看，外商直接投资技术溢出可分为产业内技术溢出和产业间技术溢出。

（一）产业内技术溢出

产业内技术溢出，也就是说促进东道国投资产业的技术水平提升。已知知识和技术具有公共产品的性质，在母国的跨国公司向东道国投资的过程中，所带来的不仅是产品，还有新的知识和技术，这种新的知识和技术会在东道国形成一种示范作用。一方面，由于知识和技术具有公共产品的性质，东道国学习和模仿时在某种程度上障碍较低，消化和吸收较为方便，可以带来整个产业的技术进步，这就是产业内技术贸易形成的示范效应。另一方面，知识和技术又不是纯粹的公共产品，在某种程度上具有一定的商品性质，导致投资带来的技术不能百分之百地溢出和转移，而不能溢出的部分则需要靠人力资本的投入来转化，这就带动了东道国人力资源素质的提升，这便是产业内技术溢出带来的人力资本效应。此外，还有一个最重要的效应——竞争效应。发达国家向东道国进行投资，在技术方面是具有先进性的，与当地企业相比能够带来更多的经济效益。受此影响，发达国家的投资会给东道国当地企业带来一定的冲击，同时也带来了竞争压力，但这种压力会转化为动力，刺激当地企业努力提高自身的研发和技术水平，从而推动东道国该产业整体技术水平的提升。

（二）产业间技术溢出

产业间技术溢出，也就是说外商投资产业的关联产业技术水平的提升，包括向前关联和向后关联。具体而言，发达国家的跨国公司在其他国家投资后，与当地企业相比，其运用的知识和技术是比较先进和新颖的，这使得该投资产业的上游企业和下游企业都会在一定程度上提高技术水平，也就是说该投资产业相关联的产业的技术水平也在不断提升。首先分析向前关联效应。一个国外跨国公司在本国投资后，由于产业内技术溢出效应使得整个产业的技术水平得到提升，利润不断增加，产业不断扩大，从而带动下游产业不断发展，利润不断增加。其次分析向后关联效应。发达国家的跨国公司进入其他国家投资后，使得东道国该产业的整体技术水平得到提升，利润增加，从而刺激了产业的膨胀和扩大再生产，其结果是使得该产业的上游企业得到了更大的发展机会。也可以说，该投资产业由于技术溢出带来的发展产生了一定的规模效应，从而推动了上游产业的发展。应该说，无论是向前效应还是向后效应，都是产业间技术溢出的体现，都是外商直接投资技术溢出的重要组成部分。

三　进口贸易的技术溢出理论

技术进步是技术溢出的基础，只有知识水平和生产技术水平不断提高，才有可能出现技术溢出，因此技术进步理论是技术溢出的先决条件。这里不对技术进步理论做特别详细的介绍，技术进步除通过自身研发获取之外，还可以通过引进，在实践中不断学习获取。1971年，经济学家阿罗（Arrow）分析了技术进步对经济的推动作用，同时提出了干中学理论模型，指出劳动者在工作实践的同时，不仅可以推进技术的进步，还可以推进知识和技术的外溢。在此基础上形成了知识外溢模型，并提出了进口贸易技术溢出的相关理论。

Grossman 和 Helpman 在 2002 年指出，在一个开放的经济系统中，某一国家的技术进步不仅取决于研发力度，也取决于贸易等渠道。一般来讲，进口贸易带来的技术溢出主要包含以下几个方面：一是示范和模仿效应。一个国家进口其他国家技术更为先进的产品，在某种程度上也意味着技术的引进，同时进口国也可以对该产品进行技术研究，从而提高本国企业的技术水平，也就是说，进口产品给本国产品带来了一定的示范作用，本国企业可以通过模仿的方式提升技术水平。二是中间产品和资本品的技术效应。技术不仅可以通过进口的最终产品转移，也可以通过进口的中间产品和资本品转移，这是因为技术物化于机械设备等中间产品之间，它们本身包含着大量的技术信息，在这些设备的使用过程中，技术就会不知不觉地溢出，隐性知识便得到了转移。三是带来了竞争效应。一国在进口其他国家技术含量较高的产品时，有可能对本国企业形成一定的冲击，在这种情况下，本国企业不得不面对更强的技术竞争，但压力也是动力，本国企业会想尽一切办法提高自身的技术水平，扭转竞争中的不利局面。近年来，中国的家用电器市场就是一个很好的例子，经过多年的研发、模仿和改进，中国家用电器市场的技术水平不断提升，不仅主导了国内家用电器市场，在世界市场上也有了一席之地。除此之外，国际贸易本身就是一个相互交流的平台，只要是一个开放的国家就会融入该平台，彼此之间相互交流、相互提高，因此随着世界一体化的深入，技术溢出的效率将进一步加快。

四 OFDI 逆向技术溢出理论

OFDI 所产生的技术溢出是一种逆向溢出，即对外输出资本却吸引来了东道国的先进技术，其主要理论在上述直接投资理论中体现，主要包括小规模技术理论和技术地方化理论。一般来讲，发展中国家对其他国家进行 OFDI，尤其对发达国家进行 OFDI，吸取东道国的技术是主要目标之一。该理论认为，发展中国家企业在进行 OFDI 时，在小规模市场上具有一定的技术优势，这也可能成为它在生产成本方面的优势。一般来讲，相较于发达国家，发展中国家在知识、技术等方面并不占优势，但在规模较小的市场中可能会具有某一方面的优势。比如，该市场规模较小、竞争较小，或者具有一定的民族特色，或者投资产业为劳动密集型产业，技术含量较低，所产生的附加价值率也不高，发展中国家在这种市场中具有一定的优势，可以获得该产业或者相关产业的知识和技术，并带动本国产业的技术发展。

另外，该理论指出，发展中国家 OFDI 的一个重要目标就是吸收、学习和消化东道国的先进技术，并有针对性地进行改进和完善，使之更符合东道国的地方特性，进而提升本国的技术水平。同时，发展中国家在 OFDI 的过程中要特别注意将知识和技术进行改进和加工，使之更符合东道国的实际情况，并在此基础上制造出符合当地特色和需求的产品。

第三节 国际分工相关理论

一 产业间分工理论

产业间分工属于传统的国际分工，即不同产业在不同国家的分工。

一般而言，不同产业的技术含量、带来的附加价值和产生的利润额存在差异，发达国家和发展中国家由于所掌握的生产技术和资源禀赋不同，进而产业间分工就会逐渐形成。

（一）绝对优势理论

绝对优势理论又称为绝对成本理论，是比较早的国际贸易理论，1776年由英国古典经济学家亚当·斯密在其专著《国民财富的性质与原因的研究》中提出。该理论认为，国际贸易产生的主要原因是国与国之间要素禀赋不同，在商品生产上存在绝对成本的差异，这就导致了一国生产要素禀赋充裕、成本较低的商品去和其他国家交换本国生产要素禀赋较差、生产成本较高的商品。比如，A国生产服装的成本要绝对低于B国，但生产机器设备的成本要高于B国，那么国际分工应该是A国生产服装，B国生产机器设备，然后通过贸易往来，互相交换产品，这样每个国家都会获得一定的收益。绝对优势理论强调，某一国家生产某一商品的成本绝对高于或者低于另一国家，在此基础上才会产生国际分工。该理论主要明确了以下几个方面的内容：一是强调了分工的重要性，分工可以提升专业化生产，从而提高劳动生产效率；二是国际分工是各种分工的最高阶段，也是开展国际贸易的基础，按照生产成本不同进行分工，每个国家都会获得一定的利益；三是国际分工的基础不仅在于自然资源禀赋的不同，还在于生产技术的不同，比如，某一国家虽然铁矿石储量较少，但钢铁冶炼技术较为先进，这样也可以降低生产钢铁的成本。亚当·斯密的绝对优势理论可以说是自由贸易的先驱理论，但该理论只解释了产生国际贸易和分工的部分原因，对于一个国家在所有分工产业项目上生产成本都低于或者高于另一国家但仍然产生国际贸易这一情况却给不出合适的解释。

（二）比较优势理论

比较优势理论来源于绝对优势理论，却又在很大程度上发展了绝对优势理论。由于绝对优势理论具有一定的局限性，不能解释所有国际分工和国际贸易，英国经济学家大卫·李嘉图1817年出版了他的代表作《政治经济学及赋税原理》，明确提出了比较优势理论。该理论解释了一国在生产任何产品时成本都高于另一国，但仍然存在国际分工的情况，这是因为生产不同产品的成本差异是不同的，成本都高的国家可以集中生产成本相对较低的产品，成本都低的国家可以集中生产成本优势较高的产品，按照"两利相权取其重"的原则进行分工，然后进行贸易往来交换产品，彼此都能获得收益。更直观地来说，如果 A 国生产服装和机器设备的成本都高于 B 国，但相较而言生产服装的成本劣势要低于生产机器设备，B 国的情况则完全相反，生产机器设备的成本优势要高于生产服装，那么 A 国集中生产服装，B 国集中生产机器设备，然后通过贸易往来进行交换，双方获得比较利益。可以看到，比较优势理论克服了绝对优势理论的缺陷，是对绝对优势理论的发展和继承。尽管距离该理论的提出已经过去了两百多年，但它仍然是目前国际贸易和国际分工中的一项基本原则。该理论提出，国际贸易的基础并不限于生产技术上的绝对差别，只要各国之间存在生产技术上的相对差别，就会出现生产成本和产品价格的相对差别，从而使各国在不同的产品上具有比较优势，使国际分工和国际贸易成为可能。仅凭这一点，相对优势理论就具有非常有价值的现实意义，两国的比较优势差距越大，则国际分工和贸易的空间越大，这也解释了发达国家和发展中国家之间的贸易分工。

（三）赫克歇尔—俄林理论

赫克歇尔—俄林理论又被称为要素禀赋理论、"H-O"理论，由瑞典经济学家赫克歇尔首先提出基本理论要点，后由瑞典经济学家俄林进行系统阐述。1933 年，俄林在赫克歇尔研究的基础上，出版了专著《地区间贸易与国际贸易》，最终形成了完整的理论体系。该理论认为，国与国之间的要素禀赋存在一定的差异，而利用这些要素禀赋进行商品生产则是形成国际分工和国际贸易的基础，其中的要素禀赋包括劳动力、资本、土地等，在进行商品生产时需要对不同要素禀赋进行合理配置。一个国家集中生产和出口的商品应该是生产要素相对比较充裕的产品，进口的商品则是生产要素相对比较稀缺的商品。应该说，赫克歇尔—俄林理论是在比较优势理论的基础上形成的，要素禀赋的不同解释了比较优势的原因和来源。换句话说，不同国家的生产要素价格具有一定的差异性，这种差异是因为自身的要素禀赋不同，这就形成了生产商品的比较优势。比如，某一国的劳动力资源非常丰富，则可以生产和出口劳动密集型商品，进口资本密集型商品，与之相反，另一个国的资本资源比较丰富，则可以生产和出口资本密集型商品，进口劳动密集型商品。俄林认为，世界经济体系是一个开放的体系，国与国之间要素禀赋程度不同、价格不同，但是随着开放的经济往来，即生产要素和商品在国家之间流动，其价格会逐渐趋于均等。但是俄林同时指出，生产要素价格均等只是一种趋势，在国与国之间绝对均等几乎是不可能的，因此比较优势依然存在，国际分工和国际贸易也会存在。任何一种理论都有自身的不足，根据赫克歇尔—俄林理论，资本充裕的国家应该生产资本密集型产品，进口劳动密集型产品。但是根据1947年美国的数据，其进口替代品的资本密集度比出口商品的资本密集度高出大约30%，这意味着美国进口的是资本密集型商品，出口的是劳动密集型商品，这与赫克歇尔—俄林理论的理论结果完全相反，这就是著名的里昂惕夫之谜。

二 产业内分工的理论

20世纪中期以来，世界出现了以微电子为代表的第三次技术革命，世界经济有了较大的发展，国际环境和经济形式呈现出新的态势。在这种情况下，产业间的分工理论，包括绝对优势理论、比较优势理论和赫克歇尔—俄林理论等，对于一些新出现的贸易现象和国际分工无法给出科学的指导，因为当时出现了新的分工模式——产业内分工。这种分工受到第三次技术革命和经济高速发展的深刻影响，之前不同国家之间的分工是不同产业的分工，而在新形势下，分工变得更加细化和复杂化，产业间内部形成了更加专业化的分工。比如，同类产品根据其差异性形成了分工，服装产业可能由童装、男装、女装或冬装、夏装等组成，虽然都属于服装业，但根据存在的差异性可以进行分工，A国生产男装，B国生产女装，C国生产童装等，于是根据不同型号、特点、规格对同一类产品进行内部的再一次分工，这就是产业内分工。从本质上看，这是技术进步和经济发展的产物，由于分工更加专业化，对产品的要求不断提高，而对于某一国来说，由于参加了国际的产业内分工，可以集中财力专业生产某一专业方向的产品，规模经济和专业化生产得到了进一步的提升。

从本质上来看，产业间分工指某一产品在国与国之间的单向流动。比如，A国向B国出口服装，B国向A国出口机器。而产业内分工则变成了商品的双向，甚至是多向流动，A国向B国可以出口服装，B国也可以向A国出口服装。近年来，经济学家克鲁格曼、法尔维、兰卡斯特等分别从不同角度提出了产业贸易理论，他们认为产业内的贸易由各国的规模经济和效益所决定，而非双方简单的比较优势，并根据分工模式的不同，将产业内分工分为水平型分工和垂直型分工。水平型分工是指同质产品的属性不同,而垂直型分工指的是产品在某些物理特征或者质量上的不同。垂直型分工一般表现为产品的价格不同,高质量的产品一般价格比较高,低质量的产品一般价格比较低。

三 全球价值链理论和产品内分工理论

(一) 全球价值链理论

全球价值链是在价值链、价值增值链和全球商品链的基础上形成和发展起来的。20 世纪 80 年代,Porter 提出了价值链的概念,这一术语首次出现在人们的视野。在 Porter 的阐述中,一个企业的生产活动可以分为基本活动和辅助活动两类,前者与商品的生产经营直接相关,包括产品生产、运输、销售等,而后者则是为生产活动提供辅助和保障,如人员培训、技术支持、财务保障等。不管是基本活动还是辅助活动,这些生产活动一起构成了这个企业的价值链。价值增值链是由 Kogut 在 1985 年提出的,Kogut 认为价值增值链由不同生产要素组成,经过有效有序的组合,形成产品生产工艺,最终形成产品并实现价值增值。到了 20 世纪 90 年代,Gereffi(1994)提出了全球商品链的概念。Gereffi 分析了各个生产环节,指出不同生产环节可以由不同的国家和地区承担,形成一条全球性的生产链条,并形成最终的产品,这个生产链就是全球商品链。2001 年,Gereffi 对自己的理论进行了更新和修改,首次提出了全球价值链的概念。在此基础上,斯特恩做了进一步的丰富和完善,从组织规模、地理分布和生产性主体三个角度对全球价值链的概念进行了重新界定。斯特恩认为,从组织规模的维度来看,全球价值链指的是参与了某种产品或服务的生产性活动的全部主体;从地理分布的维度来看,全球价值链需要全球范围内的企业进行参与;从生产性主体的角度来看,全球价值链主要由一体化企业、零售商、领导厂商、交钥匙供应商和零部件供应商共同构成。同年,Hummels 也提出了全球价值链的概念。Hummels 认为,形成全球价值链要具备的条件包括:生产过程由多个生产环节组成,而不同的生产环节由两个或多个国家承担,最终产品的形成是多个国家共同生产的结果,一国和另一国交换半成品或中间产品。至此,全球价值链的概念和理论阐述基本形成。

在全球价值链的理论分析中,中国学者也做出了积极的贡献。比如,施振荣于 1992 年提出了"微笑曲线"的概念,更加直观地解释分析了各国在全球价值链中的地位和分工情况。在"微笑曲线"中,两端是产品研发、销售和售后，它们的附加价值率比较高，处于中间的是产品的加工组装，它们的附加价值率比较低，整体来看就是两端高、中间低，像一个微笑的表情。在国际分工中，附加价值率高的分工项目一般由发达国家承担，即两端的部分，发展中国家一般承担中间附加价值率低的部分。这是因为发达国家拥有较多的知识和技术，也拥有比较丰厚的资金实力，在全球价值链中占据有利位置。与之相反，发展中国家的知识技术水平较差，资金也不丰厚，拥有的比较优势可能是自然资源或者劳动力资源，所以只能从事附加价值率较低的生产活动，处于全球价值链的不利位置。

（二）产品内分工理论

产业间分工是同一类产品内部更加细化和专业化的分工，而产品内分工则是对同一产品的生产流程进行拆分，由不同的国家分别承担产品生产的一部分。仍以服装产业为例，生产一件童装可能由几个国家共同完成，有专门生产布的国家，有专门生产纽扣、拉链的国家，有专门设计LOGO图案的国家，还有完成最后组装的国家。可以看到，在同一产品内部，每个国家根据在全球价值链中的地位，分别扮演不同的角色。应该说，产品内分工比产业间分工更加专业化，更加具有技术含量。事实上，同一件产品可能有的地方更需要人力，有的地方更需要知识和技术。于是经过产品内分工，各个国家根据自身要素禀赋的程度可以确定自己的分工结果，是从事劳动密集型的产品部分，还是从事知识密集型的产品部分。当然，不管扮演何种角色，都是国际分工更加细化的体现。在实践中，产品内分工趋势越来越明显。由于分工更加细化，参与其中的某个国家能够集中有限的资源进行专业生产，规模经济所体现出来的效率会更加明显，不仅可以发挥出自身的比较优势，还有利于提高效率、节约成本。

目前，世界上大多数跨国公司都会在合适的母公司设立自己的分支机构，在全球范围内进行一体化生产，也可以说是在全球范围内进行分工，这种分工超越了国家的边界，也超越了产业的边界，使生产成本达到最低，生产效率达到最高。跨国公司可以根据各个东道国的资源禀赋情况，确定子公司的分工。比如，A国的知识水平较高，可以让其子公司主要负责产品设计环节，B国的原材料资源丰富，且劳动力资源充裕，可以让其子公司进行劳动密集型的产品生产。如此看来，产品内分工的深化使产品生产变为全球性的活动,而跨国公司的出现则把全球性的生产活动变得更有组织,能够统一匹配生产工序,使生产成本进一步下降。总体来看,产品内分工是经济一体化过程中,国家在全球价值链中的再分配。由于不同生产环节为产品带来的价值增值不同,各个国家都试图在全球价值链中获得有利的分工,占据价值增值较多的环节,从而保持自身的利润和核心竞争力。

第四节 产业升级相关理论

产业升级理论是产业经济学的重要内容,也是长期以来众多学者广泛关注的焦点。自17世纪末期,英国经济学家威廉·配第对产业结构进行研究以来,经济学家从不同角度、不同侧重点进行了分析。经过多年的发展,产业结构升级理论逐渐成熟,但是随着发展中国家在世界经济中的地位越来越重要,传统理论需要不断完善,加之世界经济环境发生了深刻变化,新的产业结构升级理论逐渐形成。应该说,制造业升级是产业结构升级的重要内容,在学术界一直备受青睐。

一 传统的产业结构升级理论

虽然学者对产业结构的研究由来已久,但是真正将产业升级作为系统的理论进行研究却是从20世纪开始的。在长期的研究过程中,大部分学者将产业结构升级视为产业结构的高级化,或者调整的动态过程,是由低级向高级的转化。1985年,中国学者杨治的《产业经济学导论》,对产业结构升级理论做了比较系统的总结和归纳,这也是中国关于产业结构升级较早的比较系统的论述。从整体上来看,传统的产业结构升级理论主要包含以下几个方面。

(一)配第—克拉克定理

英国古典经济学家威廉·配第的经典代表《政治算术》应该是对产业结构最早的论述,但对其内容进行归纳验证的却是几百年后的经济学家克拉克。克拉克在《经济进步的条件》一书中,对40多个国家和地区在不同时期的三次产业投入产出进行了总结分析。克拉克在此基础上提出,随着经济的不断发展,劳动力也会在产业间发生转移,即由第一产业向第二产业转移,进而向第三产业转移,这一关于劳动力转移的论述也是世界上较早的产业结构升级理论。可以看出，升级过程就是第一产业弱化，第三产业比重增加的过程，这也是到目前为止非常经典的产业结构升级理论。

(二) 产业结构论

该理论由美国经济学家库兹涅茨提出，1941 年，他的《国民收入及其构成》一书，对三次产业结构的变化进行了分析说明。虽然该理论是在配第一克拉克定理的基础上形成的，但其关注的核心焦点是产值结构，这一点与仅关注劳动力转移有着一定的区别。该理论认为，随着经济的不断发展，第一产业产值的比重逐渐下降，劳动力占总劳动力的比重也在下降，与此相对应，第二产业产值的比重逐渐增加，但劳动力的转移并不明显。随着经济的进一步发展，第三次产业产值的比重不断提升，同时劳动力占总劳动力的比重也在上升。库兹涅茨提出的产业结构升级理论是在总结 20 多个国家的相关数据的基础上分析形成的，应该说具有一定的研究和应用价值。

除上述比较典型的两种理论外，还有日本经济学家赤松要提出的"雁行形态论"。该理论于 1932 年提出，认为一国的产业应该与世界市场紧密接轨，这样才能使本国的产业结构国际化。该理论认为，一国的产业发展政策应根据"雁行形态"制定。比如，日本产业曾经历了进口、当地生产、开拓出口、出口增长四个阶段，而某一产业随着进口的不断增加，以及国内生产和出口的形成，其图形就如 3 只大雁在飞翔。此后，一些经济学家经常以此表述后进国家工业化、重工业化和高加工度发展过程，并称为雁行产业发展形态。

其实，对产业结构研究的学者有很多，比如魁奈、亚当·斯密等，从不同方面对产业结构做出了相关论述和积极贡献，但是形成比较系统的理论是从 20 世纪三四十年代开始的。需要指出的是，这些经济学家的研究基本上是从发达国家的角度出发的，对发展中国家却少有涉及。进入 20 世纪五六十年代，世界经济的整体环境有了较大变化，微电子技术乃至信息技术有了飞速发展。同时，发展中国家的经济逐渐崛起，并越来越占据重要地位，工业化进程的加快使得劳动密集型产业逐渐向资本密集型产业和知识密集型产业转变。在世界形势日新月异的变化下，产业结构升级理论也在不断发展，并逐渐形成了一批新的理论体系。

二 产业结构升级理论的发展

(一) 二元结构转变理论

在传统的产业升级理论中，基本上都是以发达国家为研究对象的，但第二次世界大战以后，一些发展中国家的经济发展速度越来越快，开始由原来的以农业为主向以工业为主进行转变，并逐渐成为世界经济体系中不可忽视的角色。在此过程中，产业结构升级理论引起了经济学家的广泛关注。美国学者刘易斯在1954年的《劳动无限供给条件下的经济发展》一书中提出了二元结构转变理论。该理论认为，经济社会可以划分为城市部门和农业部门，而发展中国家则同时具备这两个特点，兼有农业部门和城市部门的二元经济结构。在农业部门，由于土地资源是有限的，其劳动边际生产率逐渐下降，甚至归零。在这种情况下，农村的劳动人口会越来越多，失业状况日益严重，此时剩余的农村劳动力会逐渐涌入城市，流向工业部门，这恰恰能够满足工业部门对劳动力的需求。从整体上来看，这是一个人口由农村向城市转移的过程，农村劳动力的减少，增加了自身的边际生产效率，而城市工业部门随着农村劳动力的涌入，生产效率则在下降。久而久之，农村部门和城市工业部门的边际劳动生产率逐渐达到平衡。二元结构转变理论分析了发展中国家农村和城市生产效率的差异，认为应在此基础之上进行优化调整和重新组合，最终达到产业结构升级的目的。

(二) 主导产业部门理论

美国经济学家罗斯托曾做了系统的研究分析，为主导产业领域的研究奠定了基础。该理论认为，人类社会的发展主要包括传统社会阶段、起飞准备阶段、起飞阶段、成熟阶段、高消费阶段、高质量需求阶段六个阶段，每个阶段都有自己的主导产业，阶段与阶段的交替也是主导产业的交替。在每一个阶段中，主导产业对经济的发展均发挥着至关重要的作用，对其他产业也有一定的带动作用和扩散效应，这种扩散效应指的是回顾效应、旁侧效应和前瞻效应。具体而言，回顾效应是指主导部门的增长对那些向自己供应投入品的供应部门产生的影响；旁侧效应是指主导部门的成长还会引起周围地区在经济和社会方面的一系列变化；前瞻效应是指主导部门的成长诱导了新兴工业部门、新技术、新原料、新材料、新能源的出现。在每一个阶段主导产业部门的扩散影响下，产业结构最终得到了不断的优化调整和升级。

(三) 不平衡增长理论

德国经济学家阿尔伯特·赫希曼,在1958年的专著《经济发展战略》中,提出了不平衡增长理论,这一学说属于非均衡增长理论的内容。《经济发展战略》的核心内容包括三部分,即"引致投资最大化"原理、"联系效应"理论和优先发展"进口替代工业"原则。该理论认为,发展中国家由于资金实力有限,不能在每一个领域都进行大规模投资,因此可以有目的地选择某些部门集中资本和资源优先发展,同时带动其他部门和领域的发展。阿尔伯特·赫希曼认为,一国经济的发展之路本身就是不平衡的,有的部门优先发展,有的部门稍后发展,因此选择合适的优先发展部门尤为重要,不仅自身能够得到较大发展,还可以带动其他相关产业的发展。根据不平衡增长理论的论述,国家应该集中有限的资金,优先投资发展产业关联度较强的部门。比如,钢铁工业不仅是重要的制造业部门,而且还具有一定的产业关联度,与机械、电子交通、能源等都有着密切关系,因此优先发展钢铁业,其实就是优先发展了众多相关产业。不平衡增长理论从区域发展不均衡、资源配置最大化等方面出发,对产业结构升级和调整做出了分析,并提供了相关的方法和路径。

(四) 内生经济增长理论

其他经济理论一般认为技术是经济发展的一种外生变量,而内生经济增长理论则认为技术进步是一种内生变量,其中比较有代表性的是保罗·罗默的知识溢出模型和罗伯特·卢卡斯的人力资本模型。1986年,美国经济学家保罗·罗默的《收益递增经济增长模型》一书,对内生经济增长理论做了专门的论述。在他的模型中涉及的几个主要生产要素为资本、人力资本、劳动和生产技术,同时他将社会生产划分为研究部门、中间品生产部门和最终生产部门。该理论虽然肯定了知识技术在经济发展中的作用,但也存在一定的缺陷。比如,人力资本没有得到应有的重视,对人力资本总量保持不变的假设等。与此同时,美国经济学家罗伯特·卢卡斯却对人力资本这一生产要素给予了高度重视。1988年,罗伯特·卢卡斯发表了论文《论经济发展的机制》,在文中提出了人力资本模型。在论文中,罗伯特·卢卡斯证明了人力资本对经济产出的重要作用,即产出是随着人力资本的增加而增加的。该模型还指出,人力资本决定着生产技术水平,所以积累人力资本就是为经济长期发展奠定良好的基础。内生经济增长理论从内生的技术进步、知识储备、人力资源储备等方面阐述了影响经济结构调整和升级的因素，并提出了相应的策略。

(五) 经济一体化背景下的产业升级理论

20世纪后期以来，经济全球化和经济一体化的发展日益深化，不仅是发达国家，连同发展中国家也开始注重海外投资和经营活动，越来越多的跨国公司参与国际分工，在全球价值链中谋求自己的位置，一个产品往往需要多个国家或者全球价值链的共同参与。这说明世界经济发展的整体环境发生了改变，发展环境的深刻变化必然导致经济增长方式和产业结构升级的变化，一些学者对此给予了广泛的关注，研究如何在新形势下获得竞争优势，如何在世界经济一体化中实现产业结构的升级调整。相关理论很多，其中比较有代表性的是迈克尔·波特在1985年的《国家竞争优势》一书。迈克尔·波特认为，价值链是企业的一个系统工程，包括产品的研发、设计、制造、营销等一系列要素，生产环节不同，所体现出来的价值也就不同。在世界经济一体化过程中，不同国家的分工可能不同，自身产业升级的水平也具有一定的差异性，这就决定了其在世界范围内的竞争优势。Gereffi 在1999年将产业升级划分为产业间升级、经济活动升级、产业内升级和产品升级，产业升级不仅影响着一个国家参与世界经济一体化和全球价值链的分工，还会影响自身的产业结构升级水平。总体来说，国际环境发生了深刻变化，使得产业升级变得越发复杂，但无论是产品升级还是生产工艺升级，都反映了产业由低级向高级、由劳动密集型向资本密集型和知识密集型发展的动态过程是一个必然趋势。

三 制造业产业升级的理论

关于制造业的概念界定最早可以追溯到19世纪初期。1803年，法国经济学家萨伊的专著《政治经济学概论》，提出了制造业的概念，即当这类劳动用于分割、组合或改造天然产物并使其满足我们的各种需要时，我们称其为制造业。中国对制造业的概念也有相关界定。1984年，国家统计局首次发布《国民经济行业分类》，并经过了1994年、2002年、2011年和2017年的四次修订，在修订的《国民经济行业分类》（GB/T 4754—2017）中，明确了制造业的概念："经物理变化或化学变化后成为新的产品，不论是动力机械制造或手工制作，也不论产品是批发销售或零售，均视为制造；建筑物中的各种制成品、零部件的生产应视为制造，但在建筑预制品工地，把主要部件组装成桥梁、仓库设备、铁路与高架公路、升降机与电梯、管道设备、喷水设备、暖气设备、通风设备与空调设备、照明与安装电线等组装活动，以及建筑物的装置，均列为建筑活动；本门类包括机电产品的再制造，指将废旧汽车零部件、工程机械、机床等进行专业化修复的批量化生产过程，再制造的产品达到与原有新产品相同的质量和性能。"由此可见，制造业属于第二产业。根据该标准，制造业可分为31个类别。

根据划分标准的不同，对制造业有不同的分类方法，这也是学术界一直以来广泛关注的问题。根据包含的生产要素密集程度不同，制造业可以分为劳动密集型、资本密集型和知识密集型。根据生产技术的先进程度，制造业可以分为高技术制造业和传统技术制造业，前者对技术的要求较高。根据国家统计局的划分，医药制造，航空、航天器及设备制造，电子及通信设备制造，计算机及办公设备制造，医疗仪器设备及仪器仪表制造，信息化学品制造六大类属于高技术产业（制造业），其余制造业我们可视为传统制造业。此外，还有一种比较普遍的分类方法，根据制造业产出附加价值的高低，可将其分为高附加值产业和低附加值产业。

制造业一般是国民经济的支柱产业，制造业升级是产业升级的重要组成部分，许多产业升级理论适用于制造业的升级，但一些学者针对制造业的实际情况，对制造业的升级进行了理论阐述。比如，2001年，Ernst指出了产业升级的形式，其中包括由附加价值低的产业向附加价值高的产业转变；2004年，Poon指出，产业升级是由劳动密集型产业转向更具获利性的资本和技术密集型产业的过程。中国学者近年来针对制造业升级也有了较深刻的研究。1988年，吴崇伯指出，产业升级就是产业结构的升级，是从劳动密集型向知识密集型的转变；刘志彪（2000）、高燕（2006）等认为，产业升级是指产业由低附加值状态向高附加值状态的转变，主要包含资源在产业间的移动，以及同一产业内部从低效率企业向高效率企业流动两种形态；朱卫平和陈林（2011）认为，产业升级的内涵是凭借比较优势，从土地、劳动力等低端资源发展到资本和技术等高端要素，促使新兴主导产业不断涌现，迫使旧的主导产业通过技术、组织形式和产品升级来减缓产业衰退的过程；杨继东和杨其静（2020）认为，制造业升级可以体现为产业内部高技术企业比重上升，并更多地进行技术创新和专用资产投资来生产差异化产品；等等。可以看出，国内外对于制造业升级的阐述虽侧重点不同，但基本都是由低级向高级、由低附加值向高附加值的转变，产业的技术含量不断提升，劳动密集型产业逐步向知识技术密集型产业转移，这是制造业升级的体现，也是必然的发展趋势。

第五节 "一带一路"倡议相关理论

一 "一带一路"倡议内涵

"一带一路"是"丝绸之路经济带"和"21世纪海上丝绸之路"合作倡议的简称。2013年9月，习近平主席在访问哈萨克斯坦时首次提出要用创新的合作模式，共同建设"丝绸之路经济带"，以点带面，从线到片，逐步形成区域大合作。10月，习近平主席在访问印度尼西亚时又提出愿同东盟国家发展好海洋合作伙伴关系，共同建设"21世纪海上丝绸之路"的倡议。12月，中共中央经济工作会议决定"一带一路"正式成为国家决策，引起了广泛的国际关注。2015年3月，国家发展改革委、外交部、商务部联合发布了《推动共建丝绸之路经济带和21世纪海上丝绸之路的愿景与行动》，明确了"一带一路"的任务与方向。2017年10月，中国共产党第十九次全国代表大会召开，会上将推进"一带一路"建设写入党章，体现了中国积极推进"一带一路"和建立新的国际合作模式的决心。2023年10月17—18日，在"一带一路"倡议十周年之际，第三届"一带一路"国际合作高峰论坛在北京举行。11月24日，中国发布了共建"一带一路"未来十年发展展望。

"一带"，即"丝绸之路经济带"，丝绸之路从中国的三个方向出发：一是到东南亚、南亚次大陆和印度洋岛国；二是经中亚、西亚至波斯湾和地中海；三是经中亚或俄罗斯到达欧洲。"一路"，即"21世纪海上丝绸之路"，有两个重点方向：一是从中国的沿海港口出发，经过南中国海到达南太平洋区域；二是从中国的沿海港口出发，经过南中国海后进入印度洋，再延伸至欧洲和非洲东海岸。"一带一路"贯穿亚欧非大陆，一端是活跃的东亚经济圈，另一端是发达的欧洲经济圈，中间广大腹地国家的经济发展潜力巨大。

"一带一路"倡议立足于有千年历史的丝绸之路和海上丝绸之路的精

神，不断增加与中亚、南亚次大陆、中东欧和印度洋沿岸国家的经贸关系，构建"一带一路"产业链和价值链。

二 "一带一路"倡议的经济学诠释

"一带一路"倡议在重新构建互利互赢的世界经济新秩序中具有重要意义，应该说，"一带一路"倡议具有一定的经济学理论基础。

（一）"一带一路"倡议深化了国际分工理论

"一带一路"倡议是具有开放性、包容性的区域合作倡议，是共商、共建、共享的联动发展倡议。在建设"一带一路"的过程中，协议方将最大限度地发挥比较优势，根据实际情况开展自身具有优势的项目，在此基础上彼此互相合作，将竞争关系变为竞合关系，将部分受益的过程变为共同受益的过程，从而促进区域内各国经济的共同发展。进一步地讲，"一带一路"倡议诠释和深化了国际分工理论。传统的国际分工体系由发达国家主导，使得利益分配失衡，即大部分收益被发达国家获取，发展中国家只能从事知识含量较低、资本密集度不高的分工项目。而"一带一路"的建设则对传统的国际分工体系提出了挑战，可以从根本上打破这种不平衡的分工，从而形成新的国际分工体系。在新的分工体系下，"一带一路"沿线国家致力于促进贸易投资便利化，分享自身和其他国家的成果，一些经济较为发达的国家通过包容性的举措帮助经济较为落后的国家，使其在自身优势产业上提升自主发展能力，从而推动其经济发展，而前者也能够在此过程中获得一定收益，形成一种互赢互利、共同发展的局面。包容性和互赢互利是全新国际分工体系的关键词，也代表了今后世界经济发展的趋势。

对中国而言，"一带一路"建设主要包含四个经济区域，即东亚、欧盟、东盟及南亚、非洲。东亚区域主要包括日本和韩国，这两个国家经济比较发达，资本比较充足，对中国输出较多；欧盟国家普遍比较发达，产业的知识技术含量较高，市场也很成熟，在国际贸易中人多采用"原材料进口+产品输出+资本输出"的模式；东盟及南亚基本上为发展中国家，在目前世界加工业梯度转移的大趋势下，该区域成为基础制造业的主要区域；非洲国家则相对落后。近年来，中国的经济发展比较快，释放出较多的市场需求，但同时资源短缺和部分产能过剩的情况也很突出，需要在世界经济体系中寻求范围更大的分工体系。"一带一路"倡议将四个经济区域联系起来，根据实际情况与中国市场进行匹配，形成一种新型的分工模式。进一步讲，中国凭借大型基建优势为非洲提供基础性发展支撑，促进其"造血功能"的构成，形成"资源+产业"型分工。中国为东盟国家提供产业基础设施建设，形成产业型分工。"一带一路"倡议在中亚地区进展较快，尤其在基础设施建设方面取得了突出的效果。对于中国来说，不仅丰富了油气等能源的来源，还促使中国的优势产业走向世界，中国与中亚地区基于产业型互补基础的新型国际分工合作实现了产业结构优化和互利共赢。中国与东亚的资本合作和产业合作基本相当，资本合作略多。中国与欧盟国家以资本和贸易合作为主，在"一带一路"倡议下，双方共同开发项目，形成投资、金融合作伙伴关系等。

（二）"一带一路"倡议诠释了国际合作理论

两千多年前的古丝绸之路建立了中国与沿线国家紧密的经贸往来关系，如今的"一带一路"倡议不仅为中国与其他国家在政治、经济和文化等方面的进一步交流搭建了平台，而且为开展新型的国际合作提供了便利。在"一带一路"倡议下，沿线国家和地区在贸易政策上相互包容，战略上彼此对接，凝心聚力，共同推进区域经济，乃至世界经济的发展。从根本上讲，"一带一路"建设就是沿线国家和地区彼此提高开放程度，加大经贸合作力度，实现互利互惠、共同发展。以此为目标，"一带一路"沿线国家开展了多方面的合作，包括基础设施优先合作、互惠互利平等合作、绿色低碳可持续发展合作等，其结果是投资贸易便利化水平进一步提升，高标准自由贸易区网络基本形成，经济联系更加紧密，政治互信更加深入，人文交流更加广泛，不同文明互鉴共荣，各国人民相知相交、和平友好。

"一带一路"倡议使中国和其他国家形成了新型的、全方位的、深层次的国际合作关系，在政策沟通、设施联通、贸易畅通和资金融通等方面的合作更加密切，为经济发展带来了新的动力和产能。"一带一路"倡议提出以来，不仅中国开启了改革开放的新篇章，"一带一路"也逐渐成为推动全球多边合作的重要平台，越来越多的国家对此给予了关注，纷纷积极响应，签订合作协议。截至 2023 年 6 月底，中国与 150 多个国家、30 多个国际组织签署了 230 多份共建"一带一路"合作文件。2013—2022 年，中国与共建国家的进出口总额累计达到 19.1 万亿美元，年均增长 6.4%；中国与共建国家的双向投资累计超过 3800 亿美元，其中中国的 OFDI 超过 2400 亿美元。2015 年 4 月，习近平主席访问巴基斯坦，双方领导人一致同意将中巴关系提升为全天候战略合作伙伴关系，这是中国外交史上第一个"全天候"双边关系。2018年1月，在智利圣地亚哥举行的中拉论坛第二届部长级会议上，中国正式邀请拉美国家加入"一带一路"倡议，并联合发布了《"一带一路"特别声明》。当时拉美国家在经济上正处于低迷时期，"一带一路"和中拉合作发挥了经济稳定器的作用。2020年，中国政府与非洲联盟委员会签署了《中华人民共和国政府与非洲联盟关于共同推进"一带一路"建设的合作规划》，这是中国与区域性国际组织签署的第一个共建"一带一路"规划类合作文件，双方在政策沟通、设施联通、贸易畅通、资金融通等领域明确了合作内容和重点合作项目，并提出了时间表和路线图。

"一带一路"倡议促进了沿线国家间的优势互补，共同应对全球性挑战，推进共建"一带一路"高质量发展，为世界范围内的合作创造了新机遇。比如，在"一带一路"倡议下，中国与埃塞俄比亚合作修建了亚吉铁路，这条铁路将埃塞俄比亚的首都亚的斯亚贝巴与吉布提港口连接起来，方便了当地的工业制成品运往欧美市场，亚吉铁路的建成大大促进了埃塞俄比亚的工业化进程。再如，在"一带一路"倡议下，中国不仅帮助东盟国家建立了许多产业园，还帮助这些国家完善了配套的基础设施，使当地产业得到升级，更容易吸收制造业投资，从而带动了东盟国家的出口收入增长。除此以外，"一带一路"倡议还帮助许多发展中国家有效缩减了地区差距。中国积极响应联合国提出的减贫计划，积极承担国际责任和义务，帮助发展中国家消除贫困。美国加利福尼亚州某家研究机构发布的一项研究表明，随着"一带一路"倡议下基础设施建设的推进，非洲国家的经济活动更加多样化，地区之间的发展更加平衡，"一带一路"对非洲国家缩小地区差距和减少贫困产生了巨大影响。

（三）"一带一路"倡议对全球价值链进行了重构

随着世界经济一体化进程的加快，国际分工和贸易往来日益深化，大部分国家积极融入全球价值链，在世界经济体系中扮演着各自的角色。近年来，世界经济形势发生了很大变化，尤其是2008年国际金融危机，使得单边主义、贸易保护主义越来越明显，对国际分工体系造成了一定的冲击。突如其来的新冠疫情导致部分供应链断裂，使全球价值链出现萎缩，全球范围内价值链的分化和重构成为一种必然的趋势。面对复杂的国际经济形势，一些发展中国家自身经济体量较小，无法阻挡来自各方面的冲击，于是希望加入区域性组织，共同抵御经济风险，从而维护自身利益。"一带一路"建设使得沿线国家的联系更加紧密，释放出更大的合作力量。"一带一路"倡议在将单个国家的产业链融入全球产业链的同时，还扩大了中国在沿线区域的投资范围，通过建立各类产业园等全新合作模式，为中国与沿线国家的产业结构升级和产能合作创造了更大的空间。从本质上来说，"一带一路"倡议秉承开放包容和互学互鉴的合作态度，实施"一带一路"科技创新行动计划，与共建国家在科技人文交流、共建联合实验室、科技园区合作、技术转移等方面开展广泛合作，与共建国家形成技术共生、产业共生及市场共生，实现以双边价值链升级为标识的互惠共生。

在"一带一路"的建设过程中，中国把关注焦点放在了发展中国家基础设施建设比较薄弱、产能相对较低这些问题上，以积极的态度和合作共赢的原则，与沿线国家共同投资，开展基础设施建设。可以说，这是中国与其他发展中国家形成的产能扩大合作。在此基础上，不仅可以增加就业机会，带动贸易往来和制造业的发展，还可以推动经济的共同发展，带动更多的发展中国家融入全球价值链，使得价值链的重构进一步深化。在"一带一路"背景下，各大企业积极追随国家的"走出去"战略，智能制造、机器人等技术成为中国加强与共建"一带一路"国家技术合作与创新的动力，不仅提升了行业的技术标准，实现了行业技术的持续创新，还为进一步提升全球价值链夯实了基础。中国正在运用自身较完备的供应链体系，通过联动产业链协同发展和跨境供应链链式助推模式，在"一带一路"框架下与共建国家在更高质量和更高水平的标准、管理、规则和规制等方面达成共识，以构建稳定安全的产业链和供应链。

在世界经济持续低迷下，"一带一路"倡议却逆势前行，在全球价值链方面发挥了非常重要的作用。一是合作需求和意愿更加明显。新冠疫情使得世界上的部分经济价值链发生了断裂，必须进行修复，而"一带一路"倡议恰好为大多数国家和地区提供了相互交流的平台。利用该平台，国家之间加强交流和沟通，相互合作，共同抵御风险。中国作为"一带一路"的发起国，不仅拥有非常大的市场规模，而且各类产业比较齐全，经济总量也位居世界前列，在价值链重构方面具有一定的优势。二是合作领域和范围进一步扩大。在"一带一路"倡议的初期，中国和其他国家的合作更注重于基础设施建设、高科技产业等领域。面对新冠疫情，"一带一路"建设围绕卫生健康进行了很多合作，如疫苗合作、抗疫援助等，努力打通海陆空运输通道，并积极打造"健康丝绸之路"。此外，近年来"一带一路"沿线国家在绿色经济、数字经济等方面进行了更加深入的合作。这一切都说明，随着"一带一路"建设的不断深化，国家间合作的领域也越来越广，对于优化世界范围内的资源配置，重构全球产业链有着积极的意义。三是合作的形式进一步丰富。在新冠疫情的背景下，线上经济蓬勃发展，实体经济和虚拟经济相互促进，实际上有助于促进新产业、新业态的深入发展，有利于丰富价值链种类和提升附加值。

第三章 "一带一路" OFDI 逆向技术溢出的制造业升级效应形成依据分析

从国际经贸往来的发展演变来看，跨国公司的快速发展壮大推动了 OFDI 的发展，随着全球关税和属权贸易壁垒的逐步降低，产品的跨国生产分工活动不断细化，以中间品为桥梁的全球价值链分工体系逐步形成。基于海关进出口总值口径的传统统计方法存在较严重的重复计算问题，特别是对于像中国这种加工出口占较大比重的国家，使用总值口径统计方法无法准确反映中国制造业参与全球价值链分工的状况和贸易利益，也难以客观体现 OFDI 逆向技术溢出对中国制造业升级的影响作用程度，因此本书将采用增加值核算方法测度"一带一路" OFDI 逆向技术溢出状况以及制造业升级状况，检验"一带一路" OFDI 逆向技术溢出对中国制造业升级的影响作用程度等。

第一节 关于增加值贸易核算依据

由于价值链是伴随着制造业垂直专业化分工而形成的，因此首先需要阐述增加值贸易核算框架，在此基础上界定"一带一路" OFDI 逆向技术溢出形成机制、制造业价值链分工及升级机制，以进一步界定分析"一带一路" OFDI 逆向技术溢出对中国制造业升级的直接效应和间接效应。

一 增加值贸易理论演进

长期以来，统计跨境产品流通的国际贸易核算方法遵循"国民经济核算体系"中的"物品跨境原则"和"原产地原则"，形成了传统的国际贸易核算体系，即以总值统计口径统计一国或地区的最终品出口价值，没有对出口总值中的国内增加值、国外增加值和重复计算部分进行分解剥离。然而在全球价值链分工体系下,按照比较优势和要素禀赋状况,分布在不同国家或地区进行生产的中间品在参与价值链的各国间流通,形成产品生产分工的专业化、垂直化和空间配置跨国化,由此促进国际贸易中的中间品贸易占比迅速上升。而传统的总值统计口径贸易核算方法无法准确衡量中间产品在多国间的往复,导致基于海关进出口的传统总值统计数据难以真实反映一国在全球价值链中的分工地位和贸易利益。由此可见在全球价值链分工背景下总值统计方法的局限性。

(1) 在最终品出口总值中含有中间品的重复计算部分。全球价值链分工以中间品为桥梁,在价值链参与国之间多次跨境往复,而每一次中间品跨境流动均计入国际贸易账户中,导致对出口产品贸易的重复计算,特别是中国在全球价值链分工中主要是加工组装环节,大量进口中间品加工组装后再以最终品出口,按照传统的统计方法计算中国的出口总额就会出现虚高,而实际上出口增加值较低的情况。

(2) 传统统计口径的计算方法容易引致高估中间品贸易国的贸易顺差。由于中间品贸易规模的日益扩大,传统总值统计口径下的贸易重复计算导致出口存在严重虚高的情况,中间品贸易国的贸易顺差和贸易失衡被高估。为了改变这种基于传统统计口径计算方法导致的贸易顺差和贸易利益失衡问题,必须构建一套全新的贸易核算框架体系,对一国的出口总值进行分解,客观核算一国出口的真实获利情况,以适应国际贸易的新发展趋势。

(3) 传统统计口径对出口产品价值分布和来源无法做出准确的分解和衡量。中间产品跨境流动,使出口最终品中的价值来源更为复杂多样。在传统统计口径下,最终品出口价值为该国出口最终品时的海关统计结果。对中间品参与该产品生产过程中产生的国内增加值、国外增加值、重复计算部分等不能做出清晰明确的分离,因此随着中间品贸易的持续发展,国际贸易中重复计算的问题日益严重。加工组装最终品出口的发展中国家的贸易总额迅速增长,而贸易利益却增长缓慢。由此可见,传统统计方法难以真实反映各国在价值链分工中的地位和贸易利益。

为了解决传统统计口径下的重复计算问题,以出口产品中的增加值为统计口径的增加值贸易核算方法以其具有的客观性和准确性被广泛接受和应用,从增加值贸易理论的演进历程来看,分为以下三个阶段。

第一阶段,增加值贸易核算方法提出阶段。Hummels 等(2001)提出了垂直专业化贸易概念，度量出口品中的进口中间品部分和被其他国家用于最终生产的中间品出口部分，进而得出一国出口的直接或间接增加值测算方法——HIY 方法。HIY 方法在应用时需要两个严格的假设：一是假设国内最终消费品和出口品生产中进口中间品的比例相同，HIY 方法认为加工贸易、一般贸易和国内贸易中外进口中间品的比重相同，这一假设低估了加工贸易中进口国外中间品占比高的问题；二是 HIY 方法强调进口中间品仅包含了国外增加值，这一假设忽略了进口中间品中存在的返回国内的增加值，即一国出口部分国内增加值经过加工后以中间品的形式折返回本国。以上两个假设使 HIY 方法在应用中受到了严重限制。

第二阶段，针对 HIY 方法在测度垂直专业化的过程中存在的不足，Daudin 等（2011）采用垂直专业化指数来表示中间品出口后复进口的国内增加值。之后有学者基于 Daudin 等的研究进一步提出衡量一国最终品出口中吸收的中间产品增加值和一国进口中间产品增加值在最终品出口中的比例。

第三阶段，通过放松 HIY 方法的假设条件，建立解释一国出口中国外增加值来源问题的框架，即放宽关于进口中间品仅包含国外增加值的假设条件。KPWW 增加值研究方法将投入产出系数表分为加工出口、国内最终使用、一般出口三种类型。同时，将一国的出口分解为进口国吸收的最终品中的国内增加值、进口国用于满足国内需求所进口的中间品中的国内增加值、进口国加工后出口至第三国的进口中间品中的国内增加值、进口国加工后复出口后又回本国的中间品出口中的国内增加值、出口中的国外增加值五个部分。Koopman 等（2010）改进了 KPWW 方法，进一步放松了 HIY 的研究条件，构建考虑价值链生产分工的投入产出分解公式，从而实现加工贸易和一般贸易的统一。KPWW 方法将 B 国出口至 C 国的总出口 E_{bc} 分解为以下两个部分：

$$E_{bc} = Y_{bc} + A_{bc}X_c = Y_{bc} + A_{bc}X_{cc} + A_{bc}X_{cb} + \sum_{a \neq c, b} A_{bc}X_{ba} \quad (3.1)$$

其中，第一项为向 C 国出口的最终品，第二项为向 C 国出口的中间品，第三项为 B 国出口后折返回的中间品，第四项为 B 国加工出口至第三国的中间品。

二　增加值贸易核算框架的界定

从现有研究成果的分析结论来看，以往以传统总值统计口径估计

2010年前中国的贸易出口总额时被高估近20%，贸易顺差更是被高估近25%。在全球价值链分工体系下，随着中间品贸易比重的不断增加，中间品贸易成为产品内分工的桥梁。因此，需要使用增加值贸易核算框架来解决存在的现实问题。

王直等（2015）构建了适用于国别层面、双边部门层面的完全增加值分解方法，即WWZ方法。WWZ方法成为从产业部门后向联系和前向联系分解出口增加值的方法。其中，采用产业部门前向联系的增加值分解，分析了出口产品的最终吸收地区和吸收渠道；采用产业部门后向联系的增加值分解，分析了最终产品的增加值来源，实现了国际贸易统计核算框架同国民经济核算体系之间的系统联系和统一的分析框架。本书借鉴王直等（2015）提出的中间品增加值分解方法，构建了增加值贸易核算框架，增加值分解过程如表3-1所示。

表3-1　　　　　　　　投入产生模型的基本架构

投入	产出	中间生产使用			最终产出使用			总产出
		E国	F国	G国	E国	F国	G国	
中间投入	E国	M^{ee}	M^{ef}	M^{eg}	Z^{ee}	Z^{ef}	Z^{eg}	Y^e
	F国	M^{fe}	M^{ff}	M^{fg}	Z^{fe}	Z^{ff}	Z^{fg}	Y^f
	G国	M^{ge}	M^{gf}	M^{gg}	Z^{ge}	Z^{gf}	Z^{gg}	Y^g
增加值		VE^e	VE^f	VE^g				
总投入		$(Y^e)'$	$(Y^f)'$	$(Y^g)'$				

表3-1以3个国家的投入产出模型为例，分解了一国的出口增加值，将中间品的投入划分为中间生产使用和最终生产使用两个部分。比如，M^{ef}、Z^{ef}分别表示E国的产品分别被F国作为中间生产使用和最终生产使用，Y^e、VE^e分别表示E国的产出和增加值。假设各国都有n个部门，则表3-1中M为$n\times n$矩阵，Y、Z为$n\times 1$的列向量，V为$1\times n$的行向量，由此可得投入产出平衡公式。

从行方向看表的平衡关系如下：

$$\begin{bmatrix} M^{ee}+M^{ef}+M^{eg} \\ M^{fe}+M^{ff}+M^{fg} \\ M^{ge}+M^{gf}+M^{gg} \end{bmatrix} + \begin{bmatrix} Z^{ee}+Z^{ef}+Z^{eg} \\ Z^{fe}+Z^{ff}+Z^{fg} \\ Z^{ge}+Z^{gf}+Z^{gg} \end{bmatrix} = \begin{bmatrix} Y^e \\ Y^f \\ Y^g \end{bmatrix} \quad (3.2)$$

设定投资系数 $A \equiv M(\hat{Y})^{-1}$，从而可得：

$$\begin{bmatrix} A^{ee} & A^{ef} & A^{eg} \\ A^{fe} & A^{ff} & A^{fg} \\ A^{ge} & A^{gf} & A^{gg} \end{bmatrix} \begin{bmatrix} Y^e \\ Y^f \\ Y^g \end{bmatrix} + \begin{bmatrix} Z^{ee}+Z^{ef}+Z^{eg} \\ Z^{fe}+Z^{ff}+Z^{fg} \\ Z^{ge}+Z^{gf}+Z^{gg} \end{bmatrix} = \begin{bmatrix} Y^e \\ Y^f \\ Y^g \end{bmatrix} \quad (3.3)$$

可得总产出公式：

$$\begin{bmatrix} Y^e \\ Y^f \\ Y^g \end{bmatrix} = \begin{bmatrix} B^{ee} & B^{ef} & B^{eg} \\ B^{fe} & B^{ff} & B^{fg} \\ B^{ge} & B^{gf} & B^{gg} \end{bmatrix} \begin{bmatrix} Z^{ee}+Z^{ef}+Z^{eg} \\ Z^{fe}+Z^{ff}+Z^{fg} \\ Z^{ge}+Z^{gf}+Z^{gg} \end{bmatrix} \quad (3.4)$$

其中：

$$\begin{bmatrix} B^{ee} & B^{ef} & B^{eg} \\ B^{fe} & B^{ff} & B^{fg} \\ B^{ge} & B^{gf} & B^{gg} \end{bmatrix} = \begin{bmatrix} I-A^{ee} & -A^{ef} & -A^{eg} \\ -A^{fe} & I-A^{ff} & -A^{fg} \\ -A^{ge} & -A^{gf} & I-A^{gg} \end{bmatrix}^{-1} \quad (3.5)$$

基于产业前向联系，按照最终吸收地及吸收渠道的不同，F 国的总产出 Y^f 出口增加值可以做如下分解：

$$Y^f = B^{fe}Z^{ee} + B^{fe}Z^{ef} + B^{fe}Z^{fg} + B^{ff}Z^{fe} + B^{ff}Z^{ff} + B^{ff}Z^{fg} + B^{fg}Z^{ge} + B^{fg}Z^{gf} + B^{fg}Z^{gg} \quad (3.6)$$

所以，E 国向 F 国出口中间品的出口增加值 M^{ef} 可以做如下分解：

$$M^{ef} = A^{ef}Y^f = A^{ef}B^{fe}Z^{ee} + A^{ef}B^{fe}Z^{ef} + A^{ef}B^{fe}Z^{fg} + A^{ef}B^{ff}Z^{fe} + A^{ef}B^{ff}Z^{ff} + A^{ef}B^{ff}Z^{fg} + A^{ef}B^{fg}Z^{ge} + A^{ef}B^{fg}Z^{gf} + A^{ef}B^{fg}Z^{gg} \quad (3.7)$$

按照产业前向关联从增加值来源和最终吸收地将一国中间品出口进行完全分解，结果如式（3.7）所示。

基于上述中间品的完全分解过程，进一步从增加值来源和最终吸收地将一国总出口进行完全分解。

首先，定义直接增加值系数为：

$$V^g = VE^g(Z^g)^{-1} \quad (3.8)$$

其中，V^g 表示 G 国的直接增加值系数。以此类推，V^e 和 V^f 分别表示 E 国和 F 国的直接增加值系数。

因此，总出口完全增加值系数如下所示：

$$VB = \begin{bmatrix} V^e & V^f & V^g \end{bmatrix} \begin{bmatrix} B^{ee} & B^{ef} & B^{eg} \\ B^{fe} & B^{ff} & B^{fg} \\ B^{ge} & B^{gf} & B^{gg} \end{bmatrix}$$

第三章 "一带一路" OFDI 逆向技术溢出的制造业升级效应形成依据分析 / 67

$$= [V^e B^{ee}+V^f B^{fe}+V^g B^{ge} \quad V^e B^{ef}+V^f B^{ff}+V^g B^{gf} \quad V^e B^{eg}+V^f B^{fg}+V^g B^{gg}]$$
(3.9)

由式（3.8）和式（3.9）可得 E 国出口产品的增加值份额：

$$V^e B^{ee}+V^f B^{fe}+V^g B^{ge} = u \tag{3.10}$$

定义 E^{ef} 为 E 国向 F 国出口总值，其中包括中间品和最终品，E^e 为 E 国的总出口：

$$E^{ef}=A^{ef}Y^f+Z^{ef}$$
$$E^e=E^{ef}+E^{eg} \tag{3.11}$$

可将式（3.3）调整为：

$$\begin{bmatrix} A^{ee} & 0 & 0 \\ 0 & A^{ff} & A^{fg} \\ 0 & 0 & A^{gg} \end{bmatrix} \begin{bmatrix} Y^e \\ Y^f \\ Y^g \end{bmatrix} + \begin{bmatrix} Z^{ee}+E^e \\ Z^{ff}+E^f \\ Z^{gg}+E^g \end{bmatrix} = \begin{bmatrix} Y^e \\ Y^f \\ Y^g \end{bmatrix} \tag{3.12}$$

由此可得：

$$\begin{bmatrix} L^{ee}Z^{ee}+L^{ee}E^e \\ L^{ff}Z^{ff}+L^{ff}E^f \\ L^{gg}Z^{gg}+L^{gg}E^g \end{bmatrix} = \begin{bmatrix} Y^e \\ Y^f \\ Y^g \end{bmatrix} \tag{3.13}$$

其中，$L^{ee}=(I-A^{ee})^{-1}$ 为 E 国的国内里昂惕夫逆矩阵，F 国、G 国同理，从而 E 国出口到 F 国的中间品可分解为：

$$M^{ef}=A^{ef}Y^f=A^{ef}L^{ff}Z^{ff}+A^{ef}L^{ff}E^f \tag{3.14}$$

所以，E 国出口到 F 国的出口总值 E^{ef}，从价值来源及最终吸收地的角度可分解为 16 个部分，结果如下所示：

$$E^{ef}=A^{ef}Y^f+Z^{ef}=(V^e B^{ff})'Z^{ef}+(V^f B^{fe})'Z^{ef}+(V^g B^{ge})'Z^{ef}+(V^e B^{ee})'(A^{ef}Y^f)+ \\ (V^f B^{fe})'(A^{ef}Y^f)+(V^g B^{ge})'(A^{ef}Y^f)=(V^e B^{ee})'Z^{ef}+(V^e L^{ee})' \\ (A^{ef}B^{ff}Z^{ff})+(V^e B^{ee})'(A^{ef}B^{fg}Z^{gg})+(V^e L^{ee})'(A^{ef}B^{ff}Z^{fg})+(V^e L^{ee})' \\ (A^{ef}B^{fg}Z^{gf})+(V^e L^{ee})'(A^{ef}B^{ff}Z^{fe})+(V^e L^{ee})'(A^{ef}B^{fg}Z^{ge})+(V^e L^{ee})' \\ (A^{ef}B^{ff}Z^{ee})+(V^e L^{ee})'[A^{ef}B^{fg}(Z^{gf}+Z^{ag})]+(V^e B^{ee}-V^e L^{ee})'(A^{ef}Y^f)+ \\ (V^f B^{fe})'Z^{ef}+(V^f B^{fe})'(A^{ef}L^{ff}Z^{ff})+(V^f B^{fe})'(A^{ef}L^{ff}E^f)+(V^g B^{ge})'Z^{ef}+ \\ (V^g B^{ge})'(A^{ef}L^{ff}Z^{ff})+(V^g B^{ge})'(A^{ef}L^{ff}E^f) \tag{3.15}$$

根据双边中间品贸易流的状况，基于国际贸易统计核算框架同国民经济核算体系的一致性，根据中间品的产地和被最终吸收的目的不同，利用 WWZ 方法将中间品贸易流完全分解为 16 个部分。比如，可以将 E

国向 F 国的总出口 T^{ef} 分解为 16 个部分，如图 3-1 所示。

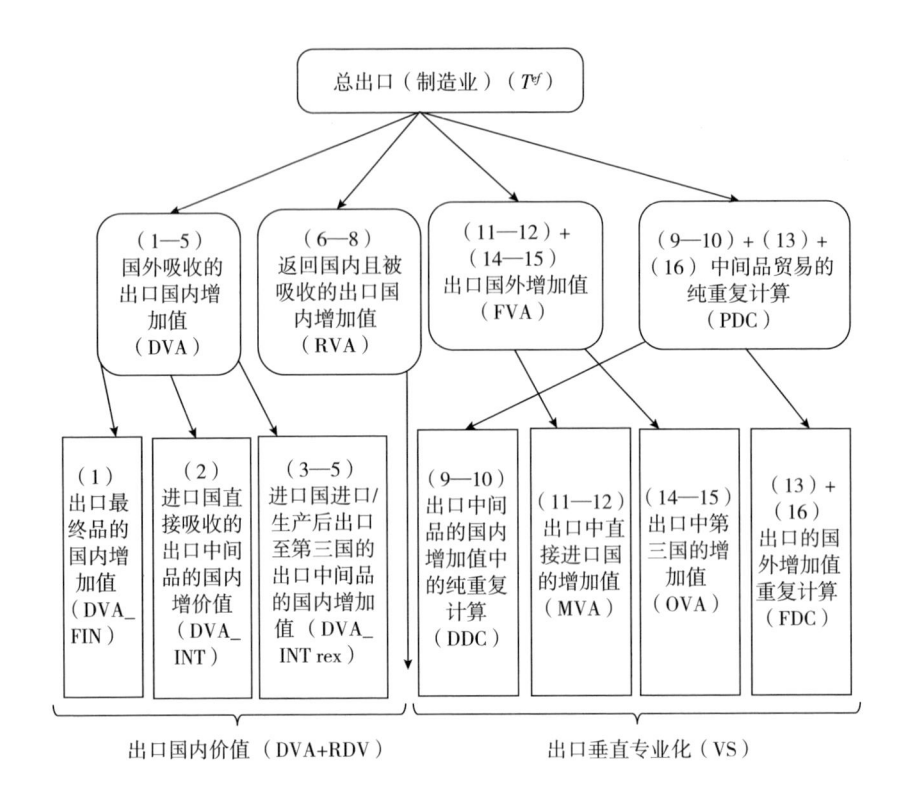

图 3-1　增加值视角下 E 国出口到 F 国制造业总出口的增加值分解

第一项至第五项表示最终被国外吸收的出口国内增加值部分，其中第一项表示出口最终品的国内增加值，第二项表示进口国直接吸收的出口中间品的国内增加值，第三项表示进口国进口后复出口至第三国并用于该国国内的出口中间品的国内增加值，第四项表示进口国生产后出口第三国并用于该国国内的出口中间品的国内增加值，第五项表示进口国生产后出口第三国并用返回进口国国内的出口中间品的国内增加值。

第六项至第八项为一国出口后返回国内的增加值，其中第六项表示进口国生产后以最终品的形式返回国内的出口中间品的国内增加值，第七项表示进口国生产后出口至第三国后折返回投资国的出口中间品的国内增加值，第八项表示进口国生产后以中间品的形式返回国内的出口中间品的国内增加值。

第九项和第十项表示一国出口中间品重复计算的国内增加值,其中第九项表示最终品出口中先出口后又返回国内的中间品出口的国内增加值,第十项表示中间品出口中先出口后又返回国内的中间品出口的国内增加值。

第十一项和第十二项、第十四项和第十五项为一国出口的国外增加值,其中第十一项表示最终品出口中组成的国外增加值,第十二项表示进口国生产国内最终消费品所进口的本国中间品中组成的进口国的国外增加值,第十一项和第十二项为本国出口的直接进口国增加值。第十四项表示最终品出口中组成的第三国国外增加值,第十五项表示进口国生产国内最终消费品所进口的本国中间品中组成的第三国国外增加值,第十四项和第十五项为本国出口的第三国增加值,其中 $MVA+OVA=FVA$。

第十三项和第十六项为一国出口的国外增加值重复计算部分,其中第十三项为中间品出口的国外增加值中直接进口国外增加值的重复计算部分,第十六项为中间品出口的国外增加值中第三国国外增加值的重复计算部分。

一国出口的国外增加值的重复计算部分和一国出口中间品的重复计算的国内增加值共同组成了中间品贸易的纯重复计算部分,$DDC+FDC=PDC$。纯重复计算部分是由于在价值链分工中间品在多国间的往返流动造成的,这部分中间品不构成任何国家的国内生产总值或者最终需求。而传统海关统计时会重复计算这一部分,导致出现总贸易额虚高的问题。因此增加值贸易核算框架可以很好地避免重复计算的问题,从而真正厘清一国出口的真实竞争力和贸易利得。

第二节　发展中国家 OFDI 逆向技术溢出的形成依据

关于 OFDI 逆向技术溢出的讨论,实际上充分体现了国际直接投资理论的发展和演变。比如,解释发展中国家为什么能对外投资的投资发展周期论、技术地方化理论等新发展理论,不仅是对垄断优势论、内部化优势论等传统国际直接投资理论的完善,而且是对国际直接投资理论的实践。因此,不断跟踪解释 OFDI 产生的经济效应和影响作用,已成为持续研究国际直接投资行为的重要组成部分。由于以发展中国家为投资主体的 OFDI，其投资动因更多体现为获取较国内先进的技术和管理经验，所以，关于 OFDI 技术溢出和逆向技术溢出效应的研究始终是发展中国家作为投资主体关注研究的重要问题。中国作为发展中大国，不断加强对外直接投资已经成为对外开放的重要组成部分，因此不断跟踪解析发展中国家 OFDI 逆向技术溢出的依据具有现实意义。

一 OFDI 技术创新产业升级论

多数发展中国家从事的 OFDI 活动，难以基于大规模垄断技术优势，而是基于小规模技术优势，形成企业的内在创新活动。发展中投资国通常基于投资东道国特定的生产经营环境和市场需求，对生产技术进行改造创新，以更好地满足东道国的市场需求，这种小规模针对性的技术创新充分体现了技术地方化，即具有技术适应性强、营销针对性强、管理扁平化等优势，从而形成了发展中国家 OFDI 的比较优势，并由此形成了发展中国家 OFDI 的技术创新产业升级理论。

技术创新产业升级理论认为，发展中国家的 OFDI 有利于促进国内技术水平的提升，而技术水平的提升又会推动国内产业结构的优化升级，产业结构的优化升级可以进一步促进其加快 OFDI，形成动态演进过程。随着 OFDI 的不断发展，发展中国家开始向产业结构互补性强的发展中国家投资，从而获得东道国的先进技术信息，推动国内产业升级。

二 OFDI 逆向技术溢出的古诺博弈模型

技术溢出主要是由经济外部性所引起的一种非自愿的技术扩散行为，逆向技术溢出主要是通过进出口贸易、引进外资、OFDI 和人才交流等渠道而形成。一般认为，OFDI 逆向技术溢出效应主要发生在发展中国家对发达国家的直接投资，发展中国家通过采取绿地投资或者并购等形式参与到发达国家的研发等高技术环节，接触国外先进的信息技术和研发创新，或者通过母公司与东道国子公司之间生产分工的联系，将技术从东道国外溢或者反向流入投资母国，形成逆向技术溢出。由此可见，OFDI 逆向技术溢出已成为主动获取技术的方式，即通过 OFDI 可以规避技术封锁障碍，成为主动在投资东道国接触和获取学习技术的途径。

OFDI 古诺博弈模型认为，在两个存在技术差异的国家，虽然技术追随者不具有垄断优势，但依然会选择 OFDI 参与国际分工，以获得技术相对先进国家的技术扩散，从而提升自身的技术水平，即逆向技术溢出效应。

OFDI 古诺博弈模型假设世界上存在两个国家，N 国和 M 国，N 国有企业 n，M 国有企业 m，两个企业用不同的生产技术生产同一种产品，生产成本分别为 C_n 和 C_m，且 $C_b \leq C_a \leq 1$；$C_a \leq (1+C_b)/2 [a \neq b \in (n, m)]$。结果表明，如果企业 n 和企业 m 合并或者不存在国界限制，那么两个企业都可以获利。

假设先进的生产技术像公共资源一样不具有排他性，技术落后的企业使用先进技术的边际成本为零，则每个国家面临的市场反需求函数为 $P_a = 1 - Q_a/S_a$，其中 S_a 和 Q_a 分别代表 A 国 a 企业的需求市场规模和销售总量。两个企业做如下博弈：第一阶段，企业面临选择向国外出口、OFDI 和放弃进入国外市场三种方式；第二阶段，企业进行古诺博弈，企业选择出口，产品必须支付运输成本，且 $vc>0$。当企业选择 OFDI 时，支付的运输成本为 0，但需要承担固定成本 FC_a。当企业选择国内销售，放弃进入国外市场时，国外市场的利润为 0。

在第一阶段，由于每个企业都面临着 3 种选择，从而可得企业 n 和企业 m 的利润支付矩阵如表 3-2 所示。

表 3-2　　　　　　　　企业 n 和企业 m 的利润支付矩阵

企业 n 和企业 m	X	Y	Z
X	$\prod_n^x X$, $\prod_m^x X$	$\prod_n^x Y$, $\prod_m^y X$	$\prod_n^x Z$, $\prod_m^z X$
Y	$\prod_n^y X$, $\prod_m^x Y$	$\prod_n^y Y$, $\prod_m^y Y$	$\prod_n^y Z$, $\prod_m^z Y$
Z	$\prod_n^z X$, $\prod_m^x Z$	$\prod_n^z Y$, $\prod_m^y Z$	$\prod_n^z Z$, $\prod_m^z Z$

其中，Z 代表 OFDI、Y 代表出口、X 代表放弃国外市场，下标代表企业 n 或者企业 m，上标代表企业在 Z、Y、X 中的选择。因此，$\prod_b^a Y [a \neq b \in (n, m)]$ 表示企业 a 选择出口、企业 b 选择放弃国外市场时，企业 b 的利润。比如，当企业 m 和企业 n 都选择 OFDI 时，其利润支付矩阵为 $(\prod_n^z Z, \prod_m^z Z)$。

在第二阶段，由上述假设条件可知，OFDI 逆向技术溢出存在两个必要条件：一是两个企业在两国分别进行生产；二是其中一个企业为技术领导型企业，另一个企业为技术追随型企业。通常而言，当技术追随型企业通过 OFDI 参与到技术领导型企业的生产活动中时，便会产生 OFDI 逆向技术溢出效应。OFDI 逆向技术溢出或者 OFDI 东道国技术扩散概率为 $\lambda_a \in (0, 1)$，因此会出现以下情况。

（1）当两个企业进行 OFDI 时，企业 a 的总利润为国内销售利润与 OFDI 国外利润之和。

$$\prod_a^Z Z = \frac{S_a + S_b}{9} [(1 - \tilde{\lambda})(1 - 2C_a + C_b)^2 + \tilde{\lambda}(1 - C^{\min})^2] - FC_b \quad (3.16)$$

其中，企业 a 的 OFDI 逆向技术扩散率 $\tilde{\lambda} = \lambda_a + \lambda_b - \lambda_a \lambda_b$，$C^{\min} = \min\{C_a, C_b\}$，企业 a 有最小的边际成本。

（2）当企业 a 和企业 b 同时选择出口时，企业 a 的总利润如下：

$$\prod_a^Y Y = \frac{S_a}{9}(1 - 2C_a + C_b + vc)^2 + \frac{S_b}{9}(1 - 2C_a - 2vc + C_b)^2 \quad (3.17)$$

（3）当企业 a 选择 OFDI，企业 b 选择出口时，企业 a 的总利润如下：

$$\prod_a^Z Y = (1 - \lambda_b)\left[\frac{S_a}{9}(1 - 2C_a + C_b + vc)^2 + \frac{S_b}{9}(1 - 2C_a + C_b)^2\right] +$$
$$\lambda_a(1 - C^{\min} + vc)^2 + \frac{S_b}{9}(1 - C^{\min})^2 - FC_b \quad (3.18)$$

（4）当企业 a 选择出口，企业 b 选择 OFDI 时，企业 a 的总利润如下：

$$\prod_a^Y Z = (1 - \lambda_b)\frac{S_a}{9}(1 - 2C_a + C_b)^2 + \frac{S_b}{9}(1 - 2C_a - 2vc + C_b)^2] +$$
$$\lambda_a\left[\frac{S_a}{9}(1 - C^{\min})^2 + \frac{S_b}{9}(1 - C^{\min} - 2vc)^2\right] \quad (3.19)$$

（5）当企业 a 和企业 b 同时放弃国外市场时，企业 a 的总利润如下：

$$\prod_a^X X = \frac{S_a}{4}(1 - C_a)^2 \quad (3.20)$$

（6）当企业 a 放弃国外市场，企业 b 选择 OFDI 时，企业 a 的总利润如下：

$$\prod_a^X Z = (1 - \lambda_a)\frac{S_a}{9}(1 - 2C_a + C_b)^2 + \lambda_a \frac{S_a}{9}(1 - C^{\min})^2 \quad (3.21)$$

（7）当企业 a 放弃国外市场，企业 b 选择出口时，企业 a 的总利润如下：

$$\prod_a^X Y = \frac{S_a}{9}(1 - 2C_a + C_b + VC)^2 \tag{3.22}$$

（8）当企业 a 选择出口，企业 b 放弃国外市场时，企业 a 的总利润如下：

$$\prod_a^Y X = \frac{S_a}{4}(1 - C_a)^2 + \frac{S_a}{9}(1 - 2C_a - 2vc + C_b)^2 \tag{3.23}$$

（9）当企业 a 选择 OFDI，企业 b 放弃国外市场时，企业 a 的总利润如下：

$$\prod_a^Z X = (1 - \lambda_b)\left[\frac{S_a}{4}(1 - C_a)^2 + \frac{S_b}{9}(1 - 2C_a + C_b)^2\right] +$$

$$\lambda_a\left[\frac{S_a}{4}(1 - C^{\min})^2 + \frac{S_b}{9}(1 - C^{\min})^2\right] - FC_b \tag{3.24}$$

同理可得企业 b 在 9 种情况下的利润状况，从而可以组成第一阶段企业 n 和企业 m 的利润支付矩阵。

技术追随型企业 n 会选择 OFDI 以获得逆向技术溢出效应，技术领导型企业 m 为防止技术流失，会放弃国外市场。因此，当企业 n 进行 OFDI，企业 m 仅在国内进行生产销售时，技术需求导致的企业 OFDI 决策过程如式（3.25）所示。

$$\{(1-2C_n+C_m)^2 - \max[(1-2C_n-2vc+C_m)^2, 0]\} +$$

$$\lambda_m\left\{\frac{9S_n}{4S_m}[(1-C^{\min})^2 - (1-C_n)^2] + [(1-C^{\min})^2 - (1-2C_n+C_m)]\right\} \geq 9\left(\frac{FC_m}{S_m}\right) \tag{3.25}$$

式（3.25）表示在技术领导型企业建立海外分支机构的成本，其规模越大，成本越低，从而选择 OFDI 的可能性越大。

式（3.25）中的第一部分反映出企业在具有垄断优势条件下才会选择 OFDI。选择出口时，由于运输成本 VC 的增加，会使企业 n 选择 OFDI，这样可以显著降低企业 n 的成本。式（3.25）中的第二部分反映出企业不具有垄断优势时会获得 OFDI 的逆向技术溢出效应，当 $C_n > C_m$ 时，企业 m 为技术领导者，从而企业 n 会选择 OFDI 参与到东道国的生产经营中，以节约国际运输成本并获得东道国先进技术的逆向溢出效应。

根据式（3.25）可知，即使 n 国不存在垄断优势，当两国间存在技术差异时，依然会吸引 n 国进行 OFDI。

上述古诺博弈模型表明，OFDI 的直接投资动机为获取先进技术。因此，只要异国间的企业间存在技术差异，即使国际贸易成本为 0，且 OFDI 会产生额外的固定成本，企业 n 依然会选择 OFDI 参与到企业 m 的生产经营中。从上述证明可知，先进的生产技术水平在一国范围内具有公共资源的特征，但是对他国具有显著的排他性和隔离效应。技术水平落后的发展中国家企业通过 OFDI 参与到技术先进的东道国企业的生产研发中，获得技术扩散和逆向技术溢出，从而提高自身的生产技术水平，同时将这些技术消化利用，进而提高自身出口产品的技术复杂度。

三 中国 OFDI 逆向技术溢出效应的微观机制分析

基于上述发展中国家 OFDI 逆向技术溢出的博弈分析，可延伸到分析中国 OFDI 逆向技术溢出效应形成的微观机制。上述 OFDI 逆向技术溢出形成的理论基础表明，OFDI 的流向、方式和动因均具有导致其产生逆向技术溢出的作用，所以需要进一步结合中国进行 OFDI 的动因来梳理形成逆向技术溢出效应的微观机理。从总体上来看，中国 OFDI 的动因主要是突破技术壁垒，主动"走出去"以学习先进技术和管理经验，因此主要体现为技术寻求型 OFDI，决定投资方式和流向，以匹配其技术寻求动因。技术寻求型 OFDI 逆向技术溢出的形成机理：一是投资国通过在东道国建立境外子公司参与东道国生产网络，并雇用东道国高技术科研人才和管理人才等获得逆向技术溢出；二是参与东道国生产分工的子公司与母公司之间建立分工协作，母公司通过与子公司之间的人才、技术、信息、研发等交流，实现境外子公司将先进技术向母公司的逆向转移，具体表现为以下两种机制。

（一）OFDI 逆向技术溢出效应的 R&D 成果反馈机制

中国设立境外分支机构，使境外子公司参与东道国的生产分工网络，将获得的东道国新技术、新产品、新生产工艺和研发成果，借助母公司与子公司之间的生产分工体系来获得 OFDI 逆向技术溢出效应，促进中国公司的技术进步。具体而言，一方面基于中国自身的技术优势，将从东道国获得的 OFDI 逆向技术溢出进行适应性改造，使子公司生产的产品更加适合东道国的市场特点和消费者偏好，有助于母公司 OFDI 的持续扩大和东道国市场份额的增加，形成稳定和扩大市场型 OFDI 逆向技术溢出。

另一方面是通过加强与东道国子公司之间的研发合作，从东道国获得更多的逆向技术和新产品资源，提升母公司的技术水平。由此可见，通过OFDI 逆向技术溢出获得 R&D 成果反馈在促进中国母公司技术进步的同时，还可以形成技术辐射效应，从而带动其他境外子公司的技术进步。OFDI 逆向技术溢出的 R&D 成果反馈机制如图 3-2 所示。

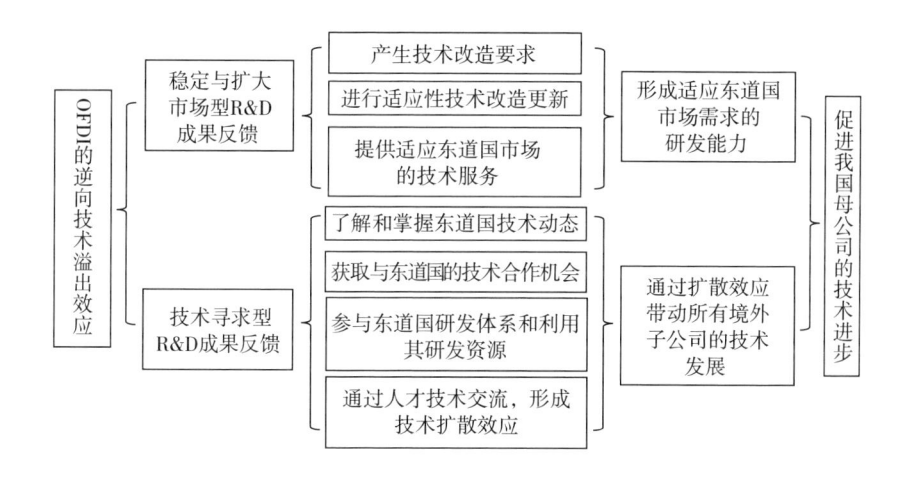

```
                    ┌─ 产生技术改造要求 ─┐
        ┌ 稳定与扩大 ─┼─ 进行适应性技术改造更新 ─┼─ 形成适应东道国 ─┐
        │ 市场型R&D   │                          │  市场需求的     │
OFDI的  │ 成果反馈    └─ 提供适应东道国市场 ─────┘  研发能力       │ 促进我
逆向技  ┤              的技术服务                                  ├ 国母公
术溢出  │              ┌─ 了解和掌握东道国技术动态 ─┐              │ 司的
效应    │              │  获取与东道国的技术合作机会 │ 通过扩散效应│ 技术
        │ 技术寻求型  ─┼─ 参与东道国研发体系和利用 ─┼ 带动所有境外│ 进步
        └ R&D成果反馈  │  其研发资源                │ 子公司的技术│
                       └─ 通过人才技术交流，形成 ──┘ 发展       ─┘
                          技术扩散效应
```

图 3-2　OFDI 逆向技术溢出的 R&D 成果反馈机制

（二）OFDI 逆向技术溢出的 R&D 资源分摊和共享机制

中国会充分利用东道国的外资政策进行投资方式的适应性调整。比如，当东道国鼓励外资用于技术开发和创新并给予优惠政策支持时，通过 OFDI 在东道国建立研发分支机构，实际上等同于对其研发提供或者承担部分研发成本，以提高母公司的 R&D 效率。在境外设立的 R&D 分支机构起到分摊研发费用的作用机理主要体现为：一是如果在研发资本密集、高等教育资源丰富、科研体系成熟的东道国设立 R&D 分支机构，意味着可以利用当地充裕的研发要素禀赋，参与到东道国的研发分工中，分摊母公司的 R&D 费用，实现其研发模块化分工，以及剥离不同研发功能和目标的研发投入，通过将非核心技术剥离，可以使有限的研发资源集中投入关键核心技术的研究创新中，实现中国的 OFDI 逆向技术溢出带动技术进步；二是在获取东道国逆向技术溢出后，通过对其消化吸收、创新改造，以形成国内新产品和新技术，从而提高出口产品技术复杂度，扩大产品的海外市场规模，市场规模的扩大有助于增强母公司的获利能力，从而可以进一步降低出口产品的研发成本，不断提高 OFDI 逆向技术溢出效应，包括形成与产品出口技术复杂度之间的良性互动机制。

与此同时，OFDI 逆向技术溢出效应不断延伸，形成 R&D 资源全球共享机制。伴随着中国 OFDI 的不断发展和竞争力的不断增强，中国利用东道国研发要素禀赋的异质性，选择在不同的东道国设置不同研发功能的境外 R&D 分支机构，并通过与母公司间的生产分工体系建立全球 R&D 资源共享平台。比如，设立本土化研发中心，面向东道国市场进行针对性研发，或设立全球性研究实验室，在全球范围内进行前瞻性、基础性研究。如果设立全研发中心，就可以利用东道国充裕的研发资源对现有技术进行不断的改造和创新，从而形成新技术、新产品逆向溢出效应。

从目前中国的发展现实来看，在进行 OFDI 时针对发达国家的 R&D 分支机构投资更侧重于本土化研发中心和全球性研究实验室的建立。另外，通过与 OFDI 东道国之间建立研发技术、生产标准等技术战略联盟，实现与技术、研发、创新能力强的国家之间的合作。对发展中国家的 R&D 分支机构投资则侧重于利用东道国低廉的研发资源建立研发中心，形成"点—线—面"的研发创新模式如图 3-3 所示。

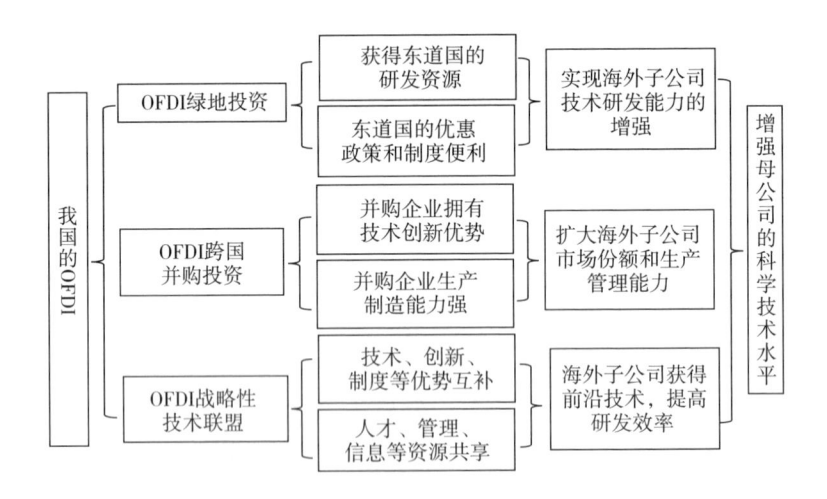

图 3-3 OFDI 逆向技术溢出的 R&D 资源全球共享机制

第三节 制造业价值链形成及升级机制分析

一 制造业价值链分工形成的机制解析

制造业价值链分工起源于制造业跨国生产分工,主要分为产业间分工、产业内分工和产品内分工。特别是 20 世纪 60 年代以来,随着跨国产品生产分工配合的不断深化,跨国公司纷纷将产品生产过程中的低附加值、低技术生产阶段转移到发展中国家,发达国家主要将资源集中在高附加值、高技术领域的中间品生产环节,由此形成密切的产品生产垂直专业化分工,即最终产品的生产可分解为多个环节,所以多个国家可承接不同的分工环节,以中间品为桥梁形成上下游企业分工合作、相互联系的专业化生产。

垂直专业化分工呈现如下特点。

一是垂直专业化分工中价值创造过程的链条化。在价值链中一国的比较优势体现在价值链分工中所承担的生产工序或分工环节,尤其在现代信息技术和物流技术的推动下,OFDI 引致的制造业生产分工布局的空间结构发生了变化,即产品价值的创造过程打破了地域限制,形成了垂直专业化生产,时空分散性日益深化,产品生产过程既有知识、技术密集型环节,也有资金、劳动力和资源密集型环节。

二是垂直专业化分工是生产分散化和要素一体化的统一。制造业生产企业通过产品的垂直专业化分工在全球范围内实现生产环节的优化配置,形成产品生产过程的分散化。同时,制造业生产企业通过中间品将价值链各个环节连接起来,实现产品生产全球要素的一体化。不同发展水平的国家参与垂直专业化生产,OFDI 则将产品价值链的分工不断细化,分工范围在全球范围内不断拓展。

三是垂直专业化分工推动了产品内贸易快速发展。垂直专业化分工使产品生产过程中的零部件和中间品在各国间多次流动,生产工序被拆分到世界不同的国家。产品生产空间上的离散性使原来在一国内完成生产的产品需要在多个国家分工生产。中间产品贸易将产品跨国生产分工过程连接起来,同时促进了国际贸易快速发展,也使总值统计口径下的国际贸易增长率高于国内生产总值增长率。

由上述垂直专业化分工特点可知，价值链分工是垂直专业化推动下以中间品贸易为桥梁的产品内分工体系，是跨国公司追求利润最大化和效率最优化，基于资源禀赋和比较优势异质性在全球范围内将产品生产中的设计、研发、生产、加工、组装、营销、服务等环节进行的优化配置，形成全球价值创造过程。在价值链分工过程中每个环节创造的增加值具有异质性，各环节的价值创造过程中形成动态价值链，价值链清晰地表达出跨国企业的价值增值过程，以此形成国际分工的"微笑曲线"。20世纪90年代以来信息技术革命的快速发展为世界各国企业进行OFDI提供了便捷的途径，促使经济全球化发展，推动着企业生产机制的变革，为全球价值链的形成提供了必要的技术准备。同时，由于技术革新的加速发展，产品生命周期呈不断缩短的趋势，全球生产网络中世界各国企业的经营环境、运作模式发生了质的变化，各国面临的竞争也转向全球竞争。生产垂直专业化又使竞争力强的主导者集中知识、技能、人力资本等资源培育高附加值、高技术生产环节的比较优势，将低技术、低附加值的环节转移到其他国家，从而推动了全球价值链的形成。

此外，专业化分工引致各国经济体制、贸易规则的国际标准化，为形成制造业全球价值链奠定了制度基础。特别是关贸总协定和世界贸易组织积极构建国际贸易自由化的制度框架，使各国逐步降低关税和非关税贸易壁垒，不断推进区域贸易自由化与多边自由化，推动世界市场的形成，这些制度举措促进了区域内制造业产品内分工的形成。

二 价值链引致制造业升级的机制分析

本书研究的核心问题是OFDI逆向技术溢出对制造业升级，以及对出口技术复杂度提升的影响效应，而OFDI逆向技术溢出的形成基础是专业化国际分工形成全球价值链，不同国家通过参与全球价值链获取有差异的溢出效应。因此，需要从价值链演化升级中探寻引致制造业产业升级，以及产业升级对出口结构优化和出口技术复杂度提升的引致机制。

一国价值链分工位置的攀升和附加值能力的增强，取决于该国对核心技术的掌握。对于处于全球价值链中不同分工位置的企业，需要通过产品升级，提高产品的差异化水平来促进产品市场竞争力的提升，进而提高产品的市场占有份额与利润水平。而产品的功能升级还具有对价值链优势环节或者战略环节的整合作用，从而实现价值链嵌入位置的调整。如果能够构建以自己为主导的价值链，那么就可以获得更多贸易增加值或者贸易利益，实现全球价值链分工位置的提升。而全球价值链分工体系对于出口技术复杂度的影响也显而易见，制造业产业升级会直接影响制造业出口结构的优化升级，出口产品结构的升级自然会体现出口技术复杂度的提升。因此，价值链升级下的制造业产业升级有利于提升出口产品技术复杂度。

由此可见，价值链的演化决定了产业升级和出口技术复杂度的水平。其影响机理在于价值链分工实现了资源的优化配置，形成了价值链生产分工的最低成本和最优资源配置，同时提高了企业对全球资源的利用效率，促进了行业生产率的提升，从而推动了出口技术复杂度的提升。此外，价值链分工能够实现规模经济效益，从而实现生产成本的节约和效率的提高，进而提升出口产品技术复杂度的水平。价值链分工还可以加快中间品的流通，促进出口产品技术复杂度的提升。进口中间品在一定程度上对于一国出口技术复杂度的提升也有很重要的提升作用，主要是因为进口中间品一般是发达国家研发成果的物化，进口中间产品种类的增加，对于生产者自身而言可以产生"水平效应"，有利于提升生产者自身的全要素生产率水平。所以通过高质量产品进口可以带动高质量出口，使企业生产函数边界外溢，提高生产最终产品的质量和效益，从而起到提升产品出口技术复杂度的作用。

在国际贸易研究中，出口技术复杂度问题的提出和研究的时间相对较晚，因体现不断延伸演进的跟踪研究而被关注。Hausmann（2003）和 Lall（2005）提出的出口技术复杂度是指在开放性经济领域，世界各国的技术水平发展呈现异质性，出口技术复杂度差异表现为出口商品技术含量和技术质量的异质性。具体而言，决定出口技术复杂度提升的依据主要有以下几个。

一是比较优势论。出口技术复杂度反映了一国出口产品的技术含量和贸易结构，随着全球价值链分工体系的形成，内含比较优势理论的出口技术复杂度反映了各国在全球价值链分工中的相对位置和出口竞争力，反映了价值链参与国的分工位置和增加值获利能力，即如果一国的高附加值、高技术产品在出口产品中的比重高，则该国参与价值链分工的位置较高，其出口技术复杂度水平越高。比如，由于发达国家在技术、资金等方面具有比较优势，因此在价值链分工中从事资本或技术密集型产品的生产环节。而发展中国家在资源、劳动力等方面具有比较优势，因此在价值链分工中从事资源或劳动力密集型产品的生产环节。这种专业化分工使人均国内生产总值较高的发达国家拥有较高的出口技术复杂度水平，人均国内生产总值较低的发展中国家则相对不具有出口高附加值、高技术产品的比较优势，导致出口技术复杂度较低。

二是要素禀赋论。各国根据要素价格的异质性，使得生产要素丰裕度高的产品形成自己的比较优势。如果一国的研发、技术、知识等要素的丰裕度较高，则形成该国出口高技术产品的比较优势，进而出口技术复杂度较高。如果一国的研发、技术、知识等要素呈稀缺状态，但劳动力和自然资源要素禀赋较丰富时，则形成以劳动或资源密集型为主的产品结构，进而出口技术复杂度较低。通常发达国家的技术、资本等要素的丰裕度较高，所以发达国家的出口产品技术含量和质量较高，因此出口技术复杂度也较高。

三是产品内贸易论。由于垂直专业化分工使国际贸易向以中间品为桥梁的产品内贸易方向发展，因此传统的国际贸易理论很难解释价值链分工模式，而产品内贸易理论能够解释经济发展水平相似的国家出口技术复杂度的关系和异质性，能够解释某些缺乏技术优势的发展中国家却可以出口技术复杂度高的产品的"悖论"问题。在垂直专业化分工体系下，产品生产的不同工序、区段和环节被分割，跨国公司根据各国的比较优势通过 OFDI 形成价值链生产分工，发展中国家通过承接加工、组装等环节，进口高技术中间品后组装出口高技术含量的最终品，从而提高其出口技术复杂度。发展中国家虽然是基于丰富廉价的劳动力、自然资源等要素禀赋优势而承接加工、组装等环节，但由于采用的是进口高技术中间品和零部件，加工出口最终品的产品内分工模式，因此其出口最终品的技术复杂度提高。

四是异质性企业论。在国际贸易的企业生产过程中，集约边际和扩散边际的动态变化都会深刻影响该国的产品出口技术复杂度，因此企业异质性二元边际分析法能够较好地解释一国的出口技术复杂度深化问题。即一国的出口产品技术复杂度能够反映其出口的产品质量，企业的出口产品整体质量越高，则该国的出口技术复杂度也越高。由此可见，企业异质性二元边际分析法的结构性分解能够解释出口技术复杂度的动态演变过程。

总之，全球价值链分工体系对于出口技术复杂度的影响，短期而言可以提高行业的生产效率，增加出口产品的数量，扩大市场规模，长期而言可以提高出口产品的技术进步效率,提升一国出口产品的技术复杂度水平。由于价值链分工主要是增强东道国的技术溢出程度和加速技术转移,因此通过OFDI可以在一定程度上获得先进技术国家的技术转移和逆向技术溢出,从而提升其出口产品的技术水平。由此可见,价值链分工与出口技术复杂度具有相关性。

第四节 "一带一路"OFDI逆向技术溢出的制造业升级效应机制

由于本书主要研究"一带一路"OFDI逆向技术溢出的制造业升级效应和作用路径,因此需要明晰"一带一路"OFDI逆向技术溢出对制造业升级的影响作用机制(见图3-4),使其成为以"一带一路"沿线国家为分析范畴,定性和定量研究其影响效应的依据。

虽然现有研究成果也有印证OFDI逆向技术溢出与产业升级的相关关系,但其分析结论不一。因此非常有必要专门针对"一带一路"OFDI逆向技术溢出效应进行跟踪研究,为今后客观判断"一带一路"OFDI逆向技术溢出对中国制造业升级的影响作用提供依据。为此,本节探讨和界定了"一带一路"OFDI逆向技术溢出的一般溢出路径。今后在推进"一带一路"建设中如果充分利用其溢出路径,可以引致逆向技术溢出,并产生带动中国制造业升级的作用效应。

一 技术学习型"一带一路"OFDI逆向技术溢出的制造业升级机制

中国向"一带一路"沿线高技术国家进行直接投资,同样具有学习和获取先进技术的动因,以此动因投资获得逆向技术溢出促进中国制造业升级的作用机制主要表现在以下几个方面。

(1)形成技术合作与交流的溢出平台。根据前文对OFDI逆向技术溢出形成依据的分析可知:一是通过在"一带一路"沿线高技术东道国建立境外子公司,嵌入当地高技术生产网络,或者通过招募、吸收东道国的核心技术人员,参与东道国研发中心、科研机构的研究工作,通过研发人员培养的共享和研发协作等获得东道国的研发要素,即与高技术国家形成知识、技术、创新等的共享机制,以提高国内产业升级水平和优化出口结构。二是通过国内母公司与境外子公司间的生产分工,将研发

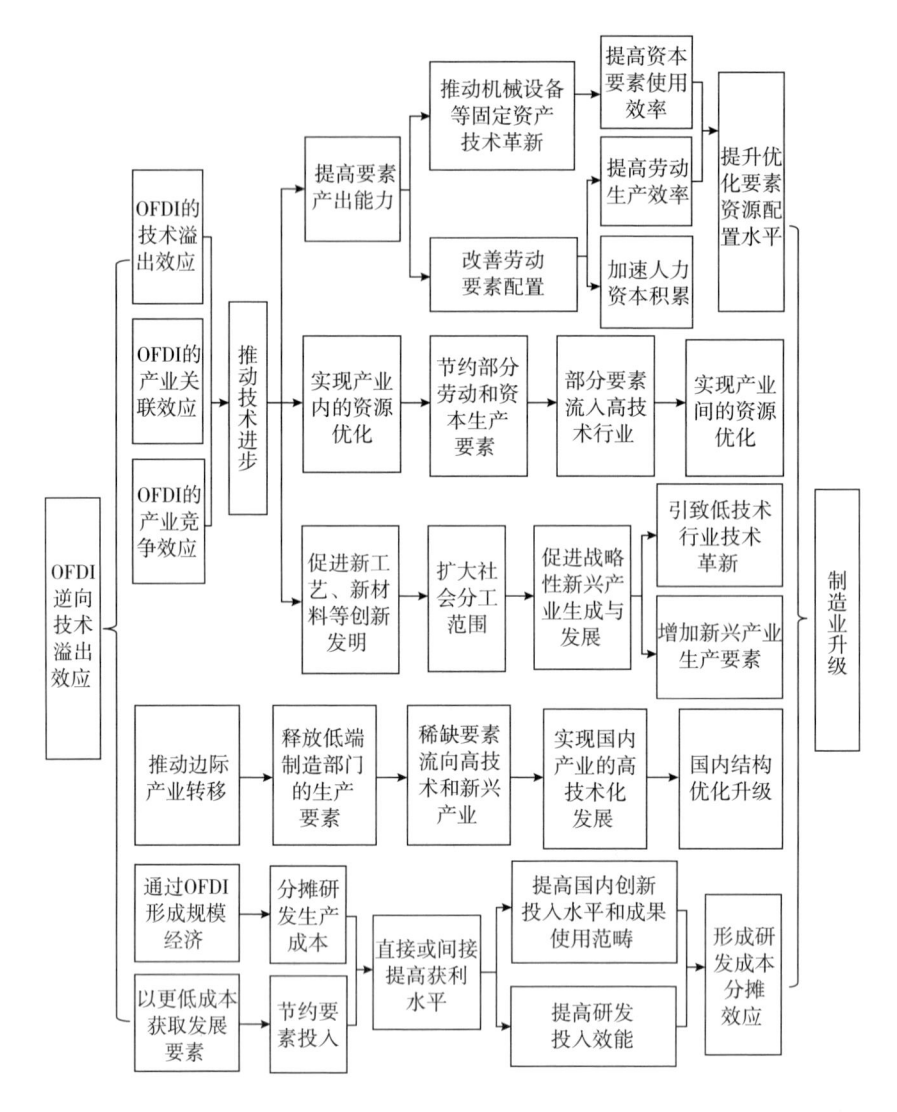

图 3-4　OFDI 逆向技术溢出对制造业升级的影响机理

要素吸收反馈回母公司，促进母公司的技术进步，或者境外子公司就地将这些知识、技术和生产工艺运用于新产品的开发与研究，再将研发成果交流转移到国内，促进中国新产品的生成和技术进步。从技术回馈效应产生机理看，中国通过"一带一路"OFDI 参与东道国的技术研发、产品创新、品牌管理运营等环节，通过学习模仿、消化吸收、适应性改造等逆向技术溢出途径，带动中国对高技术行业要素的投入和使用，推动中国的技术进步和全要素生产率的提高，从而提升出口商品的技术水平，实现出口产品技术结构的优化升级，即出口技术复杂度的提升。三是通过对"一带一路"沿线高技术国家的直接投资，有利于中国高技术制造业市场份额的扩大，从而促进中国新兴制造业的发展。比如，在高技术国家设立境外子公司，会引致增加中国相关设备及零部件等中间产品的出口规模，在一定程度上增加中国出口的新比较优势，从而提高中国产品的出口技术复杂度。通过在东道国建立研发中心、营销中心等，形成国际市场对产品生产的规模需求，同时又能将新兴制造业和创新产品在东道国先行先试，提高产品在东道国的市场占有率。通过上述分工合作等逆向技术溢出路径，实现对中国新兴制造业的培育和相关中间品出口的增加，逐步缩小同高技术国家间的技术差距，不断提升中国高附加值、高技术产品生产的新比较优势，促进出口产品技术复杂度的提升。

（2）形成产业关联效应。对"一带一路"进行 OFDI 实质上是建立中国与东道国之间的产业关联，由此形成产业的前向关联和后向关联关系。从制造业结构升级中的关联溢出效应看，某一部门的生产技术变化会直接或间接影响其前向关联和后向关联的制造业部门，尤其是高端战略性制造业，其关联效应的效果显著，不仅可以提高上游企业中间品生产的技术水平，还可以提升下游企业生产高质量产品的能力，从而改善整个制造业部门的整体技术水平。比如，下游产业通过技术进步推动原材料、设备生产等部门做出相应的技术调整，为上游产业供给技术和质量水平更高的中间产品，进而推动上游产业的技术进步。从制造业结构升级效应的技术外溢路径看，分为制造业内外溢和制造业间外溢。其中，制造业内外溢主要发生在同一制造业的不同企业之间，制造业间外溢主要发生在不同制造业之间。通常而言，制造业间外溢产生的制造业升级的促进效果更为显著。由于制造业间相互关联，彼此的知识外溢可以产生新的技术进步，产生典型的制造业升级外溢效应。知识技术溢出主要是基于专利转移、人才交流、创新协同等途径实现制造业升级的溢出效应，以提高产品的生产技术水平和规模经济，实现出口产品技术复杂度的提升。由此可见，中国对高技术国家的直接投资在获得逆向技术溢出的同时，也使得东道国的市场竞争更加激烈，从而对国内上游企业的中间品生产提出更高的要求，倒逼中国的上游产业加强研发投入和技术创新，从而促进中国的技术进步。

(3) 形成产业竞争效应。通过市场竞争推动中国技术进步的主要影响机理是中国参与 "一带一路" OFDI 东道国同类企业市场竞争中,将倒逼中国企业增加研发投入,提高生产技术转化率,从而提高中国产品的质量和市场竞争力。比如,中国跨国企业的技术水平和竞争能力得到增强,会对国内同行业企业形成竞争压力,推动中国整体研发投入的加强和技术水平的提升。另外,参与国际产业分工可以形成竞争效应,引致技术进步。中国跨国公司通过 OFDI 参与 "一带一路" 沿线东道国的产品生产分工,意味着主动融入国际市场竞争环境,主动适应国际市场对于产品技术标准、规格等的要求,并通过与国内母公司的生产分工将竞争引入国内市场,推动中国企业提高产品生产质量和技术进步水平,增强国际竞争力。另外,高技术、高附加值产品和产业的市场规模化,还能够带动传统低技术、低附加值产品生产技术的革新改进,从而提高其产品生产的技术含量,以及配套制造业的技术水平提升,相关制造业技术的适应性改进和提高产品的生产技术又会促进提升出口产品和产业技术复杂度水平。

二 产能合作型 "一带一路" OFDI 逆向技术溢出的制造业升级机制

任何国家发展到一定阶段后,原有的生产要素优势必定会逐步减小,产业结构面临着低附加值、低技术锁定的威胁,为了实现国内制造业升级,需要按照边际产业转移理论将在国内失去比较优势的产业转移到具有相关要素禀赋优势的国家,将传统低端制造业部门占用的国内生产要素释放出来,集中发展新兴产业,或者为国内科技创新孵化基地、高新技术科技园区等新兴产业基地"腾笼换鸟",提供发展空间。中国在与"一带一路"沿线国家进行产能国际化合作的过程中,其动因均包括通过对"一带一路"沿线国家的 OFDI 将国内失去比较优势的产业通过国际合作延长其生命周期,并通过产业转移释放国内生产要素,将其投入高技术、高附加值行业或生产环节,从而推动中国国内制造业结构的高技术化发展。在此动因下,OFDI 逆向技术溢出主要通过要素抽离和中间品反馈机制来实现。

因此,通过向"一带一路"沿线国家的 OFDI 释放国内稀缺要素向新兴产业集聚的机制意味着与发展中东道国建立生产分工体系,实现富余产能的转移,形成跨国生产要素的优化配置,产生制造业抽离效应。即让更多的生产要素从国内生产低效率企业流向生产高效率企业,从而带动整个行业生产效率的提升，促进国内制造业结构的优化升级，形成制造业结构升级红利效应。主要表现在将生产要素投入国内新兴高技术、高附加值中间产品研发中，或者培育新的竞争优势，引致经济增长质量和数量的改善，促进企业生产效率的提升，从而起到调整中国产品生产结构和出口结构，提高中国中间品或者高技术产品的出口质量和规模，促进中国出口技术复杂度的提升的作用。比如，制造业升级意味着劳动力要素的优化配置，原来低技术、低附加值行业的劳动力通过技能培训、专业知识学习等途径，促进行业生产效率的提升，进而提高出口产品的技术复杂度。同时，推动制造业向智能制造等高技术、高附加值的新兴制造业发展，制造业结构的高端化可以加速产品的更新换代，带动国内全要素生产率的提升，带动出口产品技术含量的提升，增强国际竞争力，实现出口产品技术复杂度的提高。

同时，境外子公司资本和中间品的回馈效应形成机理在于，通过在"一带一路"东道国建立子公司或者入股东道国公司，参与东道国生产工序之中，再通过境外子公司与母公司之间的生产分工，为投资国提供资金和中间产品出口，起到促进中国出口产品结构改善的作用。比如，对于能源资源丰富，但经济发展水平相对不高的东道国，可以设立境外子公司或者建立合资公司，参与东道国前期的资源勘探、开采、加工等环节，可以增加对国内相关生产设备、零部件、专利技术等的出口，改善出口产品的技术结构。而对于劳动力等资源丰富的东道国，可以降低生产成本，生产更多的中间品流回国内，为新兴制造业的发展和中间品的市场需求提供资金支持和低价的中间品。目前，"一带一路"共建下的富余产能合作能否带动如华为、大疆、科大讯飞等高端制造业的持续发展，提升中国出口产品的技术含量，提高出口产品的技术复杂度水平，是需要现实印证的问题。

三 研发成本分摊型"一带一路"OFDI逆向技术溢出的制造业升级机制

一般而言，无论是出于上述动因形成的对外投资，还是纯粹出于稳定与扩大中国市场或资源寻求型的对外投资，在东道国的获利返回国内后均有利于增加中国的研发投入。这些利润返回国内后用于研究开发与创新路径，起到了带动国内技术进步，促进制造业升级的作用。因此，无论任何动因的 OFDI 都直接或间接地具有提高获利水平，增加研发投入的作用。

以中国对"一带一路"沿线国家市场寻求型 OFDI 为例，华为公司在南非、俄罗斯、印度等国设立境外营销网络和生产研发机构，海尔、TCL 在非洲和东南亚等地建立生产基地，这些行为都是为了寻求开拓海外市场。资源寻求型 OFDI 主要是为了维护国家资源安全、保障资源供应等，因此承担此项任务的跨国公司多为国有企业，比如中海油投资印度尼西亚东固天然气项目、中石油在俄罗斯远东地区的天然气和石油管道建设项目等。基于 OFDI 而建立的出口产品价值链分工体系，可以形成规模经济，从而降低生产成本，提高利润。通过将利润返回国内，可以提高国内研发、创新投入和成果的使用范围，或者以比国内更低的要素成本获得必需的要素资源，从而实现节约要素投入、间接提高研发投入的作用，形成研发成本分摊效应。

第四章 "一带一路"沿线国家的制造业价值链分工分析

本章运用相关指标体系细化研究"一带一路"沿线国家在国别层面和行业层面的制造业价值链分工位置和参与度状况,为后续定性和定量分析"一带一路"OFDI 的制造业升级效应提供基础依据。

第一节 国家层面的制造业价值链分工状况

全球价值链分工格局下的产品生产过程,通过 OFDI 被分割成多个生产环节和工序,各国根据自身的比较优势承接不同的生产分工流程,从而获得不同的贸易利益。许多高技术国家利用 OFDI 在全球价值链分工中实现国内制造业的结构升级,生产技术水平全面提升,出口产品层次和技术复杂度也得到改善。然而,许多中低技术国家在全球价值链生产分工格局中沦为高技术国家的代工厂,国内制造业成为高技术国家的"附庸",被锁定在价值链低技术、低附加值环节。中国自改革开放以来,特别是加入世界贸易组织后,利用自身劳动力资源和自然资源禀赋优势嵌入了全球价值链分工生产环节,成为"世界工厂"。然而中国在全球价值链生产分工体系中分工位置较低,面临着价值链低技术、低附加值"锁定"的危险,并且在全球价值链治理过程中缺乏主导性,受高技术国家钳制较大。尤其是从增加值视角来看,中国庞大的贸易顺差背后是传统的海关总值统计口径造成的贸易额被高估,容易导致国内外相关部门对中国的贸易形势误判。为了更有效地解决这一问题,本书采用增加值贸易核算方法,体现了"一带一路"沿线国家制造业增加值来源和价值链分工的真实状况,从而更好地探讨"一带一路"OFDI 逆向技术溢出的制造业升级效应。

本书选取了27个"一带一路"沿线国家即印度尼西亚（IDN）、印度（IND）、哈萨克斯坦（KAZ）、吉尔吉斯斯坦（KGZ）、柬埔寨（CAM）、斯里兰卡（SRI）、蒙古国（MON）、马来西亚（MAL）、巴基斯坦（PAK）、菲律宾（PHI）、泰国（THA）、土耳其（TUR）、越南（VIE）、保加利亚（BGR）、捷克（CZE）、中国（CHN）、爱沙尼亚（EST）、克罗地亚（HRV）、匈牙利（HUN）、立陶宛（LTU）、拉脱维亚（LVA）、波兰（POL）、罗马尼亚（ROM）、俄罗斯（RUS）、新加坡（SIN）、斯洛伐克（SVK）、斯洛文尼亚（SVN）作为研究对象，根据中国国民经济行业分类标准、UIBE GVC Index ABD_WIOD2022 和欧盟统计局制造业分类标准，对书中涉及的14个制造业部门按照生产技术水平的不同进行了划分，如表4-1所示。

表4-1　　　　　　　　14个制造业部门生产技术水平分类标准

制造业分类	行业编码	制造业行业名称
低技术制造业	c3	食品、饮料及烟草制造业
	c4	纺织及服装制造业
	c5	皮革和鞋类制造业
	c6	木材、木材制品及软木制品业
	c7	纸浆、纸张、印刷和出版业
中技术制造业	c8	石油加工、炼焦及核燃料加工业
	c9	化学原料及化学制品业
	c10	橡胶及塑料制品业
	c11	其他非金属制品业
	c12	基本金属和焊接金属制品业
	c15	运输设备制造业
	c16	废弃资源综合利用业
高技术制造业	c13	机械和电气设备制造业
	c14	电子和光学设备制造业

本节主要研究"一带一路"沿线国家制造业价值链的分工状况，使用了2023年6月对外经贸大学发布的ADB-WIOD（MRIO2022）数据库。

第四章 "一带一路"沿线国家的制造业价值链分工分析

该数据库涵盖了 47 个国家和地区的 35 个行业部门 2010—2022 年的投入产出增加值分解数据,其中涵盖"一带一路"沿线的 31 个国家。基于上述影响机制分析中的增加值贸易核算框架和指标体系,可得如下制造业分工分析指标。

一国增加值出口总值中所包含的间接国内增加值份额:

$$IV_a^i = DVA\_INT_a^i + DVA\_INTrex_a^i \tag{4.1}$$

一国增加值出口总值中所包含的国外增加值份额为:

$$FV_a^i = FVA\_FIN_a^i + FVA\_INT_a^i \tag{4.2}$$

其中,$DVA\_INT_a^i$ 表示 a 国 i 行业出口的中间品中进口国直接吸收的国内增加值,$DVA\_INTrex_a^i$ 表示 a 国 i 行业出口的中间品中进口国加工后复出口至第三国的国内增加值,IV_a^i 表示 a 国 i 行业增加值出口总值中所包含的间接国内增加值。$FVA\_FIN_a^i$ 表示 a 国 i 行业中间品出口中所包含的使用国外最终品的国外增加值,$FVA\_INT_a^i$ 表示 a 国 i 行业中间品出口中所包含的使用国外中间品的国外增加值,FV_a^i 表示 a 国 i 行业中间品出口中所包含的国外增加值。

由此我们可以得到"一带一路"沿线国家制造业价值链分工位置指数和价值链参与度指数,结果如下所示:

"一带一路"沿线国家价值链分工位置指数:

$$VA\_Position_a^i = \ln\left(1 + \frac{IV_a^i}{E_a^i}\right) - \ln\left(1 + \frac{FV_a^i}{E_a^i}\right) \tag{4.3}$$

"一带一路"沿线国家价值链参与度指数:

$$VA\_Participation_a^i = \left(\frac{IV_a^i}{E_a^i}\right) + \left(\frac{FV_a^i}{E_a^i}\right) \tag{4.4}$$

其中,E_a^i 表示 a 国 i 行业的增加值总出口额,$\frac{IV_a^i}{E_a^i}$ 表示 a 国 i 行业间接国内增加值占出口总增加值的比重,反映了一国参与价值链分工上游度的状况,以出口原材料和中间品为主。$\frac{FV_a^i}{E_a^i}$ 表示 a 国 i 行业国外增加值占出口总增加值的比重,反映了一国参与价值链分工下游度的状况,以进口中间品加工组装出口最终品为主。$VA\_Participation_a^i$ 表示 a 国 i 行业参与全球价值链的程度,通常价值参与度越高,$VA\_Participation_a^i$ 数值越高，从而该国的 i 制造业的开放程度越高。

当 $VA\_Position_a^i>0$ 时，表示基于前向联系的制造业链长度大于基于后向联系的制造业链长度，出口中的间接国内增加值大于国外增加值，参与价值链分工以出口原材料或中间产品为主，价值链分工位置较高。当 $VA\_Position_a^i<0$ 时，表示基于前向联系的制造业链长度小于基于后向联系的制造业链长度，出口中的间接国内增加值小于国外增加值，参与价值链分工以进口中间品加工组装出口最终品为主，价值链分工位置较低。

一 总体价值链分工状况

（一）价值链参与度分析

根据价值链分工位置指数和价值链参与度指数的计算公式，可得"一带一路"沿线 27 个国家的制造业价值链参与度分析，如表 4-2 所示。

表 4-2 "一带一路"沿线 27 个国家的制造业价值链参与度分析

	2010 年	2011 年	2012 年	2013 年	2014 年	2015 年	2016 年	2017 年	2018 年	2019 年	2020 年	2021 年
BGR	0.50	0.59	0.59	0.66	0.63	0.62	0.63	0.67	0.79	0.74	0.70	0.76
CHN	0.24	0.24	0.23	0.23	0.22	0.20	0.19	0.19	0.22	0.22	0.22	0.24
CZE	0.77	0.79	0.80	0.83	0.84	0.88	0.89	0.91	0.84	0.79	0.83	0.85
EST	0.90	0.55	0.92	0.96	0.91	0.89	0.97	0.94	0.92	0.93	0.94	0.97
HRV	0.48	0.53	0.54	0.57	0.59	0.62	0.62	0.65	0.72	0.73	0.70	0.77
HUN	0.93	0.85	0.87	0.88	0.87	0.94	0.91	0.93	0.98	0.95	0.99	1.00
IDN	0.34	0.37	0.35	0.36	0.38	0.35	0.30	0.37	0.36	0.33	0.31	0.38
IND	0.18	0.18	0.19	0.21	0.20	0.16	0.15	0.16	0.23	0.19	0.19	0.22
KAZ	0.26	0.34	0.34	0.30	0.27	0.23	0.24	0.22	0.39	0.38	0.29	0.37
KGZ	0.26	0.28	0.28	0.24	0.19	0.20	0.20	0.25	0.45	0.48	0.44	0.54
CAM	0.27	0.26	0.26	0.36	0.56	0.51	0.42	0.55	0.48	0.45	0.46	0.49
SRI	0.23	0.20	0.17	0.22	0.28	0.23	0.24	0.27	0.40	0.36	0.32	0.39
LTU	0.63	0.71	0.74	0.79	0.84	0.94	0.70	1.05	0.85	0.82	0.80	0.85
LVA	1.13	1.08	1.09	0.76	0.76	0.79	0.75	0.77	0.88	0.87	0.89	0.92
MON	0.29	0.27	0.24	0.25	0.33	0.28	0.27	0.29	0.42	0.31	0.36	0.36
MAL	0.54	0.52	0.49	0.48	0.48	0.46	0.45	0.48	0.67	0.66	0.64	0.71
PAK	0.13	0.12	0.11	0.12	0.13	0.11	0.10	0.12	0.11	0.11	0.11	0.11
PHI	0.34	0.32	0.35	0.33	0.31	0.31	0.31	0.34	0.37	0.35	0.35	0.39

续表

	2010年	2011年	2012年	2013年	2014年	2015年	2016年	2017年	2018年	2019年	2020年	2021年
POL	0.54	0.57	0.58	0.60	0.61	0.66	0.68	0.70	0.73	0.72	0.80	0.83
ROM	0.40	0.45	0.49	0.48	0.48	0.48	0.47	0.47	0.56	0.54	0.51	0.53
RUS	0.22	0.21	0.22	0.22	0.26	0.29	0.23	0.23	0.33	0.30	0.30	0.33
SIN	0.83	0.93	0.82	0.83	0.90	0.79	0.74	0.78	0.81	0.82	0.78	0.81
SVK	0.70	0.77	0.79	0.78	0.77	0.81	0.79	0.81	0.85	0.81	0.84	0.86
SVN	0.96	1.11	1.00	1.07	1.17	0.76	0.84	0.68	0.88	0.92	0.91	0.95
THA	0.41	0.49	0.48	0.47	0.46	0.45	0.49	0.50	0.59	0.65	0.64	0.69
TUR	0.35	0.41	0.44	0.46	0.48	0.47	0.47	0.47	0.49	0.45	0.41	0.44
VIE	0.35	0.47	0.48	0.49	0.52	0.55	0.57	0.56	0.83	0.79	0.81	0.90

由表4-2可知，从整体上来看，价值链参与度水平在0.6以上的"一带一路"沿线国家多数为高技术国家，如新加坡、匈牙利、波兰等国。价值链参与度处于0.2—0.6区间的"一带一路"沿线国家多为中低技术国家，如马来西亚、泰国、越南等国。值得关注的是，俄罗斯的价值链参与度为0.23，可能是由于近年来俄罗斯在中东和乌克兰问题上与美欧国家存在严重矛盾，美欧国家逐步加大对其制裁并将其边缘化。价值链参与度总体上在0.2以下的是巴基斯坦和印度。

从变化趋势上来看，"一带一路"沿线高技术国家的制造业价值链参与度发展趋势差异性显著。比如，斯洛文尼亚等国呈波动下降态势，斯洛文尼亚从2014年的1.17下降至2021年的0.95；立陶宛的上升趋势最为显著，从2010年的0.63上升至2021年的0.85。"一带一路"沿线中低技术国家总体呈上升态势，并且显著快于高技术国家。中国的价值链参与度整体处于下降趋势，但下降幅度整体较为平缓，2010—2021年在0.2左右徘徊。中国处在制造业价值链中等偏下的位置，主要是由于中国是世界上制造业工业体系最完善的国家，覆盖了制造业高、中、低三个技术层次，完整的工业体系使中国的制造业工业品生产环节可以在国内完成，因此价值链参与度较低。

上述测度结果表明：第一，"一带一路"沿线高技术国家的制造业开放程度较高，参与价值链分工的活跃度普遍高于中低技术国家，因此中国对"一带一路"沿线国家OFDI形成价值链分工，获得逆向技术溢出的概率较大；第二，"一带一路"沿线中低技术国家的价值链参与度不高，在全球价值链分工中被边缘化，但"一带一路"的推进，增强了中国与中低技术国家产能合作的机会，如中巴经济走廊建设、富士康等企业到印度建厂、中国服装纺织业在越南建厂等，这些活动都提高了"一带一路"沿线中低技术国家的价值链参与度。

（二）价值链分工位置分析

由表4-3可知，从整体上来看，在价值链分工位置为正值的国家中，分工位置在0.1以上的多数为高技术国家，如斯洛文尼亚、俄罗斯等国，中低技术国家主要是马来西亚、蒙古国等国。由于这些国家的资源型产品出口占比较大，因此国内增加值占比较高。价值链分工位置在0—0.1区间的国家同样以高技术国家为主。价值链分工位置为负值的以中低技术国家为主，如巴基斯坦、越南等国。高技术国家制造业的价值链分工位置普遍高于中低技术国家。

表4-3　"一带一路"沿线27个国家制造业价值链分工位置分析

	2010年	2011年	2012年	2013年	2014年	2015年	2016年	2017年	2018年	2019年	2020年	2021年
BGR	0.069	0.087	0.082	0.083	0.078	0.079	0.085	0.082	0.089	0.081	0.106	0.075
CHN	0.033	0.037	0.039	0.044	0.055	0.060	0.056	0.057	0.021	0.030	0.041	0.034
CZE	0.077	0.072	0.070	0.081	0.072	0.055	0.048	0.046	0.063	0.037	0.087	0.064
EST	0.074	0.058	0.028	0.030	0.045	0.049	0.029	0.050	-0.007	-0.008	-0.022	-0.043
HRV	0.113	0.109	0.109	0.124	0.114	0.104	0.096	0.088	0.088	0.074	0.111	0.098
HUN	-0.044	-0.001	0.010	0.022	0.014	-0.004	-0.004	-0.018	0.027	0.005	0.028	0.039
IDN	0.070	0.078	0.057	0.067	0.073	0.079	0.110	0.071	0.034	0.043	0.054	0.054
IND	0.033	0.027	0.030	0.045	0.044	0.044	0.054	0.040	0.043	0.045	0.057	0.045
KAZ	0.089	0.136	0.116	0.081	0.074	0.059	0.039	0.063	0.203	0.198	0.154	0.205
KGZ	-0.012	0.031	-0.009	0.005	0.009	0.027	0.015	0.041	0.048	0.045	0.067	0.091
CAM	0.020	-0.064	-0.037	-0.057	0.011	-0.076	-0.052	0.015	0.002	0.005	0.009	0.004
SRI	-0.035	-0.067	-0.044	-0.063	-0.112	-0.085	-0.076	-0.006	0.038	0.049	0.036	0.060
LTU	0.064	0.070	0.081	0.075	0.073	0.005	0.125	0.008	0.074	0.063	0.111	0.051
LVA	0.187	0.176	0.163	0.111	0.117	0.105	0.091	0.073	0.053	0.042	0.044	0.047
MON	0.217	0.091	0.065	0.088	0.164	0.136	0.141	0.144	0.054	0.135	0.182	0.178
MAL	0.127	0.126	0.109	0.106	0.101	0.100	0.102	0.102	0.065	0.064	0.094	0.090

续表

	2010年	2011年	2012年	2013年	2014年	2015年	2016年	2017年	2018年	2019年	2020年	2021年
PAK	0.002	-0.004	-0.009	-0.002	0.004	0.006	0.006	-0.003	-0.017	-0.013	-0.003	-0.013
PHI	0.016	0.044	0.037	0.035	0.046	0.035	0.020	0.029	0.037	0.037	0.046	0.020
POL	0.066	0.069	0.076	0.084	0.080	0.072	0.066	0.062	0.048	0.028	0.040	0.026
ROM	0.117	0.113	0.119	0.127	0.125	0.105	0.104	0.098	0.115	0.105	0.122	0.112
RUS	0.122	0.111	0.108	0.103	0.115	0.122	0.110	0.105	0.130	0.122	0.125	0.141
SIN	-0.019	-0.032	0.003	0.006	0.098	0.009	0.020	0.014	0.057	0.030	0.059	
SVK	0.020	0.017	-0.017	-0.011	-0.020	-0.022	-0.020	-0.021	0.025	-0.010	0.011	0.013
SVN	0.097	0.130	0.116	0.027	0.100	0.119	0.133	0.133	0.040	0.043	0.072	0.052
THA	0.076	0.054	0.109	0.099	0.093	0.002	0.093	0.111	0.082	0.093	0.113	0.098
TUR	0.056	0.053	0.063	0.063	0.067	0.078	0.075	0.061	0.063	0.079	0.072	0.080
VIE	-0.141	-0.037	-0.018	-0.010	-0.003	0.007	0.008	-0.007	-0.041	-0.061	-0.046	-0.059

从变化趋势上来看，2010—2012年"一带一路"沿线多数国家的价值链分工位置呈下降趋势。其中，拉脱维亚的下降趋势最为显著，价值链分工位置从2010年的0.187持续下降至2021年的0.047。2012—2014年，由于世界经济形势逐步好转，多数国家的价值链分工位置出现提升。2014年以后，百年未有之大变局加速演进，特别是新冠疫情加速了全球价值链的重构，价值链分工位置出现了下降趋势，如蒙古国价值链分工位置的变动最为剧烈。随着"一带一路"的深入推进，从2018年开始，多数国家的价值链分工位置开始上升。中国的价值链分工位置整体处于中等，并且呈上升趋势。

上述测度结果表明：第一，由美国次贷危机引发的国际金融危机的后续影响和欧洲深陷债务危机导致世界需求乏力，发达国家的OFDI逐步减少，"一带一路"沿线国家获得发达国家OFDI的难度加大，并且中低技术国家多数处于为高技术国家制造业发展提供能源资源或承接加工、组装等环节，因此受国际经济形势影响显著；第二，由于美国等高技术国家在金融危机后纷纷提出"再工业化"，全球价值链呈收缩趋势，导致"一带一路"沿线中低技术国家参与价值链分工的环节进一步低端化；第三，2015年以来，随着"一带一路"的深入推进，中国OFDI的重心逐步向"一带一路"沿线国家倾斜，沿线高技术国家的价值链参与度较高，中国与沿线高技术国家在研发设计等高技术、高附加值环节分工合作的前景广阔，如华为在俄罗斯、印度等国建立研发中心，同时沿线中低技术国家的工业基础薄弱，但是多数国家人口庞大，国内制造业升级需求旺盛，由此形成了新的区域性价值链生产网络，带动了"一带一路"沿线国家价值链分工位置的整体提升；第四，"一带一路"的深入推进，增强了中国优势富余产能与沿线具有比较优势的国家进行国际合作，同时通过OFDI参与到高技术国家的生产分工中，如中国的天骄航空入股乌克兰马达西奇公司、中乌合作研制发动机等。由此可知，"一带一路"明显推动了中国与沿线国家的价值链分工合作，一方面为国内制造业升级"腾笼换鸟"，另一方面突破了发达国家的技术封锁，形成了显著的OFDI逆向技术溢出效应，推动了中国高技术、高附加值制造业的发展，实现了价值链分工位置的提升。

为了更清晰地认识"一带一路"沿线国家在国家层面的制造业价值链分工状况，本节将进一步从不同技术层次分析"一带一路"沿线国家的制造业价值链分工状况。

二 不同技术层次制造业价值链分工状况

（一）低技术制造业

1. 价值链参与度分析

由表4-4可知，在低技术制造业领域，从整体上来看，价值链参与度在0.6以上的主要为高技术国家，如捷克、匈牙利、新加坡等国，价值链参与度都在0.75左右。价值链参与度在0.3—0.6区间的同样以高技术国家为主，中低技术国家主要有越南、柬埔寨等国。价值链参与度在0.3以下的以中低技术国家为主，如巴基斯坦和印度等国，价值链参与度都在0.15左右。

表4-4　"一带一路"沿线27个国家的低技术制造业价值链参与度分析

	2010年	2011年	2012年	2013年	2014年	2015年	2016年	2017年	2018年	2019年	2020年	2021年
BGR	0.35	0.40	0.39	0.44	0.43	0.43	0.43	0.46	0.54	0.56	0.53	0.59
CHN	0.18	0.18	0.17	0.17	0.16	0.15	0.14	0.13	0.18	0.18	0.18	0.20
CZE	0.73	0.73	0.74	0.76	0.78	0.81	0.81	0.82	0.71	0.64	0.66	0.69
EST	0.69	0.66	0.76	0.83	0.80	0.77	0.84	0.80	0.87	0.84	0.85	0.88

续表

	2010年	2011年	2012年	2013年	2014年	2015年	2016年	2017年	2018年	2019年	2020年	2021年
HRV	0.38	0.41	0.42	0.44	0.48	0.52	0.52	0.55	0.61	0.60	0.59	0.71
HUN	0.68	0.75	0.73	0.74	0.75	0.83	0.79	0.78	0.82	0.81	0.85	0.86
IDN	0.30	0.34	0.34	0.34	0.38	0.35	0.31	0.44	0.37	0.37	0.33	0.41
IND	0.13	0.13	0.13	0.15	0.14	0.12	0.12	0.15	0.12	0.12	0.12	0.14
KAZ	0.21	0.22	0.36	0.29	0.26	0.23	0.24	0.22	0.40	0.35	0.19	0.28
KGZ	0.28	0.26	0.23	0.21	0.19	0.19	0.20	0.25	0.34	0.39	0.33	0.42
CAM	0.30	0.28	0.34	0.41	0.37	0.38	0.41	0.42	0.43	0.44	0.46	0.50
SRI	0.19	0.26	0.16	0.22	0.20	0.20	0.21	0.18	0.24	0.20	0.14	0.16
LTU	0.51	0.58	0.64	0.71	0.73	0.83	0.64	0.79	0.75	0.72	0.71	0.81
LVA	0.46	0.48	0.55	0.60	0.58	0.64	0.65	0.66	0.76	0.75	0.78	0.84
MON	0.22	0.20	0.16	0.17	0.22	0.17	0.18	0.21	0.21	0.17	0.19	0.18
MAL	0.42	0.45	0.43	0.42	0.42	0.41	0.39	0.43	0.51	0.48	0.47	0.54
PAK	0.16	0.13	0.13	0.15	0.15	0.13	0.12	0.11	0.12	0.12	0.14	0.14
PHI	0.30	0.19	0.19	0.18	0.18	0.18	0.18	0.20	0.18	0.16	0.15	0.17
POL	0.39	0.45	0.46	0.47	0.50	0.55	0.57	0.59	0.59	0.58	0.62	0.66
ROM	0.27	0.29	0.31	0.32	0.32	0.32	0.31	0.31	0.35	0.35	0.35	0.41
RUS	0.19	0.18	0.18	0.20	0.24	0.27	0.21	0.20	0.30	0.31	0.31	0.33
SIN	0.70	0.83	0.71	0.73	0.70	0.70	0.66	0.64	0.72	0.72	0.74	0.76
SVK	0.48	0.55	0.54	0.54	0.53	0.58	0.57	0.58	0.55	0.54	0.54	0.59
SVN	0.75	0.72	0.46	0.47	0.87	0.66	0.68	0.73	0.76	0.77	0.75	0.81
THA	0.33	0.39	0.38	0.37	0.37	0.36	0.36	0.40	0.44	0.51	0.47	0.53
TUR	0.23	0.28	0.30	0.31	0.34	0.34	0.32	0.35	0.31	0.31	0.28	0.32
VIE	0.38	0.42	0.42	0.44	0.47	0.49	0.51	0.51	0.71	0.64	0.64	0.71

从变化趋势来看，"一带一路"沿线多数国家的价值链参与度呈上升趋势，且高技术国家的上升趋势显著高于中低技术国家。特别是"一带一路"倡议提出以来，沿线多数国家的价值链参与度加速上升。比如，立陶宛的价值链参与度从2010年的0.51上升至2017年的0.79。中国在低技术制造业领域的价值链参与度较低，总体在0.17以下，仅高于巴基斯坦和印度，且整体呈下降趋势。

上述测度结果表明：第一，低技术制造业以生产生活资料的轻工业为主，"一带一路"沿线高技术国家多数为苏联解体后形成的，长期存在制造业轻重比例失衡的问题，因此这些国家参与低技术制造业价值链分工的积极性较高。第二，由于高技术国家的人力成本高，以及国内资源环境的限制较大，不具备发展劳动和资源密集型低技术制造业的条件，"一带一路"为沿线高技术国家和低技术国家提供了制造业分工合作平台，实现了贸易畅通。第三，中国作为"世界工厂"具备完整的工业体系，为低技术制造业国内独立生产提供了条件，这也是中国制造业升级缓慢的主要原因。随着国内人力成本上升、环境资源限制问题日益凸显等问题的出现，中国推进"一带一路"建设。比如，埃及、孟加拉国等国的棉麻资源丰富，可以将中国纺织服装业的部分生产环节转至这些国家；哈萨克斯坦等国的畜牧业发达，可以开展皮革制造业分工；马来西亚等国的林木资源丰富，可以开展木制品和造纸印刷业的分工合作。这样不仅可以带动沿线国家价值链参与度的提升，还可以将主要资源集中于研发设计等高技术、高附加值环节，为国内制造业升级提供空间和资源，推动出口技术复杂度的提升。

2. 价值链分工位置分析

由表4-5可知，在低技术制造业领域，从整体上来看，价值链分工位置在0.1以上的国家主要有马来西亚、泰国等国，其中泰国2017年的价值链分工位置为0.142。价值链分工位置在0—0.1的国家最为集中，其中高技术国家的制造业价值链分工位置主要在0.05—0.1。中低技术国家的价值链分工位置主要集中在0—0.05，如菲律宾、印度等国。价值链分工位置为负值的国家主要有新加坡、越南、吉尔吉斯斯坦等国，其中新加坡由于国土面积狭小，因此其制造业主要以电子、石油化工、转口贸易等为主，不具备发展低技术制造业的先天条件，而越南和吉尔吉斯斯坦则是由于工业基础薄弱。

表4-5 "一带一路"沿线27个国家低技术制造业的价值链分工位置分析

	2010年	2011年	2012年	2013年	2014年	2015年	2016年	2017年	2018年	2019年	2020年	2021年
BGR	0.048	0.074	0.054	0.058	0.053	0.052	0.060	0.061	0.098	0.099	0.115	0.111
CHN	0.030	0.038	0.043	0.046	0.052	0.054	0.050	0.053	0.033	0.033	0.042	0.039
CZE	0.090	0.090	0.085	0.096	0.088	0.079	0.074	0.088	0.083	0.067	0.101	0.089

续表

	2010年	2011年	2012年	2013年	2014年	2015年	2016年	2017年	2018年	2019年	2020年	2021年
EST	0.055	0.110	-0.006	0.018	0.046	0.054	0.031	0.056	0.048	0.029	0.019	-0.010
HRV	0.066	0.050	0.052	0.065	0.051	0.046	0.041	0.032	0.069	0.034	0.066	0.069
HUN	0.059	0.052	0.053	0.061	0.047	0.035	0.041	0.040	0.052	0.031	0.029	0.045
IDN	0.075	0.079	0.064	0.076	0.092	0.096	0.121	0.059	0.002	0.032	0.043	0.045
IND	0.050	0.043	0.045	0.054	0.048	0.046	0.050	0.044	0.042	0.034	0.044	0.035
KAZ	0.060	0.101	0.090	0.006	0.012	0.001	-0.028	0.006	0.177	0.169	0.070	0.143
KGZ	-0.036	0.005	-0.019	-0.036	-0.024	-0.003	-0.005	0.003	-0.011	0.083	0.037	0.084
CAM	-0.003	-0.015	0.007	0.052	0.047	0.050	0.069	0.051	-0.008	0.051	0.065	0.065
SRI	0.011	-0.063	0.043	-0.005	0.010	0.009	0.022	0.060	0.003	0.007	-0.021	-0.025
LTU	0.092	0.085	0.078	0.055	0.058	0.005	0.084	0.067	0.076	0.056	0.049	0.020
LVA	0.088	0.056	0.041	0.041	0.057	0.056	0.066	0.056	0.071	0.076	0.083	0.098
MON	0.076	0.072	0.058	0.068	0.103	0.078	0.085	0.094	0.008	0.047	0.071	0.063
MAL	0.154	0.145	0.128	0.115	0.105	0.102	0.117	0.112	0.117	0.093	0.132	0.163
PAK	0.081	0.067	0.063	0.075	0.080	0.073	0.066	0.057	0.049	0.048	0.067	0.052
PHI	0.014	0.048	0.034	0.038	0.042	0.039	0.033	0.037	0.020	0.018	0.025	0.009
POL	0.057	0.068	0.069	0.081	0.076	0.075	0.070	0.068	0.069	0.033	0.044	0.028
ROM	0.070	0.074	0.068	0.082	0.082	0.063	0.059	0.056	0.078	0.069	0.076	0.067
RUS	0.088	0.072	0.070	0.081	0.101	0.108	0.093	0.093	0.116	0.124	0.126	0.139
SIN	-0.048	-0.049	-0.004	-0.007	0.006	-0.006	-0.007	0.011	-0.077	0.038	0.035	0.055
SVK	0.079	0.077	0.049	0.048	0.044	0.025	0.031	0.030	0.106	0.033	0.037	0.064
SVN	0.011	0.055	0.010	0.055	0.011	0.129	0.120	0.116	0.063	0.037	0.054	0.047
THA	0.073	0.104	0.104	0.114	0.119	0.129	0.132	0.142	0.149	0.178	0.185	0.189
TUR	0.045	0.040	0.051	0.057	0.069	0.075	0.071	0.067	0.045	0.077	0.053	0.072
VIE	-0.044	-0.040	-0.030	-0.026	-0.019	-0.019	-0.023	-0.025	-0.049	-0.111	-0.092	0.129

从变化趋势来看，"一带一路"沿线中低技术国家的价值链分工位置整体呈快速上升态势，特别是"一带一路"倡议提出以来，沿线多数中低技术国家的价值链分工位置都呈快速上升态势，部分国家在2013年以后更是呈现加速上升趋势。中国的价值链分工位置在0.05左右，随着国

内制造业升级的加快，2012年以后中国的价值链分工位置持续提升。

上述测度结果表明：第一，低技术制造业具有分工环节较少、链条较短、资源或劳动力密集性显著等特征，"一带一路"沿线中低技术国家发展低技术制造业比高技术国家更具比较优势。比如，印度尼西亚、马来西亚等利用丰富的劳动力、热带硬木等资源，主要发展藤木制造业、服装纺织业；泰国在初级塑料、成衣、鞋、橡胶、家具等制造业领域具有良好的生产基础。因此，"一带一路"倡议有利于中国同这些国家进行合作，从而带动中低技术国家低技术制造业增加值能力的提升。第二，随着"一带一路"倡议的提出，制造业分工格局日益清晰。一方面，中国国内的制造业结构调整向纵深推进，增加值获利能力显著增强，OFDI逆向技术溢出效应逐步显现，比如中国在缅甸仰光瓦迪亚工业区建立服装纺织工业园，但中国在低技术制造业领域的增值能力同"一带一路"沿线高技术国家相比仍有差距。这说明中国的低技术制造业中民营经济占比较高，OFDI规模还有待继续扩大。另一方面，中国在研发设计、品牌营销等高技术、高附加值环节投入不足。比如，高技术国家拥有宜家、耐克、爱马仕等世界著名品牌，曾举办米兰时装秀周、巴黎时装周等世界著名营销活动。再如，耐克、阿迪达斯等在国内建立全球研发中心，而将生产加工环节全部转移到发展中国家。

（二）中技术制造业

1. 价值链参与度分析

由表4-6可知，在中技术制造业领域，从整体上来看，价值链参与度在1以上的国家以高技术国家为主，如斯洛文尼亚、匈牙利等国。价值链参与度在0.5—1的国家以高技术国家为主，如新加坡、捷克等国，中低技术国家主要有泰国、土耳其等国。价值链参与度在0.5以下的国家以中低技术国家为主，如马来西亚等国。

表4-6　"一带一路"沿线27个国家中技术制造业价值链参与度分析

	2010年	2011年	2012年	2013年	2014年	2015年	2016年	2017年	2018年	2019年	2020年	2021年
BGR	0.53	0.60	0.60	0.66	0.62	0.62	0.62	0.65	0.93	0.84	0.79	0.87
CHN	0.22	0.22	0.21	0.20	0.20	0.18	0.17	0.17	0.21	0.20	0.20	0.22
CZE	0.70	0.73	0.76	0.79	0.79	0.84	0.85	0.87	0.94	0.90	0.95	0.97

续表

	2010年	2011年	2012年	2013年	2014年	2015年	2016年	2017年	2018年	2019年	2020年	2021年
EST	0.90	0.24	0.91	0.93	0.86	0.83	0.92	0.91	0.99	0.99	0.99	1.03
HRV	0.54	0.57	0.57	0.60	0.60	0.64	0.64	0.67	0.80	0.88	0.73	0.81
HUN	1.22	0.85	0.90	0.91	0.87	0.93	0.92	0.98	1.04	1.06	1.07	1.06
IDN	0.28	0.29	0.28	0.29	0.31	0.29	0.28	0.29	0.33	0.25	0.24	0.29
IND	0.21	0.21	0.23	0.26	0.24	0.20	0.19	0.20	0.29	0.24	0.25	0.28
KAZ	0.30	0.45	0.33	0.27	0.28	0.25	0.24	0.23	0.42	0.46	0.40	0.49
KGZ	0.27	0.28	0.23	0.23	0.18	0.20	0.20	0.24	0.61	0.61	0.56	0.71
CAM	0.26	0.24	0.20	0.43	0.29	0.71	0.58	0.25	0.43	0.40	0.41	0.42
SRI	0.26	0.16	0.12	0.15	0.14	0.15	0.15	0.15	0.40	0.36	0.33	0.39
LTU	0.62	0.72	0.77	0.81	0.82	0.93	0.83	1.39	0.99	0.98	0.94	1.00
LVA	2.17	1.99	1.93	0.88	0.89	0.90	0.80	0.79	1.03	1.01	1.01	1.02
MON	0.38	0.34	0.30	0.28	0.37	0.32	0.33	0.35	0.39	0.35	0.40	0.39
MAL	0.49	0.48	0.45	0.44	0.44	0.43	0.41	0.44	0.66	0.62	0.60	0.66
PAK	0.11	0.11	0.10	0.11	0.11	0.09	0.08	0.08	0.11	0.10	0.10	0.10
PHI	0.18	0.23	0.25	0.26	0.19	0.19	0.21	0.20	0.34	0.31	0.32	0.33
POL	0.51	0.53	0.54	0.56	0.55	0.60	0.62	0.63	0.73	0.75	0.80	0.84
ROM	0.42	0.42	0.43	0.42	0.42	0.42	0.40	0.40	0.54	0.51	0.46	0.46
RUS	0.27	0.27	0.27	0.27	0.31	0.35	0.28	0.28	0.41	0.40	0.40	0.43
SIN	0.78	0.89	0.78	0.79	1.07	0.79	0.75	0.85	0.80	0.91	0.87	0.87
SVK	0.73	0.82	0.85	0.81	0.80	0.79	0.79	0.79	0.95	0.91	0.89	0.92
SVN	1.29	1.72	1.65	1.82	1.74	0.77	0.97	0.39	0.93	1.00	0.99	1.03
THA	0.40	0.54	0.50	0.52	0.53	0.51	0.63	0.57	0.73	0.61	0.62	0.64
TUR	0.43	0.48	0.53	0.53	0.54	0.52	0.49	0.54	0.56	0.57	0.48	0.52
VIE	0.16	0.42	0.39	0.39	0.42	0.45	0.45	0.45	0.79	0.75	0.75	0.90

从变化趋势来看，"一带一路"沿线高技术国家的价值链参与度高于中低技术国家，但是同中低技术国家相比，高技术国家的变化差异性显著。比如，拉脱维亚的价值链参与度从2010年的2.17降至2021年的1.02；立陶宛的价值链参与度从2010年的0.62升至2021年的1。中国的中技术制造业价值链参与度较低，整体上在0.2左右，仅高于斯里兰卡和巴基斯坦。

上述测度结果表明：第一，"一带一路"沿线中东欧国家的工业基础较好。比如，捷克作为中等发达国家，工业基础雄厚，机械、化工、冶金等中技术制造业领域具有比较优势；波兰在汽车配件、内燃机、橡胶制品、铝制品等方面比较优势突出。尤其是苏联解体后，中东欧国家由于优越的地理位置纷纷被纳入全球价值生产分工中，因此这些国家的价值链参与度普遍较高，但是受西欧和美国等国家或地区金融危机和制造业价值链收缩的影响，沿线中东欧国家的价值链参与度存在显著动荡。第二，"一带一路"沿线中低技术国家在中技术制造业领域以出口能源资源为主，且国内的工业基础和基础设施等较为薄弱，因此价值链参与度较低。如印度尼西亚、蒙古国等国的矿产资源丰富，矿储量在国际上处于领先地位，但是交通基础设施和工业基础薄弱，因此参与价值链分工以出口原材料为主。第三，中国虽然在钢铁、水泥、化工等中技术制造业领域拥有完整的生产体系和先进技术，但是对"一带一路"沿线国家仍以最终制成品出口为主，从而导致中国的中技术制造业价值链参与度不高。

2. 价值链分工位置分析

由表4-7可知，在中技术制造业领域，从整体上来看，高技术国家的价值链分工位置普遍高于中低技术国家。价值链分工位置在0.1以上的国家以高技术国家为主，如斯洛文尼亚、俄罗斯等国，中低技术国家主要有蒙古国、马来西亚等国。价值链分工位置在0—0.1的国家主要是高技术国家和自然资源较为丰富的中低技术国家，如捷克、新加坡、印度等国。价值链分工位置为负值的主要为中低技术国家，如柬埔寨、巴基斯坦等国。

表4-7 "一带一路"沿线27个国家中技术制造业价值链分工位置分析

	2010年	2011年	2012年	2013年	2014年	2015年	2016年	2017年	2018年	2019年	2020年	2021年
BGR	0.122	0.137	0.133	0.120	0.106	0.108	0.119	0.115	0.087	0.084	0.110	0.079
CHN	0.046	0.045	0.044	0.048	0.059	0.063	0.058	0.058	0.027	0.037	0.051	0.040
CZE	0.129	0.115	0.121	0.124	0.111	0.091	0.088	0.072	0.093	0.056	0.115	0.094
EST	0.165	0.150	0.146	0.109	0.128	0.139	0.124	0.117	0.094	0.086	0.051	0.048
HRV	0.117	0.119	0.121	0.142	0.143	0.130	0.121	0.115	0.087	0.101	0.102	0.085
HUN	−0.073	0.079	0.069	0.069	0.057	0.041	0.035	−0.008	0.105	0.072	0.088	0.113
IDN	0.139	0.138	0.114	0.121	0.125	0.124	0.123	0.127	0.115	0.081	0.093	0.108

续表

	2010年	2011年	2012年	2013年	2014年	2015年	2016年	2017年	2018年	2019年	2020年	2021年
IND	0.044	0.040	0.047	0.062	0.058	0.056	0.074	0.050	0.061	0.069	0.084	0.067
KAZ	0.141	0.169	0.186	0.138	0.147	0.123	0.099	0.123	0.215	0.228	0.216	0.260
KGZ	0.035	0.068	0.024	0.051	0.037	0.051	0.036	0.068	0.230	0.191	0.193	0.219
CAM	-0.113	-0.103	-0.052	-0.158	-0.070	-0.230	-0.185	-0.051	-0.043	-0.032	-0.047	-0.043
SRI	-0.014	-0.044	-0.047	-0.012	-0.045	-0.048	-0.043	-0.048	0.012	0.023	0.035	0.052
LTU	0.161	0.165	0.194	0.189	0.183	0.093	0.197	-0.045	0.140	0.117	0.186	0.100
LVA	0.437	0.420	0.408	0.239	0.239	0.212	0.169	0.119	0.149	0.154	0.151	0.150
MON	0.519	0.119	0.094	0.131	0.219	0.200	0.208	0.216	0.126	0.173	0.219	0.205
MAL	0.183	0.155	0.140	0.139	0.151	0.150	0.108	0.150	0.146	0.106	0.147	0.133
PAK	-0.013	-0.017	-0.026	-0.019	-0.009	-0.006	-0.005	-0.015	-0.031	-0.025	-0.020	-0.028
PHI	-0.021	0.043	0.031	0.020	0.071	0.060	0.034	0.062	0.065	0.083	0.094	0.074
POL	0.117	0.109	0.121	0.130	0.125	0.118	0.118	0.111	0.104	0.104	0.098	0.104
ROM	0.117	0.109	0.110	0.122	0.113	0.094	0.094	0.088	0.108	0.092	0.093	0.078
RUS	0.170	0.161	0.158	0.152	0.163	0.178	0.154	0.151	0.189	0.182	0.190	0.208
SIN	-0.013	-0.046	0.013	0.015	0.278	0.011	0.027	0.042	0.072	0.126	0.121	0.129
SVK	0.115	0.081	0.028	0.044	0.023	0.081	0.074	0.077	0.024	0.021	0.027	0.034
SVN	0.235	0.296	0.291	-0.031	0.220	0.139	0.214	0.225	0.049	0.104	0.132	0.118
THA	0.186	0.113	0.163	0.139	0.142	-0.158	0.104	0.157	0.067	0.106	0.130	0.101
TUR	0.091	0.098	0.117	0.094	0.097	0.116	0.113	0.094	0.110	0.112	0.114	0.121
VIE	-0.332	-0.079	-0.057	-0.044	-0.026	0.004	0.009	-0.021	0.038	0.019	0.036	0.069

从变化趋势来看，"一带一路"沿线多数国家的价值链分工位置在2011年以后呈下降趋势，但是"一带一路"实施后，2015年前后沿线多数国家的价值链分工位置开始呈上升态势。中国的中技术制造业价值链分工位置处于中等水平，在0.5左右。

上述测度结果表明：第一，"一带一路"沿线高技术国家的工业基础较好，价值链分工位置较高，但是受国际金融危机和主要发达国家"再工业化"计划的影响，价值链分工位置呈下降趋势。比如，拉脱维亚2008—2010年的国内生产总值累计下降达20%，制造业发展缺乏动力，2009年匈牙利制造业的2/3在西欧和美国的控制之下，2011—2014年制造业生产处于负增长状态。而"一带一路"实施后，中国对沿线高技术国家的 OFDI 迅速增长，价值链分工合作加快，价值链分工位置呈上升趋势。比如，2012 年广西柳工收购了波兰重工业支柱斯塔洛瓦沃拉市钢铁厂，为该公司的发展带来了生机；湖北三环集团并购了波兰最大的轴承厂，通过技术改造和销售渠道延伸等措施让该厂重获发展生机；2019 年中国化学工程集团有限公司与俄罗斯天然气开采股份有限公司合建了全球最大的乙烯一体化项目。第二，"一带一路"沿线中低技术国家由于工业基础和基础设施薄弱，因此会被对基础条件要求较高的中技术制造业全球价值链分工边缘化，"一带一路"使中国加速推进中技术制造业 OFDI，带动中低技术国家价值链分工位置的提升。比如，中航国际成套设备有限公司和土耳其共同修建电厂、中国铁路通信信号股份有限公司参与泰国复线铁路改造项目、中国和文莱共建综合炼化项目、中国建筑承建巴基斯坦 PKM 高速公路项目、中国企业承建印度尼西亚雅万高铁项目等，由于推动了当地基础设施的完善和能源资源初级产品的深加工，因此有利于提高中低技术国家的出口增加值。第三，中国在中技术领域具有成套设备生产能力，通过与中低技术国家进行 OFDI 可以拓宽海外市场，获得更多的利润，通过利润反馈等路径为国内制造业研发设计等高技术、高附加值环节提供更多的资金支持，通过对"一带一路"沿线高技术国家 OFDI 合作建立研发技术中心，获得显著的 OFDI 逆向技术溢出效应。比如，收购斯塔洛瓦沃拉市钢铁厂后，广西柳工与波兰多所高等院校、波兰国家研发中心签署了研发合作协议，雇用波兰和欧洲其他国家的设计和技术人员、工程师组成柳工欧洲研发中心；中国潍柴集团与白俄罗斯合建柴油发动机工厂，充分地利用白俄罗斯的技术优势；湖北三环集团通过 OFDI，利用波兰某轴承厂丰富的生产经验和优良口碑，建立了研发中心，成功成为玛莎拉蒂等国际知名汽车品牌的中间品供应商。OFDI 逆向技术溢出有力地推动了中国制造业的升级，带动了中国出口技术复杂度的提升，以及产品出口的增加，然而中国的中技术多以成套设备参与 OFDI 中，与沿线国家的价值链分工合作依然不足，从而导致中国价值链分工位置相对不高。

（三）高技术制造业

1. 价值链参与度分析

由表 4-8 可知，在高技术制造业领域，从整体上来看，价值链参与度在 0.6 以上的国家以高技术国家为主。比如，2016 年爱沙尼亚的价值链参与度为1.17，2021年匈牙利的价值链参与度为1.06。值得关注的是，越南2021年的价值链参与度为1.07，主要由于日本的夏普、京瓷、三星电子、LG电子、富士康等将电子产品生产的部分环节放在了越南。价值链参与度在0.6以下的国家主要以中低技术国家为主，如印度尼西亚、斯里兰卡等国。俄罗斯的价值链参与度为0.22左右，主要是由于俄罗斯的高端制造业集中于航空和卫星、飞机制造、发动机等高端设备领域，较为完备的工业体系和高端设备制造业技术的保密性使俄罗斯的高技术制造业价值链分工位置较低。

表4-8 "一带一路"沿线27个国家高技术制造业价值链参与度分析

	2010年	2011年	2012年	2013年	2014年	2015年	2016年	2017年	2018年	2019年	2020年	2021年
BGR	0.62	0.76	0.76	0.88	0.83	0.81	0.83	0.91	0.90	0.81	0.78	0.81
CHN	0.34	0.33	0.31	0.31	0.30	0.27	0.26	0.25	0.25	0.28	0.28	0.29
CZE	0.88	0.91	0.91	0.93	0.94	0.99	1.01	1.05	0.88	0.81	0.86	0.88
EST	1.12	1.02	1.10	1.11	1.08	1.08	1.17	1.10	0.90	0.96	0.98	1.00
HRV	0.53	0.60	0.63	0.67	0.67	0.71	0.70	0.74	0.74	0.70	0.77	0.80
HUN	0.90	0.95	0.97	0.99	0.99	1.06	1.04	1.04	1.06	0.99	1.06	1.06
IDN	0.44	0.47	0.43	0.45	0.44	0.41	0.31	0.39	0.37	0.38	0.36	0.43
IND	0.19	0.20	0.21	0.22	0.21	0.17	0.15	0.16	0.24	0.21	0.21	0.24
KAZ	0.26	0.35	0.34	0.34	0.27	0.23	0.25	0.20	0.35	0.35	0.28	0.35
KGZ	0.24	0.30	0.38	0.29	0.19	0.25	0.27	0.40	0.27	0.40	0.42	0.50
CAM	0.24	0.24	0.24	0.26	1.03	0.44	0.26	0.97	0.58	0.50	0.52	0.54
SRI	0.23	0.17	0.22	0.29	0.49	0.35	0.35	0.27	0.55	0.54	0.50	0.61
LTU	0.77	0.83	0.83	0.87	0.98	1.05	0.62	0.98	0.81	0.78	0.75	0.75
LVA	0.77	0.78	0.79	0.80	0.81	0.85	0.85	0.85	0.85	0.85	0.89	0.89
MON	0.26	0.29	0.26	0.31	0.39	0.33	0.30	0.30	0.64	0.41	0.49	0.51
MAL	0.70	0.63	0.58	0.57	0.57	0.55	0.55	0.57	0.84	0.87	0.84	0.92
PAK	0.12	0.12	0.12	0.12	0.12	0.10	0.09	0.09	0.11	0.10	0.10	0.10
PHI	0.53	0.54	0.61	0.56	0.56	0.56	0.55	0.60	0.58	0.58	0.59	0.66
POL	0.72	0.73	0.75	0.76	0.76	0.83	0.85	0.87	0.86	0.85	0.97	0.99
ROM	0.53	0.65	0.73	0.71	0.70	0.70	0.69	0.69	0.80	0.73	0.73	0.73
RUS	0.20	0.20	0.21	0.20	0.24	0.26	0.22	0.21	0.29	0.20	0.19	0.22
SIN	1.00	1.08	0.96	0.98	0.93	0.88	0.83	0.85	0.92	0.83	0.73	0.80

续表

	2010年	2011年	2012年	2013年	2014年	2015年	2016年	2017年	2018年	2019年	2020年	2021年
SVK	0.90	0.94	0.99	0.98	0.98	1.06	1.02	1.04	1.04	0.99	1.08	1.08
SVN	0.84	0.89	0.91	0.92	0.91	0.86	0.87	0.92	0.95	0.97	1.00	1.01
THA	0.48	0.53	0.56	0.53	0.49	0.47	0.46	0.51	0.59	0.83	0.82	0.89
TUR	0.38	0.46	0.49	0.54	0.57	0.54	0.51	0.58	0.48	0.52	0.46	0.48
VIE	0.50	0.56	0.62	0.63	0.67	0.72	0.75	0.73	0.98	1.02	1.07	

从变化趋势来看，"一带一路"沿线多数国家的高技术制造业价值链参与度整体较为平稳，部分沿线国家的价值链参与度呈较为显著的上升态势。比如，越南从2010年的0.50上升至2021年的1.07，斯洛伐克从2010年的0.9上升至2021年的1.08。2012年前后，"一带一路"沿线部分国家出现了价值链分工位置下降的趋势，如新加坡等国。中国的价值链参与度整体呈下降趋势，从2010年的0.34下降至2021年的0.29，在"一带一路"沿线国家中仅高于俄罗斯、巴基斯坦等少数国家。

上述测度结果表明：第一，由于高技术制造业涉及技术、知识产权较多，对工业生产能力要求较高，因此拥有高端制造业能力的国家出于对高端技术、知识产权的保护，将生产环节主要集中在少数同水平的高技术国家间进行分工合作，如空客、波音等大型客机主要在少数工业强国内分工生产。"一带一路"沿线高技术国家主要包括中东欧国家和少数西欧国家，以及新加坡、俄罗斯、以色列等国，这些国家的工业基础扎实、科教水平较高，且多数参与到世界主要工业强国高技术制造业价值链中。比如，波兰在机械、材料和医学领域具有较强的科技实力，匈牙利、斯洛文尼亚等国的科技创新实力较强，在机械制造、汽车船舶、仪器仪表和生物科技等行业具有世界前沿水平。2019年，新加坡、以色列的全球创新指数分别位列第八位和第十位，因此其价值链参与度较高。但是，受国际金融危机和2012年制造业全球价值链收缩的影响，"一带一路"沿线的部分高技术国家的价值链参与度出现下降趋势。第二，"一带一路"沿线中低技术国家的工业基础较弱，参与全球价值链分工主要以出口能源原材料产品为主，如印度尼西亚的石油、天然气等资源丰富，蒙古国的稀土等矿产资源丰富，因此这些国家的价值链参与度不高。第三，由于完整的工业体系和对高端技术、知识产权的保护，中国的高技术制造业生产流程基本在国内完成，又由于美国等主要高技术国家对中国实施技术封锁，将中国隔离在高技术制造业分工体系之外，中国的价值链参与度不高，并且呈下降趋势。比如，美国对华为和中兴通讯等高科技企业实施打压、严禁将中国纳入光学镜头和电脑CPU等高端中间品生产环节。

2. 价值链分工位置分析

由表4-9可知，在高技术制造业领域，从整体上来看，价值链分工位置在0.1以上的国家以高技术国家为主，如罗马尼亚、克罗地亚等国。值得关注的是，蒙古国的高技术制造业价值链分工位置较高，2014年高达0.170，主要是由于蒙古国的稀土等矿产资源较为丰富，出口量较大。价值链分工位置在0—0.1的国家较为集中，并且"一带一路"沿线高技术国家的价值链分工位置整体上高于中低技术国家。

表4-9　"一带一路"沿线27个国家高技术制造业价值链分工位置分析

	2010年	2011年	2012年	2013年	2014年	2015年	2016年	2017年	2018年	2019年	2020年	2021年
BGR	0.037	0.049	0.059	0.072	0.077	0.078	0.077	0.070	0.081	0.062	0.091	0.035
CHN	0.023	0.027	0.030	0.039	0.055	0.062	0.059	0.059	0.004	0.019	0.030	0.022
CZE	0.013	0.009	0.002	0.024	0.018	-0.006	-0.019	-0.024	0.013	-0.011	0.045	0.009
EST	0.003	-0.087	-0.056	-0.036	-0.040	-0.047	-0.069	-0.023	-0.162	-0.141	-0.136	-0.169
HRV	0.157	0.159	0.155	0.164	0.149	0.138	0.127	0.118	0.107	0.087	0.166	0.138
HUN	-0.119	-0.135	-0.093	-0.063	-0.062	-0.087	-0.088	-0.085	-0.077	-0.089	-0.034	-0.042
IDN	-0.005	0.016	-0.008	0.003	0.002	0.016	0.087	0.026	-0.013	0.016	0.026	0.009
IND	0.005	-0.003	-0.001	0.021	0.026	0.030	0.038	0.025	0.026	0.033	0.044	0.032
KAZ	0.067	0.137	0.072	0.099	0.063	0.052	0.047	0.059	0.217	0.197	0.176	0.212
KGZ	-0.036	0.021	-0.032	-0.001	0.013	0.034	0.014	0.051	-0.074	-0.140	-0.028	-0.029
CAM	0.176	-0.075	-0.068	-0.065	0.057	-0.047	-0.041	0.046	0.056	-0.013	0.011	-0.010
SRI	-0.101	-0.093	-0.129	-0.171	-0.302	-0.215	-0.206	-0.031	0.099	0.119	0.094	0.154
LTU	-0.061	-0.040	-0.030	-0.018	-0.023	-0.082	0.093	0.001	0.005	0.017	0.098	0.032
LVA	0.036	0.053	0.040	0.053	0.055	0.047	0.037	0.044	-0.061	-0.105	-0.103	-0.107
MON	0.056	0.083	0.042	0.066	0.170	0.130	0.129	0.122	0.027	0.185	0.255	0.266
MAL	0.043	0.077	0.058	0.063	0.048	0.047	0.082	0.044	-0.070	-0.008	0.005	-0.027
PAK	-0.063	-0.062	-0.063	-0.062	-0.057	-0.048	-0.043	-0.051	-0.070	-0.062	-0.056	-0.063
PHI	0.056	0.042	0.046	0.046	0.024	0.006	-0.005	-0.012	0.026	0.009	0.019	-0.022

续表

	2010年	2011年	2012年	2013年	2014年	2015年	2016年	2017年	2018年	2019年	2020年	2021年
POL	0.024	0.029	0.036	0.041	0.038	0.023	0.011	0.007	-0.029	-0.052	-0.021	-0.055
ROM	0.165	0.157	0.181	0.176	0.182	0.158	0.158	0.152	0.158	0.156	0.195	0.192
RUS	0.107	0.100	0.095	0.076	0.080	0.081	0.082	0.071	0.085	0.062	0.058	0.077
SIN	0.003	0.000	0.000	0.010	0.010	0.023	0.041	0.032	0.046	0.008	-0.065	-0.007
SVK	-0.133	-0.109	-0.127	-0.124	-0.129	-0.172	-0.165	-0.168	-0.057	-0.083	-0.032	-0.060
SVN	0.045	0.038	0.047	0.057	0.068	0.088	0.065	0.058	0.006	-0.011	0.029	-0.010
THA	-0.031	-0.054	0.060	0.042	0.019	0.035	0.043	0.033	0.031	-0.005	0.024	0.005
TUR	0.031	0.021	0.021	0.017	0.034	0.043	0.039	0.023	0.036	0.047	0.047	0.047
VIE	-0.048	0.009	0.033	0.039	0.035	0.036	0.037	0.024	-0.114	-0.091	-0.081	-0.116

从变化趋势来看，"一带一路"沿线多数国家的价值链分工位置受全球高端制造业分工收缩影响后出现下降态势，但是随着"一带一路"合作的日益深化，沿线国家的价值链分工位置又出现了上升趋势，如俄罗斯、立陶宛、印度等国。价值链分工位置为负值的国家，其价值链分工位置总体呈上升趋势。比如，斯里兰卡从2010年的-0.101上升至2021年的0.154，匈牙利从2010年的-0.119上升至2021年的-0.042。中国的高技术领域价值链分工位置在沿线国家中较高，且呈上升趋势，从2010年的0.023上升至2017年的0.059，之后受美国对华科技遏制和中国"卡脖子"技术攻坚等的影响，2018年后呈"V"形变化。

上述测度结果表明：第一，"一带一路"沿线高技术国家具有较为扎实的工业基础和良好的科研体系，使这些国家在高技术价值链分工中获利较高。比如，中东欧国家是连接亚欧大陆的重要纽带，西欧和美国将其纳入高技术制造业价值链分工，并建立研发中心，以推动这些国家价值链分工位置的提升，以色列具有良好的科技初创企业孵化环境和成熟的研发体系，在电信和半导体、自动驾驶、人工智能和数字健康等方面具有较强的实力。但是，沿线高技术国家受国际经济动荡影响较大，比如，立陶宛2016年的出口总额同比下降了1.3%，乌克兰的经济持续低迷，新加坡作为世界重要港口，外贸受到沉重打击。随着"一带一路"的推进，中国同沿线高技术国家在高端制造业领域的合作为其注入了新动力，2018年中国企业对中东欧的投资超过100亿美元，涉及机械制造、汽车零部件、航空、医药等领域，截至2022年10月，中国累计对新加坡投资735.5亿美元，连续13年保持新加坡OFDI第一大目的国，投资覆盖云计算、海水淡化等高技术行业。第二，"一带一路"沿线中低技术国家受美国等主要高技术国家需求疲软的影响，能源、原材料出口减少，从而导致价值链分工位置降低，"一带一路"为中低技术国家开拓了出口市场，有利于中国增加对沿线国家能源、原材料的进口。比如，中国先后建立了中亚油气管道、中俄原油管道、中缅管道、中巴瓜达尔港等能源资源合作项目，提升了沿线国家的出口能力。2023年1—6月，中国企业在"一带一路"沿线国家非金融类直接投资801.7亿元，同比增长了23.3%，雅万高铁、中泰高铁、中马友谊大桥等基础设施项目有力推动了沿线国家基础设施的完善，沿线国家吸引外资的能力和价值链分工位置显著提升。

第二节 行业层面的制造业价值链分工状况

根据上述行业划分标准、价值链分工测度指标，本节分别按照制造业不同技术层次，从行业层面探究"一带一路"沿线27个国家的制造业价值链分工现状。

一 低技术制造业价值链分工状况

从上述行业划分标准可知，低技术制造业主要有食品、饮料及烟草行业，纺织及服装制造业，皮革和鞋类制造业，木材、木材制品及软木制品制造业，纸浆、纸张、印刷和出版业。下面将从低技术不同行业的价值链参与度和分工位置指数角度出发，分析低技术制造业价值链的分工状况。

（一）食品、饮料及烟草行业

1. 价值链参与度分析

由表4-10可知，在食品、饮料及烟草行业中，从整体上来看，价值链参与度在0.4以上的"一带一路"沿线国家主要是高技术国家，比如，新加坡2010—2021年的年价值链参与度均值为0.57，匈牙利2021年的价值链参与度为0.62，越南2021年的价值链参与度为0.55。价值链参与度在 0.1—0.4 的国家较为集中，且高技术国家普遍高于中低技术国家，比如，立陶宛 2021 年的价值链参与度为 0.43。中低技术国家马来西亚和蒙古国的价值链参与度较高，2021 年的价值链参与度分别为 0.64 和 0.08。价值链参与度在 0.1 以下的国家以中低技术国家为主，如哈萨克斯坦等国。高技术国家俄罗斯的价值链参与度在 0.03—0.11，主要由于俄罗斯受制裁以来，北美、欧盟等地区或组织的发达国家禁止向俄罗斯出口牛肉、水果、禽类、乳制品等食品。

表 4-10　"一带一路"食品、饮料及烟草行业价值链参与度分析

	2010 年	2011 年	2012 年	2013 年	2014 年	2015 年	2016 年	2017 年	2018 年	2019 年	2020 年	2021 年
BGR	0.21	0.23	0.23	0.26	0.25	0.25	0.24	0.26	0.28	0.33	0.30	0.36
CHN	0.07	0.07	0.07	0.07	0.07	0.06	0.05	0.05	0.07	0.06	0.06	0.07
CZE	0.26	0.27	0.33	0.35	0.37	0.39	0.38	0.40	0.36	0.32	0.34	0.34
EST	0.32	0.34	0.37	0.38	0.34	0.35	0.38	0.38	0.46	0.48	0.43	0.52
HRV	0.17	0.19	0.20	0.21	0.22	0.24	0.24	0.26	0.28	0.33	0.30	0.38
HUN	0.37	0.43	0.47	0.48	0.47	0.53	0.49	0.50	0.65	0.59	0.60	0.62
IDN	0.18	0.20	0.19	0.19	0.21	0.19	0.17	0.18	0.19	0.14	0.13	0.16
IND	0.06	0.06	0.08	0.07	0.06	0.05	0.05	0.05	0.08	0.07	0.07	0.08
KAZ	0.09	0.09	0.09	0.10	0.09	0.08	0.09	0.08	0.13	0.14	0.14	0.23
KGZ	0.14	0.13	0.13	0.11	0.08	0.09	0.10	0.11	0.19	0.19	0.14	0.19
CAM	0.14	0.12	0.14	0.17	0.19	0.18	0.19	0.19	0.32	0.31	0.30	0.32
SRI	0.12	0.09	0.09	0.13	0.13	0.14	0.15	0.14	0.15	0.13	0.10	0.11
LTU	0.25	0.28	0.30	0.31	0.30	0.37	0.33	0.37	0.38	0.36	0.40	0.43
LVA	0.22	0.27	0.32	0.36	0.37	0.42	0.42	0.43	0.49	0.40	0.47	0.48
MON	0.08	0.07	0.05	0.04	0.05	0.05	0.05	0.06	0.08	0.07	0.07	0.08
MAL	0.39	0.40	0.38	0.37	0.36	0.35	0.33	0.36	0.63	0.58	0.56	0.64
PAK	0.08	0.07	0.06	0.07	0.07	0.06	0.05	0.04	0.05	0.04	0.04	0.04
PHI	0.12	0.12	0.12	0.11	0.12	0.12	0.11	0.13	0.10	0.08	0.08	0.09
POL	0.18	0.21	0.22	0.22	0.23	0.25	0.26	0.27	0.26	0.25	0.28	0.30
ROM	0.10	0.10	0.10	0.11	0.11	0.12	0.11	0.11	0.09	0.09	0.09	0.11
RUS	0.03	0.03	0.04	0.04	0.05	0.06	0.04	0.05	0.06	0.10	0.11	0.11
SIN	0.66	0.77	0.55	0.59	0.55	0.52	0.46	0.47	0.55	0.60	0.56	0.60

续表

	2010年	2011年	2012年	2013年	2014年	2015年	2016年	2017年	2018年	2019年	2020年	2021年
SVK	0.20	0.26	0.25	0.23	0.21	0.25	0.25	0.26	0.25	0.22	0.21	0.23
SVN	0.16	0.20	0.21	0.21	0.20	0.20	0.20	0.22	0.36	0.43	0.39	0.44
THA	0.24	0.30	0.26	0.26	0.27	0.27	0.26	0.31	0.35	0.35	0.28	0.35
TUR	0.08	0.11	0.12	0.12	0.13	0.15	0.12	0.14	0.10	0.12	0.11	0.13
VIE	0.35	0.38	0.38	0.39	0.42	0.44	0.46	0.46	0.79	0.54	0.54	0.55

从变化趋势来看，"一带一路"沿线多数国家的价值链参与度呈上升趋势。比如，拉脱维亚的价值链参与度从2010年的0.22上升至2021年的0.48，土耳其的价值链参与度从2010年的0.08上升至2021年的0.13。中国的价值链参与度较低，总体在0.06左右，价值链参与度的变化趋势较为平稳。同"一带一路"沿线其他国家相比，中国的价值链参与度仅高于印度和俄罗斯。

上述测度结果表明：第一，食品、饮料及烟草行业是重要的生活资料生产行业，具有靠近市场和生产分工链的特点，"一带一路"沿线高技术国家参与价值链分工的程度较高。比如，中东欧地区由于其轻重工业失衡，多数国家的生产能力不足国民生活需求的50%，严重依赖进口，因此价值链参与度较高，如匈牙利、波兰等国的食品、饮料及烟草行业，其进口量远超出口量，因此"一带一路"沿线高技术国家的食品、饮料及烟草行业价值链参与度整体较高。第二，食品、饮料及烟草行业是低技术国家重要的经济支撑，且食品、饮料及烟草行业多是靠近原料产地生产，多数生产环节在国内完成，因此"一带一路"沿线中低技术国家食品、饮料及烟草行业价值链参与度不高，但在"一带一路"的推动下，沿线国家的食品、饮料及烟草行业分工合作加强，价值链参与度不断提升。比如，自2012年以来，印度尼西亚、泰国和越南等国的食品、饮料及烟草行业占制造业总产值比重都在20%以上，菲律宾更是高达30%。

2. 价值链分工位置分析

由表4-11可知，在食品、饮料及烟草行业中，从整体上来看，"一带一路"沿线高技术国家的价值链分工位置整体低于中低技术国家。价值链分工位置在0.1以上的国家以中低技术国家为主，比如，印度尼西亚和马来西亚2021年的价值链分工位置分别为0.111和0.246。价值链分工位置在 0—0.1 的国家同样以中低技术国家为主,如巴基斯坦、菲律宾等国。价值链分工位置为负值的国家主要为高技术国家,比如,2021 年爱沙尼亚和立陶宛的价值链分工位置分别为-0.139 和-0.180。

表 4-11　"一带一路"食品、饮料及烟草行业价值链分工位置分析

	2010 年	2011 年	2012 年	2013 年	2014 年	2015 年	2016 年	2017 年	2018 年	2019 年	2020 年	2021 年
BGR	-0.001	0.015	0.001	0.013	0.014	0.018	0.015	0.020	0.026	0.038	0.049	0.050
CHN	0.027	0.024	0.027	0.027	0.030	0.029	0.026	0.024	0.030	0.024	0.026	0.028
CZE	-0.008	-0.018	-0.012	-0.004	-0.007	-0.015	-0.017	-0.008	-0.055	-0.056	-0.031	-0.048
EST	-0.101	-0.118	-0.126	-0.132	-0.128	-0.122	-0.142	-0.131	-0.050	-0.124	-0.117	-0.139
HRV	-0.018	-0.026	-0.030	-0.025	-0.029	-0.032	-0.037	-0.042	-0.094	-0.130	-0.107	-0.134
HUN	-0.037	-0.046	-0.042	-0.030	-0.037	-0.048	-0.048	-0.045	-0.003	-0.049	-0.027	0.000
IDN	0.124	0.134	0.127	0.122	0.133	0.129	0.133	0.131	0.129	0.097	0.093	0.111
IND	0.014	0.015	0.026	0.021	0.011	0.014	0.013	0.012	0.001	0.008	0.008	-0.001
KAZ	0.023	0.030	-0.005	0.011	0.022	0.015	0.012	0.019	0.051	0.067	0.067	0.146
KGZ	-0.063	-0.018	-0.025	-0.033	-0.023	-0.012	-0.017	-0.009	-0.056	-0.021	-0.016	-0.021
CAM	-0.012	-0.024	-0.018	-0.010	-0.011	-0.008	0.010	-0.004	-0.093	-0.134	-0.143
SRI	0.018	0.011	0.012	0.047	0.038	0.035	0.051	0.043	0.031	0.009	-0.012	-0.012
LTU	-0.061	-0.079	-0.068	-0.078	-0.086	-0.131	-0.094	-0.107	-0.148	-0.152	-0.138	-0.180
LVA	-0.097	-0.135	-0.149	-0.117	-0.084	-0.082	-0.079	-0.081	-0.043	-0.072	-0.061	-0.068
MON	-0.004	-0.013	-0.019	-0.015	-0.015	-0.004	-0.001	-0.010	-0.025	-0.013	-0.007	-0.008
MAL	0.121	0.132	0.106	0.099	0.102	0.100	0.088	0.100	0.230	0.209	0.213	0.246
PAK	0.038	0.029	0.027	0.035	0.036	0.034	0.030	0.024	0.000	0.015	0.009	0.006
PHI	0.056	0.052	0.052	0.054	0.056	0.053	0.046	0.054	0.028	0.017	0.021	0.021
POL	-0.029	-0.045	-0.043	-0.034	-0.038	-0.052	-0.053	-0.078	-0.088	-0.095	-0.104
ROM	-0.005	-0.002	-0.008	0.005	0.002	-0.004	-0.009	-0.011	-0.008	-0.008	-0.008	-0.009
RUS	-0.009	-0.012	-0.007	-0.008	-0.008	-0.006	-0.007	-0.007	-0.010	0.018	0.025	0.031
SIN	-0.023	-0.042	0.016	0.032	0.037	0.045	0.049	0.044	-0.123	-0.071	-0.098	-0.066
SVK	-0.030	-0.019	-0.029	-0.044	-0.045	-0.064	-0.063	-0.064	-0.049	-0.055	-0.056	-0.051
SVN	-0.028	-0.038	-0.013	-0.016	-0.030	-0.021	-0.027	-0.028	-0.029	-0.020	-0.027	-0.049
THA	0.014	0.047	0.034	0.039	0.057	0.064	0.056	0.065	0.000	-0.028	-0.023	-0.016
TUR	-0.015	-0.018	-0.015	-0.017	-0.015	-0.009	-0.009	-0.016	-0.039	-0.013	-0.021	-0.010
VIE	-0.019	-0.008	0.004	0.006	0.013	0.017	0.010	0.010	0.098	-0.151	-0.142	-0.263

从变化趋势来看,"一带一路"沿线高技术国家的价值链分工位置呈下降趋势,沿线中低技术国家的价值链分工位置呈上升趋势。比如,克罗地亚的价值链分工位置从2010年的-0.018下降至2021年的-0.134,马来西亚的价值链分工位置从2010年的0.121上升至2021年的0.246。中国的食品、饮料及烟草行业价值链分工位置较高,整体在0.03左右,且变化趋势较为稳定。

上述测度结果表明:第一,由于食品、饮料及烟草行业具有靠近原材料产地和多数环节国内完成的特点,决定了"一带一路"沿线高技术国家以进口制成品为主,因此国内增加值较低,价值链分工位置较低。第二,包括中国在内的中低技术国家原材料资源丰富,以制成品出口为主,因此出口产品国内增加值较高,价值链分工位置较高。比如:马来西亚盛产可可、胡椒、烟草、菠萝、茶叶等经济作物,为世界第二大棕榈油生产国和出口国;印度尼西亚是一个农业大国,经济作物以棕榈油、咖啡、可可为主,是全球最大的棕榈油生产国。

(二)纺织及服装制造业

1. 价值链参与度分析

由表4-12可知,在纺织及服装制造业中,从整体上来看,"一带一路"沿线高技术国家的价值链参与度高于中低技术国家。价值链参与度在0.5以上的国家以高技术国家为主,比如,匈牙利和捷克的2021年价值链参与度分别为0.98和0.95。值得关注的是,2021年越南的价值链参与度为0.75,主要是由于纺织及服装制造业是越南的第二大出口产业,为全球多个著名纺织服装品牌代工生产。价值链参与度在0.2—0.5的国家以中低技术国家为主,其中泰国和柬埔寨的价值链参与度较高,2021年的价值链参与度分别为0.46和0.54。价值链参与度在0.2以下的国家同样以中低技术国家为主,如哈萨克斯坦、菲律宾等国。

表4-12 "一带一路"纺织及服装制造业价值链参与度分析

	2010年	2011年	2012年	2013年	2014年	2015年	2016年	2017年	2018年	2019年	2020年	2021年
BGR	0.34	0.36	0.34	0.40	0.40	0.41	0.42	0.47	0.50	0.41	0.40	0.49
CHN	0.22	0.23	0.20	0.20	0.20	0.18	0.17	0.17	0.20	0.22	0.22	0.25
CZE	0.90	1.02	0.99	1.01	1.01	1.06	1.04	1.13	1.00	0.90	0.91	0.95

续表

	2010年	2011年	2012年	2013年	2014年	2015年	2016年	2017年	2018年	2019年	2020年	2021年
EST	0.59	0.61	0.62	0.67	0.69	0.68	0.67	0.73	0.81	0.80	0.84	0.81
HRV	0.26	0.27	0.29	0.32	0.34	0.38	0.38	0.41	0.45	0.44	0.47	0.57
HUN	0.79	0.94	0.92	0.93	0.96	1.03	0.99	0.99	0.96	0.91	0.93	0.98
IDN	0.27	0.26	0.25	0.27	0.29	0.28	0.26	0.27	0.34	0.32	0.28	0.38
IND	0.13	0.15	0.15	0.17	0.16	0.14	0.13	0.13	0.19	0.13	0.14	0.16
KAZ	0.09	0.14	0.22	0.20	0.19	0.16	0.17	0.16	0.30	0.25	0.16	0.23
KGZ	0.41	0.26	0.19	0.18	0.16	0.17	0.17	0.22	0.33	0.37	0.30	0.34
CAM	0.47	0.46	0.45	0.43	0.48	0.49	0.50	0.47	0.48	0.47	0.50	0.54
SRI	0.35	0.27	0.28	0.28	0.30	0.30	0.30	0.31	0.29	0.29	0.24	0.27
LTU	0.51	0.46	0.46	0.45	0.46	0.60	0.41	0.44	0.69	0.64	0.62	0.70
LVA	0.45	0.51	0.60	0.64	0.62	0.68	0.68	0.70	0.77	0.74	0.76	0.80
MON	0.21	0.26	0.22	0.24	0.26	0.17	0.17	0.22	0.22	0.17	0.14	0.16
MAL	0.32	0.37	0.37	0.34	0.34	0.33	0.34	0.35	0.34	0.32	0.32	0.36
PAK	0.29	0.23	0.23	0.28	0.26	0.23	0.21	0.20	0.15	0.14	0.18	0.19
PHI	0.16	0.14	0.14	0.15	0.16	0.15	0.16	0.18	0.15	0.12	0.12	0.14
POL	0.51	0.52	0.50	0.51	0.57	0.65	0.66	0.69	0.65	0.61	0.66	0.69
ROM	0.20	0.23	0.24	0.25	0.25	0.27	0.25	0.25	0.27	0.24	0.25	0.31
RUS	0.09	0.10	0.10	0.10	0.13	0.13	0.10	0.11	0.19	0.14	0.14	0.15
SIN	0.84	0.96	0.61	0.59	0.58	0.56	0.57	0.48	0.65	0.66	0.67	0.67
SVK	0.48	0.67	0.64	0.65	0.67	0.70	0.66	0.69	0.60	0.66	0.69	0.76
SVN	0.75	0.67	0.73	0.76	0.76	0.66	0.66	0.72	0.84	0.78	0.82	0.87
THA	0.30	0.40	0.38	0.39	0.38	0.38	0.38	0.43	0.47	0.45	0.40	0.46
TUR	0.27	0.31	0.32	0.34	0.37	0.35	0.35	0.38	0.32	0.33	0.30	0.34
VIE	0.46	0.49	0.48	0.52	0.56	0.58	0.60	0.59	0.72	0.68	0.69	0.75

从变化趋势来看，"一带一路"沿线多数国家的价值链参与度呈上升趋势，高技术国家的上升趋势显著快于低技术国家。比如，拉脱维亚的价值链参与度从2010年的0.45上升至2021年的0.80。"一带一路"沿线少数国家的价值链参与度出现下降趋势，比如，新加坡从2010年的0.84下降至2021年的0.67。中国的价值链参与度较低，整体在0.2左右，且呈微弱下降趋势，从2010年的0.22下降至2017年的0.17。新冠

疫情期间，全球供应链断裂，中国纺织及服装制造业受益于国内的完整产业链，价值链参与度出现上升态势，2021年上升至0.25。

上述测度结果表明：第一，"一带一路"沿线高技术国家的劳动力成本高、轻工业发展不具有比较优势，因此为了满足国内的消费需求，只得参与纺织及服装制造业价值链分工，从而价值链参与度较高，如新加坡、以色列等国。第二，"一带一路"沿线中低技术国家的国内劳动力资源丰富且成本低，或者属于重要棉花产地，如中亚和埃及等地区或国家是世界重要的棉花产地。随着"一带一路"的推进，一方面为中低技术国家的出口开拓了市场；另一方面为中国同沿线具有比较优势的国家分工合作提供了条件。比如，2018年中国对越南纺织及服装制造业的累计投资占该国该行业总吸引外资比重的40%，雅戈尔、江苏裕纶等国内企业纷纷在越南建立生产基地。

2. 价值链分工位置分析

由表4-13可知，在纺织及服装制造业中，从整体上来看，价值链分工位置在0.04以上的国家以中低技术国家为主。比如，蒙古国和巴基斯坦2021年的价值链分工位置分别为0.004和0.055。价值链分工位置较高的主要有斯洛文尼亚、捷克等国，其中捷克2021年的价值链分工位置为0.089。价值链分工位置在0—0.04的国家同样以中低技术国家为主。价值链分工位置为负值的国家以高技术国家为主，比如，爱沙尼亚和新加坡2021年的价值链分工位置分别为-0.253和-0.026。

表4-13　　"一带一路"纺织及服装制造业价值链分工位置分析

	2010年	2011年	2012年	2013年	2014年	2015年	2016年	2017年	2018年	2019年	2020年	2021年
BGR	-0.033	-0.030	-0.051	-0.066	-0.052	-0.039	-0.034	-0.026	-0.031	-0.102	-0.066	-0.064
CHN	0.045	0.048	0.050	0.055	0.064	0.069	0.063	0.066	0.053	0.062	0.072	0.086
CZE	0.116	0.115	0.106	0.121	0.112	0.102	0.085	0.085	0.135	0.081	0.106	0.089
EST	-0.243	-0.263	-0.277	-0.228	-0.199	-0.191	-0.208	-0.223	-0.140	-0.156	-0.163	-0.253
HRV	-0.049	-0.066	-0.053	-0.027	-0.057	-0.073	-0.082	-0.091	-0.135	-0.164	-0.109	-0.123
HUN	-0.012	-0.045	-0.043	-0.036	-0.052	-0.061	-0.063	-0.064	-0.030	-0.096	-0.077	-0.028
IDN	0.014	-0.014	-0.019	-0.017	-0.017	-0.006	0.037	-0.002	-0.150	-0.131	-0.113	-0.142
IND	0.033	0.042	0.042	0.059	0.056	0.055	0.054	0.052	0.050	0.022	0.041	0.023
KAZ	0.044	0.058	0.081	0.057	0.082	0.065	0.056	0.073	0.163	0.075	0.041	0.086

续表

	2010年	2011年	2012年	2013年	2014年	2015年	2016年	2017年	2018年	2019年	2020年	2021年
KGZ	-0.044	-0.012	-0.020	-0.041	-0.036	-0.023	-0.026	-0.022	-0.166	-0.150	-0.201	-0.219
CAM	-0.160	-0.173	-0.186	-0.206	-0.188	-0.164	-0.149	-0.176	-0.339	-0.332	-0.356	-0.367
SRI	-0.046	-0.001	0.003	0.022	0.022	0.015	0.025	0.028	-0.160	-0.186	-0.161	-0.182
LTU	0.065	0.037	0.035	0.018	0.031	-0.034	0.065	0.069	0.050	0.002	0.051	-0.006
LVA	-0.046	-0.043	-0.056	-0.065	-0.050	-0.058	-0.065	-0.058	0.018	-0.007	-0.019	0.012
MON	0.062	0.121	0.108	0.141	0.157	0.078	0.083	0.103	-0.074	-0.012	-0.005	0.004
MAL	0.058	0.053	0.055	0.050	0.047	0.049	0.073	0.057	0.047	0.041	0.072	0.086
PAK	0.175	0.140	0.143	0.172	0.164	0.150	0.134	0.122	0.050	0.029	0.059	0.055
PHI	-0.034	-0.029	-0.034	-0.028	-0.023	-0.024	-0.030	-0.031	-0.058	-0.052	-0.041	-0.060
POL	-0.010	-0.035	-0.046	-0.032	-0.036	-0.038	-0.054	-0.055	-0.083	-0.142	-0.152	-0.166
ROM	-0.007	0.009	-0.005	0.009	0.013	-0.006	-0.010	-0.010	-0.020	-0.038	-0.030	-0.041
RUS	-0.034	-0.028	-0.029	-0.031	-0.019	-0.023	-0.011	-0.005	-0.031	-0.046	-0.040	-0.040
SIN	-0.299	-0.269	-0.229	-0.198	-0.188	-0.159	-0.164	-0.140	-0.132	-0.052	-0.025	-0.026
SVK	0.050	-0.014	-0.070	-0.060	-0.068	-0.090	-0.085	-0.084	0.019	-0.089	-0.054	-0.028
SVN	0.035	0.039	0.037	0.037	0.058	0.093	0.076	0.075	0.092	0.080	0.069	0.060
THA	0.019	0.022	0.037	0.052	0.056	0.070	0.079	0.087	0.050	0.095	0.096	0.080
TUR	0.040	0.044	0.043	0.052	0.061	0.071	0.064	0.059	-0.016	-0.019	-0.027	-0.008
VIE	-0.133	-0.159	-0.152	-0.143	-0.125	-0.127	-0.126	-0.138	-0.248	-0.285	-0.287	-0.310

从变化趋势来看，"一带一路"沿线多数国家的价值链分工位置呈上升趋势，中低技术国家价值链分工位置的上升趋势更为显著。比如，泰国的价值链分工位置从2010年的0.019上升至2021年的0.080。中国的价值链分工位置较高，仅低于蒙古国、马来西亚和巴基斯坦等国，且呈上升态势，从2010年的0.045上升至2021年的0.086。

上述测度结果表明：第一，纺织及服装制造业的行业特点，决定了"一带一路"沿线国家在这一行业中的获利较少，因此价值链分工位置多为负值；第二，沿线相对资源要素丰富的中低技术国家借助"一带一路"共建，在不断完善基础设施的情况下，加快了纺织及服装制造业的产业转移，使其出口的国内增加值持续增加，价值链分工位置也呈上升趋势。比如，孟加拉国的首都和港口城市吉大港均建立了服装业出口加工区，2018年成为仅次于中国的第二大服装出口国。泰国同样是世界主要纺织服装生产和出口国,从人工纤维、纱线制造到针织印染,再到成衣生产等都具有完整的生产体系,李宁、耐克等服饰品牌纷纷在该国建厂。同世界著名服装品牌相比,中低技术国家的纺织及服装制造业的行业低端产能向品牌设计和营销服务等高附加值环节位移的空间较大。

(三) 皮革和鞋类制造业

1. 价值链参与度分析

由表4-14可知,在皮革和鞋类制造业中,从整体上来看,价值链参与度在0.4以上的国家以高技术国家为主。比如,匈牙利和拉脱维亚的2021年价值链参与度分别为0.82和0.91。中低技术国家中的印度尼西亚和越南的价值链参与度较高,2021年的价值链参与度分别为0.52和0.78,分别是世界第三大和第五大皮革和鞋类出口国。价值链参与度在0.4以下的国家以中低技术国家为主,如柬埔寨等国。

表4-14 "一带一路"皮革和鞋类制造业价值链参与度分析

	2010年	2011年	2012年	2013年	2014年	2015年	2016年	2017年	2018年	2019年	2020年	2021年
BGR	0.26	0.34	0.34	0.37	0.38	0.36	0.37	0.39	0.53	0.71	0.71	0.72
CHN	0.15	0.17	0.15	0.15	0.15	0.13	0.12	0.12	0.15	0.12	0.12	0.14
CZE	1.04	0.92	0.87	0.89	0.91	0.93	0.94	0.76	0.54	0.49	0.50	0.59
EST	0.75	0.77	0.75	0.81	0.85	0.82	0.83	0.68	0.86	0.80	0.80	0.82
HRV	0.31	0.35	0.36	0.38	0.45	0.50	0.51	0.53	0.62	0.59	0.64	0.91
HUN	0.85	0.88	0.83	0.80	0.82	0.84	0.91	0.89	0.88	0.76	0.77	0.80	0.82
IDN	0.33	0.51	0.55	0.48	0.58	0.54	0.44	1.02	0.56	0.47	0.43	0.52
IND	0.22	0.20	0.19	0.22	0.21	0.18	0.18	0.18	0.22	0.17	0.18	0.21
KAZ	0.39	0.38	0.80	0.72	0.38	0.30	0.31	0.28	0.67	0.37	0.20	0.33
KGZ	0.41	0.25	0.19	0.17	0.13	0.13	0.14	0.15	0.38	0.54	0.58	0.68
CAM	0.00	0.00	0.00	0.00	0.01	0.01	0.01	0.01	0.00	0.00	0.00	0.00
SRI	0.09	0.08	0.07	0.07	0.08	0.08	0.08	0.08	0.25	0.18	0.06	0.08
LTU	0.52	0.82	1.03	1.26	1.37	1.54	0.61	1.30	0.85	0.82	0.57	0.88
LVA	0.32	0.24	0.43	0.54	0.45	0.48	0.49	0.51	0.51	0.81	0.76	0.91
MON	0.34	0.27	0.20	0.23	0.30	0.22	0.23	0.30	0.38	0.34	0.32	0.34
MAL	0.25	0.26	0.23	0.18	0.18	0.18	0.19	0.18	0.48	0.44	0.45	0.62
PAK	0.23	0.20	0.20	0.23	0.22	0.20	0.18	0.17	0.26	0.27	0.28	0.30

续表

	2010年	2011年	2012年	2013年	2014年	2015年	2016年	2017年	2018年	2019年	2020年	2021年
PHI	0.61	0.28	0.21	0.18	0.20	0.20	0.20	0.22	0.18	0.16	0.15	0.17
POL	0.25	0.52	0.52	0.54	0.61	0.67	0.70	0.71	0.66	0.56	0.58	0.61
ROM	0.26	0.28	0.30	0.29	0.29	0.31	0.30	0.30	0.40	0.41	0.45	0.52
RUS	0.13	0.11	0.11	0.12	0.12	0.12	0.10	0.10	0.13	0.21	0.21	0.23
SIN	0.55	0.57	0.58	0.59	0.61	0.62	0.63	0.64	0.51	0.69	0.79	0.81
SVK	0.57	0.64	0.67	0.69	0.67	0.68	0.65	0.66	0.57	0.62	0.68	0.79
SVN	0.30	0.53	0.55	0.57	0.58	0.62	0.65	0.69	0.63	0.58	0.55	0.65
THA	0.20	0.24	0.22	0.21	0.22	0.22	0.22	0.26	0.46	0.71	0.71	0.76
TUR	0.19	0.31	0.32	0.32	0.33	0.34	0.32	0.35	0.33	0.32	0.29	0.32
VIE	0.31	0.35	0.35	0.36	0.39	0.40	0.43	0.42	0.64	0.59	0.61	0.78

从变化趋势来看，"一带一路"沿线多数国家的价值链参与度呈上升趋势，且高技术国家的上升趋势更为显著。中国的价值链参与度较低，2010年为0.15，且整体处于相对平稳的状态。

上述测度结果表明：第一，"一带一路"沿线高技术国家一方面气候适宜，畜牧业发达，盛产牛、羊等贸易原材料，且有消费皮具的传统，另一方面距离法国、意大利等奢侈品皮具品牌生产国较近，因此价值链参与度较高；第二，"一带一路"沿线多数低技术国家的皮草原材料较为丰富，比如，印度、泰国、土耳其等国是世界羊皮的主要来源，孟加拉国、巴基斯坦等国盛产牛皮，但是由于生产技术落后，并且参与皮革和鞋类制造业价值链的分工环节较少，因此价值链参与度不高；第三，随着"一带一路"分工合作的深入推进，中国对沿线国家皮革和鞋类制造业的OFDI快速增加，推动了沿线国家皮革和鞋类制造业价值链参与度的提升，比如，中国广东、福建、浙江等主要鞋类生产商将鞋类与箱包加工生产环节放到越南、印度尼西亚等"一带一路"沿线国家，晋江宝利拉链有限公司、福建永盛皮革制品有限公司等在越南建立生产基地。

2. 价值链分工位置分析

由表4-15可知，在皮革和鞋类制造业中，从整体上来看，"一带一路"沿线多数高技术国家的价值链分工位置普遍低于中低技术国家。价值链分工位置在0.06以上的国家以中低技术国家为主，比如，蒙古国和巴基斯坦 2021 年的价值链分工位置分别为 0.182 和 0.204。价值链分工位置在 0—0.06 的国家同样以中低技术国家为主，如印度、泰国等国。价值链分工位置为负值的沿线国家以高技术国家为主，比如，克罗地亚和爱沙尼亚 2021 年的价值链分工位置分别为 -0.109 和 -0.341。

表 4-15　"一带一路"皮革和鞋类制造业价值链分工位置分析

	2010 年	2011 年	2012 年	2013 年	2014 年	2015 年	2016 年	2017 年	2018 年	2019 年	2020 年	2021 年
BGR	-0.142	-0.084	-0.126	-0.130	-0.126	-0.137	-0.130	-0.144	-0.062	0.012	0.063	0.017
CHN	-0.039	-0.012	-0.003	0.004	0.014	0.020	0.020	0.021	0.001	0.003	0.012	0.013
CZE	-0.161	-0.131	-0.154	-0.121	-0.155	-0.168	-0.175	-0.047	-0.150	-0.172	-0.151	-0.126
EST	-0.207	-0.323	-0.331	-0.227	-0.241	-0.245	-0.265	-0.142	-0.255	-0.300	-0.352	-0.341
HRV	-0.111	-0.157	-0.159	-0.135	-0.171	-0.190	-0.188	-0.209	-0.146	-0.206	-0.141	-0.109
HUN	-0.126	-0.138	-0.154	-0.155	-0.173	-0.187	-0.175	-0.183	-0.221	-0.247	-0.215	-0.204
IDN	-0.159	-0.120	-0.163	-0.138	-0.109	-0.077	-0.006	-0.288	-0.358	-0.311	-0.273	-0.330
IND	0.100	0.054	0.054	0.078	0.071	0.069	0.074	0.067	0.069	0.045	0.064	0.059
KAZ	0.065	0.138	0.015	-0.208	-0.172	-0.138	-0.197	-0.117	0.107	0.189	0.069	0.168
KGZ	-0.065	-0.011	-0.034	-0.073	-0.088	-0.081	-0.084	-0.099	-0.021	0.184	0.177	0.251
CAM	0.001	0.002	0.003	0.004	0.005	0.006	0.007	0.008	0.000	0.000	0.000	0.000
SRI	-0.031	-0.044	-0.039	-0.033	-0.037	-0.037	-0.030	-0.032	0.074	0.073	-0.029	-0.028
LTU	-0.105	-0.099	-0.166	-0.274	-0.282	-0.363	-0.098	-0.242	-0.134	-0.165	-0.299	-0.212
LVA	-0.046	-0.157	-0.220	-0.226	-0.203	-0.224	-0.228	-0.237	-0.279	-0.202	-0.173	-0.151
MON	0.162	0.144	0.106	0.143	0.173	0.131	0.136	0.164	0.180	0.184	0.189	0.182
MAL	0.020	0.044	0.040	0.020	-0.001	0.001	0.023	0.005	-0.172	-0.170	-0.125	-0.032
PAK	0.158	0.129	0.131	0.151	0.151	0.137	0.128	0.112	0.160	0.185	0.194	0.204
PHI	-0.185	0.015	-0.063	-0.040	-0.036	-0.041	-0.042	-0.048	-0.087	-0.089	-0.080	-0.115
POL	-0.118	-0.017	-0.015	-0.009	-0.016	-0.026	0.029	0.038	-0.009	-0.091	-0.120	-0.135
ROM	-0.068	-0.077	-0.103	-0.088	-0.085	-0.111	-0.114	-0.119	-0.029	-0.040	-0.007	-0.012
RUS	-0.027	-0.068	-0.071	-0.071	-0.074	-0.081	-0.062	-0.062	-0.071	-0.034	-0.026	-0.020
SIN	-0.193	-0.215	-0.226	-0.237	-0.249	-0.260	-0.271	-0.282	-0.207	-0.048	0.042	0.051
SVK	-0.133	-0.102	-0.154	-0.145	-0.147	-0.191	-0.179	-0.189	-0.023	-0.213	-0.177	-0.112
SVN	-0.037	-0.047	-0.046	-0.052	-0.040	-0.035	-0.036	-0.040	-0.286	-0.319	-0.329	-0.300
THA	-0.019	-0.032	-0.025	-0.013	-0.008	0.010	0.026	0.030	0.137	0.175	0.206	0.180
TUR	-0.033	-0.054	-0.041	-0.028	-0.020	-0.008	-0.011	-0.020	-0.041	-0.019	-0.037	-0.019

续表

	2010年	2011年	2012年	2013年	2014年	2015年	2016年	2017年	2018年	2019年	2020年	2021年
VIE	-0.133	-0.142	-0.139	-0.151	-0.151	-0.163	-0.162	-0.171	-0.307	-0.289	-0.280	-0.368

从变化趋势来看，"一带一路"沿线高技术国家的价值链分工位置呈下降趋势，比如，拉脱维亚的价值链分工位置从2010年的-0.046下降至2021年的-0.151。"一带一路"沿线中低技术国家的价值链分工位置呈上升趋势，比如，泰国的价值链分工位置从2010年的-0.019上升至2021年的0.180。同"一带一路"沿线其他国家相比，中国的价值链分工位置整体较高，且呈上升态势，从2010年的-0.039上升至2021年的0.013。

上述测度结果表明：第一，"一带一路"沿线高技术国家出口皮草原材料，进口皮具制成品较多，出口产品国内增加值比例低，因此价值链参与度高，但是价值链分工位置较低；第二，"一带一路"推动了沿线低技术国家的基础设施建设，建立起了合理的分工合作，比如，中国的卡森国际、奥康等国内企业在越南、印度尼西亚等国加工生产成品后直接出口到欧美等世界市场，因此沿线中低技术国家的价值链分工位置较高。

（四）木材、木材制品及软木制品业

1. 价值链参与度分析

由表4-16可知，在木材、木材制品及软木制品制造业中，从整体上来看，"一带一路"沿线高技术国家的价值链参与度普遍高于中低技术国家。价值链参与度在0.6以上的国家以高技术国家为主，比如，新加坡和斯洛文尼亚2021年的价值链参与度分别为0.62和1.19。中低技术国家中，泰国和马来西亚的价值链参与度较高，2021年的价值链参与度分别为0.59和0.68。价值链参与度在0.6以下的国家以中低技术国家为主，比如，印度和巴基斯坦2021年的价值链参与度分别为0.11和0.13。

表4-16 "一带一路"木材、木材制品及软木制品业价值链参与度分析

	2010年	2011年	2012年	2013年	2014年	2015年	2016年	2017年	2018年	2019年	2020年	2021年
BGR	0.55	0.61	0.60	0.65	0.61	0.61	0.61	0.65	0.81	0.75	0.70	0.80
CHN	0.19	0.19	0.18	0.18	0.18	0.16	0.15	0.15	0.16	0.19	0.19	0.21

续表

	2010年	2011年	2012年	2013年	2014年	2015年	2016年	2017年	2018年	2019年	2020年	2021年
CZE	0.68	0.72	0.76	0.80	0.81	0.83	0.84	0.93	0.81	0.80	0.80	0.80
EST	0.99	0.65	1.18	1.24	1.06	1.02	1.17	1.13	1.19	1.11	1.09	1.14
HRV	0.69	0.74	0.75	0.79	0.84	0.91	0.91	0.95	0.98	0.97	0.96	0.97
HUN	0.83	0.86	0.88	0.91	0.89	1.03	0.93	0.90	0.82	1.04	1.15	1.07
IDN	0.29	0.32	0.33	0.36	0.39	0.37	0.33	0.36	0.35	0.33	0.30	0.37
IND	0.11	0.13	0.12	0.13	0.12	0.10	0.10	0.10	0.13	0.10	0.10	0.11
KAZ	0.17	0.14	0.33	0.18	0.26	0.23	0.23	0.22	0.71	0.74	0.27	0.36
KGZ	0.23	0.39	0.37	0.33	0.31	0.28	0.28	0.36	0.32	0.36	0.26	0.35
CAM	0.18	0.30	0.34	0.46	0.45	0.43	0.46	0.44	0.57	0.55	0.57	0.62
SRI	0.08	0.09	0.12	0.13	0.16	0.17	0.15	0.16	0.12	0.11	0.11	0.13
LTU	0.70	0.74	0.77	0.79	0.80	0.87	1.02	0.98	0.94	0.96	1.09	1.16
LVA	0.83	0.84	0.85	0.88	0.88	0.96	0.98	0.98	1.07	1.05	1.08	1.11
MON	0.28	0.19	0.15	0.18	0.28	0.21	0.21	0.23	0.23	0.17	0.28	0.21
MAL	0.68	0.78	0.76	0.77	0.79	0.78	0.69	0.79	0.67	0.71	0.63	0.68
PAK	0.12	0.12	0.10	0.11	0.12	0.11	0.10	0.09	0.11	0.09	0.15	0.13
PHI	0.33	0.19	0.22	0.21	0.21	0.20	0.20	0.22	0.28	0.25	0.22	0.25
POL	0.54	0.55	0.56	0.58	0.60	0.64	0.66	0.68	0.75	0.82	0.86	0.89
ROM	0.55	0.57	0.61	0.64	0.63	0.63	0.61	0.61	0.68	0.68	0.68	0.78
RUS	0.37	0.35	0.34	0.36	0.44	0.45	0.38	0.38	0.57	0.72	0.73	0.75
SIN	0.60	0.93	1.16	1.16	1.09	1.17	1.10	1.00	0.59	0.55	0.60	0.62
SVK	0.57	0.58	0.60	0.57	0.55	0.63	0.63	0.65	0.66	0.63	0.59	0.62
SVN	1.83	1.42	1.53	1.52	1.96	1.05	1.09	1.15	1.11	1.22	1.18	1.19
THA	0.62	0.68	0.70	0.65	0.64	0.64	0.62	0.68	0.54	0.53	0.52	0.59
TUR	0.34	0.38	0.43	0.45	0.51	0.52	0.49	0.52	0.44	0.45	0.39	0.43
VIE	0.38	0.44	0.47	0.48	0.52	0.56	0.61	0.57	0.80	0.81	0.81	0.92

从变化趋势来看，"一带一路"沿线多数国家的价值链分工呈上升趋势，特别是"一带一路"实施后，多数国家的价值链参与度呈加速上升态势。比如，2010—2021年，克罗地亚的价值链参与度上升了0.28。中国的价值链参与度整体较低，且呈逐步下降趋势，如从2010年的0.19下降至2018年的0.16，后来，新冠疫情严重地冲击了全球价值链的完整

性，全球多个国家或地区对中国木材、木材制品及软木制品等中低端行业的最终品需求集中增加。

上述测度结果表明：第一，"一带一路"沿线高技术国家的居民消费水平较高，对木材、木材制品及软木制品的消费需求较大，因此木材、木材制品及软木制品业的价值链参与度较高；第二，"一带一路"沿线中低技术国家多数位于热带、亚热带地区，林木资源丰富，"一带一路"为沿线国家木材、木材制品及软木制品业的分工合作和出口提供了广阔的市场空间，比如，越南、缅甸、马来西亚、泰国等东南亚国家的森林资源丰富，拥有紫檀木、鸡翅木、乌木等世界名贵木材，2018年越南成为木材、木材制品及软木制品亚洲第二大出口国。

2. 价值链分工位置分析

由表4-17可知，在木材、木材制品及软木制品业中，从整体上来看，"一带一路"沿线高技术国家的价值链分工位置整体高于沿线中低技术国家。价值链分工位置在0.3以上的国家以高技术国家为主，比如，爱沙尼亚和立陶宛2021年的价值链分工位置分别为0.522和0.405。价值链分工位置在0—0.3区间的国家以中低技术国家为主，比如，马来西亚和土耳其2021年的价值链分工位置分别为0.392和0.247。价值链分工位置为负值的国家同样以中低技术国家为主。

表4-17 "一带一路"木材、木材制品及软木制品业价值链分工位置分析

	2010年	2011年	2012年	2013年	2014年	2015年	2016年	2017年	2018年	2019年	2020年	2021年
BGR	0.275	0.298	0.285	0.290	0.268	0.260	0.278	0.287	0.383	0.374	0.343	0.364
CHN	0.064	0.067	0.073	0.073	0.078	0.079	0.071	0.074	0.016	0.029	0.037	0.027
CZE	0.306	0.289	0.303	0.303	0.308	0.306	0.313	0.248	0.318	0.356	0.375	0.361
EST	0.485	0.933	0.387	0.345	0.467	0.479	0.444	0.465	0.468	0.539	0.548	0.522
HRV	0.291	0.288	0.293	0.298	0.287	0.289	0.282	0.276	0.443	0.456	0.474	0.466
HUN	0.334	0.357	0.359	0.372	0.361	0.330	0.355	0.356	0.367	0.334	0.260	0.229
IDN	0.188	0.203	0.209	0.226	0.247	0.233	0.227	0.238	0.174	0.177	0.179	0.213
IND	0.063	0.073	0.072	0.075	0.068	0.060	0.067	0.058	0.055	0.057	0.061	0.054
KAZ	0.028	0.047	0.262	0.044	0.064	0.053	0.016	0.057	0.471	0.441	0.149	0.223
KGZ	-0.007	0.001	-0.020	-0.021	-0.001	0.059	0.044	0.087	-0.032	0.132	0.071	0.122
CAM	0.055	0.135	0.166	0.301	0.224	0.219	0.265	0.226	0.290	0.311	0.318	0.338

续表

	2010 年	2011 年	2012 年	2013 年	2014 年	2015 年	2016 年	2017 年	2018 年	2019 年	2020 年	2021 年
SRI	0.026	-0.005	-0.009	0.009	-0.003	-0.011	-0.013	0.002	0.042	0.058	0.041	0.065
LTU	0.313	0.314	0.319	0.331	0.337	0.315	0.271	0.330	0.419	0.446	0.435	0.405
LVA	0.481	0.466	0.469	0.462	0.461	0.477	0.498	0.488	0.533	0.546	0.538	0.537
MON	0.137	0.074	0.070	0.044	0.132	0.105	0.106	0.106	-0.008	0.065	0.145	0.102
MAL	0.353	0.300	0.266	0.239	0.210	0.196	0.241	0.230	0.365	0.281	0.373	0.392
PAK	0.028	0.035	0.016	0.022	0.035	0.032	0.028	0.020	0.038	0.015	0.074	0.004
PHI	0.137	0.083	0.082	0.089	0.099	0.093	0.085	0.095	0.148	0.134	0.142	0.134
POL	0.273	0.267	0.279	0.298	0.296	0.306	0.309	0.311	0.364	0.389	0.419	0.378
ROM	0.339	0.343	0.337	0.355	0.348	0.319	0.325	0.317	0.345	0.332	0.335	0.317
RUS	0.272	0.252	0.243	0.251	0.288	0.340	0.265	0.263	0.328	0.448	0.450	0.470
SIN	0.043	0.053	0.186	0.139	0.187	0.102	0.119	0.190	-0.015	0.198	0.090	0.122
SVK	0.325	0.332	0.323	0.314	0.309	0.303	0.306	0.311	0.367	0.342	0.331	0.347
SVN	-0.143	0.086	0.070	0.040	-0.149	0.358	0.348	0.336	0.380	0.336	0.376	0.360
THA	0.197	0.305	0.278	0.296	0.302	0.306	0.302	0.317	0.319	0.333	0.337	0.366
TUR	0.151	0.151	0.179	0.189	0.217	0.215	0.207	0.215	0.219	0.256	0.223	0.247
VIE	0.070	0.084	0.091	0.104	0.108	0.104	0.082	0.111	0.090	0.093	0.126	0.195

从变化趋势来看，"一带一路"沿线多数国家的价值链分工位置呈上升趋势，特别是随着"一带一路"分工体系的完善，"一带一路"沿线多数国家的价值链分工位置呈加速上升态势。比如，斯洛文尼亚的价值链分工位置从2010的-0.143上升至2012年的0.070，之后又快速上升至2021年的0.360。中国的价值链分工位置整体不高，基本稳定在0.05左右。

上述测度结果表明：第一，"一带一路"沿线高技术国家在家居设计等方面具有比较优势，如欧式木材、木材制品及软木制品业的设计风格广受欢迎，并且沿线高技术国家在木材出口中主要以出口中间品为主，因此价值链分工位置较高。第二，"一带一路"沿线中低技术国家由于工业基础薄弱等原因以林木原材出口为主，因此出口产品国内增加值较低。第三，"一带一路"加快了中国同沿线国家之间木材、木材制品及软木制品业的分工合作，从而提高了沿线国家增加值。比如，中国每年从马来西亚进口龙脑香木等高价值木材数十万立方米，红木、黄花梨木在中国拥有一定的偏好需求。近年来中国的红星美凯龙、华丰、联邦等家具企业加大了对东南亚相关项目的投资，中国进口木材原料后以满足国内消费为主，因此价值链分工位置较低。随着国内森林保护力度日益加大，国内借助"一带一路"平台加快了对沿线具有比较优势的国家合作投资，并主要加强品牌运营、设计营销等环节，从而推动了木材、木材制品及软木制品业出口技术复杂度和出口增加值的提升，比如，中国与中东欧国家间建立了中国—中东欧国家林业合作协调机制。

（五）纸浆、纸张、印刷和出版业

1. 价值链参与度分析

由表4-18可知，在纸浆、纸张、印刷和出版业中，从整体上来看，"一带一路"沿线高技术国家的价值链参与度整体较高。价值链参与度在0.4以上的国家以高技术国家为主，比如，爱沙尼亚和斯洛文尼亚2021年的价值链参与度分别为1.11和0.89。价值链参与度在0.4以下的国家以中低技术国家为主，比如，印度和斯里兰卡2021年的价值链参与度分别为0.13和0.24。

表4-18 "一带一路"纸浆、纸张、印刷和出版业价值链参与度分析

	2010年	2011年	2012年	2013年	2014年	2015年	2016年	2017年	2018年	2019年	2020年	2021年
BGR	0.41	0.44	0.44	0.51	0.51	0.52	0.51	0.52	0.57	0.58	0.54	0.61
CHN	0.25	0.24	0.23	0.23	0.23	0.21	0.20	0.18	0.34	0.29	0.30	0.34
CZE	0.73	0.73	0.76	0.77	0.81	0.84	0.85	0.87	0.82	0.71	0.77	0.77
EST	0.79	0.91	0.90	1.04	1.04	0.97	1.13	1.10	1.05	1.03	1.07	1.11
HRV	0.48	0.49	0.49	0.51	0.54	0.57	0.57	0.60	0.75	0.67	0.59	0.73
HUN	0.55	0.62	0.58	0.59	0.60	0.66	0.64	0.62	0.92	0.76	0.77	0.82
IDN	0.42	0.40	0.41	0.43	0.42	0.39	0.36	0.39	0.40	0.57	0.53	0.63
IND	0.13	0.13	0.13	0.14	0.13	0.12	0.12	0.14	0.12	0.12	0.12	0.13
KAZ	0.32	0.36	0.35	0.25	0.39	0.38	0.42	0.36	0.20	0.23	0.18	0.24
KGZ	0.22	0.28	0.25	0.27	0.26	0.27	0.29	0.49	0.51	0.37	0.53	
CAM	0.60	0.35	0.45	0.57	0.63	0.61	0.62	0.62	0.78	0.90	0.95	1.03
SRI	0.32	0.79	0.22	0.47	0.35	0.31	0.35	0.19	0.38	0.26	0.21	0.24
LTU	0.56	0.63	0.65	0.72	0.71	0.79	0.83	0.85	0.86	0.82	0.86	0.89
LVA	0.47	0.52	0.55	0.56	0.59	0.66	0.68	0.67	0.93	0.76	0.84	0.91

续表

	2010年	2011年	2012年	2013年	2014年	2015年	2016年	2017年	2018年	2019年	2020年	2021年
MON	0.18	0.20	0.17	0.16	0.22	0.20	0.22	0.25	0.16	0.11	0.12	0.13
MAL	0.46	0.45	0.43	0.43	0.43	0.42	0.40	0.45	0.41	0.38	0.38	0.40
PAK	0.06	0.06	0.05	0.05	0.07	0.06	0.05	0.05	0.05	0.05	0.05	0.05
PHI	0.26	0.25	0.27	0.24	0.24	0.24	0.24	0.24	0.21	0.19	0.18	0.18
POL	0.45	0.47	0.49	0.51	0.51	0.55	0.57	0.59	0.63	0.65	0.74	0.79
ROM	0.26	0.28	0.31	0.30	0.30	0.30	0.28	0.28	0.31	0.30	0.29	0.32
RUS	0.32	0.30	0.30	0.37	0.46	0.57	0.39	0.39	0.57	0.37	0.35	0.40
SIN	0.87	0.91	0.67	0.71	0.68	0.63	0.52	0.63	1.29	1.09	1.08	1.10
SVK	0.55	0.58	0.52	0.58	0.54	0.63	0.66	0.67	0.67	0.57	0.51	0.54
SVN	0.72	0.78	0.79	0.81	0.84	0.79	0.81	0.85	0.86	0.87	0.83	0.89
THA	0.31	0.32	0.32	0.33	0.31	0.31	0.31	0.35	0.40	0.49	0.46	0.51
TUR	0.26	0.28	0.32	0.32	0.36	0.33	0.31	0.36	0.34	0.36	0.32	0.36
VIE	0.41	0.46	0.44	0.46	0.46	0.46	0.47	0.49	0.62	0.56	0.55	0.56

从变化趋势来看，"一带一路"沿线绝大多数国家的价值链参与度呈上升趋势，比如，立陶宛的价值链参与度从2010年的0.56上升至2021年的0.89，越南的价值链参与度从2010年的0.41上升至2021年的0.56。中国的价值链参与度整体较低，呈"V"形发展态势，从2010年的0.25下降至2017年的0.18，之后上升至2021年的0.34。

上述测度结果表明：第一，"一带一路"沿线高技术国家的经济发展程度较高，对纸浆、纸张、印刷和出版的需求较大，但是受国内劳动力成本、环境保护措施等因素的影响，高技术国家只能参与纸浆、纸张、印刷和出版业的价值链分工以满足国内需求，因此价值链参与度较高；第二，"一带一路"沿线中低技术国家工业基础薄弱、交通基础设施落后、熟练技能劳动力欠缺等因素导致其纸浆、纸张、印刷和出版业的价值链参与度较低；第三，"一带一路"推动了沿线国家基础设施互联互通，为沿线国家参与纸浆、纸张、印刷和出版业分工合作搭建了平台，从而带动了沿线国家价值链参与度的快速提升。

2. 价值链分工位置分析

由表4-19可知，在纸浆、纸张、印刷和出版业中，从整体上来看，价值链分工位置在 0.2 以上的国家以高技术国家为主，比如，克罗地亚和俄罗斯 2021 年的价值链分工位置分别为 0.247 和 0.256。中低技术国家主要有印度尼西亚、斯里兰卡、泰国等国家。价值链分工位置在 0—0.2 的国家以中低技术国家为主，比如，马来西亚和菲律宾 2021 年的价值链分工位置分别为 0.122 和 0.067。价值链分工位置为负值的国家以中低技术国家为主。

表 4-19 "一带一路"纸浆、纸张、印刷和出版业价值链分工位置分析

	2010 年	2011 年	2012 年	2013 年	2014 年	2015 年	2016 年	2017 年	2018 年	2019 年	2020 年	2021 年
BGR	0.139	0.171	0.158	0.183	0.158	0.157	0.169	0.167	0.176	0.172	0.185	0.189
CHN	0.054	0.064	0.070	0.071	0.076	0.075	0.069	0.078	0.063	0.045	0.062	0.042
CZE	0.196	0.197	0.184	0.179	0.181	0.173	0.165	0.163	0.169	0.125	0.205	0.172
EST	0.340	0.323	0.317	0.331	0.333	0.351	0.327	0.312	0.216	0.186	0.177	0.163
HRV	0.215	0.208	0.211	0.214	0.228	0.236	0.232	0.228	0.276	0.214	0.214	0.247
HUN	0.136	0.134	0.142	0.156	0.139	0.138	0.136	0.136	0.147	0.212	0.204	0.229
IDN	0.211	0.193	0.166	0.189	0.203	0.200	0.214	0.214	0.328	0.327	0.372	
IND	0.039	0.033	0.031	0.038	0.032	0.035	0.041	0.031	0.034	0.035	0.047	0.039
KAZ	0.140	0.232	0.098	0.125	0.063	0.008	-0.029	-0.002	0.095	0.070	0.024	0.095
KGZ	-0.002	0.062	0.006	-0.011	0.028	0.042	0.058	0.059	0.221	0.269	0.152	0.287
CAM	0.100	-0.016	0.068	0.168	0.202	0.199	0.211	0.201	0.100	0.367	0.495	0.496
SRI	0.088	-0.275	0.248	-0.072	0.027	0.042	0.079	0.260	0.026	0.082	0.055	0.031
LTU	0.247	0.253	0.269	0.279	0.288	0.237	0.277	0.283	0.194	0.149	0.193	0.095
LVA	0.150	0.148	0.163	0.152	0.162	0.168	0.206	0.164	0.126	0.115	0.130	0.162
MON	0.021	0.032	0.027	0.026	0.065	0.078	0.098	0.110	-0.035	0.011	0.033	0.033
MAL	0.218	0.197	0.174	0.167	0.166	0.165	0.159	0.168	0.117	0.102	0.127	0.122
PAK	0.003	0.003	-0.005	-0.002	0.013	0.012	0.010	0.004	-0.003	-0.003	-0.002	-0.006
PHI	0.096	0.119	0.130	0.114	0.115	0.111	0.105	0.114	0.068	0.081	0.081	0.067
POL	0.168	0.170	0.169	0.180	0.175	0.179	0.179	0.175	0.148	0.097	0.168	0.168
ROM	0.090	0.099	0.118	0.128	0.131	0.116	0.106	0.101	0.105	0.100	0.091	0.079
RUS	0.238	0.218	0.215	0.264	0.316	0.307	0.279	0.274	0.363	0.234	0.222	0.256

续表

	2010年	2011年	2012年	2013年	2014年	2015年	2016年	2017年	2018年	2019年	2020年	2021年
SIN	0.230	0.227	0.233	0.231	0.240	0.240	0.229	0.243	0.091	0.161	0.166	0.197
SVK	0.182	0.190	0.176	0.177	0.172	0.168	0.175	0.175	0.218	0.178	0.140	0.166
SVN	0.226	0.234	0.216	0.218	0.215	0.251	0.242	0.236	0.161	0.109	0.182	0.165
THA	0.153	0.179	0.194	0.199	0.189	0.196	0.197	0.211	0.239	0.316	0.306	0.336
TUR	0.082	0.078	0.090	0.089	0.102	0.109	0.104	0.098	0.104	0.180	0.128	0.152
VIE	-0.006	0.026	0.048	0.055	0.061	0.075	0.080	0.065	0.123	0.078	0.121	0.101

从变化趋势来看，"一带一路"沿线多数国家的价值链分工位置呈上升趋势，"一带一路"倡议有力推动了沿线国家价值链分工位置的上升，如越南、泰国等国家。中国的价值链分工位置较低，呈缓慢上升趋势，价值链分工位置从2010年的0.054上升至2020年的0.062，2021年又下降为0.042。

上述测度结果表明：第一，由于"一带一路"沿线高技术国家主要参与纸浆、纸张、印刷和出版业的知识产权、数字媒体等高附加值、高技术环节，从而价值链分工位置较高，比如，新加坡大力发展数字传媒，爱沙尼亚、捷克等国参与世界著名印刷打印设备制造商海德堡公司的生产分工。由于现代造纸业都是自动化生产，造纸生产前期投资大，而"一带一路"沿线中低技术国家的资金、技术实力不足，因此价值链分工位置不高。第二，"一带一路"的推进有助于推动沿线国家出口增加值提升。比如，2018年浙江新胜大集团在马来西亚建设年产210万吨的高档包装纸产业园，2019年景兴纸业在马来西亚建设80万吨废纸浆板及60万吨包装原纸生产基地的项目。中国已成为东南亚纸浆、包装纸最主要的外资来源，中国将主要集中于自动化造纸、印刷设备、现代化打印技术、现代读卡考试专用纸张等高技术环节，从而推动出口技术复杂度和价值链分工位置的提升。

二 中技术制造业价值链分工状况

从上述行业划分标准可知，中技术制造业主要有石油加工、炼焦及核燃料加工，化学原料及化学制品，橡胶及塑料制品业，其他非金属制品业，基本金属和焊接金属制品业，运输设备制造业，废弃资源综合利用业。下面将从中技术制造不同行业的价值链参与度和分工位置指数角度出发，分析中技术制造业价值链的分工现状。

（一）石油加工、炼焦及核燃料加工业

1. 价值链参与度分析

由表4-20可知，在石油加工、炼焦及核燃料加工业中，从整体上来看，价值链参与度在0.8以上的国家以高技术国家为主，比如，斯洛文尼亚和新加坡2021年的价值链参与度分别为0.90和1.31。中低技术国家中，泰国2021年的价值链参与度为0.56，主要是由于泰国的油气资源储量和加工技术有限，因此需要积极参与石油加工、炼焦及核燃料加工业的价值链分工。价值链参与度在0.4—0.8区间的国家较为集中，如波兰等国。价值链参与度在0.4以下的国家以中低技术国家为主，如菲律宾、印度尼西亚等国。值得注意的是，俄罗斯的价值链参与度总体在0.5左右，主要原因一方面是俄罗斯的石油、天然气、铀矿等核燃料资源丰富，另一方面是俄罗斯的工业体系发达，石油加工、炼焦及核燃料加工技术较高。随着"一带一路"能源合作的深入推进，沿线国家的价值链参与度总体呈上升趋势。中国的价值链参与度整体不高，在0.2左右波动。

表4-20 "一带一路"石油加工、炼焦及核燃料加工业价值链参与度分析

	2010年	2011年	2012年	2013年	2014年	2015年	2016年	2017年	2018年	2019年	2020年	2021年
BGR	0.66	0.77	0.81	0.89	0.79	0.80	0.80	0.84	1.08	0.99	0.94	1.02
CHN	0.23	0.24	0.22	0.22	0.21	0.19	0.18	0.17	0.21	0.22	0.22	0.28
CZE	0.63	0.66	0.67	0.71	0.74	0.82	0.83	0.83	0.80	0.90	0.95	0.93
EST	0.83	0.72	0.69	0.54	0.55	0.67	0.67	0.65	0.72	0.76	0.67	0.87
HRV	0.67	0.72	0.73	0.75	0.73	0.80	0.80	0.83	0.85	0.95	0.72	0.89
HUN	0.67	0.74	0.74	0.78	0.82	0.95	0.95	0.94	0.94	1.01	1.00	0.99
IDN	0.32	0.32	0.27	0.30	0.29	0.27	0.32	0.27	0.43	0.13	0.12	0.15
IND	0.34	0.35	0.43	0.50	0.48	0.41	0.36	0.40	0.47	0.39	0.39	0.43
KAZ	0.61	0.56	0.58	0.62	0.47	0.43	0.41	0.42	0.67	0.73	0.66	0.68
KGZ	0.43	0.37	0.24	0.23	0.19	0.21	0.22	0.27	0.86	0.78	0.77	0.77
CAM	0.79	0.65	0.33	1.80	0.82	3.85	2.86	0.59	0.81	0.75	0.76	0.72
SRI	0.76	0.34	0.22	0.28	0.24	0.29	0.30	0.26	1.00	0.84	0.73	0.81
LTU	0.89	0.98	1.02	1.06	0.98	1.26	1.20	1.37	1.28	1.23	0.74	1.03

续表

	2010年	2011年	2012年	2013年	2014年	2015年	2016年	2017年	2018年	2019年	2020年	2021年
LVA	1.60	1.26	1.56	2.07	2.12	1.91	1.13	1.14	1.25	1.16	1.17	1.16
MON	0.47	0.64	0.47	0.38	0.47	0.44	0.48	0.45	0.44	0.45	0.45	0.47
MAL	0.60	0.58	0.56	0.56	0.55	0.54	0.51	0.57	0.37	0.32	0.32	0.29
PAK	0.13	0.15	0.14	0.14	0.13	0.12	0.10	0.11	0.12	0.09	0.08	0.08
PHI	0.28	0.22	0.24	0.24	0.24	0.23	0.25	0.26	0.29	0.23	0.24	0.24
POL	0.46	0.49	0.50	0.50	0.49	0.55	0.56	0.57	0.62	0.62	0.66	0.66
ROM	0.36	0.36	0.37	0.36	0.37	0.38	0.37	0.37	0.40	0.38	0.35	0.36
RUS	0.39	0.37	0.38	0.38	0.43	0.49	0.40	0.39	0.53	0.63	0.64	0.66
SIN	1.45	1.52	1.50	1.50	1.55	1.45	1.45	1.63	1.08	1.36	1.33	1.31
SVK	0.72	0.87	0.80	0.80	0.75	0.84	1.00	0.86	0.84	0.74	0.69	0.73
SVN	4.35	7.13	12.07	10.71	6.17	0.96	2.31	1.93	0.41	0.94	0.92	0.90
THA	0.42	0.78	0.44	0.56	0.80	1.90	1.56	0.83	0.92	0.55	0.56	0.56
TUR	0.47	0.52	0.63	0.56	0.53	0.48	0.48	0.53	0.48	0.48	0.44	0.49
VIE	0.42	0.40	0.42	0.59	0.51	0.49	0.48	0.53	0.50	0.46	0.46	0.50

上述测度结果表明：第一，"一带一路"沿线高技术国家由于能源资源需求量大，多数国家的国内油气资源难以满足经济发展的需求，因此高技术国家基于技术优势积极参与价值链分工，因此价值链参与度较高。比如，新加坡虽然油气资源匮乏，却是当今世界三大炼油中心之一，新加坡石油公司拥有世界级的石油提炼厂。第二，"一带一路"沿线中技术国家拥有丰富的石油、天然气等能源资源，比如，沙特、伊朗等西亚国家已探明的石油储量占世界探明储量的一半以上，非洲北部地区、印度尼西亚、缅甸等地区或国家的石油储量处于世界前列，哈萨克斯坦、乌兹别克斯坦等中亚国家拥有丰富的铀矿资源，然而由于沿线国家的工业基础落后，开采提炼技术弱，因此价值链参与度较低。第三，随着"一带一路"能源国际合作的有效推进，沿线国家价值链参与度不断提升。比如，中国石油等公司参与中东地区油气资源开发，已形成集油气勘探开发、工程技术服务、贸易等于一体的完整业务链，中国已成为世界最大的能源、电力消费国，进口的石油、天然气、铀矿等主要满足国内消费，因此价值链参与度较低。受日本福岛核泄漏、石油输出国组织对石

油供给的内部矛盾斗争、国内新能源快速发展等因素影响，中国的石油加工、炼焦及核燃料加工业的价值链参与度受到了一定影响。

2. 价值链分工位置分析

由表4-21可知，在石油加工、炼焦及核燃料加工业中，从整体上来看，价值链分工位置在0.1以上的以石油、天然气、煤炭、铀矿资源丰富的国家为主。比如，俄罗斯和蒙古国2021年的价值链分工位置分别为0.387和0.254。价值链分工位置在0—0.1区间的国家以高技术国家和能源资源短缺的国家为主，如匈牙利、菲律宾等国。价值链分工位置为负值的国家以中低技术国家为主，如柬埔寨、斯里兰卡等国。

表4-21 "一带一路"石油加工、炼焦及核燃料加工业价值链分工位置分析

	2010年	2011年	2012年	2013年	2014年	2015年	2016年	2017年	2018年	2019年	2020年	2021年
BGR	0.110	0.111	0.109	0.084	0.065	0.068	0.070	0.056	0.000	-0.044	0.021	-0.151
CHN	0.088	0.082	0.077	0.079	0.085	0.086	0.079	0.079	0.052	0.055	0.068	0.024
CZE	0.173	0.149	0.160	0.137	0.130	0.103	0.106	0.088	0.083	-0.096	-0.008	0.008
EST	0.340	0.313	0.291	0.229	0.235	0.189	0.220	0.253	0.214	0.175	0.043	0.224
HRV	0.153	0.155	0.160	0.147	0.163	0.141	0.139	0.137	0.126	0.026	0.011	-0.021
HUN	0.156	0.139	0.153	0.138	0.102	0.060	0.053	0.040	0.083	0.026	0.039	0.064
IDN	0.203	0.203	0.177	0.183	0.170	0.163	0.099	0.159	0.254	0.087	0.085	0.102
IND	0.062	0.053	0.070	0.081	0.061	0.063	0.131	0.053	0.068	0.056	0.063	0.044
KAZ	0.340	0.345	0.339	0.326	0.317	0.263	0.227	0.261	0.461	0.476	0.412	0.403
KGZ	0.045	0.057	0.022	0.023	0.038	0.067	0.059	0.086	0.372	-0.015	0.052	-0.030
CAM	-0.505	-0.462	-0.157	-0.980	-0.308	-1.463	-1.225	-0.210	0.015	0.056	0.022	0.089
SRI	-0.143	-0.063	-0.011	0.121	-0.038	-0.066	-0.073	-0.078	0.047	-0.161	-0.142	-0.132
LTU	0.167	0.158	0.155	0.140	0.137	-0.038	0.056	0.004	0.000	-0.106	0.113	-0.137
LVA	2.486	2.389	2.298	1.027	1.038	0.947	0.342	0.307	0.448	0.283	0.290	0.295
MON	0.135	0.240	0.251	0.237	0.312	0.313	0.284	0.315	0.258	0.224	0.258	0.254
MAL	0.336	0.314	0.304	0.304	0.319	0.314	0.261	0.320	0.211	0.185	0.183	0.151
PAK	-0.052	-0.050	-0.068	-0.063	-0.040	-0.034	-0.025	-0.038	-0.056	-0.032	-0.022	-0.029
PHI	0.067	0.045	0.028	0.028	0.034	0.034	0.017	0.020	-0.052	0.019	0.007	0.000
POL	0.162	0.147	0.142	0.142	0.139	0.129	0.136	0.127	0.147	0.145	0.130	0.153
ROM	0.144	0.126	0.100	0.127	0.116	0.101	0.094	0.084	0.045	0.000	0.006	0.002

续表

	2010年	2011年	2012年	2013年	2014年	2015年	2016年	2017年	2018年	2019年	2020年	2021年
RUS	0.282	0.274	0.275	0.274	0.289	0.284	0.277	0.272	0.318	0.362	0.372	0.387
SIN	−0.094	−0.102	−0.123	−0.126	−0.121	−0.092	−0.085	−0.144	−0.124	0.013	0.024	0.013
SVK	0.129	0.103	0.098	0.093	0.068	0.059	0.008	0.026	−0.021	−0.033	−0.025	−0.001
SVN	1.560	1.976	2.473	2.354	1.851	0.331	0.937	0.634	−0.111	0.332	0.320	0.283
THA	0.089	0.014	0.062	0.109	0.058	−2.075	−0.273	0.093	−0.216	0.193	0.197	0.168
TUR	0.082	0.155	0.164	0.161	0.148	0.166	0.163	0.152	0.161	0.091	0.089	0.092
VIE	0.004	0.005	0.032	−0.082	−0.012	0.000	0.000	−0.022	0.098	0.076	0.072	0.054

从变化趋势来看，"一带一路"沿线高技术国家的价值链分工位置较为平稳，能源资源丰富的中低技术国家在"一带一路"能源国际合作的推动下，其价值链分工位置呈上升趋势。比如，蒙古国的价值链分工位置从2010年的0.135上升至2021年的0.254。中国在石油加工、炼焦及核燃料加工业的价值链分工位置较低，且呈下降态势，从2010年的0.088下降至2021年的0.024。

上述测度结果表明：第一，"一带一路"沿线高技术国家在能源资源方面多依赖进口，因此价值链分工位置较低。比如，捷克、匈牙利、斯洛伐克等国的核能占比超过1/3，且多是苏联时期建成或采用苏联时期的技术。第二，在"一带一路"国际能源合作中，中国积极参与东欧国家的能源改造，推动东道国能源结构优化和技术发展。比如，中国参与捷克、匈牙利和波兰等国的核电站改造和建设项目，推动沿线国家价值链分工位置提升的同时，还开拓了中国能源开采提炼、装备制造业的出口市场，从而通过反馈机制，带动行业产业升级，实现出口技术复杂度和出口增加值的进一步提升。

（二）化学原料及化学制品业

1. 价值链参与度分析

由表4-22可知，在化学原料及化学制品业中，从整体上来看，价值链参与度在0.6以上的国家以高技术国家为主。比如，爱沙尼亚和立陶宛2021年的价值链参与度分别为1.32和1.44。马来西亚、泰国等中低技术国家的价值链参与度较高，如马来西亚和泰国2021年的价值链参与度分别为0.88和1.17。价值链参与度在0.6以下的国家以中低技术国家为主，如柬埔寨、斯里兰卡等国。

表 4-22　"一带一路"化学原料及化学制品业价值链参与度分析

	2010 年	2011 年	2012 年	2013 年	2014 年	2015 年	2016 年	2017 年	2018 年	2019 年	2020 年	2021 年
BGR	0.61	0.72	0.70	0.77	0.75	0.72	0.72	0.76	0.82	0.76	0.68	0.80
CHN	0.29	0.28	0.26	0.24	0.24	0.22	0.20	0.20	0.24	0.22	0.23	0.25
CZE	0.97	1.03	1.10	1.12	1.12	1.18	1.21	1.25	1.01	0.87	0.94	1.00
EST	1.32	1.59	1.44	1.74	1.55	1.32	1.62	1.47	1.32	1.30	1.28	1.32
HRV	0.80	0.82	0.75	0.71	0.73	0.78	0.77	0.82	0.93	0.91	0.88	0.90
HUN	0.92	0.99	1.01	1.05	1.02	1.10	1.07	1.07	0.98	0.91	0.95	0.96
IDN	0.44	0.50	0.42	0.46	0.51	0.48	0.44	0.47	0.42	0.35	0.36	0.40
IND	0.31	0.31	0.36	0.40	0.36	0.31	0.30	0.30	0.36	0.32	0.33	0.36
KAZ	0.33	1.35	0.54	0.35	0.41	0.35	0.31	0.35	0.79	0.82	0.75	0.75
KGZ	0.44	0.37	0.23	0.22	0.18	0.21	0.21	0.26	0.66	0.62	0.57	0.76
CAM	0.13	0.11	0.11	0.14	0.17	0.16	0.17	0.17	0.34	0.33	0.32	0.35
SRI	0.19	0.19	0.19	0.24	0.21	0.21	0.21	0.22	0.33	0.28	0.27	0.33
LTU	0.85	0.95	1.21	1.33	1.29	1.39	1.33	4.23	1.35	1.32	1.35	1.44
LVA	0.64	0.80	0.76	0.82	0.81	0.78	0.79	0.77	1.10	1.11	1.15	1.16
MON	0.37	0.39	0.35	0.27	0.40	0.31	0.32	0.36	0.26	0.28	0.31	0.33
MAL	0.72	0.69	0.64	0.63	0.62	0.60	0.59	0.64	0.89	0.80	0.80	0.88
PAK	0.12	0.11	0.11	0.12	0.12	0.10	0.09	0.09	0.11	0.11	0.09	0.09
PHI	0.31	0.22	0.24	0.21	0.21	0.20	0.21	0.23	0.20	0.21	0.20	0.21
POL	0.65	0.71	0.71	0.72	0.72	0.78	0.81	0.83	0.72	0.71	0.81	0.88
ROM	0.46	0.51	0.50	0.44	0.42	0.43	0.41	0.41	0.45	0.38	0.35	0.38
RUS	0.44	0.43	0.43	0.42	0.49	0.55	0.43	0.44	0.64	0.51	0.49	0.55
SIN	1.29	1.71	1.15	1.20	1.08	1.09	1.04	0.94	0.99	1.11	1.12	1.11
SVK	0.79	1.06	0.80	0.81	0.78	0.86	0.87	0.90	0.94	0.87	0.87	0.91
SVN	0.82	0.84	0.86	0.85	0.84	0.69	0.70	0.74	0.97	0.97	1.00	1.07
THA	0.16	0.55	0.70	0.73	0.56	0.55	0.56	0.63	0.65	1.17	1.16	1.17
TUR	0.34	0.38	0.41	0.41	0.44	0.42	0.43	0.41	0.45	0.48	0.42	0.47
VIE	0.57	0.56	0.59	0.63	0.54	0.52	0.52	0.57	0.67	0.64	0.62	0.68

从变化趋势来看，"一带一路"沿线多数国家的价值链参与度呈上升

趋势，高技术国家的价值链参与度上升趋势更为显著。比如，立陶宛的价值链参与度从2010年的0.85上升至2021年的1.44。中国的价值链参与度较低，且总体平稳，在0.24左右徘徊。

上述测度结果表明：第一，化学原料及化学制品业作为国民经济部门的重要中间品，对于提取和淬炼技术有较高的要求，"一带一路"沿线高技术国家在基础化学原料制造、肥料制造、农药制造、合成材料制造、专用化学产品制造及日用化学产品制造等方面具有较强技术。比如，捷克的化工业研发技术先进，能够生产许多先进的化学药品。立陶宛2019年的化学制品出口超过70亿美元，是该国的三大出口产品之一，进出口占总出口比重达11.59%。第二，"一带一路"沿线中低技术国家的工业基础薄弱，化学原料及化学制品业的生产能力较弱，因此价值链参与度较低。第三，随着"一带一路"沿线国家的经济发展，其对肥料、农药制造、日用化学产品制造等方面的需求日益旺盛。中国的化工业加快对"一带一路"沿线国家的投资，从而促进了价值链参与度的上升。比如，中国在马来西亚、泰国、越南等国建立肥料生产工厂，推动化学原料及化学制品业OFDI的快速发展。

2. 价值链分工位置分析

由表4-23可知，在化学原料及化学制品业中，从整体上来看，价值链分工位置在0.1以上的国家以高技术国家为主。比如，俄罗斯和新加坡2021年的价值链分工位置分别为0.316和0.208。中低技术国家以东南亚和中亚地区的国家为主，比如，马来西亚和哈萨克斯坦2021年的价值链分工位置分别为0.182和0.472。价值链分工位置在0—0.1的国家以中低技术国家为主，比如，巴基斯坦和菲律宾2021年的价值链分工位置分别为-0.009和0.014。高技术国家中，波兰、罗马尼亚等国的价值链参与度同样较低，主要是由于这些国家的环境保护力度较大，对肥料制造、农药制造等采取严格的限制措施。

表4-23　"一带一路"化学原料及化学制品业价值链分工位置分析

	2010年	2011年	2012年	2013年	2014年	2015年	2016年	2017年	2018年	2019年	2020年	2021年
BGR	0.093	0.144	0.145	0.079	0.051	0.076	0.093	0.091	0.171	0.134	0.150	0.156
CHN	0.097	0.098	0.087	0.094	0.096	0.096	0.090	0.090	0.035	0.073	0.097	0.097

续表

	2010 年	2011 年	2012 年	2013 年	2014 年	2015 年	2016 年	2017 年	2018 年	2019 年	2020 年	2021 年
CZE	0.143	0.144	0.159	0.162	0.166	0.141	0.128	0.118	0.038	0.014	0.071	0.055
EST	0.225	0.190	0.165	0.016	0.084	0.179	0.072	0.106	0.093	0.093	0.048	0.027
HRV	0.163	0.139	0.097	0.083	0.099	0.079	0.067	0.059	0.100	0.117	0.132	0.112
HUN	0.057	0.045	0.041	0.045	0.053	0.030	0.033	0.031	0.078	0.061	0.120	0.126
IDN	0.231	0.257	0.154	0.195	0.240	0.239	0.255	0.251	0.221	0.194	0.200	0.224
IND	0.135	0.137	0.154	0.179	0.157	0.144	0.173	0.137	0.177	0.158	0.180	0.176
KAZ	-0.008	0.236	0.302	0.185	0.242	0.204	0.133	0.211	0.471	0.441	0.464	0.472
KGZ	-0.014	0.045	0.007	0.002	0.028	0.054	0.045	0.074	0.358	0.354	0.316	0.388
CAM	-0.014	-0.023	-0.015	0.001	0.022	0.025	0.037	0.026	0.089	0.098	0.082	0.087
SRI	0.032	-0.019	-0.012	-0.001	0.001	0.003	0.012	0.010	0.064	0.110	0.126	0.156
LTU	0.279	0.302	0.282	0.217	0.215	0.150	0.213	0.292	0.181	0.179	0.193	0.163
LVA	0.128	0.157	0.095	0.134	0.116	0.112	0.137	0.111	0.185	0.217	0.210	0.220
MON	0.172	0.166	0.143	0.091	0.219	0.153	0.171	0.192	0.151	0.158	0.205	0.219
MAL	0.281	0.257	0.247	0.270	0.297	0.299	0.184	0.310	0.281	0.168	0.205	0.182
PAK	0.021	0.019	0.011	0.019	0.026	0.025	0.021	0.012	-0.008	0.010	-0.001	-0.009
PHI	0.092	0.081	0.075	0.057	0.045	0.043	0.036	0.036	0.031	0.032	0.043	0.014
POL	0.077	0.091	0.092	0.092	0.086	0.076	0.068	0.059	0.020	-0.034	-0.015	0.002
ROM	0.081	0.088	0.123	0.088	0.085	0.065	0.072	0.065	0.050	0.010	0.018	-0.006
RUS	0.289	0.279	0.280	0.269	0.299	0.317	0.268	0.269	0.376	0.299	0.290	0.316
SIN	0.136	-0.022	0.207	0.208	0.210	0.186	0.196	0.241	0.139	0.189	0.205	0.208
SVK	0.185	0.159	0.155	0.136	0.131	0.129	0.124	0.120	0.071	0.088	0.090	0.124
SVN	0.023	0.016	0.011	0.023	0.020	0.065	0.044	0.042	0.130	0.133	0.195	0.201
THA	0.602	0.169	0.438	0.114	0.193	0.207	0.219	0.217	0.181	0.264	0.281	0.260
TUR	0.094	0.092	0.107	0.109	0.119	0.125	0.121	0.116	0.102	0.133	0.084	0.127
VIE	-0.035	0.001	-0.018	-0.015	0.040	0.066	0.064	0.033	0.109	0.065	0.099	0.091

从变化趋势来看，"一带一路"沿线高技术国家的价值链分工位置呈下降趋势，中低技术国家的价值链分工位置呈上升趋势。比如，爱沙尼亚的价值链分工位置从2010年的0.225下降至2021年的0.027，哈萨克斯坦的价值链分工位置从2010年的-0.008上升至2021年的0.472。中国的价值链分工位置在0.09左右，且呈稳定状态。

上述测度结果表明：第一，"一带一路"沿线高技术国家的工业基础较为雄厚，生产技术水平和研发能力较强，比如，捷克在润滑剂、化工制药业加工等方面具有较强的比较优势；第二，受到国内生产成本、环境制约等因素的影响，"一带一路"沿线部分国家利用"一带一路"国际产能合作平台加快化学原料及化学制品业的对外投资；第三，"一带一路"沿线中低技术国家存在生产技术落后、工业技术薄弱、资金短缺等问题。中国利用"一带一路"国际产能合作推动化学原料及化学制品业对外投资，2017年达81.6亿美元，加快了沿线中低技术国家的园区建设，推动了"一带一路"化工产业链形成。比如，建设中东石化产业基地与工业园区、中亚化工循环经济合作园区等，带动了沿线国家价值链分工位置的提升；中国与匈牙利建立了中匈经贸合作区，开展专用化工品、生物化工研发合作，使中国进入了欧美高端化工市场，获得了OFDI逆向技术溢出，提升了出口技术复杂度。

（三）橡胶及塑料制品业

1. 价值链参与度分析

由表4-24可知，在橡胶及塑料制品业中，从整体上来看，价值链参与度在0.6以上的国家以高技术国家为主。比如，立陶宛和捷克2021年的价值链参与度分别为1.32和1.14。中低技术国家中，东南亚国家的价值链参与度较高，比如，马来西亚和越南2021年的价值链参与度分别为0.88和1.26。价值链参与度在0.6以下的同样以中低技术国家为主。

表4-24　"一带一路"橡胶及塑料制品业价值链参与度分析

	2010年	2011年	2012年	2013年	2014年	2015年	2016年	2017年	2018年	2019年	2020年	2021年
BGR	0.68	0.79	0.78	0.89	0.84	0.85	0.85	0.90	1.12	0.96	0.87	1.00
CHN	0.37	0.37	0.36	0.35	0.33	0.31	0.29	0.27	0.34	0.29	0.29	0.33
CZE	1.02	1.07	1.11	1.13	1.13	1.19	1.20	1.29	1.12	1.04	1.13	1.14
EST	1.24	1.30	1.33	1.33	1.25	1.22	1.33	1.37	1.35	1.34	1.41	1.41
HRV	0.57	0.61	0.61	0.68	0.75	0.80	0.81	0.84	0.86	1.01	0.67	0.75
HUN	1.09	1.19	1.20	1.22	1.18	1.28	1.23	1.22	1.31	1.24	1.24	1.24
IDN	0.51	0.56	0.57	0.61	0.65	0.60	0.57	0.60	0.53	0.22	0.20	0.24
IND	0.21	0.23	0.24	0.27	0.25	0.21	0.20	0.25	0.26	0.27	0.23	0.26
KAZ	0.23	0.27	0.23	0.18	0.19	0.18	0.19	0.16	0.25	0.25	0.18	0.25

续表

	2010 年	2011 年	2012 年	2013 年	2014 年	2015 年	2016 年	2017 年	2018 年	2019 年	2020 年	2021 年
KGZ	0.15	0.32	0.24	0.23	0.19	0.20	0.21	0.26	0.56	0.60	0.52	0.70
CAM	0.28	0.26	0.27	0.24	0.30	0.29	0.30	0.30	0.52	0.52	0.52	0.54
SRI	0.39	0.36	0.24	0.28	0.29	0.30	0.31	0.29	0.60	0.65	0.69	0.91
LTU	0.85	0.94	0.98	1.04	1.04	1.17	1.21	1.59	1.25	1.23	1.28	1.32
LVA	0.95	0.94	1.10	1.07	1.11	1.31	1.22	1.20	1.29	1.27	1.27	1.28
MON	0.36	0.41	0.30	0.26	0.37	0.32	0.35	0.40	0.27	0.25	0.32	0.31
MAL	0.61	0.77	0.76	0.78	0.77	0.75	0.69	0.77	0.91	0.81	0.80	0.88
PAK	0.16	0.15	0.15	0.16	0.16	0.14	0.13	0.12	0.15	0.11	0.11	0.12
PHI	0.25	0.23	0.26	0.26	0.25	0.25	0.26	0.28	0.31	0.35	0.34	0.37
POL	0.75	0.79	0.79	0.83	0.83	0.90	0.91	0.92	0.99	0.96	1.10	1.11
ROM	0.68	0.75	0.73	0.71	0.72	0.71	0.69	0.69	0.78	0.77	0.71	0.74
RUS	0.27	0.27	0.27	0.28	0.32	0.36	0.30	0.30	0.38	0.38	0.37	0.42
SIN	0.96	0.93	0.84	1.04	1.00	0.88	0.86	1.27	0.84	0.81	0.77	0.79
SVK	1.24	1.39	1.93	1.64	1.72	1.09	1.08	1.12	1.17	1.10	1.17	1.13
SVN	0.98	1.05	1.08	1.08	1.06	1.09	1.10	1.15	1.29	1.25	1.23	1.23
THA	0.60	0.74	0.66	0.67	0.69	0.75	0.70	0.72	0.69	0.67	0.67	0.67
TUR	0.57	0.67	0.73	0.75	0.83	0.77	0.74	0.83	0.76	0.80	0.63	0.69
VIE	0.69	0.78	0.76	0.77	0.81	0.87	0.94	0.89	1.17	1.06	1.11	1.26

从变化趋势来看，"一带一路"沿线多数国家的价值链参与度呈上升趋势，特别是"一带一路"国际产能合作有力推动了沿线中低技术国家价值链参与度的提升。中国价值链参与度不高，且呈下降趋势，从2010年的0.37下降至2021年的0.33。

上述测度结果表明：第一，橡胶及塑料制品业为国民经济的重要基础性制造业之一，在工业和生活领域应用广泛，但是2017年世界卫生组织国际癌症研究机构将橡胶及塑料制品业归为一类致癌物清单，因此"一带一路"沿线高技术国家开始限制橡胶及塑料制品业的国内发展，转而参与其价值链分工；第二，"一带一路"沿线中低技术国家多数位于热带、亚热带地区，天然橡胶资源丰富，加之外资优惠政策等因素使中低技术国家的价值链参与度较高，比如，泰国、马来西亚等东南亚国家是世界天然橡胶产量最多的国家；第三，在"一带一路"国际产能合作框架的推动下,中国加快了对东南亚橡胶及塑料制品业的投资,比如,在泰国、马来西亚等国建立天然橡胶加工和轮胎项目,完善模具、钢丝帘网、炭黑和橡胶助力剂生产链,带动沿线国家价值链参与度的提升。

2. 价值链分工位置分析

由表 4-25 可知,在橡胶及塑料制品业中,从整体上来看,价值链分工位置在 0.1 以上的国家以高技术国家和天然橡胶等资源廉价且丰富的中低技术国家为主。比如,马来西亚和罗马尼亚 2021 年的价值链分工位置分别为 0.306 和 0.157。价值链分工位置在 0—0.1 的国家以中低技术国家为主,如哈萨克斯坦、巴基斯坦等国。价值链分工位置为负值的国家有柬埔寨等国。

表 4-25　"一带一路"橡胶及塑料制品业价值链分工位置分析

	2010 年	2011 年	2012 年	2013 年	2014 年	2015 年	2016 年	2017 年	2018 年	2019 年	2020 年	2021 年
BGR	0.144	0.140	0.144	0.142	0.142	0.140	0.148	0.149	0.171	0.198	0.215	0.195
CHN	0.056	0.058	0.059	0.065	0.074	0.079	0.073	0.080	0.035	0.020	0.033	0.013
CZE	0.184	0.162	0.173	0.174	0.170	0.152	0.153	0.103	0.137	0.097	0.189	0.148
EST	0.169	0.123	0.151	0.141	0.163	0.170	0.178	0.145	0.208	0.207	0.207	0.170
HRV	0.131	0.135	0.141	0.171	0.202	0.192	0.188	0.179	0.087	0.124	0.106	0.117
HUN	0.135	0.136	0.155	0.156	0.149	0.135	0.140	0.143	0.177	0.158	0.178	0.158
IDN	0.268	0.283	0.285	0.308	0.310	0.303	0.291	0.311	0.252	0.075	0.075	0.078
IND	0.072	0.078	0.083	0.100	0.087	0.080	0.093	0.073	0.119	0.109	0.125	0.119
KAZ	0.217	0.087	0.095	0.062	0.063	0.048	0.053	0.049	0.092	0.116	0.079	0.140
KGZ	-0.043	0.081	0.051	0.043	0.039	0.052	0.034	0.073	0.118	0.170	0.159	0.203
CAM	-0.040	-0.068	-0.046	-0.059	-0.074	-0.063	-0.043	-0.071	-0.054	-0.046	-0.090	-0.071
SRI	0.197	0.131	0.080	0.109	0.089	0.084	0.100	0.094	0.297	0.366	0.386	0.473
LTU	0.272	0.280	0.301	0.312	0.314	0.245	0.260	0.091	0.273	0.262	0.277	0.213
LVA	0.133	0.134	0.153	0.161	0.184	0.140	0.268	0.137	0.134	0.157	0.263	0.207
MON	0.102	0.133	0.064	0.064	0.145	0.147	0.189	0.201	0.137	0.135	0.185	0.183
MAL	0.246	0.263	0.251	0.253	0.265	0.264	0.276	0.267	0.425	0.283	0.326	0.306
PAK	0.029	0.019	0.015	0.028	0.034	0.034	0.029	0.017	-0.017	-0.041	-0.031	-0.039
PHI	0.026	0.044	0.049	0.048	0.036	0.032	0.027	0.023	0.079	0.133	0.155	0.136
POL	0.140	0.133	0.144	0.157	0.153	0.146	0.156	0.150	0.142	0.105	0.152	0.132

续表

	2010 年	2011 年	2012 年	2013 年	2014 年	2015 年	2016 年	2017 年	2018 年	2019 年	2020 年	2021 年
ROM	0.188	0.194	0.210	0.244	0.232	0.211	0.217	0.214	0.252	0.239	0.226	0.157
RUS	0.132	0.134	0.124	0.125	0.129	0.140	0.130	0.129	0.118	0.107	0.104	0.137
SIN	0.173	0.185	0.169	0.111	0.101	0.144	0.116	-0.076	0.375	0.349	0.357	0.378
SVK	0.077	0.037	-0.256	-0.116	-0.157	0.207	0.208	0.199	0.121	0.105	0.151	0.121
SVN	0.166	0.186	0.194	0.187	0.186	0.191	0.187	0.180	0.184	0.196	0.237	0.207
THA	0.258	0.288	0.313	0.319	0.301	0.262	0.277	0.315	0.275	0.298	0.329	0.290
TUR	0.164	0.182	0.187	0.198	0.202	0.228	0.221	0.201	0.185	0.216	0.222	0.234
VIE	0.137	0.132	0.137	0.151	0.151	0.140	0.118	0.142	0.065	0.051	0.081	0.128

从变化趋势来看，"一带一路"沿线多数国家的价值链分工位置呈上升趋势，比如，泰国的价值链分工位置从2010年的0.258上升至2021年的0.290。中国的价值链分工位置较低，且2018年前呈缓慢上升态势，从2010年的0.056上升至2017年的0.080，之后开始呈下降趋势。

上述测度结果表明：第一，"一带一路"沿线高技术国家的工业基础较为发达，生产汽车轮胎、耐热塑料等高技术、高附加值产品，因此价值链分工位置较高。第二，"一带一路"沿线中低技术国家的天然橡胶资源丰富，中国在对沿线国家投资时多以园区体现，产业集聚效应显著，因此价值链分工位置较高。比如，广东农垦集团等国内企业在泰国、马来西亚等东南亚国家投资建立橡胶工业园区，形成天然橡胶的种植、生产加工、销售等一套完整的产业链。第三，中国主要出口橡胶及塑料制品原材料，耐高温塑料、高性能工程塑料、高性能乙丙橡胶等产品依然依赖进口，比如，2018年橡胶制品进口757.48万吨，出口50.23万吨。因此价值链分工位置不高。

（四）其他非金属制品业

1. 价值链参与度分析

由表4-26可知，在其他非金属制品业中，从整体上来看，价值链参与度在0.5以上的国家以高技术国家为主。比如，匈牙利和斯洛文尼亚2021年的价值链参与度分别为1.06和1.02，中低技术国家中，泰国、越南等国的价值链参与度较高。价值链参与度在0.5以下的国家仍以中低技术国家为主，比如，斯里兰卡和巴基斯坦2021年的价值链参与度分别为

0.07 和 0.08。

表 4-26　　　　"一带一路"其他非金属制品业价值链参与度分析

	2010年	2011年	2012年	2013年	2014年	2015年	2016年	2017年	2018年	2019年	2020年	2021年
BGR	0.53	0.60	0.61	0.66	0.65	0.65	0.64	0.66	0.87	0.86	0.82	0.93
CHN	0.20	0.20	0.20	0.20	0.18	0.16	0.15	0.16	0.13	0.14	0.15	0.15
CZE	0.78	0.77	0.80	0.82	0.83	0.89	0.91	0.89	0.88	0.83	0.87	0.89
EST	0.88	0.89	0.83	0.86	0.78	0.72	0.87	0.83	0.87	0.87	0.87	0.90
HRV	0.50	0.57	0.58	0.63	0.65	0.69	0.69	0.71	0.75	0.86	0.81	1.01
HUN	3.82	0.96	1.24	1.27	1.07	1.09	1.12	1.61	0.87	1.19	1.21	1.06
IDN	0.12	0.13	0.12	0.13	0.13	0.12	0.11	0.11	0.12	0.13	0.12	0.15
IND	0.11	0.11	0.12	0.14	0.15	0.11	0.11	0.12	0.16	0.13	0.13	0.15
KAZ	0.13	0.12	0.17	0.13	0.14	0.14	0.16	0.13	0.28	0.29	0.25	0.33
KGZ	0.15	0.16	0.19	0.22	0.20	0.22	0.22	0.27	0.40	0.38	0.38	0.47
CAM	0.15	0.11	0.12	0.12	0.13	0.11	0.12	0.12	0.12	0.19	0.18	0.20
SRI	0.09	0.08	0.08	0.09	0.09	0.09	0.09	0.09	0.09	0.08	0.06	0.07
LTU	0.39	0.46	0.55	0.61	0.58	0.75	0.62	0.66	0.72	0.70	0.80	0.73
LVA	0.51	0.53	0.60	0.62	0.62	0.72	0.74	0.74	0.79	0.76	0.77	0.76
MON	0.34	0.25	0.40	0.20	0.31	0.27	0.26	0.28	0.28	0.19	0.31	0.22
MAL	0.56	0.42	0.37	0.37	0.35	0.34	0.39	0.34	0.87	0.82	0.71	0.78
PAK	0.12	0.10	0.09	0.10	0.10	0.09	0.08	0.08	0.10	0.07	0.07	0.08
PHI	0.56	0.53	1.00	0.84	0.27	0.30	0.40	0.26	0.48	0.35	0.35	0.38
POL	0.39	0.41	0.42	0.44	0.45	0.49	0.51	0.51	0.57	0.69	0.72	0.74
ROM	0.35	0.30	0.28	0.28	0.28	0.29	0.26	0.26	0.30	0.29	0.27	0.27
RUS	0.11	0.11	0.11	0.11	0.14	0.16	0.13	0.13	0.17	0.18	0.20	0.19
SIN	0.57	0.59	0.50	0.61	0.50	0.63	0.46	0.44	0.42	0.58	0.55	0.57
SVK	0.54	0.72	0.70	0.67	0.66	0.73	0.74	0.76	0.75	0.72	0.71	0.76
SVN	1.22	1.28	2.65	26.19	2.33	0.88	0.90	0.95	0.95	1.02	0.96	1.02
THA	0.75	0.87	0.89	0.84	0.79	0.78	0.79	0.90	0.95	0.37	0.35	0.40
TUR	0.43	0.42	0.47	0.45	0.48	0.44	0.42	0.47	0.45	0.47	0.35	0.39
VIE	0.85	0.90	0.65	0.53	0.59	0.54	0.53	0.61	0.76	0.76	0.75	0.94

从变化趋势来看，"一带一路"沿线多数国家的价值链参与度呈上升

趋势，波兰的价值链参与度从2010年的0.39上升至2021年的0.74。中国的价值链参与度较低，且呈微弱下降趋势，从2010年的0.20下降至2021年的0.15。

上述测度结果表明：第一，"一带一路"沿线高技术国家在陶瓷制品、耐火材料制品等其他非金属制品业中具有技术优势，由于受到劳动力成本、国内环保措施严厉、国内市场处于饱和状态等因素的影响，其参与到其他非金属制品业的价值链分工之中；第二，"一带一路"沿线中低技术国家的金刚石、石墨、自然硫等非金属矿产资源较为丰富，国内建筑业等行业的发展对水泥制品、建筑材料、玻璃制品等非金属制品业需求量大，但是受到基础设施和工业基础薄弱等因素的制约，其价值链参与度较低；第三，中国是世界最大的建筑材料、玻璃制品、非耐火制陶瓷制品等非金属制品业的生产和消费国，特别是水泥、石棉制品、砖瓦、石灰建筑材料制造业等受到国内10多年房地产市场发展的带动而需求量较大，因此价值链参与度较低。

2. 价值链分工位置分析

由表4-27可知，在其他非金属制品业中，从整体上来看，价值链分工位置在0.1以上的国家以高技术国家为主。比如，斯洛文尼亚和克罗地亚2021年的价值链分工位置分别为0.283和0.456。中低技术国家中，菲律宾和蒙古国的价值链分工位置较高，2021年的价值链分工位置分别为0.130和0.113。价值链分工位置在0—0.1的国家以中低技术国家为主，如印度尼西亚、巴基斯坦等国。价值链分工位置为负值的国家同样以中低技术国家为主。中国的价值链分工位置较低，且整体呈倒"V"形趋势。

表4-27　　"一带一路"其他非金属制品业价值链分工位置分析

	2010年	2011年	2012年	2013年	2014年	2015年	2016年	2017年	2018年	2019年	2020年	2021年
BGR	0.202	0.252	0.255	0.253	0.224	0.221	0.232	0.239	0.183	0.150	0.216	0.257
CHN	-0.021	-0.016	-0.014	-0.004	0.001	0.012	0.008	0.002	-0.003	-0.006	-0.002	-0.003
CZE	0.254	0.259	0.263	0.267	0.278	0.258	0.257	0.273	0.239	0.223	0.275	0.272
EST	0.301	0.278	0.265	0.285	0.295	0.319	0.296	0.310	0.375	0.399	0.363	0.372
HRV	0.224	0.247	0.252	0.286	0.294	0.301	0.301	0.291	0.318	0.401	0.386	0.456

续表

	2010年	2011年	2012年	2013年	2014年	2015年	2016年	2017年	2018年	2019年	2020年	2021年
HUN	-0.960	0.243	0.121	0.133	0.213	0.240	0.211	-0.082	0.337	0.244	0.249	0.334
IDN	0.016	0.013	0.012	0.013	-0.001	0.003	-0.004	0.005	-0.003	0.026	0.035	0.043
IND	0.016	0.013	0.007	0.016	0.028	0.026	0.034	0.023	0.047	0.052	0.059	0.058
KAZ	0.025	0.038	0.092	0.049	0.059	0.038	0.040	0.051	0.199	0.198	0.182	0.245
KGZ	-0.042	-0.019	0.033	0.101	0.053	0.068	0.051	0.092	0.196	0.225	0.236	0.294
CAM	-0.014	-0.038	-0.029	-0.018	-0.021	-0.015	-0.006	-0.013	-0.047	-0.016	-0.021	-0.034
SRI	-0.015	-0.048	-0.040	-0.039	-0.052	-0.051	-0.049	-0.047	-0.026	-0.008	-0.012	-0.016
LTU	0.210	0.246	0.305	0.336	0.314	0.176	0.346	0.354	0.351	0.337	0.397	0.337
LVA	0.187	0.163	0.183	0.196	0.195	0.189	0.298	0.204	0.292	0.307	0.321	0.262
MON	0.054	-0.020	-0.095	0.024	0.096	0.117	0.133	0.110	-0.015	0.085	0.194	0.113
MAL	0.237	0.135	0.096	0.072	0.101	0.093	0.004	0.106	0.155	0.112	0.256	0.269
PAK	0.046	0.033	0.018	0.025	0.030	0.027	0.016	0.016	0.016	0.022	0.024	0.016
PHI	0.164	0.046	0.192	0.065	0.378	0.333	0.200	0.408	0.189	0.143	0.151	0.130
POL	0.179	0.181	0.192	0.209	0.214	0.219	0.229	0.225	0.242	0.295	0.316	0.318
ROM	-0.004	0.043	0.063	0.070	0.081	0.066	0.057	0.054	0.060	0.046	0.055	0.069
RUS	0.063	0.063	0.062	0.058	0.067	0.069	0.065	0.066	0.075	0.091	0.092	0.106
SIN	-0.042	0.015	-0.003	-0.072	0.016	-0.087	0.035	0.061	0.087	0.117	0.147	0.116
SVK	0.272	0.303	0.321	0.303	0.288	0.277	0.278	0.282	0.242	0.237	0.271	0.267
SVN	-0.052	-0.009	-0.580	-2.751	-0.449	0.328	0.318	0.320	0.235	0.206	0.263	0.283
THA	0.167	0.194	0.170	0.225	0.232	0.246	0.226	0.206	0.132	0.050	0.052	0.036
TUR	0.151	0.170	0.177	0.181	0.185	0.207	0.199	0.196	0.135	0.122	0.174	0.185
VIE	0.311	0.251	0.082	0.227	0.007	0.066	0.071	0.038	0.250	0.221	0.263	0.322

上述测度结果表明：第一，"一带一路"沿线高技术国家在耐火材料制品等高附加值中间品，以及非金属矿物精选提纯、超细粉碎方法和设备等方面具有显著的比较优势，因此在其他非金属制品业中的获利能力比较强；第二，"一带一路"沿线中低技术国家由于国内的工业化和城市化还处于起步阶段，因此对玻璃及玻璃制品、建筑材料、陶瓷制品等需

求旺盛；第三，"一带一路"共建在带动沿线国家价值链分工位置提升的同时，也带动了中国价值链分工位置的提升。

（五）基本金属和焊接金属制品业

1. 价值链参与度分析

由表 4-28 可知，在基本金属和焊接金属制品业中，从整体上来看，价值链参与度在 0.6 以上的国家以高技术国家为主。比如，立陶宛和爱沙尼亚 2021 年的价值链参与度分别为 1.25 和 1.13。中低技术国家中，金属矿产资源和劳动力资源丰富的国家价值链参与度较高。比如，土耳其和越南 2021 年的价值链参与度分别为 0.81 和 1.35。价值链参与度在 0.6 以下的国家以中低技术国家为主，如巴基斯坦、柬埔寨等国。俄罗斯 2021 年的价值链参与度仅为 0.58，主要是由于俄罗斯的工业体系发达，通用五金配件、锁具、桥梁轮船零件等基本金属和焊接金属制品生产流程均在国内完成。

表 4-28 "一带一路"基本金属和焊接金属制品业价值链参与度分析

	2010 年	2011 年	2012 年	2013 年	2014 年	2015 年	2016 年	2017 年	2018 年	2019 年	2020 年	2021 年
BGR	0.92	1.02	0.99	1.05	1.01	1.00	1.00	1.06	1.42	1.23	1.18	1.20
CHN	0.28	0.29	0.27	0.28	0.27	0.24	0.23	0.22	0.23	0.23	0.23	0.24
CZE	0.99	1.03	1.06	1.08	1.06	1.10	1.11	1.16	1.07	1.00	0.99	0.98
EST	1.01	1.14	1.17	1.17	1.12	1.11	1.24	1.23	1.18	1.14	1.10	1.13
HRV	0.66	0.73	0.76	0.81	0.81	0.85	0.84	0.89	0.92	0.95	0.90	0.85
HUN	0.99	1.06	1.16	1.15	1.09	1.16	1.15	1.16	1.14	1.24	1.24	1.24
IDN	0.46	0.51	0.43	0.41	0.46	0.43	0.39	0.45	0.42	0.53	0.48	0.58
IND	0.23	0.22	0.25	0.29	0.28	0.22	0.22	0.21	0.33	0.26	0.28	0.30
KAZ	0.78	0.77	0.61	0.61	0.59	0.50	0.53	0.45	0.56	0.61	0.56	0.84
KGZ	0.83	0.80	0.61	0.70	0.62	0.73	0.68	0.85	0.78	0.95	0.98	1.15
CAM	0.16	0.16	0.17	0.21	0.18	0.17	0.17	0.18	0.34	0.30	0.32	0.35
SRI	0.25	0.20	0.23	0.26	0.21	0.29	0.28	0.27	0.31	0.32	0.26	0.30
LTU	0.81	0.85	0.95	1.03	1.01	1.12	0.87	1.57	1.17	1.16	1.25	1.25
LVA	1.05	0.99	1.07	1.02	1.05	1.19	1.24	1.24	1.20	1.11	1.10	1.10
MON	0.61	0.33	0.31	0.50	0.67	0.67	0.62	0.69	0.95	1.00	0.94	0.99
MAL	0.61	0.69	0.62	0.60	0.58	0.56	0.57	0.58	0.68	0.68	0.65	0.72

续表

	2010年	2011年	2012年	2013年	2014年	2015年	2016年	2017年	2018年	2019年	2020年	2021年
PAK	0.10	0.10	0.11	0.11	0.12	0.10	0.09	0.09	0.10	0.08	0.08	0.08
PHI	1.32	0.47	1.00	0.68	0.69	0.71	0.71	0.76	0.50	0.47	0.46	0.50
POL	0.70	0.73	0.74	0.75	0.74	0.81	0.83	0.84	0.87	0.94	0.94	0.97
ROM	0.67	0.72	0.68	0.66	0.65	0.65	0.63	0.63	0.72	0.72	0.66	0.65
RUS	0.48	0.44	0.47	0.45	0.49	0.52	0.44	0.43	0.63	0.54	0.55	0.58
SIN	1.35	1.43	0.87	0.34	0.15	0.89	0.94	0.77	0.98	0.94	0.91	0.90
SVK	1.00	1.19	1.38	1.36	1.35	1.15	1.12	1.13	1.20	1.20	1.18	1.19
SVN	1.15	1.18	1.28	1.27	1.21	1.02	1.05	1.09	1.13	1.12	1.06	1.12
THA	0.71	0.72	0.66	0.69	0.68	0.67	0.65	0.66	1.06	0.54	0.56	0.52
TUR	0.84	0.93	1.09	1.06	1.06	0.98	0.94	1.07	0.80	0.94	0.73	0.81
VIE	8.06	1.02	1.10	1.39	1.01	0.85	0.80	0.97	1.26	1.20	1.22	1.35

从变化趋势来看，"一带一路"沿线多数国家的价值链参与度呈上升趋势，并且高技术国家的上升趋势比中低技术国家更为显著。比如，立陶宛的价值链参与度从2010年的0.81上升至2021年的1.25。中国的价值链参与度较低，且呈微弱下降趋势，从2010年的0.28下降至2021年的0.24。

上述测度结果表明：第一，"一带一路"沿线高技术国家的工业实力雄厚，生产工艺技术较为成熟，随着"一带一路"的推进，逐步参与到基本金属和焊接金属制品业的价值链分工之中。比如，立陶宛紧邻西欧国家，在机场等交通基础设施维修、运用方面具有显著的比较优势，从而推动了该国五金配件、轴承、飞机配件等基本金属和焊接金属制品技术工艺的发展，由于受到国土面积较小、劳动力成本高、金属矿产资源稀缺等因素的影响，其参与到基本金属和焊接金属制品业价值链分工之中。第二，由于基本金属和焊接金属制品业中多数的产品对工业基础、劳动力技能等要求较低，同时"一带一路"沿线部分中低技术国家金属矿产储量和种类丰富，劳动力资源廉价丰富，因此积极参与了"一带一路"国际产能合作，所以价值链参与度较高。比如，塔吉克斯坦的金属矿产资源丰富，目前已发现70多种矿产，其中铅、锌等矿产的储量居于世界前列，有色金属开采及冶炼是其支柱产业。再如，土耳其的基本金属制造业的生产效率较高，2013年土耳其基本金属制造业产能利用率为77%，高于金属整体制造业产能利用率的73.2%。第三，中国高铁、桥梁、房地产等行业的快速发展，使国内对钢帘线、焊丝、弹簧钢丝等基本金属和焊接金属制品的需求旺盛，由于国内的生产体系完整，多数产品均可在国内生产销售，因此价值链参与度较低。

2. 价值链分工位置分析

由表4-29可知，在基本金属和焊接金属制品业中，从整体上来看，价值链分工位置在0.3以上的国家以高技术国家为主，比如，俄罗斯和新加坡2021年的价值链分工位置分别为0.386和0.262。中低技术国家中，蒙古国、哈萨克斯坦等国的价值链分工位置较高，主要是由于这些国家的金属矿产资源丰富，五金配件、焊丝、弹簧钢丝等基本金属和焊接金属制品工业流程相对简单，分工环节较少。价值链分工位置在0—0.3的国家较为集中，其中，斯洛文尼亚和土耳其2021年的价值链分工位置分别为0.206和0.359。价值链分工位置为负值的国家主要以中低技术国家为主，比如，斯里兰卡和巴基斯坦2021年的价值链分工位置分别为-0.036和-0.023。

表4-29 "一带一路"基本金属和焊接金属制品业价值链分工位置分析

	2010年	2011年	2012年	2013年	2014年	2015年	2016年	2017年	2018年	2019年	2020年	2021年
BGR	0.347	0.351	0.329	0.317	0.282	0.277	0.293	0.293	0.181	0.278	0.288	0.271
CHN	0.061	0.055	0.046	0.046	0.064	0.071	0.063	0.065	0.018	0.040	0.056	0.057
CZE	0.216	0.215	0.217	0.232	0.218	0.206	0.206	0.187	0.186	0.180	0.196	0.173
EST	0.188	0.180	0.198	0.194	0.200	0.202	0.184	0.177	0.113	0.106	0.070	0.042
HRV	0.212	0.214	0.209	0.225	0.210	0.196	0.184	0.181	0.188	0.208	0.248	0.130
HUN	0.201	0.167	0.155	0.158	0.143	0.133	0.127	0.121	0.172	0.177	0.180	0.173
IDN	0.193	0.174	0.145	0.115	0.121	0.113	0.128	0.100	0.116	0.194	0.222	0.251
IND	0.070	0.041	0.048	0.078	0.082	0.075	0.071	0.069	0.040	0.060	0.074	0.053
KAZ	0.506	0.523	0.487	0.423	0.425	0.375	0.362	0.348	0.418	0.449	0.420	0.588
KGZ	0.355	0.359	0.146	0.290	0.205	0.197	0.162	0.247	0.445	0.591	0.548	0.511
CAM	-0.074	-0.053	-0.041	-0.006	-0.023	-0.018	-0.011	-0.020	0.048	0.070	0.085	0.072
SRI	-0.085	-0.126	-0.147	-0.132	-0.139	-0.140	-0.129	-0.137	-0.110	-0.026	-0.028	-0.036
LTU	0.203	0.237	0.265	0.261	0.260	0.189	0.339	0.025	0.308	0.306	0.317	0.218

续表

	2010 年	2011 年	2012 年	2013 年	2014 年	2015 年	2016 年	2017 年	2018 年	2019 年	2020 年	2021 年
LVA	0.202	0.237	0.215	0.188	0.165	0.148	0.216	0.145	0.097	0.086	0.083	0.076
MON	0.341	0.138	0.135	0.274	0.411	0.422	0.401	0.445	0.493	0.554	0.563	0.575
MAL	0.131	0.107	0.098	0.104	0.101	0.102	0.029	0.087	0.167	0.154	0.201	0.194
PAK	-0.034	-0.036	-0.044	-0.040	-0.026	-0.021	-0.018	-0.028	-0.030	-0.020	-0.014	-0.023
PHI	-0.494	0.067	-0.012	-0.095	-0.074	-0.097	-0.110	-0.109	0.113	0.132	0.159	0.142
POL	0.204	0.205	0.214	0.221	0.216	0.210	0.211	0.204	0.153	0.193	0.151	0.173
ROM	0.298	0.240	0.233	0.230	0.229	0.205	0.215	0.208	0.212	0.215	0.206	0.211
RUS	0.359	0.331	0.352	0.332	0.346	0.392	0.317	0.311	0.412	0.363	0.364	0.386
SIN	-0.051	-0.069	0.118	0.146	0.201	0.168	0.134	0.432	0.200	0.219	0.243	0.262
SVK	0.277	0.186	0.089	0.088	0.089	0.212	0.218	0.225	0.109	0.141	0.117	0.129
SVN	0.145	0.168	0.126	0.146	0.171	0.275	0.266	0.260	0.222	0.229	0.217	0.206
THA	0.180	0.168	0.211	0.208	0.191	0.209	0.220	0.215	0.142	0.007	0.086	0.031
TUR	0.280	0.290	0.344	0.264	0.272	0.306	0.302	0.265	0.284	0.346	0.370	0.359
VIE	-1.905	-0.252	-0.296	-0.392	-0.200	-0.087	-0.039	-0.163	0.071	0.007	0.013	0.008

从变化趋势来看，"一带一路"沿线多数高技术国家的价值链分工位置呈下降趋势，多数中低技术国家的价值链分工位置呈上升趋势。比如，匈牙利的价值链分工位置从2010年的0.201下降至2021年的0.173，蒙古国的价值链分工位置从2010年的0.341上升至2021年的0.575。中国的价值链分工位置较低，总体在0.06左右。

上述测度结果表明：第一，"一带一路"沿线高技术国家将基本金属和焊接金属制品工业的生产流程转移至沿线资源丰富的国家，保留高技术、高附加值环节。比如，2017年捷克激光中心有限公司研发激光切割、金属折弯和焊接等精密金属板材制造，为瑞典迫击炮系统提供机械部件；2017年新加坡与德国、奥地利等国联合研制结构精细部件，用于3D打印的金属粉磨等高附加值、高技术产品。第二，"一带一路"沿线矿产资源丰富的中低技术国家，利用"一带一路"平台，形成了金属矿产开采、加工、制造等较为完整的产业链，从而推动了出口增加值的提升。

（六）运输设备制造业

1. 价值链参与度分析

由表4-30可知，在运输设备制造业中，从整体上来看，价值链参与度在 0.5 以上的国家以高技术国家为主。比如，匈牙利和斯洛文尼亚 2021 年的价值链参与度分别为 1.15 和 1.01。中低技术国家中，土耳其 2021 年的价值链参与度为 0.43。受"一带一路"实施的影响，土耳其政府承担了 80% 的投入费用以鼓励外资在土耳其设立汽车研发中心和零部件生产基地。2018 年，土耳其已拥有 132 个汽车制造和供应研发设计中心，成为全球第十四大汽车制造商，商用车产量居世界第 9 位。价值链参与度在 0.5 以下的国家以中低技术国家为主，比如，巴基斯坦和马来西亚 2021 年的价值链参与度分别为 0.16 和 0.39。俄罗斯 2021 年的价值链参与度为 0.35，主要是由于虽然俄罗斯的工业体系发达，但是主要集中于军工领域，其运输设备制造业的价值链分工被边缘化。

表 4-30　　"一带一路"运输设备制造业价值链参与度分析

	2010 年	2011 年	2012 年	2013 年	2014 年	2015 年	2016 年	2017 年	2018 年	2019 年	2020 年	2021 年
BGR	0.56	0.64	0.64	0.72	0.67	0.66	0.67	0.75	0.72	0.67	0.62	0.66
CHN	0.15	0.15	0.13	0.13	0.13	0.11	0.11	0.11	0.12	0.12	0.12	0.12
CZE	0.84	0.86	0.90	0.94	0.96	1.02	1.00	1.04	0.94	0.89	0.90	0.94
EST	1.12	1.07	1.06	1.01	0.96	0.95	0.91	1.01	0.78	0.79	0.85	0.90
HRV	0.46	0.51	0.49	0.51	0.52	0.55	0.55	0.58	0.65	0.78	0.49	0.63
HUN	1.22	1.27	1.29	1.25	1.19	1.26	1.25	1.24	1.24	1.17	1.18	1.15
IDN	0.20	0.18	0.20	0.20	0.21	0.19	0.16	0.19	0.17	0.17	0.18	0.23
IND	0.19	0.20	0.21	0.22	0.21	0.17	0.15	0.17	0.23	0.22	0.22	0.23
KAZ	0.20	0.20	0.19	0.09	0.16	0.14	0.14	0.13	0.14	0.30	0.26	0.37
KGZ	0.24	0.24	0.38	0.28	0.18	0.19	0.19	0.24	0.64	0.64	0.52	0.81
CAM	0.35	0.44	0.42	0.45	0.40	0.39	0.41	0.40	0.47	0.40	0.43	0.45
SRI	0.33	0.15	0.18	0.17	0.19	0.19	0.19	0.20	0.31	0.18	0.14	0.15
LTU	0.71	0.99	0.83	0.81	1.01	1.08	0.54	1.20	0.56	0.57	0.59	0.60
LVA	0.85	0.71	0.78	0.84	0.84	0.85	0.87	0.89	0.92	1.02	0.85	0.88
MON	0.40	0.30	0.29	0.32	0.38	0.27	0.25	0.29	0.34	0.21	0.25	0.26
MAL	0.54	0.37	0.32	0.30	0.29	0.28	0.28	0.29	0.40	0.36	0.34	0.39
PAK	0.17	0.17	0.16	0.17	0.17	0.14	0.13	0.13	0.15	0.13	0.15	0.16
PHI	0.19	0.17	0.16	0.22	0.30	0.30	0.31	0.33	0.35	0.34	0.34	0.37
POL	0.78	0.77	0.75	0.78	0.77	0.85	0.87	0.89	0.82	0.84	0.90	0.95

续表

	2010 年	2011 年	2012 年	2013 年	2014 年	2015 年	2016 年	2017 年	2018 年	2019 年	2020 年	2021 年
ROM	0.43	0.46	0.51	0.55	0.55	0.55	0.54	0.54	0.62	0.58	0.49	0.46
RUS	0.21	0.23	0.23	0.23	0.25	0.26	0.24	0.24	0.27	0.30	0.32	0.35
SIN	0.63	0.84	0.70	0.74	0.71	0.72	0.69	0.61	0.83	1.01	0.93	0.91
SVK	1.02	1.04	1.03	1.06	1.03	1.12	1.08	1.10	1.00	0.93	0.93	0.96
SVN	0.86	0.90	0.92	0.94	0.94	0.94	0.96	0.97	0.99	0.95	0.95	1.01
THA	0.36	0.32	0.26	0.26	0.29	0.28	0.26	0.29	0.40	0.41	0.49	0.52
TUR	0.63	0.73	0.74	0.79	0.76	0.72	0.68	0.76	0.64	0.44	0.42	0.43
VIE	0.19	0.23	0.23	0.21	0.25	0.26	0.27	0.27	0.60	0.54	0.53	0.80

从变化趋势来看，"一带一路"沿线多数国家的价值链参与度呈上升趋势，特别是"一带一路"国际产能合作以来，沿线高技术国家的价值链参与度呈显著上升趋势。比如，捷克的价值链参与度从 2010 年的 0.84 上升至 2021 年的 0.94。中国的价值链参与度较低，变化趋势相对平稳，基本处于 0.13 左右。

上述测度结果表明：第一，"一带一路"沿线高技术国家的汽车等运输设备制造业历史悠久，生产研发技术较强，"一带一路"提出后，为其提供了参与运输设备制造业价值链分工的机会，因此价值链参与度高，并且上升显著。比如，捷克的汽车工业是其支柱产业，有超过 40 家汽车生产商在捷克投资设立分支机构，拥有斯柯达等著名汽车品牌，2015 年，中国成为斯柯达最大的市场，捷克联合德国、意大利等汽车生产强国建立了零部件和技术研发中心，同时航空业也是捷克的重要传统产业，在超轻型飞机、飞机零配件、雷达设备和机场空管系统等方面具有丰富经验和先进技术，捷克是仅次于德国的欧洲最大超轻型飞机生产国。第二，由于汽车、飞机、轮船等运输设备制造业具有显著的技术、资金密集型特征，对工业基础、资金、劳动力技能等方面有较高的要求，而"一带一路"沿线中低技术国家存在工业基础和基础设施薄弱、资金技术人才短缺等问题，因此主要在高技术国家间通过分工合作完成生产，沿线中低技术国家承接相关生产流程较少，因此价值链参与度较低。第三，由于中国的交通运输设备制造体系较为完整，且多数生产环节涉及高技术，沿线多数中低技术国家难以承接中国的相关生产转移，因此中国的价值链参与度不高。

2. 价值链分工位置分析

由表4-31可知，在运输设备制造业中，从整体上来看，价值链分工位置为正值的国家以高技术国家为主，如波兰2021年的价值链分工位置为0.023。中低技术国家中，印度尼西亚和菲律宾的价值链分工位置为正值，主要是由于印度尼西亚是东南亚地区工业体系最为完整的国家，随着全球制造业逐步向东南亚聚集，中国等国的汽车零组件产业工厂纷纷在印度尼西亚投资建厂，而菲律宾的摩托车消费量较大，本田、川崎、铃木等著名摩托车品牌先后在菲律宾建立了较为完整的生产链。价值链分工位置为负值的国家较为集中，其中新加坡和泰国2021年的价值链分工位置分别为-0.007和-0.061。

表4-31　"一带一路"运输设备制造业价值链分工位置分析

	2010年	2011年	2012年	2013年	2014年	2015年	2016年	2017年	2018年	2019年	2020年	2021年
BGR	0.044	0.057	0.044	0.062	0.068	0.065	0.068	0.063	-0.038	-0.087	-0.069	-0.114
CHN	0.011	0.009	0.009	0.014	0.025	0.028	0.028	0.026	0.012	0.031	0.032	0.024
CZE	-0.017	-0.036	-0.050	-0.040	-0.055	-0.072	-0.072	-0.096	-0.076	-0.099	-0.057	-0.084
EST	-0.038	-0.006	0.013	-0.051	-0.038	-0.042	-0.014	-0.075	-0.263	-0.283	-0.270	-0.285
HRV	-0.099	-0.058	-0.052	0.034	0.054	0.033	0.025	0.016	-0.066	-0.050	-0.064	-0.030
HUN	-0.015	-0.042	-0.048	-0.060	-0.106	-0.134	-0.135	-0.135	-0.087	-0.153	-0.148	-0.154
IDN	0.079	0.053	0.050	0.050	0.063	0.065	0.082	0.069	0.012	0.016	0.043	0.050
IND	-0.021	-0.017	-0.025	-0.023	-0.024	-0.012	-0.001	-0.014	-0.025	0.005	0.011	-0.036
KAZ	-0.050	-0.027	0.019	-0.035	-0.054	-0.039	-0.086	-0.038	-0.001	0.061	0.054	0.096
KGZ	0.000	0.009	-0.024	-0.025	-0.034	-0.021	-0.032	-0.024	0.065	0.167	0.151	0.313
CAM	-0.105	-0.007	-0.048	-0.043	-0.097	-0.090	-0.070	-0.088	-0.236	-0.287	-0.307	-0.321
SRI	-0.086	-0.118	-0.144	-0.119	-0.130	-0.124	-0.120	-0.126	-0.151	-0.129	-0.095	-0.108
LTU	-0.012	-0.067	0.041	0.026	0.006	-0.042	0.118	-0.025	-0.092	-0.099	0.023	-0.034
LVA	-0.066	-0.116	-0.060	-0.003	0.001	-0.011	-0.025	-0.025	-0.046	0.055	-0.132	-0.104
MON	0.447	0.093	0.117	0.160	0.221	0.144	0.141	0.163	-0.074	0.026	0.089	0.056
MAL	-0.038	-0.056	-0.064	-0.071	-0.070	-0.063	-0.046	-0.075	0.019	-0.007	-0.011	-0.021
PAK	-0.086	-0.091	-0.091	-0.086	-0.077	-0.065	-0.058	-0.070	-0.089	-0.090	-0.076	-0.089
PHI	0.030	0.005	-0.005	0.034	0.079	0.075	0.072	0.067	0.057	0.073	0.079	0.053

续表

	2010年	2011年	2012年	2013年	2014年	2015年	2016年	2017年	2018年	2019年	2020年	2021年
POL	0.089	0.074	0.095	0.114	0.114	0.104	0.090	0.084	0.058	0.068	0.035	0.023
ROM	0.107	0.113	0.054	0.077	0.078	0.056	0.058	0.048	0.071	0.064	0.069	0.037
RUS	0.006	0.003	-0.018	-0.035	-0.019	-0.026	-0.004	-0.011	-0.046	-0.021	0.022	0.024
SIN	-0.146	-0.255	-0.199	-0.200	-0.204	-0.186	-0.165	-0.172	-0.021	0.047	0.006	-0.007
SVK	-0.139	-0.161	-0.180	-0.164	-0.175	-0.221	-0.232	-0.227	-0.357	-0.396	-0.413	-0.411
SVN	-0.189	-0.189	-0.158	-0.155	-0.171	-0.173	-0.190	-0.207	-0.325	-0.354	-0.330	-0.352
THA	-0.001	-0.032	-0.076	-0.027	-0.015	-0.004	0.002	-0.004	-0.025	-0.031	-0.017	-0.061
TUR	-0.043	-0.066	-0.029	-0.047	-0.032	-0.013	-0.014	-0.046	0.007	-0.026	-0.023	-0.028
VIE	-0.117	-0.100	-0.100	-0.116	-0.093	-0.082	-0.074	-0.089	-0.160	-0.156	-0.157	0.007

从变化趋势来看，"一带一路"沿线高技术国家的价值链分工位置呈下降趋势。比如，斯洛文尼亚的价值链分工位置从2010年的-0.189下降至2021年的-0.352。"一带一路"沿线多数中低技术国家的价值链分工位置呈上升趋势，比如，越南的价值链分工位置从2010年的-0.117上升至2021年的0.007。中国的价值链分工位置较高，整体在0.02左右，且呈上升趋势，从2010年的0.011上升至2021年的0.024。

上述测度结果表明：第一，"一带一路"沿线高技术国家难以形成完整的工业链条，飞机、轮船、高铁、汽车、城市轻轨车等运输设备制造业生产环节较多，工艺流程较为复杂，多数国家只能从事部分生产环节，从而导致价值链分工位置不高，并且受西欧和美国等主要高技术地区或国家高端制造业"回流"的影响，价值链分工位置呈下降趋势。第二，"一带一路"沿线中低技术国家受前述因素影响，价值链分工位置不高，而随着"一带一路"国家产能合作的推进，汽车、摩托车等生产环节被移至沿线中低技术国家，从而推动其价值链分工位置呈上升趋势。比如，2017年上汽通用五菱汽车与泰国正大集团合资建立了汽车工厂，2017年吉利收购了马来西亚宝腾，推动宝腾年销量增长了60%。第三，由于中国高铁、城市轻轨、汽车等运输设备制造业的工艺技术较为先进，制造业生产体系较为完整，同时中国是世界上汽车产量最大的国家，占全球产量的近30%，高速列车出口至100多个国家，2016年高速列车出口额1186亿元，雅万高铁、俄罗斯莫斯科至喀山高铁、马来西亚吉隆坡至新加坡高铁等项目相继取得突破，因此价值链分工位置较高。然而，同主要高技术国家相比，中国在运输设备制造业的技术突破和对外投资等方面还有待加强，比如，新能源汽车的技术不成熟，汽车碰撞安全设计和国际有较大差距，高效率大马力发动机、高品质变速器等依赖进口，高速动车组制动和牵引变流器 IGBT 芯片等技术不强，仿形铣刀等铁路维护技术依赖进口。

（七）废弃资源综合利用业

1. 价值链参与度分析

由表 4-32 可知，在废弃资源综合利用业中，从整体上来看，价值链参与度在 0.4 以上的国家以高技术国家为主。比如，爱沙尼亚和匈牙利 2021 年的价值链参与度分别为 0.66 和 0.80。中低技术国家中，泰国、越南等国家的价值链参与度较高。价值链参与度在 0.4 以下的国家以中低技术国家为主，比如，巴基斯坦和哈萨克斯坦 2021 年的价值链参与度分别为 0.06 和 0.19。俄罗斯 2021 年的价值链参与度为 0.28，主要是由于俄罗斯能够处理生产生活废弃资源。

表 4-32　　　　"一带一路"废弃资源综合利用业价值链参与度分析

	2010 年	2011 年	2012 年	2013 年	2014 年	2015 年	2016 年	2017 年	2018 年	2019 年	2020 年	2021 年
BGR	0.29	0.34	0.35	0.40	0.37	0.37	0.35	0.37	0.49	0.44	0.42	0.45
CHN	0.22	0.23	0.23	0.23	0.25	0.23	0.21	0.20	0.18	0.15	0.18	0.20
CZE	0.48	0.47	0.54	0.59	0.56	0.60	0.60	0.62	0.76	0.79	0.88	0.89
EST	0.71	0.77	0.79	0.83	0.74	0.73	0.81	0.86	0.70	0.70	0.72	0.66
HRV	0.57	0.57	0.64	0.70	0.64	0.68	0.67	0.71	0.64	0.69	0.68	0.66
HUN	0.61	0.63	0.66	0.69	0.65	0.71	0.67	0.68	0.82	0.68	0.68	0.80
IDN	0.19	0.20	0.20	0.22	0.28	0.25	0.21	0.25	0.23	0.21	0.19	0.27
IND	0.24	0.25	0.18	0.19	0.17	0.13	0.14	0.13	0.20	0.17	0.19	0.21
KAZ	0.08	0.11	0.11	0.11	0.12	0.12	0.11	0.10	0.21	0.20	0.16	0.19
KGZ	0.12	0.15	0.17	0.15	0.12	0.16	0.16	0.17	0.37	0.28	0.22	0.29
CAM	0.22	0.18	0.21	0.23	0.23	0.22	0.24	0.24	0.31	0.31	0.30	0.31
SRI	0.15	0.14	0.10	0.11	0.11	0.12	0.11	0.10	0.14	0.15	0.14	0.17
LTU	0.45	0.47	0.51	0.56	0.57	0.67	0.56	0.68	0.62	0.61	0.58	0.64

续表

	2010年	2011年	2012年	2013年	2014年	2015年	2016年	2017年	2018年	2019年	2020年	2021年
LVA	0.42	0.45	0.49	0.53	0.56	0.62	0.61	0.63	0.68	0.65	0.74	0.83
MON	0.22	0.24	0.17	0.22	0.27	0.23	0.23	0.25	0.21	0.15	0.15	0.15
MAL	0.28	0.41	0.38	0.37	0.37	0.37	0.36	0.39	0.49	0.58	0.55	0.69
PAK	0.10	0.10	0.08	0.09	0.09	0.07	0.06	0.06	0.06	0.05	0.06	0.06
PHI	0.17	0.17	0.19	0.15	0.14	0.14	0.15	0.27	0.26	0.26	0.26	0.28
POL	0.35	0.36	0.38	0.39	0.39	0.44	0.45	0.51	0.46	0.48	0.53	
ROM	0.33	0.33	0.38	0.37	0.34	0.35	0.35	0.48	0.44	0.38	0.38	
RUS	0.13	0.11	0.13	0.14	0.16	0.27	0.13	0.13	0.23	0.25	0.26	0.28
SIN	0.61	0.74	0.65	0.63	0.67	0.62	0.61	0.61	0.49	0.54	0.46	0.52
SVK	0.49	0.51	0.61	0.59	0.59	0.57	0.55	0.57	0.77	0.78	0.70	0.77
SVN	0.68	0.65	0.81	0.85	0.68	0.57	0.58	0.62	0.77	0.78	0.81	0.86
THA	0.34	0.37	0.36	0.37	0.35	0.35	0.35	0.40	0.44	0.56	0.53	0.61
TUR	0.27	0.34	0.37	0.47	0.47	0.45	0.43	0.48	0.38	0.35	0.35	0.36
VIE	0.33	0.35	0.37	0.38	0.41	0.43	0.45	0.45	0.55	0.57	0.58	0.76

从变化趋势来看，"一带一路"沿线多数国家的价值链参与度呈上升趋势，比如，越南的价值链参与度从2010年的0.33上升至2021年的0.76，波兰的价值链参与度从2010年的0.35上升至2021年的0.53。中国在高技术国家中价值链参与度较低，均值仅高于俄罗斯，在中低技术国家中处于中上等水平，且呈下降趋势，价值链参与度从2010年的0.22下降至2021年的0.20。

上述测度结果表明：由于近年来发达国家将"洋垃圾"转移至亚洲国家，导致"一带一路"沿线中低技术国家的价值链参与度呈上升趋势，比如，2016—2018年，东南亚国家的塑料垃圾进口量从83.7万吨增加到226.6万吨，增幅达171%，全球废弃物中约75%最终流向了亚洲国家。

2. 价值链分工位置分析

由表4-33可知，在废弃资源综合利用业中，从整体上来看，价值链分工位置为正值的国家以中低技术国家为主。比如，蒙古国和印度2021年的价值链分工位置分别为0.038和0.057。俄罗斯2021年的价值链分工位置为0.100，主要是由于俄罗斯的废弃资源再次利用后，以制成品形式出口。价值链分工位置为负值的国家以高技术国家为主，如新加坡、匈牙利等国。

表 4-33 "一带一路"废弃资源综合利用业价值链分工位置分析

	2010年	2011年	2012年	2013年	2014年	2015年	2016年	2017年	2018年	2019年	2020年	2021年
BGR	-0.089	-0.096	-0.095	-0.097	-0.092	-0.089	-0.073	-0.084	-0.058	-0.044	-0.048	-0.065
CHN	0.026	0.032	0.044	0.044	0.065	0.071	0.067	0.067	0.042	0.048	0.072	0.069
CZE	-0.050	-0.090	-0.071	-0.061	-0.131	-0.151	-0.163	-0.166	0.044	0.072	0.136	0.082
EST	-0.030	-0.059	-0.058	-0.049	-0.041	-0.044	-0.068	-0.099	-0.081	-0.093	-0.105	-0.212
HRV	0.033	0.003	0.041	0.048	-0.021	-0.035	-0.055	-0.061	-0.144	-0.119	-0.104	-0.169
HUN	-0.084	-0.134	-0.095	-0.090	-0.157	-0.179	-0.180	-0.174	-0.026	-0.007	-0.001	0.089
IDN	-0.020	-0.013	-0.024	-0.018	-0.027	-0.015	0.011	-0.006	-0.050	-0.023	-0.014	0.006
IND	-0.025	-0.027	-0.005	0.001	0.012	0.016	0.019	0.012	0.004	0.044	0.076	0.057
KAZ	-0.046	-0.017	-0.035	-0.041	-0.026	-0.028	-0.037	-0.023	-0.134	-0.144	-0.099	-0.127
KGZ	-0.059	-0.053	-0.071	-0.078	-0.071	-0.062	-0.069	-0.071	0.054	-0.155	-0.111	-0.144
CAM	-0.037	-0.071	-0.025	0.003	0.010	0.016	0.023	0.019	-0.117	-0.096	-0.102	-0.127
SRI	0.005	-0.061	-0.054	-0.025	-0.045	-0.046	-0.041	-0.051	-0.038	0.005	0.007	0.025
LTU	0.009	0.002	0.011	0.030	0.038	-0.032	0.046	0.026	-0.040	-0.064	-0.019	-0.062
LVA	-0.011	-0.025	-0.030	-0.027	-0.027	-0.038	-0.056	-0.045	-0.070	-0.024	0.021	0.091
MON	0.082	0.082	0.045	0.068	0.127	0.101	0.108	0.119	-0.066	0.030	0.039	0.038
MAL	0.086	0.063	0.047	0.043	0.045	0.043	0.051	0.036	-0.235	-0.153	-0.133	-0.148
PAK	-0.013	-0.013	-0.022	-0.019	-0.013	-0.009	-0.008	-0.012	-0.036	-0.025	-0.020	-0.023
PHI	-0.032	0.010	0.001	0.002	0.001	-0.002	-0.007	-0.011	0.041	0.048	0.065	0.042
POL	-0.033	-0.066	-0.030	-0.023	-0.049	-0.056	-0.067	-0.074	-0.037	-0.048	-0.081	-0.070
ROM	0.006	-0.042	-0.013	0.018	-0.034	-0.048	-0.053	-0.058	0.067	0.068	0.074	0.077
RUS	0.057	0.042	0.036	0.039	0.033	0.069	0.026	0.021	0.069	0.070	0.082	0.100
SIN	-0.064	-0.075	-0.079	-0.051	-0.070	-0.056	-0.040	-0.050	-0.155	-0.048	-0.134	-0.070
SVK	0.004	-0.057	-0.030	-0.035	-0.081	-0.096	-0.089	-0.088	0.005	0.002	0.000	0.006
SVN	-0.009	-0.076	-0.031	-0.024	-0.067	-0.045	-0.061	-0.068	0.010	-0.016	0.020	-0.001
THA	0.009	-0.009	0.022	0.029	0.037	0.051	0.061	0.059	-0.021	-0.036	-0.022	-0.017
TUR	-0.087	-0.137	-0.133	-0.206	-0.217	-0.205	-0.198	-0.228	-0.106	-0.101	-0.116	-0.121
VIE	-0.098	-0.085	-0.072	-0.080	-0.076	-0.074	-0.077	-0.087	-0.169	-0.129	-0.120	-0.128

从变化趋势来看,"一带一路"沿线高技术国家的价值链分工位置呈下降趋势。比如,爱沙尼亚的价值链分工位置从 2010 年的 -0.030 下降至 2021 年的 -0.212。"一带一路"沿线中低技术国家的价值链分工位置在 2017 年前呈上升趋势,之后受价值链重构、新冠疫情等因素的影响开始呈下降趋势。比如,泰国的价值链分工位置从 2010 年的 0.009 上升至 2017 年的 0.059,2021 年又降至 -0.017。中国的价值链分工位置较高,且呈逐步上升态势,从 2010 年的 0.026 上升至 2021 年的 0.069。

上述测度结果表明:第一,"一带一路"沿线高技术国家将废弃物出口后,废弃物进口国通过简单加工将其转变成原材料再出口至高技术国家,因此价值链分工位置较低;第二,"一带一路"沿线中低技术国家的工业化和城市化发展尚处于加速阶段,国内对于废弃资源综合利用尚未形成强烈共识和有效的管理措施,因此多数国家的价值链分工位置呈上升趋势;第三,受国内环境保护、绿色低碳发展意识和措施力度不断增强等因素的影响,近年来中国发展循环经济的效果显著,中国在生活、生产废弃物回收和再生利用等方面在国际上较为领先,资源循环利用政策扶持不断优化和禁止接收国外废弃规定出台等措施有效提升了中国废弃资源综合利用业的增加值能力。

三 高技术制造业价值链分工状况

从上述行业划分标准可知,高技术制造业主要有机械和电气设备制造业、电子和光学设备制造业。下面将从高技术不同行业的价值链参与度和分工位置指数角度出发,分析高技术制造业价值链的分工现状。

(一)机械和电气设备制造业

1. 价值链参与度分析

由表 4-34 可知,在机械和电气设备制造业中,从整体上来看,价值链参与度在 0.7 以上的国家以高技术国家为主。比如,斯洛伐克和匈牙利 2021 年的价值链参与度分别为 1.03 和 0.94。价值链参与度在 0.7 以下的国家以中低技术国家为主,比如,印度尼西亚和柬埔寨 2021 年的价值链参与度分别为 0.45 和 0.47。俄罗斯 2021 年的价值链参与度为 0.21,主要是由于一方面俄罗斯的核电设备、重型机械等领域有完整的生产体系,另一方面西欧、美国等地区或国家对俄罗斯实施制裁,俄罗斯在机械和电气设备制造等高端制造业环节被边缘化。

表 4-34　　"一带一路"机械和电气设备制造业价值链参与度分析

	2010 年	2011 年	2012 年	2013 年	2014 年	2015 年	2016 年	2017 年	2018 年	2019 年	2020 年	2021 年
BGR	0.47	0.61	0.59	0.66	0.63	0.62	0.61	0.66	0.73	0.67	0.69	0.70
CHN	0.23	0.23	0.21	0.21	0.20	0.18	0.18	0.18	0.17	0.20	0.20	0.20
CZE	0.74	0.77	0.77	0.79	0.79	0.83	0.83	0.85	0.79	0.68	0.73	0.69
EST	0.94	0.91	0.96	0.96	0.91	0.91	0.94	0.84	0.75	0.80	0.82	0.86
HRV	0.43	0.51	0.52	0.55	0.60	0.63	0.63	0.66	0.66	0.61	0.65	0.70
HUN	0.81	0.90	0.88	0.90	0.88	0.94	0.92	0.91	0.97	0.87	0.94	0.94
IDN	0.38	0.44	0.38	0.43	0.40	0.39	0.29	0.36	0.34	0.41	0.38	0.45
IND	0.17	0.19	0.20	0.21	0.20	0.16	0.15	0.15	0.23	0.19	0.20	0.22
KAZ	0.41	0.55	0.51	0.57	0.43	0.35	0.39	0.32	0.46	0.43	0.34	0.38
KGZ	0.24	0.30	0.40	0.30	0.20	0.22	0.22	0.28	0.42	0.39	0.41	0.54
CAM	0.19	0.25	0.25	0.26	0.25	0.24	0.25	0.26	0.48	0.45	0.45	0.47
SRI	0.19	0.15	0.18	0.21	0.24	0.23	0.21	0.23	0.55	0.44	0.42	0.51
LTU	0.52	0.57	0.58	0.61	0.63	0.71	0.44	0.72	0.62	0.58	0.61	0.55
LVA	0.68	0.70	0.73	0.78	0.78	0.79	0.77	0.80	0.81	0.79	0.83	0.81
MON	0.26	0.31	0.29	0.37	0.46	0.40	0.37	0.37	0.76	0.54	0.63	0.67
MAL	0.56	0.46	0.40	0.38	0.38	0.37	0.38	0.39	0.73	0.70	0.66	0.75
PAK	0.11	0.10	0.10	0.11	0.11	0.09	0.08	0.08	0.10	0.10	0.10	0.09
PHI	0.35	0.34	0.36	0.36	0.39	0.40	0.40	0.46	0.51	0.49	0.50	0.55
POL	0.60	0.62	0.62	0.65	0.65	0.70	0.72	0.74	0.69	0.78	0.78	0.76
ROM	0.39	0.55	0.55	0.56	0.54	0.56	0.55	0.55	0.64	0.55	0.49	0.49
RUS	0.23	0.23	0.24	0.22	0.26	0.27	0.22	0.21	0.30	0.18	0.18	0.21
SIN	0.91	0.96	0.75	0.76	0.74	0.69	0.61	0.67	0.83	0.79	0.71	0.75
SVK	0.85	0.91	0.94	0.93	0.92	1.00	0.93	0.97	1.03	0.96	1.04	1.03
SVN	0.88	0.92	0.95	0.96	0.92	0.84	0.85	0.89	0.85	0.83	0.88	0.87
THA	0.58	0.65	0.70	0.65	0.59	0.57	0.55	0.60	0.77	0.84	0.81	0.86
TUR	0.39	0.49	0.51	0.59	0.62	0.60	0.56	0.63	0.46	0.42	0.38	0.40
VIE	0.30	0.34	0.40	0.39	0.43	0.46	0.48	0.45	0.80	0.80	0.76	0.87

从变化趋势来看，"一带一路"沿线多数国家的价值链参与度呈上升趋势，特别是在"一带一路"的推动下，高技术国家的上升趋势更为显著。比如，2010—2012 年，波兰的价值链参与度上升了 0.02，"一带一

路"倡议实施后，波兰参与到机械和电气设备制造价值链分工之中，2012—2021年，波兰的价值链参与度上升了0.14。中国的价值链参与度较低，且呈微弱下降趋势，从2010年的0.23下降至2021年的0.20。

上述测度结果表明：第一，"一带一路"沿线高技术国家的工业基础、研发能力较强，在机械和电气设备等中间品制造方面具有成熟的技术和生产工艺，因此积极参与到机械和电气设备制造价值链分工之中。比如，爱沙尼亚的石油加工设备、采矿机械、专用科学仪器和电器设备具有世界领先水平，立陶宛的机械制造发达，拥有世界领先的激光技术，捷克拥有发达的工业体系，机械制造、各种机床、动力设备等是其传统的优势行业。第二，"一带一路"沿线中低技术国家的工业基础、基础设施薄弱，其科研能力和劳动力技能难以融入机械和电气设备制造价值链分工之中，加之国内基础设施建设和城市化快速发展，重型矿山机械、工程机械、电工机械等机械和电气设备制造需求旺盛，因此价值链参与度不高。

2. 价值链分工位置分析

由表4-35可知，在机械和电气设备制造业中，从整体上来看，价值链分工位置在0.7以上的国家以高技术国家为主。比如，克罗地亚2021年的价值链分工位置为0.054。值得注意的是，蒙古国和哈萨克斯坦的价值链分工位置较高，2021年的价值链分工位置分别为0.320和0.227，主要是由于其机械和电气设备制造所需的矿产资源丰富，蒙古国拥有80多种矿产，哈萨克斯坦的重要矿产储量居世界前列。

表4-35　"一带一路"机械和电气设备制造业价值链分工位置分析

	2010年	2011年	2012年	2013年	2014年	2015年	2016年	2017年	2018年	2019年	2020年	2021年
BGR	0.023	0.016	0.017	0.024	0.023	0.021	0.030	0.032	0.012	-0.038	0.027	-0.034
CHN	0.034	0.040	0.041	0.043	0.055	0.058	0.057	0.056	0.016	0.040	0.047	0.036
CZE	0.100	0.075	0.055	0.079	0.065	0.043	0.035	0.039	0.054	0.017	0.078	0.013
EST	0.082	0.029	0.049	0.056	0.038	0.035	0.026	0.113	-0.070	-0.090	-0.084	-0.103
HRV	0.152	0.154	0.147	0.152	0.162	0.157	0.148	0.141	0.099	0.035	0.089	0.054
HUN	0.091	0.023	0.045	0.043	0.028	0.012	0.009	0.012	-0.017	-0.061	-0.006	-0.032
IDN	-0.006	0.018	0.002	0.015	0.013	0.030	0.087	0.033	-0.017	-0.005	-0.005	-0.031
IND	-0.006	-0.010	-0.010	0.011	0.016	0.022	0.029	0.018	0.028	0.036	0.051	0.039

续表

	2010 年	2011 年	2012 年	2013 年	2014 年	2015 年	2016 年	2017 年	2018 年	2019 年	2020 年	2021 年
KAZ	0.179	0.284	0.222	0.241	0.160	0.128	0.131	0.141	0.285	0.242	0.213	0.227
KGZ	-0.029	0.068	0.019	0.036	0.036	0.058	0.040	0.082	-0.066	-0.174	-0.019	-0.022
CAM	-0.054	-0.076	-0.073	-0.071	-0.070	-0.061	-0.065	-0.059	-0.035	-0.062	-0.029	-0.057
SRI	-0.117	-0.072	-0.100	-0.127	-0.158	-0.152	-0.135	-0.144	0.079	0.075	0.059	0.093
LTU	-0.025	-0.010	-0.005	0.029	0.056	0.000	0.096	0.056	0.006	-0.009	0.075	-0.008
LVA	0.060	0.076	0.084	0.102	0.087	0.093	0.079	0.093	0.068	0.002	0.000	-0.024
MON	0.089	0.084	0.073	0.103	0.203	0.169	0.172	0.163	0.048	0.215	0.304	0.320
MAL	-0.036	0.037	0.018	0.008	-0.007	-0.007	0.041	-0.009	-0.073	-0.084	-0.075	-0.101
PAK	-0.052	-0.050	-0.052	-0.050	-0.044	-0.037	-0.034	-0.041	-0.044	-0.043	-0.035	-0.043
PHI	-0.066	-0.038	-0.066	-0.065	-0.074	-0.092	-0.106	-0.113	-0.045	-0.063	-0.058	-0.128
POL	0.107	0.093	0.101	0.115	0.113	0.105	0.090	0.090	0.022	-0.018	0.018	-0.041
ROM	0.114	0.110	0.124	0.121	0.143	0.115	0.113	0.106	0.107	0.081	0.113	0.100
RUS	0.119	0.116	0.113	0.080	0.085	0.085	0.078	0.070	0.096	0.047	0.044	0.058
SIN	-0.011	0.011	0.014	0.024	0.021	0.036	0.039	0.045	0.035	-0.040	-0.092	-0.061
SVK	0.039	0.044	0.032	0.021	0.013	-0.024	-0.014	-0.014	0.021	-0.018	0.025	-0.013
SVN	0.075	0.068	0.078	0.090	0.097	0.124	0.103	0.098	-0.001	-0.059	-0.004	-0.058
THA	-0.063	-0.079	0.046	0.020	-0.006	0.018	0.025	0.012	0.032	-0.046	-0.035	-0.066
TUR	0.066	0.057	0.070	0.060	0.080	0.086	0.077	0.065	-0.007	-0.007	-0.011	-0.013
VIE	-0.088	-0.065	-0.037	-0.038	-0.038	-0.026	-0.025	-0.047	-0.090	-0.134	-0.179	-0.186

从变化趋势来看，"一带一路"沿线多数国家的价值链分工位置呈上升趋势，特别是"一带一路"共建后，沿线高技术国家的价值链分工位置上升趋势显著。比如，立陶宛的价值链分工位置从2010年的-0.025上升至2020年的0.075。中国的价值链分工位置较高，整体呈上升趋势，价值链分工位置从2010年的0.034上升至2020年的0.047，但同"一带一路"沿线高技术国家的价值链分工位置相比还有待提升。

上述测度结果表明：第一，"一带一路"沿线国家较强的工业技术和科研能力，使高技术国家参与机械和电气设备制造价值链分工的获利能力较强，为机械和电气设备制造出口开拓了市场。第二，中国同"一带一路"沿线高技术国家加强了研发合作，从而推动了沿线高技术国家价值链分工位置的提升。比如，中国收购波兰第一大轴承厂，帮其引进最先进的设备，设立研发中心，打通销售渠道，从而能够生产超过1500种轴承产品。第三，中国通过"一带一路"可以实现装备整体出口，扩大境外市场。比如，"一带一路"互联互通，使中国新签对外承包工程项目合同增长近40%；装载机、挖掘机、压路机等机械设备出口量快速增长，以三一重工为例，海外业务占比从过去不到10%上升至2017年的40%左右；电力设备整体对外直接投资快速上升；2017年中国和俄罗斯合资建设燃气蒸汽联合循环供热电站项目，采用世界先进燃气发电设备；国家电网公司与巴西国家电力公司联合中标巴西"电力高速公路"项目，采用中国先进的特高压直流输电项目。第四，中国同"一带一路"沿线高技术国家加强研发合作，从而推动OFDI逆向技术效应，带动机械和电气设备制造业升级，推动出口技术和增加值能力的提升。但同美国、德国、日本等高技术国家相比，中国对负荷、速度、精度、腐蚀等要求高的机械和电气设备核心部件、高档数控机床汽车自动挡变速器、无级变速器专用链条和钢带等机械设备零部件依然依赖进口。

（二）电子和光学设备制造业

1. 价值链参与度分析

由表4-36可知，在电子和光学设备制造业中，从整体上来看，价值链参与度在0.8以上的国家以高技术国家为主。比如，爱沙尼亚和立陶宛2021年的价值链参与度分别为1.15和0.95。中低技术国家中，柬埔寨和越南的价值链参与度较高，主要是由于这些国家的人力成本较低，许多国家将电子产品的生产加工环节转移至该国。价值链参与度在0.8以下的国家以中低技术国家为主，比如，哈萨克斯坦和印度2021年的价值链参与度分别为0.33和0.25。俄罗斯2021年的价值链参与度为0.24，主要是由于一方面俄罗斯在电子和光学设备制造业中并不具有技术优势，另一方面受美国等国家的制裁，俄罗斯在高端制造业价值链分工中被边缘化。

表4-36　　"一带一路"电子和光学设备制造业价值链参与度分析

	2010年	2011年	2012年	2013年	2014年	2015年	2016年	2017年	2018年	2019年	2020年	2021年
BGR	0.77	0.90	0.93	1.09	1.02	1.00	1.05	1.16	1.07	0.94	0.88	0.92
CHN	0.45	0.43	0.41	0.41	0.39	0.36	0.34	0.33	0.34	0.36	0.36	0.38

续表

	2010年	2011年	2012年	2013年	2014年	2015年	2016年	2017年	2018年	2019年	2020年	2021年
CZE	1.03	1.06	1.05	1.08	1.09	1.16	1.18	1.24	0.97	0.94	0.99	1.07
EST	1.30	1.13	1.24	1.27	1.26	1.25	1.40	1.36	1.05	1.12	1.15	1.15
HRV	0.62	0.70	0.75	0.78	0.75	0.79	0.78	0.82	0.82	0.79	0.89	0.90
HUN	0.99	1.00	1.06	1.09	1.11	1.18	1.17	1.17	1.16	1.11	1.17	1.19
IDN	0.49	0.49	0.48	0.47	0.48	0.44	0.33	0.42	0.40	0.35	0.34	0.40
IND	0.20	0.22	0.22	0.23	0.21	0.17	0.16	0.17	0.26	0.22	0.22	0.25
KAZ	0.10	0.16	0.17	0.12	0.11	0.11	0.11	0.08	0.25	0.26	0.22	0.33
KGZ	0.24	0.29	0.36	0.27	0.19	0.20	0.20	0.26	0.37	0.47	0.47	0.47
CAM	0.29	0.23	0.24	0.25	1.81	0.64	0.26	1.67	0.68	0.54	0.59	0.61
SRI	0.28	0.19	0.26	0.37	0.74	0.46	0.48	0.30	0.55	0.63	0.58	0.70
LTU	1.02	1.08	1.07	1.12	1.33	1.40	0.79	1.24	1.00	0.98	0.90	0.95
LVA	0.86	0.86	0.86	0.82	0.85	0.88	0.87	0.90	0.90	0.90	0.94	0.97
MON	0.27	0.27	0.24	0.25	0.31	0.26	0.23	0.24	0.51	0.28	0.36	0.35
MAL	0.83	0.81	0.76	0.76	0.75	0.73	0.72	0.75	0.95	1.04	1.02	1.10
PAK	0.13	0.13	0.13	0.13	0.13	0.11	0.10	0.10	0.12	0.11	0.10	0.11
PHI	0.71	0.74	0.85	0.75	0.73	0.72	0.70	0.75	0.65	0.67	0.69	0.77
POL	0.84	0.85	0.87	0.87	0.88	0.96	0.99	1.00	1.02	1.01	1.16	1.22
ROM	0.66	0.74	0.90	0.86	0.86	0.85	0.84	0.84	0.97	0.97	0.96	0.96
RUS	0.18	0.17	0.17	0.18	0.23	0.24	0.21	0.21	0.28	0.21	0.21	0.24
SIN	1.10	1.20	1.16	1.19	1.12	1.07	1.05	1.02	1.01	0.86	0.75	0.84
SVK	0.95	0.98	1.04	1.03	1.04	1.12	1.10	1.12	1.06	1.01	1.13	1.13
SVN	0.79	0.86	0.87	0.88	0.89	0.88	0.90	0.95	1.05	1.11	1.13	1.15
THA	0.38	0.41	0.42	0.41	0.39	0.37	0.37	0.42	0.41	0.81	0.82	0.92
TUR	0.38	0.44	0.46	0.48	0.52	0.49	0.47	0.53	0.51	0.62	0.54	0.56
VIE	0.70	0.79	0.85	0.87	0.91	0.97	1.03	1.01	1.16	1.16	1.28	1.28

从变化趋势来看，"一带一路"沿线多数国家的价值链参与度呈上升态势。比如，匈牙利的价值链参与度从2010年的0.99上升至2021年的1.19。中国的价值链参与度较低，呈逐步下降趋势，从2010年的0.45下降至2021年的0.38，主要是由于中国在高技术国家主导的光学仪器、电子元件制造业等高技术行业全球价值链分工中的参与度不高，其原因在

于高技术国家对中国的高技术制造业采取了"封锁"政策。比如,在处理器、DRAM、闪存、基带芯片等电子产品核心部件技术,光学仪器、高端光刻机等光学设备,以及雷达等关键器件技术方面对中国实施严格的技术限制。

上述测度结果表明:第一,"一带一路"沿线高技术国家在电子和光学设备制造业中掌握着核心部件生产和关键技术,这些国家利用核心部件和关键技术优势参与到"一带一路"建设平台及电子和光学设备制造业价值链分工之中,所以价值链参与度较高;第二,今后随着"一带一路"国际产能合作,"一带一路"沿线国家的基础设施逐步完善,工业体系日益健全,沿线国家利用这些优势可以不断承接高技术制造业价值链加工环节,从而价值链参与度得到不断提升。

2. 价值链分工位置分析

由表4-37可知,在电子和光学设备制造业中,从整体上来看,价值链分工位置在0.06以上的国家以高技术国家为主。比如,克罗地亚和罗马尼亚2021年的价值链分工位置分别为0.222和0.283。中低技术国家中,马来西亚、越南等国的价值链分工位置较高。价值链分工位置在0—0.06的国家较为集中。价值链分工位置为负值的国家以中低技术国家为主,如巴基斯坦等国,部分高技术国家的价值链分工位置同样为负值,如波兰、匈牙利等国。

表4-37　"一带一路"电子和光学设备制造业价值链分工位置分析

	2010年	2011年	2012年	2013年	2014年	2015年	2016年	2017年	2018年	2019年	2020年	2021年
BGR	0.051	0.083	0.101	0.119	0.131	0.134	0.124	0.108	0.150	0.162	0.156	0.103
CHN	0.012	0.014	0.018	0.035	0.055	0.066	0.062	0.061	-0.007	-0.002	0.013	0.007
CZE	-0.073	-0.056	-0.051	-0.032	-0.029	-0.055	-0.073	-0.086	-0.029	-0.040	0.013	0.003
EST	-0.076	-0.203	-0.161	-0.127	-0.118	-0.130	-0.164	-0.158	-0.255	-0.192	-0.187	-0.234
HRV	0.161	0.165	0.162	0.176	0.135	0.118	0.105	0.096	0.115	0.139	0.242	0.222
HUN	-0.328	-0.293	-0.230	-0.169	-0.152	-0.186	-0.185	-0.181	-0.136	-0.116	-0.061	-0.052
IDN	-0.005	0.013	-0.017	-0.008	-0.009	0.003	0.087	0.020	-0.009	0.038	0.057	0.049
IND	0.016	0.003	0.007	0.030	0.035	0.038	0.047	0.033	0.024	0.030	0.037	0.024
KAZ	-0.045	-0.010	-0.078	-0.043	-0.034	-0.024	-0.037	-0.023	0.149	0.152	0.138	0.198
KGZ	-0.043	-0.026	-0.082	-0.038	-0.009	0.010	-0.013	0.020	-0.082	-0.106	-0.037	-0.037

续表

	2010年	2011年	2012年	2013年	2014年	2015年	2016年	2017年	2018年	2019年	2020年	2021年
CAM	0.405	-0.074	-0.062	-0.060	0.183	-0.033	-0.018	-0.150	0.147	0.036	0.050	0.037
SRI	-0.086	-0.115	-0.159	-0.216	-0.445	-0.277	-0.278	0.082	0.118	0.163	0.129	0.214
LTU	-0.097	-0.070	-0.056	-0.065	-0.102	-0.163	0.090	-0.054	0.005	0.043	0.120	0.072
LVA	0.011	0.030	-0.003	0.003	0.023	0.002	-0.004	-0.005	-0.191	-0.213	-0.206	-0.190
MON	0.023	0.082	0.011	0.028	0.136	0.091	0.086	0.081	0.007	0.156	0.207	0.212
MAL	0.123	0.116	0.099	0.119	0.103	0.101	0.123	0.098	-0.066	0.068	0.085	0.047
PAK	-0.075	-0.074	-0.075	-0.075	-0.070	-0.058	-0.053	-0.061	-0.095	-0.081	-0.077	-0.083
PHI	0.178	0.121	0.158	0.158	0.122	0.104	0.096	0.088	0.097	0.080	0.096	0.084
POL	-0.058	-0.035	-0.028	-0.033	-0.037	-0.058	-0.069	-0.076	-0.079	-0.085	-0.061	-0.069
ROM	0.216	0.204	0.238	0.231	0.220	0.200	0.203	0.198	0.209	0.231	0.277	0.283
RUS	0.095	0.084	0.077	0.073	0.074	0.077	0.085	0.072	0.073	0.077	0.073	0.096
SIN	0.016	-0.010	-0.014	-0.004	0.000	0.011	0.037	0.025	0.057	0.055	-0.038	0.047
SVK	-0.305	-0.262	-0.286	-0.269	-0.270	-0.320	-0.317	-0.323	-0.134	-0.149	-0.088	-0.107
SVN	0.015	0.008	0.016	0.024	0.038	0.052	0.026	0.017	0.014	0.038	0.063	0.038
THA	0.001	-0.030	0.074	0.064	0.043	0.053	0.062	0.055	0.030	0.037	0.083	0.075
TUR	-0.004	-0.014	-0.027	-0.027	-0.011	0.001	0.002	-0.018	0.078	0.102	0.106	0.107
VIE	-0.009	0.082	0.103	0.115	0.107	0.098	0.100	0.095	-0.137	-0.048	0.016	-0.046

从变化趋势来看，"一带一路"沿线多数国家的价值链分工位置呈上升趋势，尤其是"一带一路"共建实施后，"一带一路"沿线中低技术国家的价值链分工位置呈加速上升趋势。比如，土耳其的价值链分工位置从2010年的-0.004上升至2021年的0.107。中国价值链分工位置较高，总体呈倒"V"形变化趋势，从2010年的0.012上升至2017年的0.061，之后又出现急速下降趋势，2021年下降至0.007。

第三节 本章小结

通过分析"一带一路"沿线国家制造业的价值链分工状况，得出以下结论。

第一，国家层面。在价值链参与度方面，"一带一路"沿线高技术国家的价值链参与度较高，沿线中低技术国家的价值链参与度总体呈上升态势，并且显著快于高技术国家。中国的价值链参与度整体处于下降趋势，但下降幅度整体较为平缓。在价值链分工位置方面，"一带一路"沿线高技术国家的价值链分工位置较高，价值链分工位置为负值的国家以中低技术国家为主。中国的价值链分工位置在"一带一路"沿线国家中整体处于中等位置，并且呈上升趋势。

第二，低技术制造业层面，"一带一路"沿线高技术国家的价值链参与度和价值链分工位置整体较高，中低技术国家的价值链分工位置上升较快。中国的价值链参与度较低，价值链分工位置较高。

第三，中技术制造业层面，"一带一路"沿线高技术国家的价值链参与度和价值链分工位置整体较高，但参与度变化趋势分化显著，多数国家的价值链分工位置呈下降态势。中国的价值链参与度整体不高，呈逐步下降趋势，价值链分工位置不高，呈平稳态势。

第四，高技术制造业层面，"一带一路"沿线高技术国家的价值链参与度和价值链分工位置较高，且参与度呈平稳趋势，但价值链分工位置呈下降趋势。中国的价值链参与度较低，呈微弱下降趋势，价值链分工位置较高，呈上升趋势。

通过系统测度中国在"一带一路"沿线国家制造业价值链分工中的状况，可得以下结论。

第一，中国在低技术制造业领域的价值链分工位置总体较高，比如纺织及服装制造业、皮革和鞋类制造业等行业具有传统优势，但是价值链参与度总体不高。中国的低技术制造业存在贴牌生产、加工生产等中低端产能富余，而品牌运营、研发设计、营销服务等高附加值环节发展不足等现实状况。

第二，中国在中技术制造业领域的价值链参与度总体呈下降趋势，价值链分工位置呈上升趋势，即在中技术制造业中低端同样存在产能过剩，高技术、高性能产品短缺问题。比如，在化学原料及化学制品业，中国的肥料制造、农药制造等产量世界第一，但在生物制药、合成材料等高技术、高附加值领域却要依赖进口；在橡胶及塑料制品业，橡胶及塑料制品业低端产能过剩，而耐高温塑料、高性能工程塑料、高性能乙丙橡胶等产品依然依赖进口；在其他非金属制品业，水泥、玻璃制品等中低端产能过剩，而在高新技术产业，辅助材料、石墨密封材料、石墨润滑材料、辐射屏蔽材料、阻燃填料等与航空航天、生物医学、电子产品密切相关的其他非金属制品、加工技术和设备依赖国外市场。

第三，中国在高技术制造业领域的价值链参与度较低，价值链分工位置较高。这说明中国的高技术制造业存在核心基础零部件、关键基础材料和核心技术尚未实现完全自主研发等问题，一些重大智能制造装备等高端制造业核心部件仍需要进口。比如，发动机、芯片、精密仪表等依赖国外品牌，80%的CT高档监视仪，85%的检验仪器，90%的超声波仪器、磁共振设备、心电图机，70%—80%的高档数控机床，95%的汽车自动挡变速器、无级变速器专用链条和钢带等依然依赖进口。高铁部分轴承、车轮、齿轮传动系统、转向架等构件，以及特种绝缘纸、合成封套、液压泵、马达和液压控制阀等部件的进口率将近100%。另外，中国参与高技术国家高端制造业核心部件生产环节价值链分工存在阻碍。比如，中美经贸关系的不确定性，美国对中国新一代信息技术、航空航天设备、新能源装备、高铁装备、生物医药等商品征税，对中国的中兴、华为等高科技企业实施制裁，中国的高端制造业多数行业出现了"缺芯少核"的问题。

根据上述分析可知，"一带一路"沿线国家在制造业价值链分工位置与价值链参与度方面存在差异性，在不同技术层次具有异质性比较优势，因此在"一带一路"的推进过程中需要对沿线国家实施差异化的国际合作。

对"一带一路"沿线中低技术国家，一是加强富余产能合作，为国内高端制造业升级发展"腾笼换鸟"；二是积极推动互联互通建设，加快高端装备制造业对沿线国家的出口，拓宽中国高端制造业的市场空间，通过利润反馈等机制，为国内高技术制造业在产业升级、品牌运营、研发设计等高附加值环节的攀升获取境外要素支持。

对"一带一路"沿线高技术国家，主要通过跨国并购、绿地投资等形式融入当地的研发体系中，利用参与高端制造业全球价值链分工的机遇，通过OFDI逆向技术溢出，获得关键技术和核心零部件的生产方式，从而推动中国制造业升级和出口技术复杂度提升。比如，通过中国—白俄罗斯工业园建设，重点发展电子信息、生物医药、精细化工、高端制造等高技术行业。

第五章 "一带一路"OFDI逆向技术溢出的制造业升级效应分析

受中美经贸关系不确定性，以及世界主要高技术国家对中国参与高端制造业核心部件生产环节价值链分工持谨慎态度等因素影响，中国对美国等高技术国家的OFDI受限日益严重，特别是中国对高技术国家高端制造业领域的OFDI更是受到严格限制，通过在高技术国家进行OFDI获得逆向技术溢出的困难程度日益加深。随着中国"转方式、调结构"的深入推进，如何实现制造业升级，如何实现制造业强国目标，成为摆在中国面前的重大问题。因此，中国通过"一带一路"OFDI推动富余产能国际合作，开拓中高端装备制造业海外市场获得OFDI逆向技术溢出，以增强经济发展的外部动力。

从上述关于"一带一路"沿线国家制造业价值链分工的分析可知，沿线各国的要素禀赋异质性显著，既有工业体系发达、研发创新能力强的高技术国家，也有劳动力资源丰富、对中国富余产能需求旺盛的中低技术国家。基于上述"一带一路"OFDI的制造业升级效应形成机制，以及对"一带一路"沿线国家制造业价值链分工的分析，本章主要分国别、分行业测度了中国对"一带一路"沿线国家制造业OFDI逆向技术溢出的状况，以及"一带一路"OFDI制造业升级状况和出口技术复杂度状况，定性研判"一带一路"OFDI逆向技术溢出的产业升级效应。

第一节 "一带一路"沿线国家制造业OFDI状况

一 "一带一路"沿线国家OFDI规模分析

2013年中国提出了"一带一路"倡议以来，对"一带一路"沿线国家的投资规模呈不断增加趋势。从表 5-1 的样本国①投资规模来看，2013 年中国对这些国家的投资规模为 2010 年的 2.03 倍，2021 年的投资规模为 2010 年的 7.62 倍，明显呈逐年快速上升趋势。

表 5-1　　2010—2021 年中国对"一带一路" OFDI 存量情况

单位：百万美元

	2010 年	2011 年	2012 年	2013 年	2014 年	2015 年	2016 年	2017 年	2018 年	2019 年	2020 年	2021 年
BGR	18.6	72.6	126.7	149.9	170.3	236.0	166.1	250.5	171.1	156.8	155.8	151.3
CZE	52.3	66.8	202.5	202.5	242.7	224.3	227.8	164.9	279.2	287.5	1198.4	526.8
EST	7.5	7.5	3.5	3.5	3.5	3.5	3.5	3.6	56.8	63.3	5.3	5.3
HRV	8.1	8.2	8.6	8.3	11.9	11.8	12.0	39.1	69.1	98.4	252.6	245.5
HUN	465.7	475.4	507.4	532.1	556.4	571.1	313.7	327.9	320.7	427.4	341.9	382.3
IDN	1150.4	1687.9	3098.0	4656.7	6793.5	8125.1	9545.5	10538.8	12811.3	15132.6	17938.8	20080.5
IND	479.8	657.4	1169.1	2447.0	3407.2	3770.5	3107.5	4747.3	4662.8	3610.1	3183.3	3518.9
KAZ	1590.5	2858.5	6251.2	6956.7	7541.1	5095.5	5432.3	7561.5	7341.1	7254.1	5869.4	7487.4
KGZ	394.3	525.1	662.2	885.8	984.2	1070.6	1237.5	1299.4	1393.1	1550.0	1767.5	1531.4
CAM	1129.8	1757.4	2317.7	2848.6	3222.6	3675.9	4368.6	5448.7	5973.7	6463.7	7038.5	6965.6
SRI	72.7	162.6	178.6	292.7	363.9	772.5	728.9	728.4	468.9	551.5	523.4	639.8
LTU	3.9	3.9	7.0	12.5	12.5	12.5	15.3	17.1	12.9	9.8	12.2	7.3
LVA	0.5	0.5	0.5	0.5	0.5	0.9	0.9	1.0	11.7	11.6	16.8	21.1
MON	1435.5	1886.6	2954.0	3354.0	3762.5	3760.1	3838.6	3622.8	3365.1	3430.5	3236.1	1569.5
MAL	708.8	797.6	1026.1	1668.2	1785.6	2231.4	3634.0	4914.7	8387.2	7923.9	10211.8	10355.2
PAK	1828.0	2163.0	2233.6	2343.1	3736.8	4035.6	4759.1	5715.8	4246.8	4798.1	6218.9	7485.4

① HC 为样本国中高技术国家的 OFDI 之和，其中高技术国家主要包括保加利亚（BGR）、捷克（CZE）、爱沙尼亚（EST）、克罗地亚（HRV）、匈牙利（HUN）、立陶宛（LTU）、拉脱维亚（LVA）、波兰（POL）、罗马尼亚（ROM）、俄罗斯（RUS）、新加坡（SIN）、斯洛伐克（SVK）、斯洛文尼亚（SVN）。MLC 为样本国中中低技术国家的 OFDI 之和，其中中低技术国家主要包括印度尼西亚（IDN）、印度（IND）、哈萨克斯坦（KAZ）、吉尔吉斯斯坦（KGZ）、柬埔寨（CAM）、斯里兰卡（SRI）、蒙古国（MON）、马来西亚（MAL）、巴基斯坦（PAK）、菲律宾（PHI）、泰国（THI）、土耳其（TUR）、越南（VIE）。

续表

	2010年	2011年	2012年	2013年	2014年	2015年	2016年	2017年	2018年	2019年	2020年	2021年
PHI	387.3	494.3	593.1	692.4	759.9	711.1	718.9	819.6	830.0	664.1	767.1	883.9
POL	140.3	201.3	208.1	257.0	329.4	352.1	321.3	405.5	523.7	555.6	682.3	535.8
ROM	125.0	125.8	161.1	145.1	191.4	364.8	391.5	310.1	304.6	428.3	313.2	220.1
RUS	2787.6	3763.6	4888.5	7581.6	8694.6	14019.6	12979.5	13871.6	14208.2	12804.0	12070.9	10644.1
SIN	6069.1	10602.7	12383.3	14750.7	20640.0	31984.0	33445.6	44568.1	50093.8	52636.6	59857.9	67202.3
SVK	9.8	25.8	86.0	82.8	127.8	127.8	82.8	83.5	99.3	82.7	82.9	4.4
SVN	5.0	5.0	5.0	5.0	5.0	5.0	26.9	27.3	40.1	189.6	46.8	50.2
THA	1080.0	1307.3	2126.9	2472.4	3079.5	3440.1	4533.5	5358.5	5946.7	7185.9	8825.6	9917.2
TUR	403.6	406.5	502.5	642.3	881.8	1328.8	1061.4	1301.4	1733.7	1867.9	2151.9	1921.4
VIE	986.6	1290.7	1604.4	2166.7	2865.7	3373.6	4983.6	4965.4	5605.4	7073.7	8574.6	10852.1

由表 5-1 可知，中国对"一带一路"沿线国家的 OFDI 存量存在显著异质性。

在高技术国家中，2021 年中国 OFDI 的前六位国家是新加坡、印度尼西亚、越南、俄罗斯、马来西亚和泰国，并且投资额呈快速增长趋势。受中美贸易战恶化和新冠疫情导致的全球价值链重构等叠加影响，中国积极推动贸易投资多元化，降低对传统欧美市场的过度依赖，中国的投资贸易中心逐步向东南亚等"一带一路"沿线国家转移。2020 年起，东南亚成为中国最大的贸易伙伴，特别是《区域全面经济伙伴关系协定》的签订，标志着人口最多、经贸规模最大、最具发展潜力的自由贸易区正式启航。2023 年，东南亚成为中国最大的出口市场。为应对世界百年未有之大变局，中国对新加坡的 OFDI 呈加速增长趋势。比如，2021 年中国对新加坡的 OFDI 达到 672.02 亿美元，相较于 2010 年增加了 611.3 亿美元，增长约 10 倍。

俄罗斯继承了苏联的大部分军事力量，在高等教育、航空航天等方面技术实力雄厚，并且俄罗斯的石油、天然气等能源资源丰富。俄乌冲突导致西方国家对俄罗斯的制裁不断加深，俄罗斯积极将中国的"一带一路"倡议与其国内在远东地区的开发和欧亚大陆建设计划相结合。2021 年，中俄货物贸易额达 1468.7 亿美元，同比增长 35.9%，中国连续

12年成为俄罗斯第一大贸易伙伴国。2021年，中国对俄罗斯的OFDI存量达到106.44亿美元，较2010年增长了2.82倍。

但是中国与爱沙尼亚、立陶宛、拉脱维亚等高技术国家间的投资量较少，2021年中国对这三国的OFDI存量分别为530万美元、730万美元、2110万美元。如前所述，爱沙尼亚、立陶宛、拉脱维亚三国在高技术制造领域比较优势较为显著，且与中国的高技术制造业发展互补性非常强。比如，立陶宛在光学设备制造领域技术成熟且先进，拥有世界著名的光学研究中心——维尔纽斯大学，部分激光光学设备及配件产品的全球市场占有率超过50%；爱沙尼亚在电子IT、油页岩开采技术等方面拥有显著的比较优势；拉脱维亚拥有世界十大制造业工厂之一的Lauma Fabrics时装工厂。因此，中国对高技术国家中OFDI存量较少的国家基于优势互补的投资还需要进一步加强。

从中国对上述高技术国家OFDI的分析中可知，中国与"一带一路"沿线高技术国家在中高技术制造业领域互补性强，随着中国努力向制造业强国转变，中高技术制造业发展需求迫切。中国对"一带一路"沿线高技术国家的OFDI存量呈持续增加趋势，2017年中国对沿线高技术国家的OFDI存量约为800亿美元，较2010年增加了约7倍。未来中国对沿线高技术国家OFDI逆向技术溢出的效果将会日益显著，对中国制造业升级和出口技术复杂度提升必将有日益显著的促进作用。

"一带一路"沿线中低技术国家与中国是传统友好国家，"一带一路"的实施使中国对沿线中低技术国家的OFDI呈快速增长趋势，体现了中国持续加强产能转移和装备制造业开拓海外市场的推进力度。比如，印度尼西亚等东南亚国家在地理上与中国山水相连，文化上相近，一直以来都是中国OFDI的重点地区。印度尼西亚是世界第四大人口国家，市场广阔，劳动力资源丰富，该国的油气资源丰富，矿产品资源门类较为齐全。如前所述，印度尼西亚在纺织、造纸、木材加工、橡胶加工、皮革、制鞋、食品加工等中低技术制造业有显著的比较优势。2021年，中国对印度尼西亚的OFDI约为200亿美元，较2010年增长了约16倍。2021年，中国对26个样本国的OFDI存量为1632.05亿美元，其中对7个东南亚样本国的OFDI占比达77.36%。由此可见，随着区域全面经济伙伴关系的持续深化，东南亚国家已成为中国OFDI的最大目标地区。

巴基斯坦是中国的全天候战略伙伴，"一带一路"实施以来，巴基斯坦在基础设施建设、投资、能源等方面积极吸引中国的 OFDI。2021 年中国对巴基斯坦的 OFDI 约为 74.85 亿美元，较 2010 年增加了 56.57 亿美元。加达尼和塔尔能源项目、瓜达尔港口项目、卡拉奇—拉合尔高速公路建设等基础设施建设项目既使巴基斯坦的基础设施日益完善，提高了该国的外资吸引力，也开拓了中国装备制造业的海外市场，实现了中国能源资源进口多元化，保障了中国的能源资源安全。哈萨克斯坦等中亚国家能源、矿产资源丰富，在纺织、服装、皮革、食品和木材加工等中低技术领域具备一定的比较优势。在"一带一路"国际产能合作的推动下，中国对哈萨克斯坦等中亚国家的 OFDI 呈快速增长趋势。

从中国对上述中低技术国家的 OFDI 可见，中国对"一带一路"沿线中低技术国家的 OFDI 增长迅速，2021 年中国对中低技术国家的 OFDI 达 832.08 亿美元，较 2010 年增加了 715.60 亿美元，占对样本国 OFDI 总规模的 50.08%。根据上一章的分析可知，中国在中低技术制造业领域与"一带一路"沿线中低技术国家互补性强，合作前景广阔。由此可见，中国对中低技术国家的投资具有显著特征。第一，转移优势富余产能，为国内制造业升级"腾笼换鸟"。"一带一路"沿线中低技术国家的劳动力资源廉价且丰富，多数国家的工业化处于初期阶段，因此对中国的中低技术领域产能持合作态度。比如，盛泰集团、雅戈尔等国内纺织服装企业纷纷在印度尼西亚、孟加拉国等东南亚国家投资建厂；广东、福建、浙江等国内主要鞋类生产地纷纷将鞋类与箱包加工生产环节转移至越南、印度尼西亚等国。第二，为高端装备制造业开拓海外市场。"一带一路"沿线中低技术国家的交通基础设施薄弱，严重阻碍了这些国家的工业化发展，中国在通信设备、交通装备制造等领域具有显著的比较优势，通过"一带一路"国际产能合作，既可以开拓海外市场，又可以完善东道国的基础设施，实现设施联通、贸易畅通的美好愿景。比如，国家能源集团在印度尼西亚投资建立了拥有自主知识产权的火电项目，中国与印度尼西亚企业合作建设的高铁设施进入全面建设阶段。第三，实现能源矿产资源进口多元化，满足国家经济发展需求和保障能源资源安全。"一带一路"沿线国家的能源矿产资源丰富，但是在开采、冶炼等环节缺乏技术、资金和专业人才等。"一带一路"国际能源合作为中国与沿线国家开展能源合作提供了平台，既满足了中国的能源需求，又推动了沿线国家的工业化建设。比如，中国企业在科威特建设了中东地区规模最大的炼油厂，中国有色金属建设股份有限公司投资了哈萨克斯坦最大的铜矿选厂，中缅、中巴、中哈油气管道相继建立投产。

二 "一带一路"沿线国家制造业投资状况分析

在上述中国对"一带一路"沿线国家OFDI规模分析的基础之上，本节将进一步分析中国对"一带一路"沿线国家OFDI制造业的投资状况。

由图5-1可知，2010—2021年中国制造业的OFDI呈快速增长趋势，特别是"一带一路"实施以来，中国同沿线国家之间制造业分工步伐加快。2014年以来，中国制造业的OFDI无论是流量还是存量都快速增长。比如，从存量上看，中国制造业的OFDI迅速增加，2021年达到2633亿美元，是2010年的14.79倍。由此可见，中国对"一带一路"沿线国家的对外投资主要是制造业对外投资，这说明中国为推动制造业升级，应对世界贸易不确定性，以及世界主要高技术国家阻隔中国参与高端制造业核心部件生产环节价值链分工等困难，积极推动制造业的OFDI。

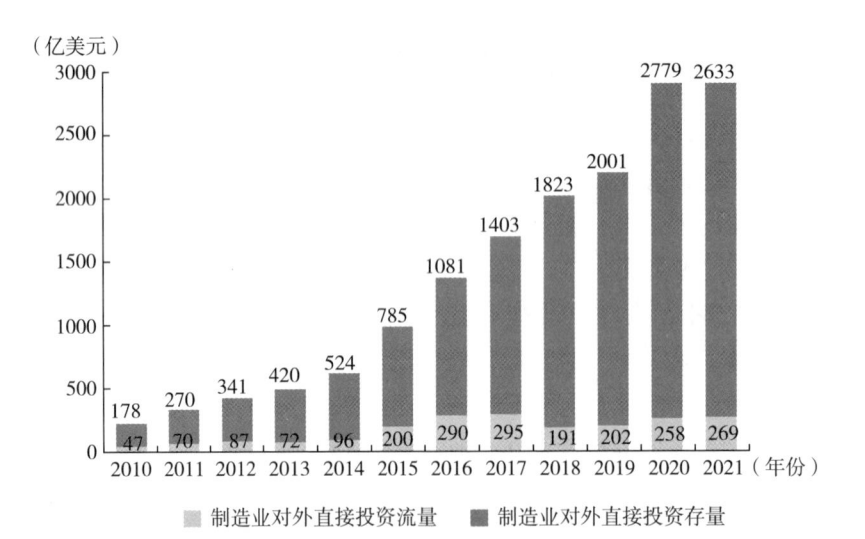

图5-1 2010—2021年中国制造业OFDI流量及存量分析

由表5-2可知，从高技术国家层面来看，中国对"一带一路"沿线高技术国家制造业的OFDI整体呈增长趋势。比如，俄罗斯、新加坡、波兰的2021年制造业OFDI存量分别约为32.42亿美元、51.46亿美元和1.63亿美元，较2010年分别上升了约29.05亿美元、48.07亿美元和

1.46亿美元。中国对"一带一路"沿线高技术国家制造业的OFDI存量高于对中低技术国家的存量，2021年中国对高技术国家制造业的OFDI存量约为90.43亿美元，较2010年增加了82.66亿美元，占对沿线26个样本国制造业OFDI存量的58.66%，占对26个样本国总投资存量的5.56%，高于中低技术国家的3.92%。

表5-2　　2010—2021年中国对"一带一路"沿线国家制造业OFDI存量情况　　单位：百万美元

	2010年	2011年	2012年	2013年	2014年	2015年	2016年	2017年	2018年	2019年	2020年	2021年
BGR	2.24	7.49	16.22	72.64	28.75	114.80	33.35	77.11	50.71	51.82	51.63	46.08
CZE	6.31	6.90	25.91	28.50	40.98	43.10	45.74	50.77	82.75	95.01	397.03	160.44
EST	0.90	0.77	0.45	0.49	0.59	0.67	0.70	1.11	16.85	20.93	1.76	1.62
HRV	0.98	0.84	1.10	1.17	2.00	2.27	2.41	12.03	20.47	32.52	83.70	74.78
HUN	56.18	49.06	64.95	74.95	93.93	109.74	62.99	100.94	95.04	141.39	113.26	116.43
IDN	64.42	106.34	182.97	268.22	317.67	430.19	654.95	677.66	1109.12	1243.79	1766.63	1537.76
IND	26.87	41.41	69.05	140.95	159.32	199.63	213.22	305.26	403.68	296.72	313.49	269.48
KAZ	89.07	180.08	369.21	400.71	352.63	269.78	372.72	486.21	635.54	596.24	578.02	573.39
KGZ	22.08	33.08	39.11	51.02	46.02	56.68	84.93	83.55	120.60	127.40	174.05	117.28
CAM	63.27	110.72	136.88	164.08	150.68	194.62	299.74	350.36	517.16	531.27	693.16	533.42
SRI	4.07	10.24	10.55	16.86	17.02	40.90	50.01	46.83	40.60	45.33	51.55	48.99
LTU	0.47	0.41	0.89	1.76	2.11	2.40	3.07	5.27	3.82	3.24	4.05	2.22
LVA	0.07	0.06	0.07	0.08	0.09	0.18	0.19	0.31	3.47	3.84	5.57	6.43
MON	80.39	118.86	174.47	193.19	175.94	199.08	263.38	232.95	291.33	281.97	318.69	120.19
MAL	39.69	50.25	60.60	96.09	83.50	118.14	249.34	316.02	726.11	651.27	1005.67	792.99
PAK	102.37	136.27	131.92	134.96	174.74	213.69	326.54	367.54	367.66	394.36	612.45	573.23
PHI	21.69	31.14	35.03	39.88	35.54	37.65	49.33	52.70	71.86	54.58	75.55	67.69
POL	16.93	20.77	26.64	36.19	55.64	67.66	64.52	124.85	155.22	183.61	226.04	163.16
ROM	15.07	12.99	20.62	20.43	32.32	70.10	78.61	95.46	90.28	141.53	103.75	67.03
RUS	336.28	388.45	625.73	1067.49	1468.32	2694.02	2606.32	4270.59	4210.82	4231.42	3998.98	3241.64
SIN	339.87	667.97	731.37	849.64	965.14	1693.47	2294.80	2865.80	4336.80	4326.36	5894.85	5146.33

续表

	2010年	2011年	2012年	2013年	2014年	2015年	2016年	2017年	2018年	2019年	2020年	2021年
SVK	1.18	2.66	11.01	11.65	21.58	24.56	16.62	25.69	29.43	27.34	27.01	1.34
SVN	0.60	0.52	0.64	0.70	0.84	0.96	5.39	8.39	11.88	62.66	15.26	15.28
THA	60.48	82.36	125.62	142.41	144.00	182.14	311.06	344.56	514.83	590.63	869.15	759.46
TUR	22.60	25.61	29.68	37.00	41.23	70.36	72.82	83.68	150.09	153.53	211.92	147.14
VIE	55.25	81.31	94.76	124.80	134.00	178.62	341.94	319.28	485.28	581.41	844.43	831.05

从中低技术国家层面来看，中国对"一带一路"沿线中低技术国家制造业的OFDI存量同样增长较快。比如，印度尼西亚和哈萨克斯坦的制造业OFDI分别从2010年的约0.64亿美元和0.89亿美元增长至2021年的约15.38亿美元和5.73亿美元。2021年中国对"一带一路"沿线中低技术样本国制造业的OFDI存量总和约为63.72亿美元。

从中国对"一带一路"OFDI结构的分析可知：第一，进一步印证了上述制造业价值链分工的状况，"一带一路"沿线国家制造业的要素禀赋、比较优势异质性显著，与中国互补性强；第二，随着国内"去产能、调结构、转方式"的效果日益显现，中国加快了对高技术国家制造业的OFDI，获取OFDI逆向技术溢出成为中国制造业OFDI的主要动力；第三，随着中国加深"一带一路"国际产能合作，转移中低技术富余产能的目标逐步实现，对沿线中低技术国家制造业OFDI的主要动力逐步转变为开拓中高端装备制造海外市场，以获得更多利润，通过利润反馈机制，为国内制造业升级提供更多的资金支持，带动出口技术复杂度进一步提升，从而形成良性循环。

第二节 "一带一路"沿线国家制造业 OFDI逆向技术溢出状况

由于"一带一路"沿线国家的经济发展程度不同，中国对沿线国家制造业的OFDI存量等均存在显著差异，因此中国从沿线国家获得的OFDI逆向技术溢出也存在差异。为此，本节根据Lichtenberg和Potterie

(2001) 提出的 OFDI 逆向技术溢出计算方法，探究了中国对"一带一路"沿线国家制造业的 OFDI 逆向技术溢出，具体计算过程如下所示。

国别层面，中国对"一带一路"沿线样本国家的 OFDI 逆向技术溢出：

$$OFS_t^{ca} = \sum_{a \in n} \frac{OFDI_t^a}{GDP_t^a} S_t^a \tag{5.1}$$

行业层面，中国对"一带一路"沿线样本国家的 OFDI 逆向技术溢出：

$$OFS_{it}^{ca} = \sum_i \sum_{a \in n} \frac{E_{it}^{ca}}{E_{it}^a} \frac{OFDI_t^{ca}}{GDP_t^a} S_t^a \tag{5.2}$$

其中，c 代表中国。OFS_t^{ca} 表示 t 时期中国对 a 国制造业 OFDI 所获得的逆向技术溢出，OFS_{it}^{ca} 表示 t 时期中国对 a 国制造业 i 行业 OFDI 所获得的逆向技术溢出。$OFDI_t^{ca}$ 表示 t 时期中国对 a 国制造业 OFDI 的资本存量，GDP_t^a 表示 t 时期 a 国的国内生产总值，S_t^a 表示 t 时期 a 国的国内 R&D 支出，E_{it}^{ca} 表示 t 时期 a 国 i 行业出口到中国的增加值，E_{it}^a 表示 t 时期 a 国 i 行业的出口总增加值。

一 国别层面的制造业 OFDI 逆向技术溢出状况

中国对"一带一路"沿线国家制造业的 OFDI 在国别层面和行业层面的逆向技术溢出，如表 5-3 所示。

表 5-3　　2010—2021 年中国对沿线国家国别层面制造业
OFDI 逆向技术溢出　　　　单位：万美元

	2010 年	2011 年	2012 年	2013 年	2014 年	2015 年	2016 年	2017 年	2018 年	2019 年	2020 年	2021 年
BGR	1.27	3.98	9.81	46.12	22.86	110.23	26.01	65.11	38.22	43.13	43.84	41.78
CZE	8.44	10.73	46.19	54.15	80.86	83.16	76.76	88.81	157.15	183.11	788.50	317.67
EST	1.43	1.79	0.95	0.85	0.86	1.00	0.90	1.41	23.75	34.15	3.09	2.04
HRV	0.73	0.63	0.83	0.95	1.57	1.91	2.04	10.18	19.47	35.11	104.00	89.35
HUN	64.01	58.33	82.07	104.10	127.16	149.76	75.97	122.87	143.30	208.06	180.49	181.48
IDN	5.39	8.93	15.44	22.72	27.02	36.74	56.17	58.35	251.08	337.43	496.02	565.97
IND	22.09	34.43	54.85	11.94	12.90	123.75	126.32	172.84	264.52	240.22	267.78	202.80

续表

	2010 年	2011 年	2012 年	2013 年	2014 年	2015 年	2016 年	2017 年	2018 年	2019 年	2020 年	2021 年
KAZ	13.66	27.64	61.01	68.65	58.97	45.73	52.85	65.18	74.25	70.60	72.84	66.56
KGZ	3.43	5.17	6.50	7.61	5.77	6.75	9.45	9.11	12.19	11.49	15.46	9.32
CAM	7.04	13.62	18.62	24.68	25.06	23.01	39.18	50.64	91.63	79.40	151.66	101.95
SRI	0.56	1.34	1.33	1.70	1.70	4.45	5.21	4.68	4.85	6.77	11.28	8.72
LTU	0.37	0.37	0.80	1.67	2.17	2.50	2.60	4.48	3.58	3.22	4.66	2.32
LVA	0.04	0.04	0.05	0.05	0.06	0.11	0.08	0.14	2.21	2.45	3.83	3.76
MON	19.65	27.40	41.72	44.91	39.30	30.79	48.31	31.24	29.60	26.14	42.39	11.73
MAL	41.12	51.93	66.22	110.03	105.44	153.67	339.87	451.43	755.35	767.37	956.27	937.07
PAK	42.42	44.86	40.16	39.52	47.33	52.58	74.31	77.35	55.97	68.91	134.00	91.46
PHI	2.60	3.65	4.32	5.50	5.16	5.75	7.93	8.92	23.15	8.16	16.53	16.94
POL	12.20	15.49	23.46	31.51	52.29	67.91	62.29	128.45	187.21	242.98	313.18	235.98
ROM	6.87	6.44	9.95	7.90	12.36	34.20	37.90	46.52	44.89	67.39	48.28	33.17
RUS	380.06	393.35	642.46	1094.43	1571.26	2955.04	2855.41	4595.26	4168.80	4380.83	4373.73	3501.52
SIN	684.92	1437.97	1467.74	1867.12	2128.68	3748.68	5079.80	6366.92	7845.36	8155.93	11648.50	9812.48
SVK	0.73	1.76	8.86	9.60	18.99	28.86	13.12	22.22	24.59	22.49	24.26	1.24
SVN	1.24	1.25	1.65	1.82	2.00	2.11	10.80	17.04	23.12	127.90	32.69	28.45
THA	14.40	29.77	60.53	62.89	69.10	112.19	243.04	358.87	573.38	675.06	1156.18	1212.11
TUR	18.06	20.48	24.70	30.25	35.49	62.02	65.15	75.97	153.87	163.62	230.70	166.58
VIE	10.54	15.48	23.98	46.63	66.54	78.79	200.48	248.80	122.71	242.17	184.76	321.71

由表5-3可知，从高技术国家层面来看，中国对高技术国家制造业OFDI获得逆向技术溢出的差异化较为显著。比如，从新加坡、俄罗斯、波兰获得的制造业OFDI逆向技术溢出较多，2021年分别达到9812.48万美元、3501.52万美元和235.98万美元，2010年三国仅为684.92万美元、380.06万美元和12.20万美元。再如，从拉脱维亚、立陶宛、爱沙尼亚获得的制造业OFDI逆向技术溢出较少，2021年分别为3.76万美元、2.32万美元和2.04万美元。2021年中国对"一带一路"沿线高技术国家制造业OFDI逆向技术溢出总计15340.77万美元，较2010年增加了

13088.91万美元，占2021年中国对26个样本国制造业OFDI逆向技术溢出总和的77.74%。

从中低技术国家层面来看，相较于高技术国家，中低技术国家的制造业OFDI逆向技术溢出整体差异性不大。比如，2021年中国对马来西亚、泰国和越南获得的制造业OFDI逆向技术溢出较多，分别达到937.07万美元、1212.11万美元和321.71万美元，较2010年分别增加了895.94万美元、1197.71万美元和311.18万美元。再如，中国对斯里兰卡、塔吉克斯坦和菲律宾等国获得的制造业OFDI逆向技术溢出较少。2021年中国对"一带一路"沿线中低技术国家制造业OFDI逆向技术溢出总计3712.93万美元，较2010年增加了3511.97万美元，占2017年中国对26个样本国制造业OFDI逆向技术溢出总和的22.26%。

从上述国别层面制造业OFDI逆向技术溢出状况的分析可知：第一，充分印证了高技术国家的研发能力较强，在中高技术制造业具有显著的技术优势，是中国制造业OFDI逆向技术溢出效应获取的主要区域；第二，中国对中低技术国家制造业OFDI的动因转变为参与东道国的基础设施和工业化建设，开拓装备制造业等中高技术制造业出口市场，通过OFDI逆向技术溢出反馈机制，有利于提升国内制造业升级和出口技术复杂度水平。

二 行业层面的制造业OFDI逆向技术溢出状况

为了更加细化地分析中国对"一带一路"沿线国家行业层面制造业OFDI逆向技术溢出的状况，下面将分别从制造业的不同技术层面分析中国制造业OFDI逆向技术溢出的状况。

（一）低技术制造业OFDI逆向技术溢出状况

由表5-4可知，在低技术制造业进行OFDI的过程中，中国对新加坡和俄罗斯制造业的OFDI逆向技术溢出较多，2021年分别为3042.51万美元和1085.70万美元，主要是由于中国对新加坡、俄罗斯制造业的投资相对较高，同时这些国家的研发投入占国内生产总值比重较大。中国从马来西亚、泰国、越南等东南亚国家获得的低技术制造业OFDI逆向技术溢出较多，这表明东南亚是中国低技术劳动力密集型制造业和加工生产环节转移的重点区域，为国内低技术制造业从事品牌运营、设计营销等高附加环节"腾笼换鸟"。

表 5-4　　2010—2021 年中国对沿线国家低技术制造业 OFDI 逆向技术溢出　　单位：万美元

	2010年	2011年	2012年	2013年	2014年	2015年	2016年	2017年	2018年	2019年	2020年	2021年
BGR	0.39	1.22	2.97	14.08	6.93	33.30	7.78	19.46	12.30	13.18	13.28	12.96
CZE	2.58	3.28	13.96	16.53	24.52	25.12	22.96	26.55	50.58	55.93	238.88	98.50
EST	0.44	0.55	0.29	0.26	0.26	0.30	0.27	0.42	7.64	10.43	0.94	0.63
HRV	0.22	0.19	0.25	0.29	0.48	0.58	0.61	3.04	6.27	10.72	31.51	27.70
HUN	19.55	17.81	24.80	31.78	38.56	45.24	22.73	36.73	46.12	63.55	54.68	56.27
IDN	1.65	2.73	4.66	6.94	8.19	11.10	16.80	17.45	80.78	103.07	150.27	175.49
IND	6.75	10.51	16.58	3.64	3.91	37.38	37.79	51.67	85.13	73.37	81.13	62.88
KAZ	4.17	8.44	18.44	20.96	17.88	13.81	15.81	19.49	23.90	21.56	22.07	20.64
KGZ	1.05	1.58	1.96	2.32	1.75	2.04	2.83	2.72	3.92	3.51	4.68	2.89
KHM	2.15	4.16	5.63	7.53	7.60	6.95	11.72	15.14	29.49	24.25	45.95	31.61
LKA	0.17	0.41	0.40	0.52	0.52	1.34	1.56	1.40	1.56	2.07	3.42	2.70
LTU	0.11	0.11	0.24	0.51	0.66	0.75	0.78	1.34	1.15	0.98	1.41	0.72
LVA	0.01	0.01	0.01	0.01	0.02	0.03	0.03	0.04	0.71	0.75	1.16	1.17
MON	6.00	8.37	12.61	13.71	11.92	9.30	14.45	9.34	9.53	7.98	12.84	3.64
MAL	12.56	15.86	20.01	33.59	31.97	46.42	101.68	134.96	243.08	234.39	289.71	290.55
PAK	12.96	13.70	12.14	12.07	14.35	15.88	22.23	23.13	18.01	21.05	40.60	28.36
PHL	0.79	1.12	1.31	1.68	1.56	1.74	2.37	2.67	7.45	2.49	5.01	5.25
POL	3.73	4.73	7.09	9.62	15.86	20.51	18.63	38.40	60.25	74.22	94.88	73.17
ROU	2.10	1.97	3.01	2.41	3.75	10.33	11.34	13.91	14.45	20.58	14.63	10.28
RUS	116.07	120.12	194.16	334.12	476.47	892.65	854.23	1373.82	1341.60	1338.10	1325.05	1085.70
SIN	209.18	439.11	443.57	570.02	645.50	1132.38	1519.69	1903.49	2524.79	2491.18	3528.98	3042.51
SVK	0.22	0.54	2.68	2.93	5.76	8.72	3.93	6.64	7.91	6.87	7.35	0.38
SVN	0.38	0.38	0.50	0.55	0.61	0.64	3.23	5.09	7.44	39.07	9.90	8.82
THA	4.40	9.09	18.29	19.20	20.95	33.89	72.71	107.29	184.53	206.19	350.27	375.83
TUR	5.52	6.26	7.46	9.24	10.76	18.73	19.49	22.71	49.52	49.98	69.89	51.65
VIE	3.22	4.73	7.25	14.23	20.18	23.80	59.98	74.38	39.49	73.97	55.97	99.75

(二) 中技术制造业 OFDI 逆向技术溢出状况

由表 5-5 可知，在中技术制造业进行 OFDI 的过程中，中国从"一带一路"沿线高技术国家中的新加坡、匈牙利和俄罗斯获得的 OFDI 逆向技术溢出效应较为显著，2021 年分别为 2674.35 万美元、49.46 万美元、954.32 万美元，较 2010 年分别增加了 2474.92 万美元、30.82 万美元和 843.66 万美元。2021 年中国对高技术国家中的中技术制造业 OFDI 逆向技术溢出为 3884.10 万美元，从中低技术国家获得的 OFDI 逆向技术溢出为 1011.49 万美元，远低于高技术国家，其中中国对泰国、马来西亚、越南等国获得的 OFDI 逆向技术溢出较高。这表明中国对"一带一路"沿线高技术国家中的中技术制造业出口增加值高于研发投入，因此 OFDI 逆向技术溢出效果较大，同时中国对"一带一路"沿线中低技术国家的投资主要是开拓装备制造业海外市场，以获得由投资规模的扩大而带来的逆向技术溢出。

表 5-5　　　　2010—2021 年中国对沿线国家中技术制造业
OFDI 逆向技术溢出　　　　单位：万美元

	2010年	2011年	2012年	2013年	2014年	2015年	2016年	2017年	2018年	2019年	2020年	2021年
BGR	0.37	1.17	2.93	13.66	6.78	32.75	7.70	19.15	11.28	11.44	11.77	11.39
CZE	2.46	3.15	13.79	16.03	23.98	24.70	22.73	26.12	46.39	48.57	211.62	86.58
EST	0.42	0.52	0.28	0.25	0.25	0.30	0.27	0.42	7.01	9.06	0.83	0.56
HRV	0.21	0.19	0.25	0.28	0.47	0.57	0.60	2.99	5.75	9.31	27.91	24.35
HUN	18.64	17.10	24.50	30.83	37.71	44.49	22.50	36.14	42.30	55.19	48.44	49.46
IDN	1.57	2.62	4.61	6.73	8.01	10.91	16.63	17.16	74.09	89.51	133.12	154.25
IND	6.43	10.09	16.38	3.53	3.82	36.77	37.41	50.83	78.08	63.72	71.87	55.27
KAZ	3.98	8.10	18.22	20.33	17.49	13.59	15.65	19.17	21.92	18.73	19.55	18.14
KGZ	1.00	1.52	1.94	2.25	1.71	2.00	2.80	2.68	3.60	3.05	4.15	2.54
KHM	2.05	3.99	5.56	7.31	7.43	6.84	11.60	14.89	27.05	21.06	40.70	27.79
LKA	0.16	0.39	0.40	0.50	0.50	1.32	1.54	1.38	1.43	1.80	3.03	2.38
LTU	0.11	0.11	0.24	0.49	0.64	0.74	0.77	1.32	1.06	0.85	1.25	0.63
LVA	0.01	0.01	0.01	0.01	0.02	0.03	0.02	0.04	0.65	0.65	1.03	1.02

续表

	2010年	2011年	2012年	2013年	2014年	2015年	2016年	2017年	2018年	2019年	2020年	2021年
MON	5.72	8.03	12.46	13.30	11.66	9.15	14.30	9.19	8.74	6.93	11.38	3.20
MAL	11.97	15.23	19.77	32.58	31.27	45.65	100.64	132.76	222.96	203.55	256.64	255.39
PAK	12.35	13.15	11.99	11.70	14.03	15.62	22.00	22.75	16.52	18.28	35.96	24.93
PHL	0.76	1.07	1.29	1.63	1.53	1.71	2.35	2.62	6.83	2.16	4.44	4.62
POL	3.55	4.54	7.01	9.33	15.51	20.18	18.44	37.78	55.26	64.45	84.05	64.31
ROU	2.00	1.89	2.97	2.34	3.67	10.16	11.22	13.68	13.25	17.88	12.96	9.04
RUS	110.66	115.34	191.83	324.07	465.94	877.88	845.53	1351.46	1230.54	1162.05	1173.82	954.32
SIN	199.43	421.64	438.25	552.87	631.23	1113.66	1504.22	1872.50	2315.79	2163.42	3126.21	2674.35
SVK	0.21	0.52	2.65	2.84	5.63	8.57	3.89	6.54	7.26	5.96	6.51	0.34
SVN	0.36	0.37	0.49	0.54	0.59	0.63	3.20	5.01	6.82	33.93	8.77	7.75
THA	4.19	8.73	18.07	18.62	20.49	33.33	71.97	105.54	169.25	179.06	310.30	330.36
TUR	5.26	6.01	7.37	8.96	10.53	18.42	19.29	22.34	45.42	43.40	61.92	45.40
VIE	3.07	4.54	7.16	13.81	19.73	23.41	59.37	73.17	36.22	64.24	49.59	87.68

（三）高技术制造业 OFDI 逆向技术溢出状况

由表 5-6 可知，在高技术制造业领域，中国的 OFDI 逆向技术溢出在高技术国家和中低技术国家之间的变化趋势如同上述中低技术制造业领域一样。值得关注的是，高技术制造业领域获得的 OFDI 逆向技术溢出效应普遍高于中低技术制造业领域。2021 年中国对"一带一路"沿线 26 个样本国高技术制造业的 OFDI 逆向技术溢出为 7498.04 万美元，较 2010 年增长了 6948.07 万美元。

表 5-6　　　　2010—2021 年中国对沿线国家高技术制造业
　　　　　　　　OFDI 逆向技术溢出　　　　　　　单位：万美元

	2010年	2011年	2012年	2013年	2014年	2015年	2016年	2017年	2018年	2019年	2020年	2021年
BGR	0.51	1.60	3.92	18.38	9.15	44.18	10.53	26.49	14.64	18.52	18.79	17.44
CZE	3.40	4.31	18.44	21.58	32.36	33.33	31.07	36.14	60.19	78.61	338.00	132.59

续表

	2010年	2011年	2012年	2013年	2014年	2015年	2016年	2017年	2018年	2019年	2020年	2021年
EST	0.58	0.72	0.38	0.34	0.34	0.40	0.36	0.57	9.10	14.66	1.32	0.85
HRV	0.29	0.25	0.33	0.38	0.63	0.77	0.82	4.14	7.46	15.07	44.58	37.29
HUN	25.82	23.42	32.76	41.50	50.89	60.03	30.75	50.00	54.88	89.32	77.37	75.75
IDN	2.17	3.59	6.16	9.06	10.81	14.73	22.73	23.75	96.14	144.86	212.62	236.23
IND	8.91	13.82	21.90	4.76	5.16	49.61	51.12	70.33	101.31	103.13	114.79	84.65
KAZ	5.51	11.10	24.36	27.36	23.63	18.33	21.39	26.53	28.44	30.31	31.22	27.78
KGZ	1.38	2.08	2.59	3.03	2.31	2.70	3.82	3.71	4.67	4.93	6.63	3.89
KHM	2.84	5.47	7.43	9.84	10.03	9.22	15.86	20.61	35.10	34.09	65.01	42.55
LKA	0.22	0.54	0.53	0.68	0.68	1.78	2.11	1.90	1.86	2.91	4.83	3.64
LTU	0.15	0.15	0.32	0.67	0.87	1.00	1.05	1.82	1.37	1.38	2.00	0.97
LVA	0.02	0.02	0.02	0.02	0.03	0.05	0.03	0.06	0.85	1.05	1.64	1.57
MON	7.93	11.00	16.65	17.90	15.73	12.34	19.55	12.71	11.34	11.22	18.17	4.89
MAL	16.59	20.85	26.44	43.86	42.20	61.60	137.55	183.70	289.30	329.43	409.92	391.12
PAK	17.11	18.01	16.03	15.75	18.94	21.08	30.07	31.48	21.44	29.58	57.44	38.18
PHL	1.05	1.47	1.73	2.19	2.06	2.31	3.21	3.63	8.87	3.50	7.09	7.07
POL	4.92	6.22	9.37	12.56	20.93	27.22	25.21	52.27	71.70	104.31	134.25	98.49
ROU	2.77	2.58	3.97	3.15	4.95	13.71	15.34	18.93	17.19	28.93	20.70	13.84
RUS	153.32	157.90	256.47	436.24	628.85	1184.51	1155.64	1869.98	1596.66	1880.69	1874.86	1461.50
SIN	276.31	577.22	585.92	744.23	851.95	1502.64	2055.90	2590.93	3004.79	3501.33	4993.30	4095.62
SVK	0.29	0.71	3.54	3.83	7.60	11.57	5.31	9.04	9.42	9.65	10.40	0.52
SVN	0.50	0.50	0.66	0.72	0.80	0.85	4.37	6.93	8.86	54.91	14.01	11.87
THA	5.81	11.95	24.16	25.07	27.66	44.97	98.36	146.04	219.61	289.80	493.62	505.92
TUR	7.29	8.22	9.86	12.07	14.21	24.86	26.37	30.91	58.93	70.24	98.89	69.53
VIE	4.25	6.22	9.57	18.58	26.63	31.58	81.14	101.25	47.00	103.96	79.20	134.28

由此可见，中国在"一带一路"沿线有比较优势的中低技术国家进行富余产能转移合作，为国内制造业结构调整和发展高技术制造业提供了空间。同时，为高技术制造业开拓了海外市场，增加了对研发投入高、

创新能力强的高技术国家实现逆向技术溢出的机会。比如，2021年中国对波兰高技术制造业的 OFDI 逆向技术溢出为 98.49 万美元，高于对其中低技术制造业投资获得的逆向技术溢出。

第三节 "一带一路"沿线国家 OFDI 的制造业升级状况

在研究量化分析制造业升级方面，靖学青（2005）运用制造业结构层次系数量化分析了制造业结构由低层次向中高层次的升级。周昌林和魏建良（2007）基于生产专业化分工，提出了采用专业化生产效率指标的方法。本节选用制造业结构优化和生产效率两个指标量化分析制造业结构升级过程。由于在全球价值链分工系统下，一国出口的产品总值并不完全属于本国的增加值，为此本节基于增加值贸易核算框架，将一国的出口增加值进行分解，采用一国出口产品国内增加值来计算制造业结构的优化和生产效率的提高，以真实反映"一带一路"OFDI 的制造业升级状况。

本节借鉴了靖学青（2005）、徐德云（2008）、姚战琪（2017）、王直等（2015）、陈昊（2016）等将制造业划分为高、中、低三个技术层次。其中，界定高技术制造业的权重为 3，中技术制造业的权重为 2，低技术制造业的权重为 1，构造了增加值视角下的制造业结构优化指数，相关数据主要来源于《中国工业统计年鉴》、对外经贸大学全球价值链数据库。

$$ISOI_i = \sum_{i=1}^{3} DVAS_i \times i = DVAS_1 \times 1 + DVAS_2 \times 2 + DVAS_3 \times 3 \quad (5.3)$$

其中，i 代表不同技术层次的制造业，$ISOI_i$ 表示 i 技术制造业的结构优化指数，$DVAS_i$ 表示第 i 技术制造业国内增加值占总出口产品国内增加值的比重。

本节在研究的过程中借鉴了周昌林和魏建良（2007）、李逢春（2012）、姚战琪（2017）、王直等（2015）、陈昊（2016）等构建的制造业效率提升指数，计算结果如下所示。

$$IEII_i = \sum_{i=1}^{3} DVAS_i \times \sqrt{\frac{DVA_i}{L_i}} = DVAS_1 \times \sqrt{\frac{DVA_1}{L_1}} + DVAS_2 \times \sqrt{\frac{DVA_2}{L_2}} +$$
$$DVAS_3 \times \sqrt{\frac{DVA_3}{L_3}} \tag{5.4}$$

其中，$IEII_i$ 表示 i 技术制造业的效率提升指数，DVA_i 表示第 i 技术制造业生产的国内增加值，L_i 表示第 i 行业的就业人口数量，$\frac{DVA_i}{L_i}$ 表示劳动生产率。

上述制造业劳动生产率处理方式可以避免不同技术层次制造业出现生产效率异常值。

一 中国制造业结构优化的测算及分析结果

（一）制造业整体层面结构优化分析

由图 5-2 可知，新冠疫情以前，中国制造业的结构优化状况整体呈上升趋势。比如，中国的制造业结构优化指数从 2010 年的 2.095 上升至 2020 年的 2.111。值得注意的是，新冠疫情、贸易保护主义和地缘冲突等多重影响叠加，导致中国制造业的产业升级承压增加，2021 年中国的制造业结构优化指数较 2020 年下降了 0.014。在"一带一路"国际产能合作提出以前，中国的制造业结构变动性发展呈停滞状态，并在 2012 年出现下降。"一带一路"实施后，中国的制造业结构优化状况不断改善，2015 年的制造业结构优化指数上升至 2.104。但是受到高技术国家制造业回流、美国等主要高技术国家对中国高技术制造业 OFDI 的监管限制日益增多等因素的影响，2016 年中国的制造业结构优化进程有所减缓。随着中国对"一带一路"沿线国家 OFDI 的持续增加，中国对沿线中低技术国家的中低端产能转移、高端装备制造业出口不断加快，不断参与高技术国家核心零部件研发体系，中国的制造业结构优化度不断呈现上升趋势。

由此印证了上述价值链分工中中国制造业的分工状况。"一带一路"实施以前，中国的制造业结构升级面临着中低端产能过剩，严重压缩高技术制造业发展空间等问题，参与高技术制造业核心零部件全球价值链分工受阻，OFDI 逆向技术溢出效果不显著，高技术装备制造业海外市场开拓乏力。同时，也印证了中国对"一带一路"沿线国家制造业的 OFDI 逆向技术溢出有利于突破主要高技术国家核心零部件和关键技术的封锁，有利于推动国内制造业结构升级。

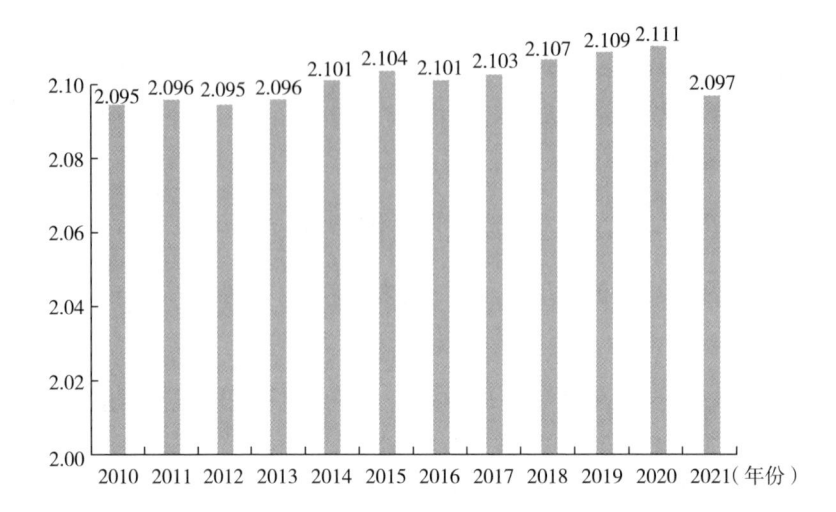

图 5-2　2010—2021 年中国制造业整体层面结构优化指数

(二) 不同技术层次制造业结构优化分析

为了更加深入地体现中国制造业的结构变化情况，本节将进一步研究中国不同技术层次制造业的结构优化状况，如图 5-3 所示。

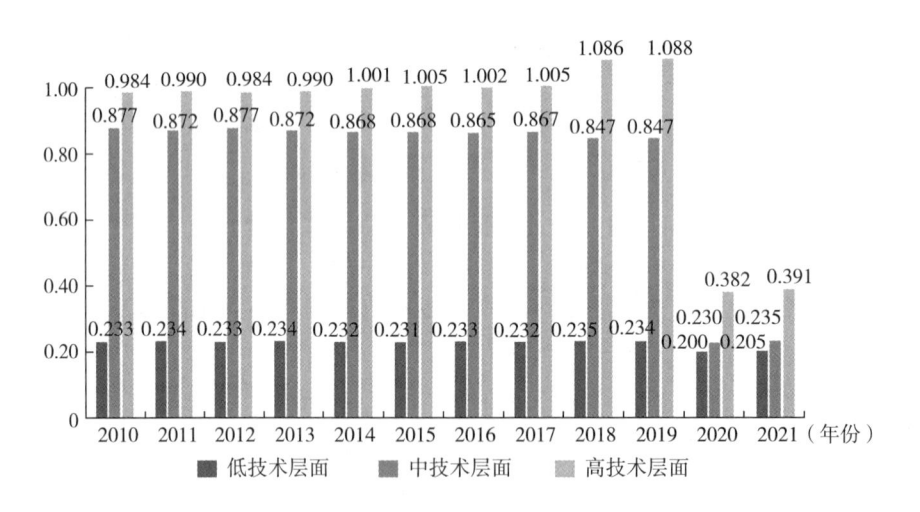

图 5-3　2010—2021 年不同技术层次制造业结构优化指数

由图 5-3 可知，从不同技术层次的制造业结构优化指数来看，高技术制造业的结构优化指数最高，低技术制造业的结构优化指数最低，制造业结构总体上呈现高端化和高技术化趋势。从发展趋势来看，高技术制造业的结构优化指数一直处于高位，且总体呈上升趋势。特别是"一带一路"倡议提出后，中国的高技术制造业结构优化指数快速提升，从2010年的0.984上升至2019年的1.088。值得注意的是，2019年后，高技术制造业的结构优化指数出现显著下降，2020年降至0.382，其原因可能主要是受全球价值链重构、新冠疫情持续恶化等影响，特别是美国等高技术国家对中国高技术制造业实施技术封锁措施，对中国向主要高技术国家逆向技术获取型OFDI实施严格限制，高技术国家纷纷将高端制造业分工环节搬回国内，导致中国的高技术制造业结构优化指数下降。但随着中国的OFDI逐步向"一带一路"沿线国家倾斜，中国国内的制造业富余产能转移，高技术装备制造业海外市场持续拓展，制造业OFDI逆向技术溢出效果日益显现，中国的高技术制造业结构优化指数自2017年起呈上升趋势。由此可见，"一带一路"既改变了中国OFDI逆向技术溢出的获取途径，又在开拓新的高端制造业境外市场中带动了中国制造业的结构升级。

中技术制造业的发展趋势处于第二高位置，2020年前的结构优化指数整体在0.87左右。但是与价值链分工状况所分析的情况一样，2016年以前，中国中技术制造业的富余产能转移并不显著，其结构优化趋势缓慢，中技术制造业结构优化指数从2010年的0.877下降至2016年的0.865。"一带一路"倡议提出后，沿线国家的基础设施建设对中国中技术制造业的需求持续增加，国际产能合作效果日益显现，国内制造业的结构调整全面加快推进，钢铁、水泥、塑料制品等富余产能的国际合作，是2017年中国中技术制造业的结构优化指数上升至0.867的主要原因。2020年起，受新冠疫情的影响，中国中技术制造业的结构优化指数出现显著下降，较2017年下降了73.5%。

低技术制造业总体位置较低，且呈微弱下降趋势。比如，低技术制造结构优化指数从2010年的0.233下降至2021年的0.205，主要原因是纺织及服装制造业、皮革和鞋类制造业等劳动密集型低技术制造业受国内人力成本上升、制造业结构升级等因素驱动，逐步向"一带一路"沿线具有比较优势的国家转移。由于低技术制造业的增加值占比较低，同时中国在品牌运营、设计营销等高附加值环节不具有比较优势，导致低技术制造业结构优化指数较小，且呈下降趋势。

二 中国制造业生产效率提升指数的测算及分析结果

(一) 制造业整体层面生产效率提升分析

由图5-4可知，中国制造业的生产效率总体呈上升趋势，生产率提升指数从2010年的35.68上升至2021年的39.73。"一带一路"提出后，中国制造业的生产效率提升指数在2014年达到37.69。之后受全球价值链分工收缩、发达国家OFDI下降等因素影响，中国制造业发展面临的国际环境复杂和不确定性增强。2014年以后，中国制造业的生产效率提升指数出现下降，2016年降至35.14。由于中国与"一带一路"沿线国家的制造业区域化生产分工日益显著，中国制造业的区域价值链韧性增强，抵御住了新冠疫情、贸易保护主义和全球价值链重构等不利因素的冲击，制造业生产效率提升指数再次呈现上升趋势。因此，中国对"一带一路"OFDI获得的逆向技术溢出与中国制造业生产效率提升呈正相关。

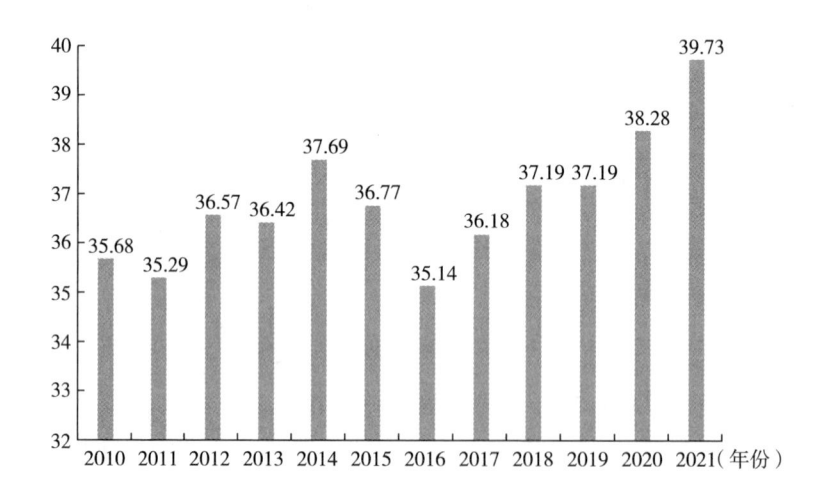

图5-4　2010—2021年中国制造业整体层面生产效率提升指数

(二) 不同技术层次制造业生产效率提升分析

本节继续测算中国不同技术层次制造业生产效率提升指数的状况，分析结果如图5-5所示。

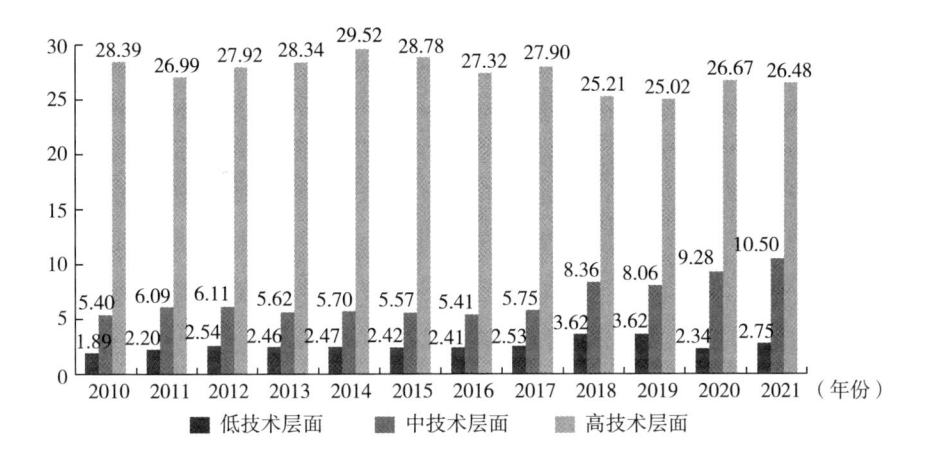

图 5-5 2010—2021 年中国不同技术层次制造业生产效率提升指数

由图 5-5 可知，从不同技术层次制造业来看，2010—2021 年高技术制造业的生产效率提升指数最高，均值为 27.38，中技术制造业的生产效率提升指数均值为 6.8，低技术制造业的生产效率提升指数最低，均值为 2.6，同时高技术制造业的生产效率提升指数显著高于中技术和低技术制造业的生产效率提升指数。这说明，对"一带一路"沿线国家制造业的 OFDI 逆向技术溢出、装备制造业市场拓展和富余产能国际合作的增加均有利于高技术制造业的生产效率指数提升。

从发展趋势来看，"一带一路"共建实施前后的高技术制造业生产效率趋势差别明显。比如，2010—2021 年总体上高技术制造业的生产效率呈现下降趋势，其中，2011—2014 年，高技术制造业的生产效率呈现提升趋势，2014 年达到 29.52。这说明，"一带一路"有助于提升中国的 OFDI 逆向技术溢出，有助于国内中低端制造业富余产能的国际合作，在经济动能转换的过程中，为高技术制造业生产效率的提升提供了空间和平台。尤其是"一带一路"分工格局日益清晰，对高技术制造业扶持力度持续加大等利好因素带动，即使新冠疫情期间，中国的高技术制造业生产效率仍呈上升趋势，相较于 2018 年，2021 年的生产效率提升指数上升了 1.27。

中技术制造业的生产效率发展趋势同高技术制造业的发展趋势相似，但是由于中技术制造业多为资源密集型行业，如化学原料及化学制品业、基本金属和焊接金属制品业等，这些行业存在中低端产能过剩、国内市场饱和等问题，因此劳动生产率和国内增加值率呈下降趋势，导致自2012年起，中技术制造业的生产效率呈逐年下降趋势。"一带一路"共建的实施增加了沿线国家基础设施建设对中国中技术装备制造的需求，使中技术制造业劳动生产率和产品生产国内增加值比例逐步提升，因此中技术制造业生产效率指数再次呈上升趋势。

上述对中国制造业结构优化指数和效率提升指数在"一带一路"实施前后的变动状况分析，印证了中国制造业价值链的分工状况，即高技术制造业技术含量和劳动生产率较高，出口增加值较大。中国同"一带一路"沿线国家形成的制造业价值链分工格局，有利于中国对沿线国家实施差异性对外投资，以获得 OFDI 逆向技术溢出，开拓出口市场，从而进一步提高制造业结构优化和效率提升水平。

第四节 "一带一路"沿线国家 OFDI 制造业升级的出口技术复杂度状况

在全球生产网络中，不同国家承担着产品内不同的生产分工环节，出口技术复杂度可以反映一国或者一个地区的出口技术水平和比较优势，Hausmann（2003）首次提出"复杂度"后，Lall（2005）将该概念运用到国际贸易研究领域，提出出口技术复杂度。Rodrik（2006）对出口技术复杂度的构建指标和方法进行了研究，并测算了中国制造业出口技术复杂度。由此可见，在全球价值链分工体系下，各国出口获得的增加值不同，其出口技术复杂度也不同，中低技术国家普遍面临着"低端锁定"的威胁。因此，基于传统总值口径，从人力资本（李坤望，2014；蒋瑛，2016）、出口补贴（施炳展等，2013）、要素市场（齐俊妍等，2011；杨峻等，2013）等角度均很难真实地反映中国制造业出口技术复杂度的状态和变化趋势。

王直等（2015）构建的增加值贸易核算框架对传统的显性比较优势指标（RCA）进行了完善，以国内增加值来衡量显性比较优势指标，从而真实反映一国的出口竞争力，度量一国的出口技术水平。本节基于上述增加值贸易核算框架，参考 Hausman 等（2005，2007）、Rodrik（2006）、王直等（2015）、徐婧（2015）等的研究方法，构建了制造业出口技术复杂度。

$$RCA_{it}^{a} = \frac{DVA_{it}^{a} \big/ \sum_{i}^{n} DVA_{i}^{a}}{\sum_{a}^{G} DVA_{it}^{a} \big/ \sum_{a}^{G} \sum_{i}^{n} DVA_{i}^{a}}, \quad i < n, \ a < G, \ t \in (2010, 2021)$$

(5.5)

$$TSI_{it} = \sum_{a} \left(\frac{DVA_{it}^{a} \big/ \sum_{i}^{n} DVA_{it}^{a}}{\sum_{a}^{G} DVA_{it}^{a} \big/ \sum_{a}^{G} \sum_{i}^{n} DVA_{it}^{a}} \right) \ln(PGDP_{t}^{a})$$

$$= \sum_{a} RCA_{it}^{a} \times \ln(PGDP_{t}^{a}) \quad (5.6)$$

其中，RCA_{it}^{a} 为 t 时期 a 国 i 产品的出口显性比较优势，DVA_{it}^{a} 表示 t 时期 a 国 i 产品出口的国内增加值，$\ln(PGDP_{t}^{a})$ 表示 t 时期 a 国取对数后的人均国内生产总值。TSI_{it} 表示 t 时期 i 产品的出口技术复杂度。由此可以得到行业层面和国家层面的出口技术复杂度。

$$ITSI_{it}^{a} = \sum_{i} \frac{DVA_{it}^{a}}{\sum_{i \in n} DVA_{it}^{a}} TSI_{it} \quad (5.7)$$

$$NTSI_{t}^{a} = \sum_{i} \frac{DVA_{it}^{a}}{\sum_{i}^{n} DVA_{it}^{a}} TSI_{it} \quad (5.8)$$

其中，$ITSI_{it}^{a}$ 表示 t 时期 a 国 i 行业层面的出口技术复杂度，$NTSI_{t}^{a}$ 表示 t 时期 a 国国家层面的出口技术复杂度。

一　"一带一路"国别层面制造业升级的出口技术复杂度分析

表 5-7 为 2010—2021 年"一带一路"沿线国家制造业出口技术复杂度国别层面分析，从整体上来看，"一带一路"沿线各国的出口技术复杂度呈上升趋势，"一带一路"对改善沿线国家产品出口结构，提升出口竞争力具有非常显著的作用。

表 5-7　2010—2021 年"一带一路"沿线国家制造业出口技术复杂度分析

	2010年	2011年	2012年	2013年	2014年	2015年	2016年	2017年	2018年	2019年	2020年	2021年
BGR	65.96	76.36	75.17	74.59	68.41	67.40	71.90	78.19	92.59	89.24	76.45	85.73
CAM	26.63	28.80	29.96	31.13	36.28	46.30	35.08	34.26	82.25	84.09	82.91	86.15
CHN	154.00	159.10	164.92	167.53	174.11	172.27	177.98	188.68	166.97	168.92	163.60	171.42

续表

	2010年	2011年	2012年	2013年	2014年	2015年	2016年	2017年	2018年	2019年	2020年	2021年
CZE	198.74	203.34	193.71	193.29	188.84	179.10	202.76	189.71	189.02	194.86	193.76	176.71
EST	77.26	81.82	80.97	85.44	93.00	97.35	98.03	96.86	104.03	121.00	118.70	123.34
HRV	108.97	138.37	143.32	144.70	144.57	146.78	143.50	143.89	130.37	131.21	126.37	130.78
HUN	79.02	83.86	96.15	93.59	107.45	118.10	114.49	140.69	97.08	82.45	77.14	73.00
IDN	23.49	17.84	23.10	28.51	27.03	23.60	24.99	22.85	31.83	23.03	24.03	26.16
IND	11.67	24.90	25.13	22.83	20.22	17.53	21.72	17.55	24.87	24.71	24.64	37.16
KAZ	39.00	36.28	21.74	30.78	36.85	38.80	39.42	51.09	64.86	66.50	66.98	62.60
KGZ	116.94	129.74	115.28	108.39	114.75	121.09	124.55	119.56	111.26	108.62	112.46	131.15
LTU	59.47	61.05	61.00	60.32	67.77	66.08	64.98	69.10	68.25	89.82	93.42	144.17
LVA	118.79	157.28	164.72	171.58	167.84	156.55	156.52	184.56	158.43	152.23	143.04	147.45
MAL	113.34	158.34	159.76	150.62	145.93	158.34	163.56	167.03	177.06	180.51	182.05	183.54
MON	11.99	6.84	8.41	10.31	10.03	4.54	3.89	4.95	6.91	4.31	5.64	4.72
PAK	54.78	71.85	69.63	65.53	64.89	66.48	64.51	74.05	76.83	78.88	76.78	81.62
PHI	28.68	23.83	23.59	27.42	30.82	27.58	24.82	21.34	28.56	39.29	51.62	50.34
POL	38.01	31.13	31.37	28.16	26.42	25.51	23.57	24.67	24.98	22.34	20.87	22.13
ROM	97.16	90.47	91.28	98.04	103.05	103.92	113.38	115.24	108.25	129.34	128.52	134.48
RUS	104.51	103.18	94.57	92.09	84.65	76.81	74.43	72.22	79.29	82.49	73.35	73.82
SIN	83.31	85.86	84.51	82.06	80.06	76.00	76.41	75.71	45.76	67.11	69.57	68.48
SRI	61.27	67.24	63.92	64.98	64.35	61.90	58.53	59.57	66.82	59.42	56.37	59.82
SVK	134.98	170.59	152.80	144.94	148.93	140.89	143.61	139.56	139.95	140.39	126.63	133.34
SVN	165.57	177.40	193.18	203.23	183.99	156.24	164.32	169.41	133.25	142.68	137.86	137.36
THA	70.25	81.13	78.18	76.19	71.95	76.58	74.00	74.19	85.27	89.80	102.52	95.27
TUR	79.05	89.24	98.19	106.72	117.95	113.00	110.74	117.44	114.07	109.21	99.97	110.70
VIE	29.95	35.12	34.46	33.83	32.80	32.40	31.23	30.62	49.19	42.69	29.75	34.01

从"一带一路"沿线高技术国家层面来看,"一带一路"沿线高技术国家制造业的出口技术复杂度较高,且呈上升趋势。比如,捷克、拉脱维亚和罗马尼亚2021年的制造业出口技术复杂度分别为176.71、147.45和134.48,克罗地亚的出口技术复杂度分别从2010年的108.97上升至2021年的130.78。值得注意的是,新加坡的出口技术复杂度始终在100以下,主要是由于新加坡作为马六甲重要的港口,以转口贸

易为主，因此出口产品国内增加值较低。

由此可见，"一带一路"沿线高技术国家的工业基础较好，中高技术产品的出口比重大，国内增加值率高，因此制造业的出口产品技术水平较高。比如，俄罗斯在石油化工、钢铁和航空航天等制造业领域具有显著的比较优势，波兰在机械制造、机床、动力设备制造等方面具有显著的比较优势。同时，"一带一路"沿线高技术国家的人均国内生产总值较高，劳动者受教育程度和职业技能培训普及率较高。随着"一带一路"的深入推进，中国将进一步同沿线国家加强研发合作，建立研发成果共享机制，有效带动沿线高技术国家出口技术复杂度的提升。

从"一带一路"沿线中低技术国家层面来看，"一带一路"沿线中低技术国家的整体出口技术复杂度较低。比如，印度尼西亚、印度和蒙古国2021年的出口技术复杂度仅为26.16、37.16和4.72。部分中低技术国家制造业的出口技术复杂度上升趋势较为显著，比如，巴基斯坦和土耳其的制造业出口技术复杂度从2010年的54.78和79.05分别上升至2021年的81.62和110.70。还有一部分中低技术国家制造业的出口技术复杂度呈停滞状态，甚至呈微弱下降状态。值得关注的是，吉尔吉斯斯坦和马来西亚等国的出口技术复杂度较高，整体都在110以上，主要是由于这些国家的能源资源出口比重大，国内增加值占比较高，因此产品出口的技术复杂度较高。比如，吉尔吉斯斯坦的煤炭资源丰富，马来西亚的棕榈油、石油、天然气等资源丰富。中国的制造业出口技术复杂度相对较高，仅低于捷克等国。从发展趋势来看，中国制造业的出口技术复杂度呈稳步上升趋势，从2010年的154上升至2021年的171.42。

由此可知，"一带一路"沿线中低技术国家人口众多，工业基础较为薄弱，经济发展水平较低，因此人均国内生产总值数值较低，参与全球价值链分工以加工组装为主，出口产品国内增加值占比较低。在"一带一路"国际产能合作推动下，沿线中低技术国家与中国的纺织及服装制造业，纸浆、纸张、印刷和出版业等劳动力密集型和资源密集型行业的合作机会增多，可以促进东道国劳动力就业和产品出口产品国内增加值的提升，从而提高出口技术复杂度。

进一步印证了上述价值链分工状况中"一带一路"沿线国家要素禀赋和比较优势异质性显著，"一带一路"价值链分工格局有利于实现设施联通、贸易畅通，尤其是有利于参与沿线国家的基础设施和工业建设，开拓中国装备制造业的出口市场，有利于同沿线高技术国家之间研发创新合作获得 OFDI 逆向技术溢出，有利于推动中国及沿线国家制造业出口技术复杂度提升。

二 "一带一路"行业层面制造业升级的出口技术复杂度分析

为了更加清晰地了解"一带一路"沿线国家制造业出口技术复杂度的状况，下面将分别从 3 个技术层次分析"一带一路"沿线国家制造业出口技术复杂度。

（一）"一带一路"沿线国家高技术制造业出口技术复杂度分析

由表 5-8 可知，在高技术制造业领域，从整体上来看，"一带一路"沿线多数高技术国家的产品出口技术复杂度显著高于中低技术国家，且"一带一路"共建实施以来沿线多数高技术国家的产品出口技术复杂度呈上升趋势。

表 5-8　　2010—2021 年"一带一路"样本国高技术制造业出口技术复杂度分析

	2010年	2011年	2012年	2013年	2014年	2015年	2016年	2017年	2018年	2019年	2020年	2021年
BGR	6.40	7.80	8.21	9.42	8.24	7.81	8.60	9.70	12.63	11.86	10.09	10.36
CHN	6.54	11.99	11.42	11.10	11.00	10.20	9.80	9.74	8.86	11.73	11.19	11.29
CZE	23.92	27.04	28.49	28.78	28.33	26.57	28.05	29.23	26.45	24.50	22.72	23.47
EST	13.91	15.47	14.81	14.86	14.67	12.42	11.64	11.04	12.78	13.54	12.80	11.21
HRV	6.81	7.67	7.42	7.71	7.94	8.32	8.40	8.25	8.71	8.45	8.40	8.77
HUN	25.46	29.00	28.59	26.46	25.63	25.50	25.41	25.45	20.73	17.70	17.65	19.33
IDN	0.80	2.44	2.67	2.64	2.68	2.82	2.85	2.70	1.75	2.08	1.87	2.11
IND	1.28	0.79	0.97	1.18	1.17	1.12	1.10	1.02	1.57	1.15	1.17	1.33
KAZ	0.94	1.09	1.50	1.63	1.05	0.86	0.98	0.83	1.17	1.24	0.96	1.41
KGZ	2.15	0.22	0.24	0.25	0.06	0.07	0.07	0.11	0.80	0.66	0.63	0.65
CAM	0.08	0.00	0.01	0.01	0.00	0.01	0.01	0.01	0.02	0.03	0.04	0.05
SRI	0.08	0.08	0.10	0.11	0.19	0.15	0.25	1.14	0.96	1.30	1.36	2.12
LTU	7.68	6.63	6.86	7.35	7.60	7.26	5.65	8.71	7.96	7.54	7.30	7.88
LVA	5.05	6.81	7.35	7.75	7.50	7.46	7.58	7.87	6.67	6.50	6.41	7.20
MON	0.03	0.07	0.01	0.01	0.15	0.10	0.08	0.08	0.17	0.12	0.16	0.18

续表

	2010年	2011年	2012年	2013年	2014年	2015年	2016年	2017年	2018年	2019年	2020年	2021年
MAL	9.73	9.46	9.38	8.91	15.07	15.01	14.64	11.81	13.48	13.63	14.55	15.78
PAK	3.54	3.56	3.59	3.69	0.05	0.04	0.04	0.03	0.03	0.04	0.05	0.03
PHI	12.34	10.44	12.39	9.80	9.22	8.34	7.20	7.37	6.69	7.92	7.51	8.35
POL	11.29	9.93	10.76	11.67	11.84	12.15	12.71	12.97	11.33	13.02	12.28	13.35
ROM	10.50	17.62	16.75	13.30	14.34	13.49	13.51	13.26	12.78	11.53	9.89	10.14
RUS	1.24	0.89	1.23	1.10	1.33	1.40	1.04	1.01	1.71	0.69	0.73	0.79
SIN	19.36	20.29	18.91	19.30	18.90	18.12	16.81	16.85	26.96	28.47	27.34	30.05
SVK	19.16	22.76	20.27	20.26	20.62	16.96	17.51	17.52	19.11	19.04	16.16	17.24
SVN	24.37	21.35	23.14	23.17	22.43	19.88	22.13	22.84	18.72	19.14	19.06	19.22
THA	7.65	7.42	7.22	7.22	2.07	2.11	2.05	2.08	2.60	5.65	6.97	6.66
TUR	5.74	7.25	7.88	8.99	10.43	9.59	9.30	10.36	10.40	8.60	7.87	8.57
VIE	1.46	1.47	1.33	1.35	4.73	5.25	5.76	5.72	10.74	10.66	10.86	10.44

"一带一路"沿线多数高技术国家的高技术制造业出口技术复杂度较高，比如，新加坡和匈牙利2021年的高技术制造业出口技术复杂度分别为30.05和19.33，主要是由于沿线高技术国在高技术制造业产品出口领域具有比较优势，其中新加坡在电子、生物医药、精密机械等方面具有比较优势。在推进"一带一路"的过程中，中国积极鼓励企业加强同沿线国家分工合作，中国—匈牙利高端智能制造产业园区等项目推动了双边技术的进步，显著带动了双边高技术制造业出口技术复杂度的提升。

"一带一路"沿线多数中低技术国家的高技术制造业出口技术复杂度较低，比如，吉尔吉斯斯坦和柬埔寨2021年的高技术制造业出口技术复杂度仅为0.65和0.05。"一带一路"沿线多数中低技术国家的高技术制造业出口技术复杂度呈小幅下降趋势，比如印度、印度尼西亚等国，主要是由于中低技术国家工业基础薄弱，劳动技能较低，因此多数中低技术国家在高技术制造业领域的出口技术复杂度不高。

中国在高技术制造业领域的产品出口技术复杂度较高，且总体呈上升趋势，从2010年的6.54上升至2021年的11.29。比如，中国在精密机械和电气设备制造等高技术制造业具有显著的比较优势，完整的工业体系有利于提升产品的出口增加值能力。随着在科技创新和人才培养等方面投入的不断增加,中国形成了一批有竞争力的高科技企业,比如大疆、华为、中兴等。在推进"一带一路"的过程中,国际产能合作加强了中国和沿线国家间制造业分工合作,不仅使中国 OFDI 逆向技术溢出、制造业结构升级和效率提升的效果日益显现,而且提高了出口产品国内增加值占比,从而推动了出口技术复杂度的提升。

(二)"一带一路"沿线国家中技术制造业出口技术复杂度分析

由表 5-9 可知,在中技术制造业领域,从整体上来看,"一带一路"沿线高技术国家相较于中低技术国家出口技术复杂度的差异化更为显著,中低技术国家受"一带一路"的带动,出口技术复杂度的提升趋势更为显著。

表 5-9　　2010—2021 年"一带一路"样本国中技术制造业出口技术复杂度分析

	2010 年	2011 年	2012 年	2013 年	2014 年	2015 年	2016 年	2017 年	2018 年	2019 年	2020 年	2021 年
BGR	35.14	34.66	36.76	34.95	32.77	31.30	32.74	35.07	47.53	43.99	37.69	42.79
CHN	20.29	23.77	25.07	24.04	23.52	21.79	20.79	20.76	29.54	24.19	24.57	25.74
CZE	81.90	91.82	95.12	97.73	103.73	102.94	106.17	110.68	96.33	98.89	96.03	104.80
EST	58.10	56.74	54.97	53.41	47.61	45.48	49.24	46.89	44.88	47.15	47.33	41.55
HRV	33.64	36.16	36.93	39.44	40.21	41.02	41.34	41.43	44.94	55.04	46.85	46.32
HUN	62.14	78.86	85.04	88.05	90.16	89.16	88.23	89.72	78.17	80.75	76.88	80.27
IDN	22.60	24.42	22.90	25.06	28.17	27.94	25.26	26.59	31.93	14.84	14.16	15.76
IND	14.51	10.85	14.38	17.64	16.80	13.84	15.56	14.17	18.77	13.62	15.85	16.53
KAZ	8.93	22.98	21.81	19.52	17.56	14.94	19.08	15.25	21.40	21.73	22.51	32.96
KGZ	4.76	34.14	19.44	28.51	35.81	37.68	38.30	49.34	51.08	55.53	56.10	52.42
CAM	3.65	1.19	1.30	1.32	1.81	1.77	1.93	2.10	3.01	4.27	5.28	6.31
SRI	0.67	12.48	5.35	5.65	6.25	6.41	6.99	6.21	13.65	23.50	29.08	43.07
LTU	58.54	80.27	87.95	83.77	79.50	69.13	71.53	86.07	75.58	72.05	65.25	69.48
LVA	28.04	37.27	36.90	33.82	33.94	36.04	36.36	37.83	30.95	31.84	31.39	31.05
MON	2.81	1.78	5.21	3.77	7.98	3.38	2.83	3.41	5.51	2.92	3.86	3.14
MAL	29.61	42.44	41.24	39.28	31.92	33.65	33.07	42.20	39.78	41.34	38.58	40.33
PAK	3.08	2.49	2.15	2.38	3.02	2.65	2.45	2.23	2.35	1.69	1.38	1.21
PHI	9.99	10.33	8.20	8.66	7.40	7.20	6.63	7.43	9.68	8.37	7.67	8.06
POL	51.45	47.66	48.36	51.65	53.45	54.83	57.51	58.74	53.98	66.68	66.91	70.14

续表

	2010年	2011年	2012年	2013年	2014年	2015年	2016年	2017年	2018年	2019年	2020年	2021年
ROM	32.49	29.03	27.43	32.35	28.88	27.82	26.62	26.25	31.01	31.58	25.57	23.57
RUS	21.52	23.71	24.65	25.10	28.40	36.76	28.73	28.05	35.64	54.31	55.21	53.60
SIN	37.65	41.50	37.10	37.57	37.44	37.94	37.05	37.58	29.34	20.53	20.12	21.28
SVK	75.01	97.67	92.11	87.28	88.58	78.91	79.89	77.30	74.59	82.28	75.30	79.46
SVN	89.36	101.11	112.70	125.09	106.58	89.02	91.76	94.97	74.52	79.08	75.88	75.99
THA	33.12	37.95	36.81	35.60	48.42	52.52	50.04	49.37	56.83	48.61	59.72	51.76
TUR	45.66	46.65	52.65	55.73	60.06	54.08	53.34	59.18	71.94	58.92	56.71	62.31
VIE	13.58	15.64	13.21	14.39	23.56	25.38	27.48	29.14	48.74	51.04	45.92	56.84

"一带一路"沿线多数高技术国家的中技术制造业出口技术复杂度较高，比如，克罗地亚和斯洛文尼亚2021年的中技术制造业出口技术复杂度高达46.32和75.98。同时，多数高技术国家中技术制造业出口技术复杂度呈上升趋势，特别是"一带一路"倡议提出后，纷纷呈快速增长趋势。比如，克罗地亚和捷克的中技术制造业出口技术复杂度分别从2010年的33.64和81.90上升至2021年的46.32和104.80。由此可知，"一带一路"沿线多数高技术国家在中技术制造业出口领域具有异质性比较优势，出口产品国内增加值较高。比如，东欧国家在机械、造船、仪表、汽车等中技术制造业领域具有显著的比较优势，俄罗斯在航空航天、发动机制造等方面具有显著优势，新加坡2022年的人均国内生产总值为8.28万美元，创新指数位居全球第6位，在石油产品、机械设备、生物制药等方面具有显著优势。

"一带一路"沿线中低技术国家的中技术制造业出口技术复杂度差异集中，2021年中低技术国家的中技术制造业出口技术复杂度均值为30.05。柬埔寨、巴基斯坦和菲律宾2021年的中技术制造业出口技术复杂度较低，分别为6.31、1.21和8.06，主要是由于这些国家的经济发展水平较低、工业基础薄弱、基础设施落后，在中技术制造业中不具有比较优势。"一带一路"沿线多数中低技术国家的中技术制造业出口技术复杂度呈上升趋势，比如，土耳其和越南的中技术制造业出口技术复杂度分别从2010年的45.66和13.58上升至2021年的62.31和56.84。由此可知：一方面，"一带一路"沿线部分中低技术国家的能源、矿产资源，劳动力成本低廉,在劳动力密集型和资源密集型制造业领域具有比较优势,但是国内的工业基础和基础设施较为薄弱;另一方面,"一带一路"下的国际产能合作带动了沿线国家中技术制造业的出口产品国内增加值,提升了出口技术复杂度。

中国的中技术制造业出口技术复杂度较高,并且呈上升趋势,从 2010 年的 20.29 上升至 2021 年的 25.74。进一步印证了价值链分工中中国在中技术制造业领域的产品生产上具有比较优势。比如,金属制品业、城市轻轨等交通运输设备制造业方面具有显著优势。同时,"一带一路"国际产能合作拓宽了中技术产品的出口市场,完整的工业体系促进了中国产品的出口产品国内增加值比重不断提高。

(三)"一带一路"沿线国家低技术制造业出口技术复杂度分析

由表 5-10 可知,"一带一路"沿线中低技术国家低技术制造业的出口技术复杂度较高,且普遍高于沿线高技术国家,沿线多数中低技术国家低技术制造业的出口技术复杂度呈显著上升趋势。

表 5-10　　2010—2021 年"一带一路"样本国低技术制造业
出口技术复杂度分析

	2010 年	2011 年	2012 年	2013 年	2014 年	2015 年	2016 年	2017 年	2018 年	2019 年	2020 年	2021 年
BGR	24.43	33.90	30.20	30.22	27.40	28.29	30.57	33.41	32.43	33.40	28.67	32.58
CHN	10.47	34.10	32.02	30.93	28.54	27.01	25.82	25.21	23.85	28.17	27.14	29.12
CZE	44.18	40.14	41.30	41.01	42.04	42.76	43.76	48.77	44.19	45.53	44.85	43.14
EST	96.74	131.13	123.93	125.02	126.56	121.20	141.87	131.78	131.35	134.16	133.63	123.95
HRV	36.81	37.99	36.62	38.29	44.84	48.00	48.29	47.17	50.38	57.51	63.44	68.24
HUN	21.38	30.51	29.69	30.18	28.78	32.13	29.86	28.72	31.46	32.76	31.85	31.18
IDN	33.00	57.00	70.58	65.89	76.60	87.34	86.38	111.40	63.40	65.53	61.11	55.13
IND	7.70	6.20	7.75	9.69	9.05	8.65	8.33	7.67	11.48	8.26	7.01	8.30
KAZ	4.81	0.83	1.82	1.67	1.60	1.73	1.66	1.48	2.29	1.74	1.17	2.79
KGZ	3.44	1.92	2.06	2.02	0.97	1.05	1.05	1.63	12.98	10.31	10.24	9.54
CAM	115.21	128.55	113.97	107.07	112.94	119.32	122.62	117.45	108.23	104.31	107.13	124.78
SRI	3.73	54.50	55.56	54.56	61.34	59.53	57.74	62.11	53.65	65.02	62.98	98.99
LTU	52.56	70.38	69.91	80.46	80.74	9.57	79.34	89.78	74.89	72.64	70.49	70.09
LVA	70.26	114.26	115.52	109.05	104.48	114.83	119.63	121.32	139.43	142.17	144.24	145.29

续表

	2010年	2011年	2012年	2013年	2014年	2015年	2016年	2017年	2018年	2019年	2020年	2021年
MON	9.15	4.99	3.19	6.53	1.90	1.06	0.98	1.46	1.23	1.27	1.62	1.40
MAL	15.45	19.96	19.01	17.35	17.90	17.82	16.79	20.04	23.57	23.91	23.65	25.51
PAK	25.59	21.34	21.42	25.02	27.76	24.89	22.33	19.08	26.18	37.55	50.19	49.09
PHI	15.69	10.51	11.00	9.31	9.85	9.99	9.74	9.96	8.62	6.05	5.69	5.72
POL	34.42	32.87	32.15	34.72	37.76	41.25	43.16	43.53	42.93	49.65	49.33	50.98
ROM	56.52	56.53	50.39	46.44	41.43	35.51	34.30	32.72	35.50	39.38	37.89	40.12
RUS	3.86	4.20	4.08	4.94	6.55	8.13	5.30	5.19	8.42	12.01	13.63	14.10
SIN	7.25	8.45	7.92	8.11	8.00	5.84	4.67	5.14	10.53	10.42	8.91	8.49
SVK	43.81	56.16	44.42	41.41	43.72	45.02	46.22	44.74	46.25	39.07	35.17	36.64
SVN	51.84	54.94	57.34	54.97	54.98	47.35	50.43	51.60	40.01	44.47	42.92	42.17
THA	23.59	29.63	27.78	26.90	21.46	21.95	21.91	22.73	25.84	35.54	35.84	36.85
TUR	27.65	35.34	37.66	42.00	47.46	49.32	48.10	47.91	31.72	41.69	35.39	39.82
VIE	27.22	26.00	22.18	22.29	157.38	182.67	195.39	193.82	268.71	249.90	237.35	242.24

"一带一路"沿线多数高技术国家低技术制造业的出口技术复杂度较低，比如，新加坡2021年低技术制造业的出口技术复杂度为8.49。部分"一带一路"沿线多数高技术国家低技术制造业的出口技术复杂度呈停滞状态，甚至呈下降趋势。比如，斯洛伐克低技术制造业的出口技术复杂度从2010年的43.81下降至2021年的36.64。由此可知，"一带一路"沿线高技术国家的劳动力成本高且劳动力资源相对短缺，因此在纺织及服装制造业、皮革和鞋类制造业等低技术制造业领域不具有比较优势。比如，俄罗斯和中东欧国家一直以来重化工业较为发达，生活资料生产能力较弱，因此多数国家的生活资料以进口为主。

"一带一路"沿线多数中低技术国家低技术制造业的出口技术复杂度较高，比如，越南2021年的低技术制造业出口技术复杂度高达242.24，并且呈上升趋势，马来西亚、泰国的低技术制造业出口技术复杂度分别从2010年的15.45和23.59上升至2021年的25.51和36.85。由此可知，"一带一路"沿线多数中低技术国家劳动力成本较低，在纺织及服装制造业、皮革和鞋类制造业等低技术制造业领域具有显著的比较优势。比如，南亚和东南亚地区林木资源丰富，因此在木材、木材制品及软木制品业，纸浆、纸张、印刷和出版业等行业具有显著优势。中国积极参与"一带一路"沿线国家的基础设施建设和中低技术制造业生产加工环节，有利于提高沿线国家的人均国内生产总值和出口产品国内增加值，有利于出口技术复杂度水平的提升。

中国的低技术制造业出口技术复杂度较高，且总体呈上升趋势，从2010年的10.47上升至2021年的29.12。2013年以前，中国的低技术制造业出口技术复杂度呈下降趋势，"一带一路"实施后，中国的低技术制造业出口呈快速发展态势。进一步印证了"一带一路"推动了中国加工、组装、生产等环节的国际合作，使国内低技术制造业能够向品牌设计、营销服务等高附加值环节移动，从而提升出口产品国内增加值，同时通过OFDI逆向技术溢出等反馈机制带动国内低技术制造业升级，提升产品的出口技术复杂度。

第五节　本章小结

本章基于"一带一路"沿线国家制造业价值链分工进行分析，运用"一带一路"OFDI的制造业升级效应形成机理，分别从国家层面和行业层面的技术异质性角度出发，测度分析了"一带一路"OFDI的制造业升级效应状况，得出以下结论。

（1）在分析中国对"一带一路"沿线国家制造业OFDI的状况时发现：第一，从投资总规模来看，中国对"一带一路"沿线高技术国家的投资在2015—2019年高于对中低技术国家的投资。从投资结构来看，中国对"一带一路"沿线高技术国家制造业的OFDI存量高于对中低技术国家制造业的OFDI存量，2021年中国对沿线高技术国家制造业的OFDI存量占对26个样本国制造业OFDI存量的58.66%。第二，进一步印证了上述制造业价值链分工状况，说明"一带一路"沿线国家制造业的要素禀赋、比较优势异质性显著，与中国具有互补性。中国对沿线高技术国家制造业OFDI的主要动因是获取OFDI逆向技术溢出效应，对沿线中低技术国家OFDI的前期动因是加强富余产能合作，后期是为中高端装备制造开拓海外市场，以充分体现OFDI推动国内经济发展的作用。

（2）在测度分析对"一带一路"沿线制造业OFDI逆向技术溢出状

况时发现：第一，在国别层面，印证了"一带一路"沿线高技术国家在中高端制造业具有差异化比较优势，中国对高技术国家制造业的 OFDI 存量大，OFDI 逆向技术溢出效果更为显著，通过参与中低技术国家的基础设施建设等，制造业 OFDI 逆向利润反馈机制可以为国内制造业升级和出口技术复杂度提升提供支持。第二，在行业层面，体现了东南亚国家是中国中低技术劳动力密集型制造业和加工生产环节合作的重点地区，OFDI 获得逆向技术溢出效果较为显著，"一带一路"沿线中低技术国家是中国装备制造业出口的主要海外市场，OFDI 逆向利润反馈机制效果显著，中国的高端制造业对沿线高技术国家进行 OFDI 获得的逆向技术溢出效应相对显著。

（3）在测算"一带一路"OFDI 制造业升级状况时发现：第一，"一带一路"沿线国家在要素禀赋和比较优势等方面的异质性有利于中国不同技术层次制造业的结构优化和效率提升。第二，中国对"一带一路"沿线国家制造业 OFDI 的逆向技术溢出与中国制造业升级呈正相关关系，对高技术制造业的结构优化和效率提升促进作用相对显著。

（4）在测算"一带一路"OFDI 制造业升级的出口技术复杂度状况时发现：第一，从国别层面来看，基于要素禀赋和比较优势异质性形成的"一带一路"价值链分工格局，一方面有利于带动沿线国家出口技术复杂度的提升；另一方面有利于开拓中国装备制造业的出口市场，获得 OFDI 逆向技术溢出，为制造业升级提供资本和技术支持，从而带动出口技术复杂度的提升。第二，从行业层面来看，完整的工业体系有利于提升中国中高端制造业产品的出口产品国内增加值能力，同时说明中高端制造业 OFDI 逆向技术溢出与出口技术复杂度提升呈正相关关系，低技术制造业也能通过"一带一路"国际产能合作提升出口产品国内增加值。

总之，本章测算的"一带一路"OFDI 逆向技术溢出、制造业升级和制造业出口技术复杂度状况，为进一步实证检验提供了基础数据。

第六章 "一带一路"OFDI逆向技术溢出对制造业升级的直接效应实证

通过上述"一带一路"制造业价值链分工状况分析,以及"一带一路"制造业OFDI逆向技术溢出状况和对制造业影响状况的分析,初步判定对"一带一路"沿线高技术国家进行OFDI对中技术制造业升级具有促进作用,同时对中低技术国家的制造业转移具有促进作用。通过参与中低技术国家的基础设施建设,开拓境外市场,特别是开拓中国装备制造业出口市场,有利于获得OFDI逆向技术溢出,为制造业升级提供资本和技术支持,分析结果总体表明OFDI逆向技术溢出有利于制造业升级。本章将进一步从国别层面和行业技术异质性层面分别实证中国对"一带一路"沿线国家OFDI逆向技术溢出对中国制造业升级的影响程度。

第一节 模型设定

由于制造业分工的细化和专业化形成了全球价值链分工体系,该体系下一国出口产品的总值并不完全属于本国增加值,所以传统总值统计口径下的进出口存在重复计算问题。为此,本节采取增加值贸易核算框架,用出口产品国内增加值计算制造业结构优化和生产效率提升两个指标,从而厘清OFDI逆向技术溢出对中国制造业结构升级的影响。参考杨连星(2016,2017)、陈昊(2016)等的研究,构建如下实证模型。

一 基于国家层面的OFDI逆向技术溢出对中国制造业升级影响的模型构建

关于中国对不同技术水平国家OFDI逆向技术溢出对制造业结构优化(Industrial Structure Optimization Index,ISOI)影响的实证模型为:

$$\ln(ISOI_t^a) = a_0 + b_0 \ln(OFS_t^a) + b_1 \ln(GVC_t^a) + b_3 \ln(RD_t^a) + b_4 \ln(HC_t^a) +$$

$$b_5\ln(PI_t^a)+b_6\ln(BI_t^a)+u^a+\varepsilon_t^a \tag{6.1}$$

其中，$ISOI_t^a$ 表示 t 时期 a 国对中国制造业结构优化的影响指标，OFS_t^a 表示 t 时期中国从 a 国获得的逆向技术溢出效应；GVC_t^a 表示 t 时期"一带一路"沿线样本国 a 国制造业价值链的参与度指数；RD_t^a 表示 t 时期"一带一路"沿线样本国 a 国的研发投入；HC_t^a 表示 t 时期"一带一路"沿线样本国 a 国的人力资本状况；PI_t^a 表示 t 时期"一带一路"沿线样本国 a 国的人均收入状况；BI_t^a 表示 t 时期"一带一路"沿线样本国 a 国的基础设施投入状况；a_0 表示常数项，u^a 表示截面效应，ε_t^a 表示随机误差项。

关于中国对不同技术水平国家 OFDI 逆向技术溢出对于制造业效率提升（Industrial Efficiency Improvement Index，IEII）影响的实证模型为：

$$\ln(IEII_t^a)=a_0+b_0\ln(OFS_t^a)+b_1\ln(GVC_t^a)+b_3\ln(RD_t^a)+b_4\ln(HC_t^a)+$$
$$b_5\ln(PI_t^a)+b_6\ln(BI_t^a)+u^a+\varepsilon_t^a \tag{6.2}$$

其中，$IEII_t^a$ 表示 t 时期 a 国对中国制造业效率提升的影响指标。

二 基于行业层面的 OFDI 逆向技术溢出对中国制造业升级影响的模型构建

关于制造业不同技术层次 OFDI 逆向技术溢出对于制造业结构优化影响的实证模型为：

$$\ln(ISOI_{it}^a)=a_0+b_0\ln(OFS_{it}^a)+b_1\ln(GVC_{it}^a)+b_3\ln(RD_t^a)+b_4\ln(HC_t^a)+$$
$$b_5\ln(PI_t^a)+b_6\ln(BI_t^a)+u_i^a+\varepsilon_{it}^a \tag{6.3}$$

其中，i 表示制造业不同层级。

关于制造业不同技术层次 OFDI 逆向技术溢出对于制造业效率提升影响的实证模型为：

$$\ln(IEII_{it}^a)=a_0+b_0\ln(OFS_{it}^a)+b_1\ln(GVC_{it}^a)+b_3\ln(RD_t^a)+b_4\ln(HC_t^a)+$$
$$b_5\ln(PI_t^a)+b_6\ln(BI_t^a)+u_i^a+\varepsilon_{it}^a \tag{6.4}$$

第二节 变量选取与数据来源

一 变量选取

（一）被解释变量界定

基于"一带一路"OFDI 逆向技术溢出对制造业影响状况的分析，选取制造业结构优化、制造业效率提升两个指标作为被解释变量,实证分析"一带一路"OFDI 逆向技术溢出对中国制造业升级的影响。变量的具体构造过程此处不再赘述。

制造业结构优化指标:

$$ISOI_i = \sum_{i=1}^{3} DVAS_i \times i = DVAS_1 \times 1 + DVAS_2 \times 2 + DVAS_3 \times 3 \quad (6.5)$$

制造业效率提升指标:

$$IEII_i = \sum_{i=1}^{3} DVAS_i \times \sqrt{\frac{DVA_i}{L_i}} = DVAS_1 \times \sqrt{\frac{DVA_1}{L_1}} + DVAS_2 \times \sqrt{\frac{DVA_2}{L_2}} +$$

$$DVAS_3 \times \sqrt{\frac{DVA_3}{L_3}} \quad (6.6)$$

(二) 解释变量界定

选取前文在论述"一带一路"制造业逆向技术溢出状况时使用的 OFDI 逆向技术溢出指标作为核心解释变量,实证分析"一带一路"制造业 OFDI 逆向技术溢出对中国制造业升级的影响。变量的具体构造过程此处不再赘述。

国家层面的制造业 OFDI 逆向技术溢出为:

$$OFS_t^{ca} = \sum_{a \in n} \frac{OFDI_t^a}{GDP_t^a} S_t^a \quad (6.7)$$

行业层面的制造业 OFDI 逆向技术溢出为:

$$OFS_{it}^{ca} = \sum_{i} \sum_{a \in n} \frac{E_{it}^{ac}}{E_{it}^{a}} \frac{OFDI_t^a}{GDP_t^a} S_t^a \quad (6.8)$$

其中,c 代表中国。OFS_t^{ca} 表示 t 时期中国对 a 国制造业 OFDI 所获得的逆向技术溢出;OFS_{it}^{ca} 表示 t 时期中国对 a 国制造业 i 行业 OFDI 所获得的逆向技术溢出。$OFDI_t^a$ 表示 t 时期中国对 a 国制造业 OFDI 资本存量,GDP_t^a 表示 t 时期 a 国国内生产总值,S_t^a 表示 t 时期 a 国国内 R&D 支出,E_{it}^{ac} 表示 t 时期 a 国 i 行业出口到中国的增加值,E_{it}^{a} 表示 t 时期 a 国 i 行业出口总增加值。

除 OFDI 逆向技术溢出核心解释变量外,本书还考虑以下影响因素。

第一,全球价值链参与水平(GVC)。主要使用垂直化专业程度进行衡量,即国外增加值(FVA)与制造业总出口增加值比重。由于全球价值链参与度可以直接反映一国制造业的对外开放程度，因此该国或者该行业的全球价值链参与水平数值越高，其制造业开放程度越高。

$$FVA_{it}^a = FVA\_FIN_{it}^a + FVA\_INT_{it}^a \tag{6.9}$$

$$GVC_{it}^a = \left(\frac{FVA_{it}^a}{E_{it}^a}\right) \tag{6.10}$$

其中，FVA_{it}^a 表示 t 时期 a 国 i 行业出口增加值中国外增加值部分，由中间品出口增加值（$FVA\_INT_{it}^a$）和最终品出口增加值（$FVA\_FIN_{it}^a$）两部分构成，GVC_{it}^a 表示 t 时期 a 国 i 行业全球价值链参与度。

第二，研发资本存量（RD）。由于一国的研发投入通常与该国的创新能力有着密切的正相关关系，直接影响着 OFDI 投资国的出口技术复杂度，因此本书采用永续盘存法计算样本国的研发资本存量。

$$RDS_t^a = (1-\delta)RDS_t^a + RD_t^a \tag{6.11}$$

其中，RDS_t^a 和 RD_t^a 表示 a 国 t 时期的研发支出和研发资本存量。

$$RDS_0^a = RD_0^a / (g^a + \delta) \tag{6.12}$$

其中，RDS_0^a 和 RD_0^a 分别表示起始年份 a 国的研发支出和研发资本存量。本书以 2003 年为基期年份，δ 为折旧率，将折旧率设定为 5%。g^a 表示 2003—2021 年 a 国的研发支出平均增长率。

第三，人力资本（HC）。通常而言，劳动力素质的提升有利于增强东道国国内技术密集型制造业的生产能力，有利于提高劳动效率，促进生产工艺改进和技术进步，从而有利于投资国获得逆向技术溢出，有利于制造业生产结构优化和生产效率提升。本书采用"一带一路"沿线国家的高等教育入学率来衡量人力资本状况。

第四，人均收入水平（PI）。一国居民的收入越高则对高质量消费的需求越强，从而有利于促进该国的产业结构向高技术发展，对投资国出口技术复杂度的影响效果也越显著。本书采用以 2010 年为基期的人均国内生产总值来表示。

第五，基础设施（BI）。完善的基础设施有利于企业产生集聚效应，降低产品生产的运输成本，促进制造业分工链条形成。特别是在信息化时代，网络通信基础设施的完善程度对中高技术制造业出口产品技术复杂度的提升至关重要。本书采用一国每百万人口中的互联网用户数量来表示。

二　数据来源说明

在考虑数据可得性和完整性的基础上，本书选取了27个"一带一路"沿线国家的跨国面板数据。其中，中国的国家层面和行业层面制造业升级数据主要来源于《中国工业经济统计年鉴》，中国对"一带一路"沿线国家OFDI逆向技术溢出和价值链参与度数据主要来源于中国商务部发布的《中国对外直接投资统计公报》、2023年12月发布的ADB-WIOD（MRIO2022）数据库和《中国统计年鉴》。样本国研发支出、人均国内生产总值、人力资本、东道国基础设施等数据主要来源于世界银行数据库（WBOD）。

在进行实证分析之前，本书分别从国家层面和不同技术层面对变量进行了描述性统计分析，分析结果如表6-1和表6-2所示。

表6-1　　　　　　　国家层面的变量描述性统计分析

变量	样本数量（个）	平均值	标准差	最小值	最大值
ln$NISOI$	312	1.1307	0.0831	0.9498	1.3009
ln$NIEII$	312	3.6291	0.1209	3.3548	3.8785
lnOFS	312	3.6028	2.0251	0.0381	9.3630
lnGVC	312	0.3010	0.4278	0.0457	7.5512
lnBI	312	2.4558	0.9790	0.1409	3.6525
lnPI	312	8.8880	1.0500	6.6678	11.1151
lnRD	312	8.9492	1.9345	3.8233	12.8715
lnHC	312	3.8830	0.5573	2.2399	4.8423

注：$NISOI$、$NIEII$表示国家层面的制造业结构优化指标和制造业效率提升指标。

各个变量的样本数量均为312个，人均国内生产总值的对数lnPI均值为8.8880，各变量的标准差、最大值和最小值在表6-1中都有体现。比如，国家层面制造业效率提升指标的平均值为3.6291，标准差为0.1209，最大值为3.8785，最小值为3.3548。制造业效率提升统计指标高于制造业结构优化统计指标。

表6-2反映的是不同技术层面制造业变量的样本数量、平均值、标准差、最大值和最小值。

表 6-2　　　　　　不同技术层面的变量描述性统计分析

变量	样本数量（个）	平均值	标准差	最小值	最大值
ln$CISOI\_high$	312	0.6388	0.1552	0.2542	0.8351
ln$CISOI\_middle$	312	0.5563	0.1674	0.1605	0.7512
ln$CISOI\_low$	312	0.2059	0.0255	0.1411	0.2605
ln$CIEII\_high$	312	3.3408	0.1345	3.0099	3.632
ln$CIEII\_middle$	312	2.0329	0.2089	1.6597	2.6037
ln$CIEII\_low$	312	1.2711	0.1473	0.9148	1.6771
lnGVC_high	312	0.2764	0.1128	0.0181	0.4595
lnGVC_middle	312	0.3466	0.4998	0.0331	8.6494
lnGVC_low	312	0.2281	0.0941	0.0586	0.4041

注：CISOI、CIEII 表示行业层面的制造业结构优化指标和制造业效率提升指标，high、middle、low 表示高技术制造业、中技术制造业和低技术制造业。

第三节　实证结果与分析

一　面板数据的单位根检验和协整检验

（一）面板数据的单位根检验

在实证中，伪回归问题通常会给研究造成假象和偏误，为了防止实证结果伪回归，须保证研究数据的平稳性。本节首先对面板数据中各研究变量进行了单位根检验和协整性检验，在检验面板数据单位根的过程中，本节分别进行了相同单位根情形下的检验和不同单位根情形下的检验。其中，相同单位根情形下的检验，其原假设为面板数据中各截面序列的单位根相同，主要使用 LLC 检验方法；不同单位根情形下的检验，其原假设为面板数据中各截面序列的单位根不相同，主要使用 Fisher-ADF 检验方法。分析结果如表 6-3 和表 6-4 所示。

表6-3　样本国OFDI逆向技术溢出对中国制造业结构影响的单位根检验

	检验形式(C, T, L)	LLC检验 t值	LLC检验 P值	ADF检验 t值	ADF检验 P值	结论
ln$NISOI$	(C, 0, 2)	−17.582	0.0000***	106.8227	0.0000***	平稳
ln$CISOI\_high$	(C, 0, 2)	−17.498	0.0000***	108.3846	0.0000***	平稳
ln$CISOI\_middle$	(C, 0, 2)	−17.424	0.0000***	108.2387	0.0000***	平稳
ln$CISOI\_low$	(C, 0, 2)	−17.558	0.0000***	107.425	0.0000***	平稳
lnOFS	(C, 0, 2)	−18.063	0.0000***	128.5655	0.0000***	平稳
lnGVC	(C, 0, 2)	−17.924	0.0000***	124.3286	0.0000***	平稳
lnGVC_high	(C, 0, 2)	−17.42	0.0000***	109.9964	0.0000***	平稳
lnGVC_middle	(C, 0, 2)	−17.978	0.0000***	131.1283	0.0000***	平稳
lnGVC_low	(C, 0, 2)	−16.112	0.0000***	96.8317	0.0000***	平稳
lnBI	(C, 0, 2)	−18.727	0.0000***	124.2164	0.0000***	平稳
lnPI	(C, 0, 2)	−15.125	0.0000***	70.6297	0.0000***	平稳
lnRD	(C, 0, 2)	−14.856	0.0000***	152.0798	0.0000***	平稳
lnHC	(C, 0, 2)	−16.578	0.0000***	173.8088	0.0000***	平稳

注：①在显著性检验中，一般用 *、**、*** 分别表示在10%、5%、1%的显著性水平下显著；②原假设为研究数据存在单位根问题，并且非平稳性；③（C, T, L）中C为截距项、T为趋势项、L为最大滞后阶数，其中T为0表示无趋势项，最优滞后阶数根据SC准则确定。下同。

表6-4　样本国OFDI逆向技术溢出对中国制造业效率提升影响的单位根检验

	检验形式(C, T, L)	LLC检验 t值	LLC检验 P值	ADF检验 t值	ADF检验 P值	结论
ln$NIEII$	(C, 0, 2)	−17.46	0.0000***	110.1169	0.0000***	平稳
ln$CIEII\_high$	(C, 0, 2)	−17.444	0.0000***	110.0862	0.0000***	平稳
ln$CIEII\_middle$	(C, 0, 2)	−17.532	0.0000***	109.7159	0.0000***	平稳
ln$CIEII\_low$	(C, 0, 2)	−18.479	0.0000***	109.1916	0.0000***	平稳
lnOFS	(C, 0, 2)	−18.063	0.0000***	128.5655	0.0000***	平稳
lnGVC	(C, 0, 2)	−17.924	0.0000***	124.3286	0.0000***	平稳

续表

	检验形式 (C, T, L)	LLC 检验 t值	LLC 检验 P值	ADF 检验 t值	ADF 检验 P值	结论
$\ln GVC\_high$	(C, 0, 2)	-17.42	0.0000***	109.9964	0.0000***	平稳
$\ln GVC\_middle$	(C, 0, 2)	-17.978	0.0000***	131.1283	0.0000***	平稳
$\ln GVC\_low$	(C, 0, 2)	-16.112	0.0000***	96.8317	0.0000***	平稳
$\ln BI$	(C, 0, 2)	-18.727	0.0000***	124.2164	0.0000***	平稳
$\ln PI$	(C, 0, 2)	-15.125	0.0000***	70.6297	0.0000***	平稳
$\ln RD$	(C, 0, 2)	-14.856	0.0000***	152.0623	0.0000***	平稳
$\ln HC$	(C, 0, 2)	-16.578	0.0000***	173.8088	0.0000***	平稳

由表6-3和表6-4可知，所有变量的检验伴随概率P值都在0.05以下，根据单位根平稳性检验结果判定法则可知，研究数据不存在单位根问题，并且具有平稳性。

（二）面板数据的协整检验

传统的协整检验方法主要采用两步法面板数据协整检验和面板数据协整检验方法，利用Pedroni检验、Kao检验等方法来验证统计变量之间的协整关系。传统的残差面板协整检验，其统计量中隐含着长期误差修正系数（变量的水平值）等于短期动态调整系数（变量的差分值），即"同要素限制"（Common Factor Restriction）的假设条件。Banerjee等（1998）研究指出，当这一假设无法满足时，以残差为基础的面板协整检验统计量的检验效果会大幅降低。因此，以误差修正模型为基础进行协整检验可避免这一限制。

本节在检验面板数据协整关系时以误差修正模型进行面板协整检验，该方法认为，若存在协整关系，则误差修正部分的系数应显著异于零。误差修正模型考虑截面异质性和截面内的序列相关，以及截面间的相关性。误差修正模型存在4个检验统计量，原假设H0为不存在协整关系，备择假设H1为至少存在一对协整关系。

误差修正模型存在两组统计变量：第一组是不同的截面有不同的误差修正项，即各个截面的误差修正速度不同，其中Gt表示不考虑序列相关，Ga 表示考虑序列相关，Gt 和 Ga 统计量均服从 N(0, 1)；第二组是各截面有相同的误差修正项，即各个截面的误差修正速度相同，其中 Pt 表示不考虑序列相关，Pa 表示考虑序列相关，Pt 和 Pa 统计量均服从 N(0, 1)。检验结果如表 6-5 和表 6-6 所示。

表 6-5　OFDI 逆向技术溢出对中国制造业效率提升影响的协整检验

	统计量	低技术 P值	中技术 P值	高技术 P值	国家层面 P值
OFS	Gt	0.000	0.000	0.000	0.000
	Ga	0.000	0.000	0.000	0.038
	Pt	0.000	0.000	0.000	0.000
	Pa	0.000	0.000	0.000	0.000
GVC	Gt	0.013	0.856	0.000	0.501
	Ga	0.170	0.483	0.000	0.377
	Pt	0.546	0.013	0.000	0.032
	Pa	0.000	0.000	0.000	0.000
BI	Gt	0.000	0.000	0.000	0.000
	Ga	0.003	0.002	0.002	0.000
	Pt	0.000	0.000	0.000	0.000
	Pa	0.000	0.000	0.000	0.000
PI	Gt	0.006	0.000	0.005	0.000
	Ga	0.000	0.000	0.000	0.002
	Pt	0.000	0.013	0.000	0.000
	Pa	0.000	0.000	0.000	0.314
RD	Gt	0.000	0.000	0.000	0.000
	Ga	0.653	0.635	0.634	0.596
	Pt	0.000	0.000	0.000	0.000
	Pa	0.088	0.089	0.094	0.076
HC	Gt	0.000	0.000	0.000	0.003
	Ga	0.522	0.000	0.452	0.343
	Pt	0.000	0.000	0.000	0.000
	Pa	0.000	0.000	0.000	0.265

表 6-6　**OFDI 逆向技术溢出对中国制造业结构优化影响的协整检验**

	统计量	低技术 P 值	中技术 P 值	高技术 P 值	国家层面 P 值
ln*OFS*	*Gt*	0.013	0.000	0.000	0.000
	Ga	0.260	0.000	0.000	0.000
	Pt	0.607	0.000	0.000	0.000
	Pa	0.000	0.000	0.000	0.000
ln*GVC*	*Gt*	0.000	0.864	0.000	0.891
	Ga	0.011	0.473	0.000	0.704
	Pt	0.000	0.019	0.000	0.022
	Pa	0.000	0.000	0.000	0.000
ln*BI*	*Gt*	0.000	0.000	0.000	0.000
	Ga	0.122	0.008	0.008	0.003
	Pt	0.000	0.000	0.000	0.000
	Pa	0.000	0.000	0.000	0.000
ln*PI*	*Gt*	0.013	0.000	0.000	0.006
	Ga	0.377	0.000	0.000	0.158
	Pt	0.001	0.010	0.011	0.014
	Pa	0.000	0.000	0.000	0.000
ln*RD*	*Gt*	0.000	0.000	0.000	0.000
	Ga	0.632	0.634	0.634	0.636
	Pt	0.000	0.000	0.000	0.000
	Pa	0.104	0.131	0.119	0.096
ln*HC*	*Gt*	0.005	0.000	0.000	0.002
	Ga	0.672	0.000	0.000	0.359
	Pt	0.000	0.000	0.000	0.000
	Pa	0.000	0.000	0.000	0.265

由表 6-5 和表 6-6 可知，被解释变量制造业效率提升和制造业结构优化与核心解释变量 OFDI 逆向技术溢出，在国家层面和不同技术层次行业层面都无法拒绝原假设，因为至少存在一组协整关系，同其他主要解释变量之间也存在协整关系。由此可知，本节中的国家层面和行业层面的模型设定正确。

二 实证检验结果分析

(一) 国家层面的实证分析

1. 效率提升

关于国家层面中国对"一带一路"沿线国家 OFDI 逆向技术溢出对制造业结构优化和制造业效率提升影响的实证分析结果如表 6-7 所示。

表 6-7　国家层面 OFDI 逆向技术溢出对中国制造业效率提升影响的实证分析

解释变量	全样本 GMM	全样本 FE	高技术国家 GMM	高技术国家 FE	中低技术国家 GMM	中低技术国家 FE
L.ln$NIEH$	0.0637*** (5.9810)	0.0214*** (3.4533)	0.0685*** (5.1098)	0.0266*** (3.1965)	0.1421*** (17.1156)	0.0839*** (8.7395)
lnOFS	0.0064*** (5.1114)	0.0001 (0.1508)	0.0052*** (3.2119)	0.0140*** (6.6811)	0.0018 (1.5665)	0.0036 (1.1226)
lnGVC	0.0049 (1.0490)	0.0005 (0.1281)	0.2306*** (4.0130)	0.1652*** (3.3596)	0.0004 (0.1615)	0.0037*** (3.7912)
lnBI	0.0735*** (28.1066)	0.0874*** (66.0034)	0.0556*** (6.8249)	0.0772*** (4.5926)	0.0629*** (24.4138)	0.0727*** (13.7124)
lnPI	0.0078*** (6.4581)	0.0073*** (5.6527)	0.0135*** (5.9829)	0.0014 (0.7222)	0.0139*** (8.3504)	0.0103*** (5.1211)
lnRD	0.0160*** (17.5333)	0.0118*** (11.6807)	0.0272*** (13.2985)	0.0105** (2.7145)	0.0173*** (25.4436)	0.0151*** (12.5429)
lnHC	0.0492*** (16.3069)	0.0355*** (20.4083)	−0.0000 (−0.0002)	0.0698*** (10.3963)	0.0623*** (21.5328)	0.0428*** (11.2453)
常数项	2.8369*** (58.6244)	3.0306*** (166.6660)	2.8441*** (27.4103)	3.2548*** (45.3761)	2.4432*** (48.2643)	2.7586*** (60.6388)
N	300	300	144	144	156	156
AR (2)	3.3993		3.4171		3.3280	
P 值	0.0007		0.0006		0.0009	
Sargan	320.9900		188.5838		168.1098	
SAR_DF	223.0000		108.0000		125.0000	

注：①AR (2) 检验结果显示不存在二阶残差自相关问题，Sargan 检验结果表明不存在过度识别问题；② "L." 表示滞后一阶项。下同。

本节分别采用静态面板固定效应模型（FE）和系统动态 GMM 模型相结合的方法研究 OFDI 逆向技术溢出对中国制造业效率提升的影响。

由表 6-7 可知，从核心解释变量来看，无论是全样本数据，还是高技术国家或者中低技术国家数据，中国制造业效率提升指数的一阶滞后项系数均为正值。在全样本数据下，静态面板固定效应模型和系统动态 GMM 模型下，中国制造业效率提升指数的一阶滞后项的影响系数分别为 0.0637 和 0.0214，均在 1% 的显著性水平下显著。在高技术国家数据下，中国制造业效率提升指数的滞后一阶系数同样为正，且通过 1% 的显著性水平检验。由此可知，中国制造业效率提升的过程是一个积累的过程，前期的制造业效率提升会对后期的制造业升级产生正向影响。因此，中国在制造业效率提升的过程中，应注重劳动力素质的提升和出口产品国内增加值提升的积累，以期后期对中国制造业效率提升产生持续性的促进作用。

从 OFDI 逆向技术溢出对中国制造业效率提升影响的实证结果来看，在全样本、高技术国家和中低技术国家样本数据下，OFDI 逆向技术溢出系数均为正值或不显著。比如，对高技术国家 OFDI 的逆向技术溢出作用系数分别为 0.0052 和 0.0140，且均通过 1% 的显著性水平检验。由此可知，中美贸易战和全球价值链重构等多重因素促使中国实施 OFDI 多元化战略。上述实证结果表明，中国对"一带一路"沿线国家的 OFDI 产生的逆向技术溢出有助于中国制造业效率的提升。

从控制变量来看，在全样本数据下，控制变量的影响系数均为正，并且基础设施、人均收入水平和人力资本均在 1% 的显著性水平下显著。这表明，以"一带一路"互联互通为代表的基础设施建设，提高了中国与沿线国家的贸易便捷度和紧密度，有利于推动中国与沿线国家的研发合作、海外市场开拓和产业合作。"一带一路"沿线国家的研发投入所产生的技术进步有利于中国制造业生产效率的提升。"一带一路"沿线国家人均收入水平的提升可以提升该国的国内购买力，从而有利于中国制造业产品出口。较高的教育水平可以提升一国的科学技术水平，促进该国生产效率和高技术制造业生产能力的提升，同时价值链分工合作有利于中国制造业生产效率的提升。

在不同技术水平国家数据下，人均收入水平和基础设施的系数均为正值，且人均收入系数在 1% 的显著性水平下显著。其中，高技术国家的人力资本系数不显著。值得关注的是，在固定效应下，高技术国家的人均收入水平、全球价值链参与度和人力资本的系数为正值，且部分变量通过了显著性检验。这再次印证了由于"一带一路"沿线中低技术国家的科学技术和教育水平较低，工业基础和基础设施薄弱，中国对沿线中低技术国家的OFDI仍然以富余制造业转移合作为主。而高技术国家的经济水平较高，科技研发能力较为突出，高等教育普及率高，技术人才资源丰富，因此对中国制造业生产效率的提升作用较为显著。

2. 结构优化

由表6-8可知，从核心解释变量来看，制造业结构优化指数的一阶滞后项在全样本国家、高技术国家和中低技术国家数据中整体为正值。由此可知，"一带一路"沿线国家对中国制造业结构优化具有持续性影响。在全样本国家层面，OFDI逆向技术溢出的影响系数为0.0073，通过1%的显著性水平检验。对高技术国家和中低技术国家OFDI逆向技术溢出的系数分别为0.0070（GMM）、0.0102（FE）和0.0032（GMM）、0.0023（FE），均通过1%显著性水平检验。由此可知，"一带一路"沿线国家的OFDI逆向技术溢出有利于提升中国国内制造业结构优化。

表6-8　　国家层面OFDI逆向技术溢出对中国制造业结构优化影响的实证分析

解释变量	全样本 GMM	全样本 FE	高技术国家 GMM	高技术国家 FE	中低技术国家 GMM	中低技术国家 FE
L.ln*NISOI*	0.0971*** (5.4567)	0.0199** (3.0749)	0.1161*** (5.8205)	0.0278*** (3.1581)	0.2410*** (7.6214)	0.0798*** (8.6772)
ln*OFS*	0.0073*** (5.1075)	0.0003 (0.6761)	0.0070*** (4.4459)	0.0102*** (6.7517)	0.0032*** (2.7471)	0.0023 (1.0839)
ln*GVC*	0.0049 (1.3464)	0.0002 (0.0844)	0.1894*** (3.9940)	0.1183*** (3.3684)	0.0014 (0.4660)	-0.0026*** (-3.8844)
ln*BI*	0.0434*** (13.1799)	0.0605*** (62.8522)	0.0204** (2.1219)	0.0558*** (4.5594)	0.0339*** (8.6053)	0.0495*** (13.2913)
ln*PI*	0.0055*** (7.3561)	0.0048*** (5.3961)	0.0096*** (6.7473)	0.0011 (0.7596)	0.0113*** (8.4665)	0.0065*** (4.7903)
ln*RD*	0.0129*** (14.5995)	0.0079*** (11.5398)	0.0242*** (10.3934)	0.0076** (2.7267)	0.0138*** (19.4718)	0.0102*** (12.5072)

续表

解释变量	全样本		高技术国家		中低技术国家	
	GMM	FE	GMM	FE	GMM	FE
lnHC	0.0399*** (11.5526)	0.0239*** (19.7029)	0.0112 (1.4174)	0.0503*** (10.4636)	0.0502*** (14.2972)	0.0288*** (11.1234)
常数项	0.6204*** (19.8666)	0.7536*** (85.2300)	0.5851*** (8.7834)	0.8194*** (18.7341)	0.3624*** (6.5398)	0.6605*** (31.6307)
N	300	300	144	144	156	156
AR（2）	3.3282		-3.0881		3.3079	
P 值	0.0009		0.0020		0.0009	
Sargan	340.7137		208.6497		179.3917	
SAR_DF	231.0000		112.0000		129.0000	

从控制变量来看，在全样本数据、高技术国家和中低技术国家样本数据下，全球价值链参与度、基础设施、人均收入水平和人力资本的系数整体上为正值，且多数通过显著性检验，且高技术国家的系数大部分低于中低技术国家。由此可知，"一带一路"沿线国家的制造业积极参与价值链分工，对"一带一路"国际产能合作持开放态度，有利于中国的制造业结构优化。中低技术国家的工业化程度较低，对中国中低技术制造业的富余产能具有较强需求，因此实施"一带一路"有利于中国的制造业结构优化。"一带一路"沿线国家的人均收入水平提升有利于中国的制造业结构升级，特别是中低技术国家国内人口基数庞大，并且发展水平较低，国内基础设施建设和居民生活消费所需的很多中高技术产品需要进口，因此有利于中国扩大中高端制造业产品出口，从而带动国内制造业结构优化。"一带一路"沿线中低技术国家的整体研发能力、科学技术水平和教育水平较低，因此对中国制造业结构优化的影响目前不显著。

（二）行业层面的实证分析

关于行业层面中国对"一带一路"沿线国家OFDI逆向技术溢出对制造业结构优化和效率提升的实证分析结果如表6-9所示。将制造业按照技术层次划分为高技术、中技术和低技术3个层次分别进行分析，反映不同技术行业层面"一带一路"沿线国家OFDI逆向技术溢出对中国制造业结构优化和效率提升的影响。

1. 低技术制造业
（1）效率提升。

由表 6-9 可知，在低技术制造业领域，从核心解释变量来看，中国制造业效率提升的一阶滞后项系数在全样本数据、中低技术国家和高技术国家数据组中均为正值，且都在1%的显著性水平下显著。在中低技术国家数据组中，一阶滞后项的系数最高为0.6865和0.0524，且均通过1%的显著性水平检验。由此可知，"一带一路"沿线国家对中国制造业生产效率提升的影响具有持续性，因此今后需要进一步加强同沿线国家的分工合作，特别是注重加强同中低技术国家的分工合作，加速为中国低技术制造业效率提升"腾笼换鸟"。

表 6-9　OFDI 逆向技术溢出对中国低技术制造业效率提升影响的实证分析

解释变量	全样本 GMM	全样本 FE	高技术国家 GMM	高技术国家 FE	中低技术国家 GMM	中低技术国家 FE
L.$\ln CIEII\_low$	0.6427*** (7.2855)	0.0270*** (5.0530)	0.5229*** (5.9635)	0.0042 (0.3652)	0.6865*** (9.5596)	0.0524*** (4.4254)
$\ln OFS$	0.0026 (1.0135)	0.0004 (1.0380)	0.0005 (0.1274)	0.0091*** (5.9900)	0.0026 (1.3535)	0.0132*** (4.1086)
$\ln GVC\_low$	0.2326*** (9.9815)	0.1825*** (18.9024)	0.3442*** (8.1862)	0.2188*** (11.2535)	0.0567* (1.8471)	0.2705*** (5.4854)
$\ln BI$	0.0291*** (4.3585)	0.0462*** (33.2897)	0.0316** (2.5270)	0.0283*** (3.9744)	0.0163** (2.4704)	0.0440*** (12.7469)
$\ln PI$	0.0217*** (6.3727)	0.0075*** (5.3176)	0.0240*** (6.9780)	0.0027* (2.1825)	0.0259*** (8.1568)	0.0088*** (5.0187)
$\ln RD$	0.0178*** (8.0388)	0.0099*** (15.7486)	0.0183*** (3.4132)	0.0065** (2.3256)	0.0177*** (21.3788)	0.0147*** (12.3140)
$\ln HC$	0.0479*** (8.5295)	0.0327*** (20.3905)	0.0176*** (2.9609)	0.0413*** (6.4311)	0.0676*** (13.0665)	0.0341*** (11.6659)
常数项	−0.2003 (−1.3426)	0.8025*** (47.7969)	0.0052 (0.0336)	1.0109*** (22.6450)	−0.3322*** (−2.7416)	0.7493*** (21.9398)
N	300	300	144	144	156	156

续表

解释变量	全样本		高技术国家		中低技术国家	
	GMM	FE	GMM	FE	GMM	FE
AR（2）	3.3217		2.2822		3.2766	
P 值	0.0009		0.0225		0.0011	
Sargan	334.4349		216.7814		155.1174	
SAR_DF	233.0000		118.0000		137.0000	

在全样本数据、中低技术国家和高技术国家数据组中，OFDI 逆向技术溢出变量的系数均为正值或不显著，其中来自中低技术国家 OFDI 逆向技术溢出的系数分别为 0.0026（不显著）和 0.0132。由此可知，对"一带一路"沿线国家，特别是对中低技术国家的 OFDI 有利于提升中国低技术制造业的生产效率。

从控制变量来看，全球价值链参与度、基础设施、人均收入水平和人力资本的系数均为正值，高技术国家低技术制造业全球价值链参与度系数最高分别为 0.3442 和 0.2188，且通过 1% 的显著性水平检验。由此可知，高技术国家在低技术制造业领域积极参与"一带一路"国际产能合作，对中国低技术制造业生产效率的提升作用更强。值得注意的是，中低技术国家组中，人力资本、研发投入、人均收入水平和基础设施的正向系数较高，这再次印证了"一带一路"沿线中低技术国家通过"五通"推动了基础设施建设和经济发展，带动低技术制造业的人力资本和研发投入增加，从而对提高中国低技术制造业生产效率产生了较高的正向反馈。

（2）结构优化。

由表 6-10 可知，在低技术制造业领域，从核心解释变量来看，制造业结构优化滞后一阶在"一带一路"沿线不同技术水平国家中系数为正，且在系统动态 GMM 模型中均通过 1% 的显著性水平检验，特别是中低技术国家制造业的系数最高分别为 0.4711 和 0.0439。由此可知，在低技术制造业，同"一带一路"沿线国家的分工合作有利于中国的制造业结构优化升级，对中国低技术制造业结构优化的影响具有持续性。

表6-10　　OFDI逆向技术溢出对中国低技术制造业结构优化影响的实证分析

解释变量	全样本 GMM	全样本 FE	高技术国家 GMM	高技术国家 FE	中低技术国家 GMM	中低技术国家 FE
L.ln$CISOI\_low$	0.3412*** (3.4171)	0.0259*** (4.5227)	0.3194*** (4.3843)	0.0065 (0.5726)	0.4711*** (4.6733)	0.0439*** (3.7093)
lnOFS	-0.0032*** (-4.6449)	-0.0000 (-0.2859)	0.0042*** (4.4386)	0.0025*** (6.1517)	-0.0016*** (-4.0962)	-0.0035*** (-4.4229)
lnGVC_low	0.0598*** (12.9578)	0.0481*** (14.7164)	0.0946*** (11.0985)	0.0576*** (10.2082)	0.0444*** (7.0002)	0.0708*** (5.9055)
lnBI	0.0031 (1.5739)	0.0120*** (22.7615)	0.0047 (1.1408)	0.0097*** (4.2274)	0.0011 (0.6205)	0.0111*** (10.3587)
lnPI	0.0034*** (5.2795)	0.0018*** (5.3542)	0.0038*** (8.3945)	0.0007* (2.1194)	0.0052*** (7.7505)	0.0019*** (4.7560)
lnRD	0.0052*** (8.2839)	0.0025*** (17.9762)	0.0099*** (6.7635)	0.0017* (2.1435)	0.0049*** (12.8186)	0.0037*** (12.2178)
lnHC	0.0160*** (10.0206)	0.0079*** (16.1382)	0.0103*** (4.8248)	0.0113*** (6.3323)	0.0184*** (13.2878)	0.0081*** (11.1722)
常数项	-0.0124 (-0.3842)	0.0917*** (26.8675)	-0.0147 (-0.4895)	0.1272*** (10.2494)	-0.0627** (-2.0155)	0.0862*** (13.6163)
N	300	300	144	144	156	156
AR（2）	2.9783		2.1655		3.2285	
P值	0.0029		0.0304		0.0012	
Sargan	358.7175		198.9105		166.9825	
SAR_DF	233.0000		118.0000		137.0000	

在全样本和中低技术国家中，OFDI逆向技术溢出的系数为负值，在高技术国家中为正值，系数为0.0042和0.0025，且通过1%的显著性水平检验。由此可知，对中低技术国家的OFDI逆向技术溢出难以促进中国低技术制造业的结构优化，而对高技术国家的OFDI有利于推动中国低技术制造业在品牌运营、营销设计等高技术、高附加值环节的发展，从而带动中国低技术制造业的结构优化。

从控制变量来看，在高技术国家和中低技术国家中，低技术制造业全球价值链参与度、基础设施、人均收入水平、研发投入和人力资本变量系数都为正。由此可知，中国推进"一带一路"富余产能国际合作有利于中国制造业的结构优化。

2. 中技术制造业

（1）效率提升。

由表6-11可知，在中技术制造业领域，从核心解释变量来看，在全样本和不同技术水平国家中，中国中技术制造业效率提升滞后一阶的系数都为正值，在系统动态GMM模型中均通过5%的显著性水平检验。其中，在中低技术国家数据组中，滞后一阶系数较高，分别为0.7513和0.0830。由此可知，"一带一路"沿线国家对中国中技术制造业生产效率的提升可以产生持续性的积极影响。尤其是随着中国加大与"一带一路"沿线发展中国家的经贸合作，中低技术国家与中国在中技术制造业领域的合作进一步深化，对中国中技术制造业生产效率提升的持续性影响更加显著。

表6-11　　OFDI逆向技术溢出对中国中技术制造业效率提升影响的实证分析

解释变量	全样本 GMM	全样本 FE	高技术国家 GMM	高技术国家 FE	中低技术国家 GMM	中低技术国家 FE
L.ln$CIEII\_middle$	0.7087*** (12.8268)	0.0209*** (3.3354)	0.5771*** (7.9352)	0.0296** (2.7910)	0.7513*** (17.1110)	0.0830*** (8.7977)
lnOFS	0.0015 (0.5931)	0.0003 (0.4797)	0.0098*** (3.3385)	0.0127*** (5.8558)	0.0048*** (3.3405)	0.0028 (0.9985)
lnGVC_middle	-0.0088*** (-3.6345)	-0.0006 (-0.3174)	0.0227 (0.4173)	0.0414** (2.5482)	-0.0126*** (-6.2863)	-0.0039*** (-3.6988)
lnBI	0.0627*** (12.6687)	0.0772*** (58.1695)	0.0885*** (6.0630)	0.0980*** (10.2128)	0.0257*** (5.7997)	0.0638*** (14.0491)
lnPI	0.0252*** (8.9942)	0.0065*** (5.3821)	0.0311*** (9.0029)	0.0001 (0.0783)	0.0326*** (11.9006)	0.0091*** (4.9256)
lnRD	0.0195*** (7.7711)	0.0103*** (11.9367)	0.0054 (1.0583)	-0.0112** (-2.5345)	0.0211*** (20.4257)	0.0132*** (13.3768)
lnHC	0.0524*** (9.6231)	0.0319*** (21.2618)	0.0291*** (3.1249)	0.0690*** (9.7891)	0.0834*** (14.1353)	0.0384*** (12.1550)

续表

解释变量	全样本		高技术国家		中低技术国家	
	GMM	FE	GMM	FE	GMM	FE
常数项	−0.1572 (−1.0515)	1.5283*** (129.1457)	0.1621 (0.8188)	1.6132*** (26.9123)	−0.3956*** (−3.2583)	1.3631*** (46.6983)
N	300	300	144	144	156	156
AR（2）	3.3698		2.4478		3.1279	
P值	0.0008		0.0144		0.0018	
Sargan	322.9615		206.0679		152.4616	
SAR_DF	230.0000		117.0000		136.0000	

OFDI逆向技术溢出在不同技术水平国家中的系数同样为正，且对高技术国家OFDI获得的逆向技术溢出系数较高，分别为0.0098和0.0127，均通过1%的显著性水平检验。由此可知，中国对"一带一路"沿线国家，特别是对高技术国家OFDI的逆向技术溢出有利于提升中国制造业的生产效率。

从控制变量来看，中技术制造业下全球价值链参与度系数在高技术国家中为正值，且系数较高。由此可知，在"一带一路"制造业价值链分工格局中，高技术国家在中技术制造业领域具有比较优势，参与度较高，与中国的中技术制造业形成互补，从而有利于提升中国中技术制造业的生产效率。

其他控制变量，如基础设施和人均收入水平等的系数均为正值，并且多数变量在1%的显著性水平上显著。这再次印证了"一带一路"沿线国家互利共赢的合作理念，以及沿线国家相关要素的改善会形成正向反馈，有利于提升中国中技术制造业的生产效率。

（2）结构优化。

由表6-12可知，在中技术制造业领域，从核心解释变量来看，中国制造业结构优化一阶滞后项系数在沿线国家数据组中均为正值，且至少通过5%的显著性水平检验。在系统动态GMM模型下，中低技术国家的滞后项系数较高，分别为0.9374和0.0748，且通过1%的显著性水平检验。由此可知，"一带一路"沿线国家对中国中技术制造业的结构优化具有长期的积极影响，并且对中低技术国家的影响效果更为显著。

表 6-12　OFDI 逆向技术溢出对中国中技术制造业结构优化影响的实证分析

解释变量	全样本 GMM	全样本 FE	高技术国家 GMM	高技术国家 FE	中低技术国家 GMM	中低技术国家 FE
L.$\ln CISOI\_middle$	0.9319*** (20.3621)	0.0176** (2.3591)	0.9332*** (16.6532)	0.0263** (2.3703)	0.9374*** (40.1809)	0.0748*** (8.6804)
$\ln OFS$	0.0075*** (6.6773)	0.0002 (0.7548)	0.0054*** (3.2247)	0.0061*** (4.7013)	-0.0015** (-2.4653)	-0.0020 (-1.5696)
$\ln GVC\_middle$	-0.0038*** (-3.5959)	-0.0002 (-0.1667)	0.0272 (0.6790)	0.0189** (2.3691)	-0.0048*** (-8.3335)	-0.0014*** (-3.1797)
$\ln BI$	0.0158*** (7.1664)	0.0389*** (18.4028)	0.0033 (0.5633)	0.0577*** (9.7737)	0.0018 (1.1760)	0.0311*** (8.4611)
$\ln PI$	0.0134*** (19.9387)	0.0025*** (4.2068)	0.0174*** (25.7721)	0.0003 (0.5524)	0.0170*** (19.6181)	0.0033*** (3.4332)
$\ln RD$	0.0146*** (15.5833)	0.0049*** (9.5666)	0.0172*** (7.2924)	0.0046* (1.9248)	0.0130*** (13.0865)	0.0064*** (8.6905)
$\ln HC$	0.0379*** (9.5253)	0.0129*** (6.4790)	0.0425*** (4.5799)	0.0334*** (8.8037)	0.0473*** (10.7624)	0.0168*** (6.0880)
常数项	-0.3704*** (-36.5860)	0.3343*** (17.9484)	-0.4288*** (-19.1202)	0.3008*** (9.7984)	-0.4281*** (-29.3107)	0.2903*** (12.1649)
N	300	300	144	144	156	156
AR (2)	3.3130		1.9776		3.0354	
P 值	0.0009		0.0480		0.0024	
Sargan	247.5763		134.8000		137.3492	
SAR_DF	233.0000		118.0000		136.0000	

OFDI 逆向技术溢出系数在全样本和高技术国家中为正值，且高技术国家中面板模型中的 OFDI 逆向技术溢出系数较高，分别为 0.0054 和 0.0061，通过 1% 的显著性水平检验，而在中低技术国家中的 OFDI 逆向技术溢出系数为负值。其原因可能是，中国的中技术制造业领域相较于"一带一路"沿线中低技术国家，技术水平较高，价值链增值能力较强，因此对沿线中低技术国家的中技术制造业 OFDI 以正向技术溢出为主。而"一带一路"沿线高技术国家在中技术制造业领域可能掌握着一定的核心技术和关键零部件生产，因此对沿线高技术国家的 OFDI 对中国中技制

造业的结构优化起到了逆向技术溢出作用。

从控制变量来看,在高技术国家中,控制变量拟合系数均为正值。由此可知,中国通过与"一带一路"沿线高技术国家的中技术制造业分工合作,以及与高技术国家进行研发合作和人才交流等,有利于中国中技术制造业的结构优化。在全样本国家和中低技术国家中,除全球价值链参与度外,其他控制变量拟合系数均为正值。其原因可能是,相较于"一带一路"沿线中低技术国家,中国在中技术制造业领域的价值链参与度更高,具有比较优势,因此对中国中技术制造业的结构优化未形成有效的推动作用。

3. 高技术制造业

(1) 效率提升。

由表 6-13 可知,在高技术制造业领域,从核心解释变量来看,中国的制造业效率提升一阶滞后项系数在"一带一路"沿线三类国家中的系数均为正值,且至少通过 5% 的显著性水平检验。由此可知,"一带一路"对中国高技术制造业的生产效率提升有持续性的促进作用。

表 6-13　OFDI 逆向技术溢出对中国高技术制造业效率提升影响的实证分析

解释变量	全样本 GMM	全样本 FE	高技术国家 GMM	高技术国家 FE	中低技术国家 GMM	中低技术国家 FE
L.ln$CIEII\_high$	0.3174*** (6.5797)	0.0236*** (3.8367)	0.2891*** (6.8905)	0.0190** (2.7180)	0.4819*** (9.1234)	0.0815*** (8.6112)
lnOFS	0.0177*** (6.1217)	0.0000 (0.0384)	0.0189*** (6.1857)	0.0106*** (6.5812)	0.0084*** (4.8481)	0.0039 (1.1381)
lnGVC_high	0.1646*** (4.8899)	0.1006*** (4.1555)	0.3818*** (5.3825)	0.3159*** (16.0662)	0.0298 (0.7228)	0.0030 (0.1010)
lnBI	0.0278*** (2.8809)	0.0753*** (21.8379)	0.0141 (0.6566)	0.0570*** (9.0045)	0.0237*** (3.3101)	0.0725*** (13.2845)
lnPI	0.0140*** (8.4681)	0.0069*** (5.4055)	0.0171*** (9.0526)	0.0041* (1.8521)	0.0249*** (8.9983)	0.0097*** (4.2975)
lnRD	0.0274*** (11.2546)	0.0130*** (12.3018)	0.0463*** (11.1295)	0.0031 (1.0917)	0.0252*** (22.5253)	0.0151*** (11.1319)

续表

解释变量	全样本 GMM	全样本 FE	高技术国家 GMM	高技术国家 FE	中低技术国家 GMM	中低技术国家 FE
lnHC	0.0804*** (10.1954)	0.0380*** (18.1154)	0.0653*** (2.8450)	0.1052*** (9.3500)	0.0922*** (18.6655)	0.0411*** (11.3259)
常数项	1.5479*** (7.5800)	2.7262*** (166.4339)	1.5658*** (6.4648)	2.7152*** (47.2049)	0.8738*** (4.0407)	2.5151*** (57.1035)
N	300	300	144	144	156	156
AR（2）	3.3171		-1.7433		3.2758	
P 值	0.0009		0.0813		0.0011	
Sargan	343.4206		225.5342		162.4916	
SAR_DF	227.0000		116.0000		134.0000	

在"一带一路"沿线三类国家中，OFDI 逆向技术溢出系数同样为正值，且在高技术国家数据组中 lnOFS 拟合系数较高，分别为 0.0189 和 0.0106，高于中低技术国家。由此可知，"一带一路"有利于中国与沿线国家之间进行生产分工。比如，构建"一带一路"国际能源合作框架，满足中国高技术制造业对能源和矿产资源的需求；开发中低技术国家市场，为中国的机械和电气设备制造、电子和光学设备产品出口创造条件，从而促进中国高技术制造业生产效率的提升。此外，"一带一路"沿线高技术国家在机械电气设备制造业、电子、航空、人工智能等领域具有显著的比较优势，对其进行 OFDI 获得的逆向技术溢出对中国高技术制造业生产效率的提升效果更显著。

从控制变量来看，"一带一路"沿线国家的全球价值链参与度系数为正值，高技术国家的系数更高，且在 1% 的显著性水平下显著。由此可知，"一带一路"沿线国家，特别是高技术国家参与"一带一路"高技术制造业价值链分工，有利于中国高技术制造业生产效率的提升。其他控制变量在"一带一路"沿线三类国家中的系数拟合值均为正值，且均通过至少 10% 的显著性水平检验。由此可知，"一带一路"沿线国家收入水平提升、研发投入增加、基础设施完善和人力资源积累，有利于扩大中国高技术制造业的产品出口规模，有利于带动中国高技术制造业生产效率的提升。

（2）结构优化。

由表 6-14 可知，从核心解释变量来看，高技术制造业结构优化一阶滞后项系数在"一带一路"沿线三类样本国中均为正值,均通过1%的显著性水平检验,且在中低技术国家中一阶滞后项系数较高,分别为0.9207和0.0743。由此可知,"一带一路"沿线国家对中国高技术制造业结构优化的影响具有持续性,并且中低技术国家与中国稳定的合作关系和旺盛的市场需求等,对中国高技术制造业结构优化的影响持续性更强。

表 6-14　OFDI 逆向技术溢出对中国高技术制造业结构优化影响的实证分析

解释变量	全样本 GMM	全样本 FE	高技术国家 GMM	高技术国家 FE	中低技术国家 GMM	中低技术国家 FE
L.$\ln CISOI\_high$	0.9012*** (14.9493)	0.0215*** (3.1090)	0.9037*** (13.7366)	0.0192** (2.4292)	0.9207*** (27.4988)	0.0743*** (9.3462)
$\ln OFS$	0.0082*** (8.0335)	0.0002 (0.7550)	0.0067*** (4.7345)	0.0053*** (4.9017)	-0.0018** (-2.2465)	-0.0020 (-1.2695)
$\ln GVC\_high$	0.0976*** (5.1159)	0.0557*** (5.0628)	0.3411*** (7.9974)	0.1662*** (11.3679)	0.0158 (0.6279)	0.0029 (0.1918)
$\ln BI$	0.0066* (1.7219)	0.0364*** (15.1007)	0.0343*** (3.9820)	0.0324*** (9.5363)	0.0002 (0.0841)	0.0345*** (10.3947)
$\ln PI$	0.0142*** (21.2794)	0.0028*** (4.5634)	0.0172*** (19.0487)	0.0020* (2.0865)	0.0185*** (23.9738)	0.0038*** (3.5582)
$\ln RD$	0.0172*** (21.5594)	0.0062*** (11.5215)	0.0240*** (13.8309)	0.0009 (0.5537)	0.0146*** (15.3756)	0.0070*** (8.1755)
$\ln HC$	0.0438*** (19.3323)	0.0167*** (10.1604)	0.0631*** (9.0078)	0.0529*** (9.7287)	0.0523*** (20.8479)	0.0187*** (7.6356)
常数项	-0.4023*** (-10.5811)	0.3756*** (24.7955)	-0.5317*** (-7.9767)	0.2825*** (14.2260)	-0.4609*** (-43.1252)	0.3405*** (15.9207)
N	300	300	144	144	156	156
AR(2)	3.3976		2.7076		3.0023	
P 值	0.0007		0.0068		0.0027	
Sargan	255.7299		127.4416		137.4786	
SAR_DF	233.0000		118.0000		137.0000	

OFDI 逆向技术溢出系数在全样本国家和高技术国家中为正值,且在

高技术国家中拟合系数通过1%的显著性水平检验，而在中低技术国家中系数为负值。由此可知，由于"一带一路"沿线高技术国家长期的技术积累，在高技术制造业领域掌握着关键技术和核心生产环节等，因此对其进行OFDI会形成逆向技术溢出，促进中国高技术制造业的结构优化。而"一带一路"沿线中低技术国家在高技术制造业领域不具有比较优势，因此中国对沿线中低技术国家的OFDI以正向溢出为主。

从控制变量来看，高技术制造业全球价值链参与度系数在三类样本国中均为正值，且在高技术国家中的系数较高，分别为0.3411和0.1662，通过1%的显著性水平检验。由此可知，"一带一路"国际产能合作，特别是同沿线高技术国家的分工合作有利于推动中国高技术制造业的结构升级。在三组数据中，其他控制变量的拟合系数均为正值，且在高技术国家中，基础设施、研发投入和人力资本的拟合系数较高。

第四节 本章小结

本章基于OFDI逆向技术溢出推动投资国制造业升级的3个关系机理，在"一带一路"制造业价值链分工分析、"一带一路"制造业OFDI逆向技术溢出状况分析和"一带一路"OFDI制造业状况分析的基础上，从国别层面和行业层面技术异质性角度出发，实证分析了中国对"一带一路"沿线国家OFDI逆向技术溢出对制造业升级的直接效应，并得到如下结论。

一 国家层面

从核心解释变量来看，一是在制造业结构优化方面，OFDI逆向技术溢出的影响系数显著为正，并且"一带一路"沿线高技术国家的拟合系数较高，这印证了前述OFDI逆向技术溢出对制造业升级影响的关系机理，有利于促进中国制造业结构优化。二是在制造业效率提升方面，OFDI逆向技术溢出系数同样为正。这说明，"一带一路"OFDI逆向技术溢出有助于中国制造业效率的提升，其中高技术国家OFDI逆向技术溢出效应产生的促进效果更加显著。

从控制变量来看，除在高技术国家中人力资本系数对制造业效率提升的作用系数为负值外，系列控制变量在全样本、高技术国家和中低技术国家中的影响系数均为正值。这说明，"一带一路"沿线国家制造业参与"一带一路"价值链分工、人均收入水平提升、研发投入增加和基础设施完善等，有利于中国制造业结构优化和效率提升。

二 低技术制造业层面

从核心解释变量来看，一是在制造业效率提升方面，"一带一路"沿线国家对中国低技术制造业生产效率提升的影响具有持续性，OFDI 逆向技术溢出为正值，其中来自中低技术国家的 OFDI 逆向技术溢出系数较高。这说明，对"一带一路"沿线国家，特别是中低技术国家的 OFDI 有利于提升中国中低技术制造业的生产效率。二是制造业结构优化方面，"一带一路"沿线国家对中国低技术制造业结构优化的影响同样具有持续性，OFDI 逆向技术溢出的系数为负值，在高技术国家中为正值。这说明，中国对"一带一路"沿线中低技术国家的 OFDI 以正向技术转移为主，难以促进中国低技术制造业的结构优化，而对高技术国家的 OFDI 有利于推动中国低技术制造业的结构优化。

从控制变量来看，系列控制变量的拟合系数均为正值，其中在高技术国家中，全球价值链参与度的拟合系数较高，其他控制变量在中低技术国家中的拟合系数较高，这印证了"一带一路"沿线国家参与"一带一路"国际产能合作可以带动中国低技术制造业效率的提升和结构优化。

三 中技术制造业层面

从核心解释变量来看，一是在制造业效率提升方面，制造业效率提升滞后一阶的系数为正值，其中在中低技术国家中的系数值较高。这说明，"一带一路"沿线中低技术国家与中国在中技术制造业领域的深化合作，对中国中技术制造业生产效率提升的持续性影响更显著。此外，OFDI 逆向技术溢出有利于中国中技术制造业效率的提升，且高技术国家的系数值较高。二是在制造业结构优化方面，制造业结构优化一阶滞后项系数同样为正值，其中在中低技术国家中的系数值较高。这说明，"一带一路"沿线国家对中国中技术制造业的结构优化具有长期的积极影响。此外，对高技术国家的 OFDI 逆向技术溢出有利于中国中技术制造业的结构优化，而在中低技术国家中 OFDI 逆向技术溢出系数为负值，这说明对中低技术国家的 OFDI 以正向技术转移为主。

从控制变量来看，除全球价值链参与度在全样本和中低技术国家中的拟合系数为负值外，其他控制变量的拟合系数总体为正值。这印证了

"一带一路"沿线国家互利共赢的合作理念，以及沿线国家相关要素的改善会形成正向反馈，特别是高技术国家在中技术制造业领域具有比较优势，其高参与度更有利于中国中技术制造业效率的提升和结构优化。

四 高技术制造业层面

从核心解释变量来看，一是在制造业效率提升方面，其一阶滞后项系数为正值，这说明"一带一路"对中国高技术制造业生产效率的提升有持续性的促进作用。OFDI逆向技术溢出系数同样为正值，且在高技术国家中的拟合系数较高。二是在制造业结构优化方面，其一阶滞后项系数为正值，均通过1%的显著性水平检验，且在中低技术国家中系数较高。这说明，中低技术国家与中国稳定的合作关系和旺盛的市场需求等，对中国高技术制造业结构优化的持续性影响更强。OFDI逆向技术溢出在高技术国家中的拟合系数显著为正，而在中低技术国家中的系数为负值。这印证了在高技术制造业领域，高技术国家掌握着关键技术和核心生产环节等，而中低技术国家不具有比较优势。

从控制变量来看，系列控制变量的拟合系数均为正值，且多数控制变量在高技术国家中的拟合系数较高。

第七章 "一带一路"OFDI逆向技术溢出对制造业升级的间接效应实证

前文已论证 OFDI 能够获取逆向技术溢出,有利于促进本国制造业的结构升级与技术进步,产业结构优化可以引致其出口结构的优化升级,而出口结构的优化升级则意味着出口产品技术含量的提高。同时,OFDI 还能带动进出口贸易规模的增加。由此可知,OFDI 不仅能够带动高技术产品贸易的扩大,而且 OFDI 逆向技术溢出效应的实现过程既能够促进制造业的结构升级,也能够提升出口产品的技术水平,即有利于提升出口技术复杂度水平。本章在前文论证"一带一路"OFDI 逆向技术溢出的制造业升级效应的基础上,进一步论证了"一带一路"OFDI 逆向技术溢出的制造业升级效应对出口技术复杂度的作用程度,以延伸性研判"一带一路"OFDI 逆向技术溢出的制造业升级效应。

第一节 "一带一路"OFDI制造业升级对出口技术复杂度影响的实证

一 模型设定

(一) 国家层面制造业升级对中国制造业出口技术复杂度的影响

"一带一路"OFDI 逆向技术溢出效应引致的中国制造业结构优化对出口技术复杂度影响的实证模型为:

$$\ln(CNTSI_t^a) = a_0 + b_0\ln(CNISOI_t^a) + b_1\ln(OFS_t^a) + b_3\ln(GVC_t^a) + b_4\ln(RD_t^a) + b_5\ln(HC_t^a) + b_6\ln(PI_t^a) + b_7\ln(BI_t^a) + u^a + \varepsilon_t^a \quad (7.1)$$

其中,$CNTSI_t^a$ 表示 t 时期 a 国对中国出口技术复杂度的影响,其他变量含义与上一章所述一致。

"一带一路"OFDI 逆向技术溢出效应引致的制造业效率提升对出口

技术复杂度影响的实证模型为：

$$\ln(CNTSI_t^a) = a_0 + b_0\ln(CNIEII_t^a) + b_1\ln(OFS_t^a) + b_3\ln(GVC_t^a) + b_4\ln(RD_t^a) +$$
$$b_5\ln(HC_t^a) + b_6\ln(PI_t^a) + b_7\ln(BI_t^a) + u^a + \varepsilon_t^a \tag{7.2}$$

其中，$CITSI_t^a$ 表示 t 时期 a 国对中国出口技术复杂度的影响，其他解释变量如前所述。

（二）行业层面制造业升级对中国制造业出口技术复杂度的影响

"一带一路" OFDI 逆向技术溢出效应引致的不同技术层次下的中国制造业结构优化对出口技术复杂度影响的实证模型为：

$$\ln(CITSI_{it}^a) = a_0 + b_0\ln(CISOI_{it}^a) + b_1\ln(OFS_{it}^a) + b_3\ln(GVC_{it}^a) + b_4\ln(RD_t^a) +$$
$$b_5\ln(HC_t^a) + b_6\ln(PI_t^a) + b_7\ln(BI_t^a) + u_i^a + \varepsilon_{it}^a \tag{7.3}$$

"一带一路" OFDI 逆向技术溢出效应引致的不同技术层次下的制造业效率提升对出口技术复杂度影响的实证模型为：

$$\ln(CITSI_{it}^a) = a_0 + b_0\ln(CIEII_{it}^a) + b_1\ln(OFS_{it}^a) + b_3\ln(GVC_{it}^a) + b_4\ln(RD_t^a) +$$
$$b_5\ln(HC_t^a) + b_6\ln(PI_t^a) + b_7\ln(BI_t^a) + u_i^a + \varepsilon_{it}^a \tag{7.4}$$

二 变量选取与数据来源

（一）变量选取

1. 被解释变量界定

基于前述构建的制造业出口技术复杂度，变量的具体含义参照前文。

$$RCA_{it}^a = \frac{DVA_{it}^a \big/ \sum_i^n DVA_i^a}{\sum_a^G DVA_{it}^a \big/ \sum_a^G \sum_i^n DVA_i^a} (i < n, a < G) \tag{7.5}$$

$$TSI_{it} = \sum_a \left(\frac{DVA_{it}^a \big/ \sum_i^n DVA_{it}^a}{\sum_a^G DVA_{it}^a \big/ \sum_a^G \sum_i^n DVA_{it}^a} \right) \ln(PGDP_t^a) = \sum_a RCA_{it}^a \times \ln(PGDP_t^a)$$
$$\tag{7.6}$$

行业层面和国家层面的出口技术复杂度分别为：

$$ITSI_{it}^a = \sum_i \frac{DVA_{it}^a}{\sum_{i \in n} DVA_{it}^a} TSI_{it} \tag{7.7}$$

$$NTSI_t^a = \sum_i \frac{DVA_{it}^a}{\sum_i^n DVA_{it}^a} TSI_{it} \tag{7.8}$$

"一带一路" 沿线不同技术水平国家影响下的中国制造业出口技术复

杂度为：

$$CNTSI_t^a = \frac{PI_t^a}{PI_t} NTSI_t^a \qquad (7.9)$$

"一带一路"沿线不同技术层次制造业影响下的中国不同技术层次制造业出口技术复杂度为：

$$CITSI_{it}^a = \frac{PI_t^a}{PI_t} INTSI_{it}^a \qquad (7.10)$$

其中，$CNTSI_t^a$ 表示 t 时期 a 国影响下的中国国家层面出口技术复杂度，$CITSI_{it}^a$ 表示 t 时期 a 国影响下的中国 i 技术层次制造业出口技术复杂度，$\frac{PI_t^a}{PI_t}$ 表示"一带一路"沿线国家对中国制造业的影响系数。

2. 解释变量界定

一是制造业结构优化和制造业效率提升。选取上述制造业结构优化和制造业效率提升两个指标作为核心解释变量，分析"一带一路"沿线国别和行业异质性影响下的中国制造业升级对出口技术复杂度的影响，具体计算过程参照前文。

"一带一路"沿线国家 OFDI 影响下的中国制造业结构优化和制造业效率提升为：

$$NISOI_t^a = \frac{PI_t^a}{PI_t} ISOI_t \qquad (7.11)$$

$$NIEII_t^a = \frac{PI_t^a}{PI_t} IEII_t \qquad (7.12)$$

$$CISOI_{it}^a = \frac{PI_t^a}{PI_t} ISOI_{it} \qquad (7.13)$$

$$CIEII_{it}^a = \frac{PI_t^a}{PI_t} IEII_{it} \qquad (7.14)$$

其中，$NISOI_t^a$ 表示 t 时期 a 国影响下的中国国家层面制造业结构优化，$NIEII_t^a$ 表示 t 时期 a 国影响下的中国国家层面制造业效率提升，$CISOI_{it}^a$ 表示 t 时期 a 国影响下的中国 i 技术层次制造业结构优化，$CIEII_{it}^a$ 表示 t 时期 a 国影响下的中国 i 技术层次制造业效率提升。

二是其他解释变量。考虑到研究的一致性，同时鉴于影响因素的针对性，本节继续沿用前文的影响因素，考察这些影响因素对中国出口技术复杂度的影响。

（二）数据来源

本书的数据来源前文已做详细描述，此处不再赘述。在进行实证分析之前，本书分别从国家层面和行业层面对变量进行描述性统计分析，分析结果如表7-1和表7-2所示。

由表7-1可知，核心解释变量制造业效率提升的对数均值约为3.63，标准差约为0.12，最大值约为3.88，最小值约为3.35。制造业结构优化样本均值约为1.13，标准差约为0.08，最大值约为1.3009，最小值约为0.95。

表7-1 国家层面制造业升级对中国出口技术复杂度影响的描述性统计

变量	样本数量（个）	平均值	标准差	最小值	最大值
ln$CNTSI$	312	5.1311	0.1318	4.811	5.4489
ln$NISOI$	312	1.1307	0.0831	0.9498	1.3009
ln$NIEII$	312	3.6291	0.1209	3.3548	3.8785
lnOFS	312	3.6028	2.0251	0.0381	9.363
lnGVC	312	0.301	0.4278	0.0457	7.5512
lnBI	312	2.4558	0.979	0.1409	3.6525
lnPI	312	8.888	1.05	6.6678	11.1151
lnRD	312	8.9492	1.9345	3.8233	12.8715
lnHC	312	3.883	0.5573	2.2399	4.8423

由表7-2可知，被解释变量高技术制造业出口技术复杂度的平均值约为2.24，标准差约为0.18，最小值约为1.82，最大值约为2.78。

表7-2 行业层面制造业升级对中国出口技术复杂度影响的描述性统计

变量	样本数量（个）	平均值	标准差	最小值	最大值
ln$CITSI\_high$	312	2.4212	0.179	1.8205	2.7848
ln$CITSI\_middle$	312	3.1971	0.1466	2.8366	3.5974
ln$CITSI\_low$	312	3.2929	0.2959	2.2286	3.7893
ln$CISOI\_high$	312	0.6388	0.1552	0.2542	0.8351
ln$CISOI\_middle$	312	0.5563	0.1674	0.1605	0.7512

续表

变量	样本数量（个）	平均值	标准差	最小值	最大值
$\ln CISOI\_low$	312	0.2059	0.0255	0.1411	0.2605
$\ln CIEII\_high$	312	3.3408	0.1345	3.0099	3.632
$\ln CIEII\_middle$	312	2.0329	0.2089	1.6597	2.6037
$\ln CIEII\_low$	312	1.2711	0.1473	0.9148	1.6771
$\ln OFS$	312	3.6028	2.0251	0.0381	9.363
$\ln GVC\_high$	312	0.2764	0.1128	0.0181	0.4595
$\ln GVC\_middle$	312	0.3466	0.4998	0.0331	8.6494
$\ln GVC\_low$	312	0.2281	0.0941	0.0586	0.4041
$\ln BI$	312	2.4558	0.979	0.1409	3.6525
$\ln PI$	312	8.888	1.05	6.6678	11.1151
$\ln RD$	312	8.9492	1.9345	3.8233	12.8715
$\ln HC$	312	3.883	0.5573	2.2399	4.8423

三　实证结果与分析

（一）面板数据的单位根检验和协整检验

1. 面板数据的单位根检验

针对相同单位根情形本书主要使用 LLC 检验方法，针对不同单位根情形本书主要使用 Fisher-ADF 检验方法，分析结果如表 7-3 和表 7-4 所示。

表 7-3　　中国制造业效率提升对出口技术复杂度影响的单位根检验

	检验形式 (C, T, L)	LLC 检验 t值	LLC 检验 P值	ADF 检验 t值	ADF 检验 P值	结论
$\ln NTSI$	(C, 0, 2)	−17.455	0.0000***	110.1923	0.0000***	平稳
$\ln CITSI\_high$	(C, 0, 2)	−17.607	0.0000***	109.8854	0.0000***	平稳
$\ln CITSI\_middle$	(C, 0, 2)	−17.434	0.0000***	110.0629	0.0000***	平稳
$\ln CITSI\_low$	(C, 0, 2)	−17.655	0.0000***	110.0691	0.0000***	平稳
$\ln IEII$	(C, 0, 2)	−17.582	0.0000***	110.1169	0.0000***	平稳
$\ln CIEII\_high$	(C, 0, 2)	−17.498	0.0000***	110.0862	0.0000***	平稳
$\ln CIEII\_middle$	(C, 0, 2)	−17.424	0.0000***	109.7159	0.0000***	平稳
$\ln CIEII\_low$	(C, 0, 2)	−17.558	0.0000***	109.1916	0.0000***	平稳

续表

	检验形式 (C, T, L)	LLC 检验 t 值	LLC 检验 P 值	ADF 检验 t 值	ADF 检验 P 值	结论
lnOFS	(C, 0, 2)	-18.063	0.0000***	128.5655	0.0000***	平稳
lnGVC	(C, 0, 2)	-17.924	0.0000***	124.3286	0.0000***	平稳
lnGVC_high	(C, 0, 2)	-17.42	0.0000***	109.9964	0.0000***	平稳
lnGVC_middle	(C, 0, 2)	-17.978	0.0000***	131.1283	0.0000***	平稳
lnGVC_low	(C, 0, 2)	-16.112	0.0000***	96.8317	0.0000***	平稳
lnBI	(C, 0, 2)	-18.727	0.0000***	124.2164	0.0000***	平稳
lnPI	(C, 0, 2)	-16.578	0.0000***	69.2022	0.0000***	平稳
lnRD	(C, 0, 2)	-14.856	0.0000***	152.0623	0.0000***	平稳
lnHC	(C, 0, 2)	-16.578	0.0000***	173.8088	0.0000***	平稳

注：①在显著性检验中，一般用 *、**、*** 分别表示在10%、5%、1%的显著性水平下显著；②原假设为研究数据存在单位根问题，并且非平稳性；③（C，T，L）中 C 为截距项、T 为趋势项、L 为最大滞后阶数，其中 T 为 0 表示无趋势项，最优滞后阶数根据 SC 准则确定。下同。

表 7-4　中国制造业结构优化对出口技术复杂度影响的单位根检验

	检验形式 (C, T, L)	LLC 检验 t 值	LLC 检验 P 值	ADF 检验 t 值	ADF 检验 P 值	结论
ln$NTSI$	(C, 0, 2)	-17.455	0.0000***	110.1923	0.0000***	平稳
ln$CITSI\_high$	(C, 0, 2)	-17.607	0.0000***	109.8854	0.0000***	平稳
ln$CITSI\_middle$	(C, 0, 2)	-17.434	0.0000***	110.0629	0.0000***	平稳
ln$CITSI\_low$	(C, 0, 2)	-17.655	0.0000***	110.0691	0.0000***	平稳
ln$ISOI$	(C, 0, 2)	-17.582	0.0000***	109.0679	0.0000***	平稳
ln$CISOI\_high$	(C, 0, 2)	-17.498	0.0000***	108.3846	0.0000***	平稳
ln$CISOI\_middle$	(C, 0, 2)	17.424	0.0000***	108.2387	0.0000***	平稳
ln$CISOI\_low$	(C, 0, 2)	-17.550	0.0000***	107.425	0.0000***	平稳
lnOFS	(C, 0, 2)	-18.063	0.0000***	128.5655	0.0000***	平稳
lnGVC	(C, 0, 2)	-17.924	0.0000***	124.3286	0.0000***	平稳
lnGVC_high	(C, 0, 2)	-17.42	0.0000***	109.9964	0.0000***	平稳
lnGVC_middle	(C, 0, 2)	-17.978	0.0000***	131.1283	0.0000***	平稳

续表

	检验形式 (C, T, L)	LLC 检验 t值	LLC 检验 P值	ADF 检验 t值	ADF 检验 P值	结论
lnGVC_low	(C, 0, 2)	−16.112	0.0000***	96.8317	0.0000***	平稳
lnBI	(C, 0, 2)	−18.727	0.0000***	124.2164	0.0000***	平稳
lnPI	(C, 0, 2)	−16.578	0.0000***	69.2022	0.0000***	平稳
lnRD	(C, 0, 2)	−14.856	0.0000***	152.0623	0.0000***	平稳
lnHC	(C, 0, 2)	−16.578	0.0000***	173.8088	0.0000***	平稳

由表 7-3 和表 7-4 可知，核心变量制造业升级及其他变量对中国出口技术复杂度的影响因素是平稳的，P 值均为 0，拒绝原假设，不存在单位根问题。制造业升级对中国出口技术复杂度影响的实证数据是平稳的同阶单整数据。

2. 面板数据的协整检验

使用误差修正模型检验制造业提升对中国出口技术复杂度影响的协整关系，检验结果如表 7-5 和表 7-6 所示。

表 7-5　　制造业效率提升对中国出口技术复杂度影响的协整检验

	统计量	低技术 P值	中技术 P值	高技术 P值	国家层面 P值
IEII	Gt	0.000	0.000	0.000	0.000
	Ga	0.001	0.000	0.000	0.000
	Pt	0.000	0.000	0.000	0.000
	Pa	0.000	0.000	0.000	0.000
OFS	Gt	0.000	0.000	0.000	0.000
	Ga	0.000	0.000	0.000	0.000
	Pt	0.000	0.000	0.000	0.000
	Pa	0.000	0.000	0.000	0.000
GVC	Gt	0.925	0.924	0.919	0.927
	Ga	0.722	0.723	0.719	0.724
	Pt	0.019	0.019	0.020	0.018
	Pa	0.000	0.000	0.000	0.000

续表

	统计量	低技术 P值	中技术 P值	高技术 P值	国家层面 P值
BI	Gt	0.000	0.000	0.000	0.000
	Ga	0.002	0.002	0.002	0.001
	Pt	0.000	0.000	0.000	0.000
	Pa	0.000	0.000	0.000	0.000
PI	Gt	0.000	0.000	0.000	0.000
	Ga	0.000	0.000	0.000	0.000
	Pt	0.000	0.000	0.000	0.000
	Pa	0.000	0.000	0.000	0.000
RD	Gt	0.000	0.000	0.000	0.000
	Ga	0.634	0.634	0.635	0.634
	Pt	0.000	0.000	0.000	0.000
	Pa	0.092	0.093	0.092	0.000
HC	Gt	0.005	0.005	0.006	0.005
	Ga	0.151	0.151	0.152	0.149
	Pt	0.012	0.012	0.012	0.011
	Pa	0.000	0.000	0.000	0.000

表7-6　制造业结构优化对中国出口技术复杂度影响的协整检验

	统计量	低技术 P值	中技术 P值	高技术 P值	国家层面 P值
NISOI	Gt	0.000	0.000	0.000	0.000
	Ga	0.002	0.002	0.002	0.001
	Pt	0.000	0.000	0.000	0.000
	Pa	0.000	0.000	0.000	0.000
lnOFS	Gt	0.013	0.000	0.000	0.000
	Ga	0.260	0.000	0.000	0.000
	Pt	0.607	0.000	0.000	0.000
	Pa	0.000	0.000	0.000	0.000

续表

	统计量	低技术 P值	中技术 P值	高技术 P值	国家层面 P值
lnGVC	Gt	0.925	0.924	0.919	0.927
	Ga	0.722	0.723	0.719	0.724
	Pt	0.019	0.019	0.020	0.018
	Pa	0.000	0.000	0.000	0.000
lnBI	Gt	0.000	0.000	0.000	0.000
	Ga	0.002	0.002	0.002	0.001
	Pt	0.000	0.000	0.000	0.000
	Pa	0.000	0.000	0.000	0.000
lnPI	Gt	0.000	0.000	0.000	0.000
	Ga	0.000	0.000	0.000	0.000
	Pt	0.000	0.000	0.000	0.000
	Pa	0.000	0.000	0.000	0.000
lnRD	Gt	0.000	0.000	0.000	0.000
	Ga	0.634	0.634	0.635	0.634
	Pt	0.000	0.000	0.000	0.000
	Pa	0.092	0.093	0.092	0.094
lnHC	Gt	0.005	0.005	0.006	0.005
	Ga	0.151	0.151	0.152	0.149
	Pt	0.012	0.012	0.012	0.011
	Pa	0.000	0.000	0.000	0.000

由表7-5和表7-6可知，被解释变量出口技术复杂度同核心解释变量制造业效率提升和制造业结构优化，在国家层面和不同技术层次行业层面均未拒绝原假设。因此，至少存在一组协整关系，同其他主要解释变量之间也存在协整关系。由此可知，本书中国家层面和行业层面的模型设定正确。

(二) 实证检验结果分析

1. 国家层面

关于国家层面制造业结构优化和制造业效率提升对中国出口技术复杂度影响的实证分析结果如表7-7所示。

表 7-7　国家层面制造业升级对中国出口技术复杂度影响的实证分析

解释变量	全样本 GMM	全样本 FE	高技术国家 GMM	高技术国家 FE	中低技术国家 GMM	中低技术国家 FE
L.ln$CNTSI$	0.14953*** (3.32590)	0.00005** (2.84971)	0.07139*** (3.16685)	0.00005* (2.12565)	0.16583*** (3.91653)	0.00015** (2.28898)
ln$NIEII$	0.07825 (0.24717)	1.08005*** (154.31203)	0.19361 (0.52368)	1.03373*** (41.23809)	0.08142 (0.26263)	1.06938*** (89.57306)
ln$NISOI$	1.32199*** (3.08422)	0.08437*** (8.65517)	1.36546*** (2.93815)	0.02080 (0.59771)	1.29457*** (3.07829)	0.06803*** (3.89421)
lnOFS	0.00147 (0.86410)	0.00001*** (3.14456)	0.00282 (1.33021)	0.00001** (2.26538)	0.00215 (1.21895)	0.00001** (3.04211)
lnGVC	0.01181*** (3.53722)	0.00000 (1.15346)	0.00282 (0.27265)	0.00003 (1.28018)	0.01300*** (3.70191)	0.00001 (1.55011)
lnBI	0.02008* (1.85076)	0.00000 (0.01344)	0.04161* (1.94878)	0.00003 (1.75692)	0.00938 (1.32626)	0.00003** (2.57658)
lnPI	0.00711*** (3.16470)	0.00000*** (3.67344)	0.00652** (2.34051)	0.00001** (2.22926)	0.00958*** (3.50351)	0.00002** (2.35883)
lnRD	0.00351*** (3.15083)	0.00001** (2.39936)	0.00122 (1.32685)	0.00001*** (3.24388)	0.00502*** (3.49636)	0.00001*** (3.14607)
lnHC	0.00505*** (2.58851)	0.00000 (1.13681)	-0.01515** (-2.03255)	-0.00001* (-1.86695)	0.01920*** (3.15396)	0.00002 (1.23900)
常数项	2.98736*** (5.01366)	1.30661*** (91.63159)	3.80070*** (4.92523)	1.40355*** (27.07186)	2.87546*** (4.75171)	1.32631*** (57.08797)
N	300	300	144	144	156	156
AR (2)	2.3967		1.0670		2.0739	
P 值	0.0165		0.2860		0.0381	
Sargan	1378.4537		1026.5958		515.8062	
SAR_DF	221.0000		107.0000		122.0000	

由表 7-7 可知，从核心解释变量来看，出口技术复杂度一阶滞后项系数在三类样本国中均为正值。其中，中低技术国家的系数较高，分别为 0.16583 和 0.00015，并且至少通过 5% 的显著性水平检验。由此可知，中国制造业出口技术复杂度持续性向好。

中国的制造业效率提升对中国制造业出口技术复杂度的影响系数在

三类样本国中均为正值，在固定效应模型中通过 1% 的显著性水平检验，且高技术国家制造业效率提升的拟合系数较高，分别约为 0.194（不显著）和 1.034。中国制造业结构优化对出口技术复杂度的提升同样具有显著正向作用，高技术国家的拟合系数同样较高。由此可知，"一带一路"沿线国家，特别是高技术国家制造业的生产效率提升和结构优化有利于促进中国制造业出口技术复杂度的提升。这说明，"一带一路"分工合作有利于中国与中低技术国家进行产能合作，开拓中高端装备制造业海外市场，为国内中高端制造业的结构优化和效率提升提供更多的空间和资源，进而推动中国出口产品技术复杂度的提升。

从控制变量来看，除在高技术国家中人力资本系数为负值外，其他控制变量在三类样本国中均为正值。其中，OFDI 逆向技术溢出和全球价值链参与度在高技术样本国中的系数较高。由此可知，基于优势互补的"一带一路"价值链分工格局建设有利于中国出口技术复杂度的提升。这说明，"一带一路"沿线高技术国家的技术和分工优势会形成溢出效应和示范作用，沿线中低技术国家的研发支出和教育水平提高有利于推动中国出口技术复杂度的提升。

2. 行业层面

关于行业层面中国制造业升级对出口技术复杂度的影响，下面分别从制造业结构优化和制造业效率提升两个维度进行实证分析。

（1）低技术制造业。

由表 7-8 可知，在低技术制造业领域，从核心解释变量来看，出口技术复杂度一阶滞后项系数在三类样本国中均为正值，拟合系数均通过至少 5% 的显著性水平检验，并且高技术国家中的拟合系数总体较高。由此可知，中国与"一带一路"沿线国家，特别是与高技术国家进行低技术制造业分工合作，有利于持续改善中国低技术制造业的出口技术复杂度。

表 7-8　低技术制造业升级对中国出口技术复杂度影响的实证分析

解释变量	全样本		高技术国家		中低技术国家	
	GMM	FE	GMM	FE	GMM	FE
L.ln$CITSI\_low$	0.84762*** (12.39394)	0.00318*** (5.15091)	0.78872*** (9.20780)	0.00059** (2.89790)	0.77029*** (7.58670)	0.00819*** (6.03520)

续表

解释变量	全样本 GMM	全样本 FE	高技术国家 GMM	高技术国家 FE	中低技术国家 GMM	中低技术国家 FE
$\ln CIEII\_low$	0.11672 (1.08496)	1.03754*** (5.42142)	0.12053 (0.91827)	0.95451*** (4.58743)	0.17490 (1.20251)	0.96078*** (4.39649)
$\ln CISOI\_low$	1.28421** (2.20920)	1.22275 (1.72870)	0.30666 (0.44330)	1.24002 (1.74698)	1.25677* (1.65631)	1.66485* (1.98311)
$\ln OFS$	−0.01037*** (−4.94376)	−0.00053*** (−3.75321)	−0.01512*** (−4.93832)	−0.00018*** (−5.30832)	0.00071 (0.42648)	0.00001 (0.03363)
$\ln GVC\_low$	0.21975*** (6.83792)	0.01377*** (−4.47554)	0.56847*** (9.68466)	0.00646* (2.10860)	−0.09235 (−1.23178)	−0.00936 (−1.77380)
$\ln BI$	0.00564 (0.55339)	0.00123** (2.70932)	−0.02988** (−2.22321)	−0.00022 (−0.34279)	−0.00073 (−0.08689)	−0.00032 (−0.56189)
$\ln PI$	0.03197*** (13.91936)	0.00015*** (3.40289)	0.03798*** (10.92385)	0.00009* (1.98549)	0.03155*** (8.88951)	0.00076*** (4.54904)
$\ln RD$	0.02632*** (10.60858)	0.00039*** (3.31316)	0.04580*** (8.45716)	0.00025*** (5.52114)	0.02054*** (10.16002)	0.00007 (0.61918)
$\ln HC$	0.06669*** (11.93019)	0.00002 (0.10450)	0.06155*** (4.15260)	0.00042** (2.86132)	0.07942*** (11.30129)	0.00020 (0.45186)
常数项	−0.72054** (−2.54684)	1.70889*** (17.71897)	−0.50160 (−1.34633)	1.83102*** (15.13237)	−0.50472 (−1.23297)	1.69813*** (16.89945)
N	300	300	144	144	156	156
AR (2)	3.3169		3.0955		2.9820	
P 值	0.0009		0.0020		0.0029	
Sargan	304.9073		154.4339		188.8201	
SAR_DF	230.0000		110.0000		128.0000	

低技术制造业效率提升变量系数在三类样本国中同样均为正值，在中低技术国家影响下的 $\ln CIEII\_low$ 系数较高，分别约为 0.175（不显著）和 0.961，且在固定效应模型下通过 1% 的显著性水平检验。由此可知，中国与"一带一路"沿线国家进行低技术制造业生产分工，有利于推动中国制造业结构优化，从而促进中国低技术制造业出口技术复杂度的提升。

低技术制造业结构优化变量系数同样为正值，在中低技术国家影响下的 ln$CISOI\_low$ 系数同样较高，分别约为 1.257 和 1.665，且均通过 10%的显著性水平检验。由此可知，中低技术国家参与"一带一路"价值链分工有利于为中国低技术制造业结构优化"腾笼换鸟"，从而促进中国低技术制造业出口技术复杂度的提升。

从控制变量来看，除基础设施外，主要控制变量在三类样本国中对中国低技术制造业出口技术复杂度均呈正向提升作用。其中，在高技术国家中，多数控制变量的拟合系数较高。比如，在高技术国家中研发投入的拟合系数分别为 0.04580 和 0.00025，且均通过 1%的显著性水平检验。由此可知，"一带一路"国际产能合作有利于中国低技术制造业的升级和出口技术复杂度的提升，特别是沿线国家在研发和教育等方面投入的增加可以形成有效的技术积累，从而促进中国低技术制造业出口技术复杂度的提升。

（2）中技术制造业。

由表 7-9 可知，在中技术制造业领域，从核心解释变量来看，出口技术复杂度一阶滞后项系数在三类样本国中均为正值，且在中低技术国家中的拟合系数较高，分别约为 0.121 和 0.002，均通过 1%的显著性水平检验。由此可知，同"一带一路"沿线国家进行经贸合作对中国中技术制造业出口技术复杂度的提升具有持续性影响。尤其是"一带一路"沿线中低技术国家已成为中国最大的贸易伙伴，对中国中技术制造业出口技术复杂度提升的积累效应更显著。

表 7-9　　　　中技术制造业升级对中国出口技术复杂度影响的实证分析

解释变量	全样本		高技术国家		中低技术国家	
	GMM	FE	GMM	FE	GMM	FE
L. ln$CITSI\_middle$	0.20769*** (4.37052)	0.00121*** (9.05293)	0.05639*** (3.45702)	0.00036*** (6.01648)	0.12073*** (4.19554)	0.00215*** (4.03931)
ln$CIEII\_middle$	0.59699*** (4.27248)	1.02553*** (148.01814)	0.67166*** (4.21498)	1.02239*** (152.76320)	0.64563*** (5.31023)	1.03046*** (136.19771)
ln$CISOI\_middle$	0.49241*** (3.90654)	0.17701*** (11.42160)	0.51191*** (3.52271)	0.13820*** (8.78105)	0.54195*** (4.77832)	0.19006*** (11.26845)
lnOFS	-0.00776** (-2.32307)	-0.00021*** (-5.38344)	-0.00759* (-1.97660)	-0.00006** (-2.93644)	-0.00386* (-1.77427)	-0.00017*** (-3.30997)

续表

解释变量	全样本 GMM	全样本 FE	高技术国家 GMM	高技术国家 FE	中低技术国家 GMM	中低技术国家 FE
$\ln GVC\_middle$	0.00662*** (2.88812)	0.00004 (0.64378)	0.05034 (1.58748)	0.00014 (1.20814)	0.00642** (2.09415)	0.00012* (2.19674)
$\ln BI$	0.00234 (0.18834)	0.00004 (0.22124)	0.01648 (0.89242)	0.00090* (2.11829)	−0.00287 (−0.23417)	−0.00036*** (−3.31155)
$\ln PI$	0.00743*** (3.62765)	0.00010** (2.62537)	0.00277 (1.22855)	0.00007*** (4.27410)	0.00595*** (4.54605)	0.00021* (2.19675)
$\ln RD$	0.00973** (2.42287)	0.00018*** (4.81763)	0.01491* (1.88326)	0.00010** (2.30435)	0.00578** (2.36531)	0.00006*** (3.96948)
$\ln HC$	0.03087*** (2.69218)	0.00013 (0.63773)	0.01251 (1.56430)	0.00004 (0.38231)	0.02666*** (2.88430)	0.00002 (0.06411)
常数项	0.79605*** (4.51574)	1.00773*** (110.61845)	1.21694*** (4.24578)	1.04134*** (140.16434)	1.00736*** (3.73215)	0.98936*** (111.79746)
N	300	300	144	144	156	156
AR(2)	2.5668		2.0848		1.8850	
P 值	0.0103		0.0371		0.0594	
Sargan	885.4150		621.2638		596.8321	
SAR_DF	224.0000		106.0000		124.0000	

中技术制造业结构优化和效率提升的系数均为正值，且在中低技术国家影响下的变量系数较高，分别约为 0.542、0.190 和 0.646、1.030，均通过 1% 的显著性水平检验。由此可知，中国与 "一带一路" 沿线国家进行分工合作，有利于推动中国中技术制造业的升级，进而带动中国出口技术复杂度的提升。

从其他控制变量来看，多数控制变量的拟合系数为正值。其中，在中低技术国家中人均收入水平、基础设施和人力资本的变量系数较高，在高技术国家中全球价值链参与度和研发投入的变量系数较高。

（3）高技术制造业。

由表 7-10 可知，在高技术制造业领域，从核心解释变量来看，高技术制造业出口技术复杂度一阶滞后项系数在三类样本国中均为正值，并且在高技术国家中的变量系数较高，约为 0.531，在系统动态 GMM 模型中通过 1% 的显著性检验。由此可知，中国制造业升级对出口技术复杂度的提升有长期推动作用。特别是高技术国家掌握着高技术制造业核心技术，对中国高技术制造业持续改善和出口技术复杂度提升的效果更为显著。

表 7-10　高技术制造业升级对中国出口技术复杂度影响的实证分析

解释变量	全样本 GMM	全样本 FE	高技术国家 GMM	高技术国家 FE	中低技术国家 GMM	中低技术国家 FE
L.ln$CITSI\_high$	0.64466*** (5.37757)	0.00076*** (4.52301)	0.53142*** (4.00648)	0.00008 (0.90950)	0.48546*** (2.94600)	0.00137*** (4.05515)
ln$CIEII\_high$	0.30503* (1.77345)	0.95890*** (125.06477)	0.19479 (0.76426)	0.96384*** (188.59484)	0.31965 (1.33018)	0.95515*** (155.14129)
ln$CISOI\_high$	-0.03312 (-0.49571)	-0.03521 (-1.46731)	-0.05371 (-0.69079)	-0.03024 (-1.68584)	-0.05626 (-0.61072)	-0.03695 (-1.52916)
lnOFS	0.00437* (1.66415)	0.00010** (2.37823)	0.00210 (0.51974)	0.00007* (1.80902)	0.00376 (1.07350)	0.00008 (0.79021)
lnGVC_high	0.09755*** (4.08411)	0.00107 (1.39492)	0.35223*** (4.26649)	0.00057 (1.66208)	0.02986 (0.58240)	0.00063 (0.66775)
lnBI	0.02713* (1.74395)	0.00003 (0.19452)	0.00919 (0.34496)	0.00043 (0.63089)	0.02247 (1.31126)	0.00019** (2.29316)
lnPI	0.02206*** (5.94745)	0.00007** (2.82264)	0.02459*** (4.33699)	0.00004 (1.33710)	0.02287*** (3.09945)	0.00013 (1.67517)
lnRD	0.01942*** (6.28601)	0.00009* (1.89534)	0.02308*** (4.01388)	0.00010 (0.99746)	0.01501*** (3.70801)	0.00003 (1.35122)
lnHC	0.04685*** (6.61275)	0.00023* (1.92994)	0.05192*** (4.00341)	0.00037 (1.25533)	0.05940*** (4.13729)	0.00014 (0.49220)
常数项	-0.76948** (-2.26564)	-0.75628*** (-75.35891)	-0.21675 (-0.40318)	-0.78047*** (-1.24e+02)	-0.43012 (-1.02354)	-0.74208*** (-97.43342)
N	300	300	144	144	156	156
AR (2)	2.9099		1.3856		2.2297	
P 值	0.0036		0.1659		0.0258	
Sargan	386.5438		217.0313		223.0662	
SAR_DF	231.0000		111.0000		128.0000	

在"一带一路"沿线国家影响下的高技术制造业生产效率提升系数为正值，且在固定效用模型下通过1%的显著性水平检验。高技术制造业结构优化系数为负值，未通过显著性检验。由此可知，与"一带一路"沿线国家进行分工合作，有利于开拓中国高技术制造业出口市场，推动高技术制造业生产效率的提升，进而推动中国出口产品技术复杂度的提升。但是高技术制造业的高附加值、高垄断性和高技术含量等特征导致在"一带一路"沿线国家影响下的中国高技术制造业结构优化未对高技术制造业出口技术复杂度形成促进作用。

从控制变量来看，系列控制变量在三类样本中均为正值。其中，全球价值链参与度、人均收入水平和研发投入在高技术国家中的拟合系数较高，基础设施和人力资本在低技术国家中的拟合系数较高。由此可知，通过"一带一路"能源合作可以保障中国高技术制造业的能源和原材料需求，从而提高出口技术复杂度。"一带一路"沿线高技术国家在人才培养和科研创新上具有比较优势，中国通过OFDI从高技术国家获得逆向技术溢出，可以推动中国制造业升级，进而提升出口技术复杂度。人均收入水平的提高可以增加对中国高技术产品的市场需求，带动中国制造业升级和高技术产品出口规模扩大。"一带一路"沿线国家信息通信基础设施的完善也有利于促进中国高技术制造业出口技术复杂度的提升。

第二节 "一带一路"OFDI逆向技术溢出的制造业出口技术复杂度效应实证

前文基于"一带一路"OFDI逆向技术溢出对制造业出口技术复杂度影响机理进行了相关研究，其中，中低技术国家的OFDI主要集中在资源密集型和劳动密集型行业，高技术国家的OFDI主要集中在资本密集型和技术密集型行业。上述不同流向的OFDI逆向技术溢出对中国出口技术复杂度的影响机理主要有制造业抽离效应、海外子公司资本和中间品的回馈效应、东道国市场扩张效应和技术回馈效应四种路径机制。通过对"一带一路"制造业价值链分工、"一带一路"OFDI的制造业升级效应进行分析可以发现，OFDI逆向技术溢出有利于中国制造业出口技术复杂度的提升。

一 模型设定

基于"一带一路"OFDI逆向技术溢出对中国制造业出口技术复杂度的影响,构建如下实证模型。

(1) 行业层面OFDI逆向技术溢出对中国制造业出口技术复杂度的影响:

$$\ln(ITSI_{it}^a) = a_0 + b_0\ln(OFS_{it}^a) + b_1\ln(GVC_{it}^a) + b_3\ln(RD_t^a) + b_4\ln(HC_t^a) + \\ b_5\ln(PI_t^a) + b_6\ln(BI_t^a) + u_i^a + \varepsilon_{it}^a \quad (7.15)$$

(2) 国家层面OFDI逆向技术溢出对中国制造业出口技术复杂度的影响:

$$\ln(NTSI_t^a) = a_0 + b_0\ln(OFS_t^a) + b_1\ln(GVC_t^a) + b_3\ln(RD_t^a) + b_4\ln(HC_t^a) + \\ b_5\ln(PI_t^a) + b_6\ln(BI_t^a) + u_t^a + \varepsilon_t^a \quad (7.16)$$

关于OFDI逆向技术溢出对中国制造业出口技术复杂度影响的变量选取及含义、数据来源等,前文已做翔实的阐述,此处不再赘述。

二 实证结果与分析

(一) 面板数据的单位根检验和协整检验

根据前文面板数据的单位根检验和协整检验,本书的变量选取和模型设置是合理的。

(二) 实证结果

本节分别采用静态固定效应面板模型和两阶段估计模型相结合的方法实证分析OFDI逆向技术溢出对中国制造业出口技术复杂度的影响。

1. 国家层面

关于国家层面OFDI逆向技术溢出对中国制造业出口技术复杂度影响的实证分析如下。

由表7-11可知,从核心解释变量来看,制造业出口技术复杂度一阶滞后项变量系数均为正值,在两阶段估计模型中通过1%的显著性水平检验。由此可知,OFDI逆向技术溢出对中国制造业出口技术复杂度具有持续性影响。OFDI逆向技术溢出的影响系数在高技术国家数据组中为正值,分别为0.0064和0.0056,且至少通过5%的显著性水平检验。在中低技术国家中的拟合系数为负值,未通过显著性检验。由此可知,中国对"一带一路"沿线国家,特别是高技术国家的OFDI有利于中国制造业出口技术复杂度的提升。

表 7-11　　OFDI 逆向技术溢出对中国制造业出口技术复杂度的影响

解释变量	全样本 两阶段估计模型	全样本 FE	高技术国家 两阶段估计模型	高技术国家 FE	中低技术国家 两阶段估计模型	中低技术国家 FE
L.ln$CNTSI$	0.1936*** (4.0701)		0.1384*** (3.8475)		0.2649*** (7.8644)	
lnOFS	−0.0078*** (−3.0034)	−0.0002 (−0.2812)	0.0064** (2.2897)	0.0056*** (5.2897)	−0.0024 (−1.5606)	−0.0029 (−0.8669)
lnGVC	0.0043 (1.4616)	0.0016 (0.4030)	0.2121*** (2.7765)	0.1839** (2.5456)	−0.0073*** (−3.1185)	−0.0023* (−2.1491)
lnBI	0.0722*** (12.2415)	0.0880*** (65.1624)	0.0580*** (2.7841)	0.1028*** (3.5561)	0.0543*** (9.2610)	0.0816*** (15.2760)
lnPI	0.0126*** (5.5612)	0.0063*** (4.2362)	0.0161*** (6.5122)	0.0031 (1.1797)	0.0193*** (8.2332)	0.0070*** (3.1387)
lnRD	0.0188*** (8.3948)	0.0129*** (11.1998)	0.0294*** (6.0393)	0.0090*** (5.3938)	0.0200*** (15.9736)	0.0139*** (12.4771)
lnHC	0.0531*** (10.1771)	0.0343*** (19.6898)	0.0010 (0.0627)	0.0497*** (7.9818)	0.0734*** (15.9579)	0.0362*** (10.7084)
常数项	3.5036*** (12.7957)	4.6110*** (249.6328)	3.8493*** (15.0428)	4.4800*** (92.2594)	3.0073*** (14.5838)	4.6092*** (174.9450)
N	300	312	144	156	156	156
AR（2）	3.2053		−2.5391		3.3942	
P 值	0.0013		0.0111		0.0007	
Sargan	383.3926		258.0763		170.2285	
Sargan_P	223.0000		107.0000		123.0000	

注：①AR（2）检验结果显示不存在二阶残差自相关问题；②Sargan 检验结果表明不存在过度识别问题。下同。

从控制变量来看，除全球价值链参与度在中低技术国家中为负值外，系列控制变量的拟合系数均为正值。其中，全球价值链参与度、基础设施和研发投入的影响系数在高技术国家中较高。比如，在高技术国家中，基础设施的拟合系数分别为 0.0580 和 0.1028。由此可知，构建"一带一路"制造业生产分工网络、沿线国家通信等基础设施的进一步完善、提高居民收入水平、加大研发投入，以及提高高等教育入学率和加强劳动力技能培训等，有利于提高中国制造业出口技术复杂度。

2. 行业层面

关于行业层面 OFDI 逆向技术溢出对中国制造业出口技术复杂度影响的实证分析如下。

（1）低技术制造业。

由表 7-12 可知，在低技术制造业领域，从核心解释变量来看，出口技术复杂度一阶滞后项系数在两阶段估计模型中显著为正，且在中低技术国家中的系数较高，为 0.7490，通过 1% 的显著性水平检验。由此可知，"一带一路"沿线国家的 OFDI 逆向技术溢出对中国低技术制造业升级具有持续性影响，中国的低技术制造业出口技术复杂度存在明显的路径依赖性，中低技术国家的 OFDI 对中国低技术制造业的抽离效应显著。

表 7-12　OFDI 逆向技术溢出对中国低技术制造业出口技术复杂度的影响

解释变量	全样本 两阶段估计模型	全样本 FE	高技术国家 两阶段估计模型	高技术国家 FE	中低技术国家 两阶段估计模型	中低技术国家 FE
L.ln$CITSI\_low$	0.8535*** (11.9688)		0.7347*** (5.9530)		0.7490*** (4.8941)	
lnOFS	-0.0132*** (-4.1930)	-0.0011* (-2.0266)	-0.0129* (-1.7969)	0.0046*** (4.1870)	-0.0005 (-0.1180)	-0.0188*** (-3.8085)
lnGVC_low	0.3153*** (10.3751)	0.2462*** (17.7624)	0.5607*** (12.7387)	0.3833*** (7.1031)	0.0309 (0.3042)	0.3871*** (5.0681)
lnBI	0.0194** (2.2320)	0.0622*** (28.7341)	-0.0053 (-0.2486)	0.0348 (1.5295)	0.0176*** (2.6778)	0.0647*** (14.3529)
lnPI	0.0351*** (21.2708)	0.0090*** (4.8309)	0.0380*** (8.0379)	0.0048* (1.8605)	0.0363*** (9.9100)	0.0103*** (5.3114)
lnRD	0.0322*** (17.0980)	0.0142*** (15.3994)	0.0447*** (4.8970)	0.0081*** (5.4880)	0.0265*** (23.5177)	0.0197*** (11.4919)
lnHC	0.0862*** (10.1755)	0.0418*** (17.3403)	0.0512*** (3.6730)	0.0293*** (4.1108)	0.0987*** (19.6256)	0.0418*** (10.7923)
常数项	-0.5278** (-2.0859)	2.7183*** (122.3482)	-0.1234 (-0.2688)	2.8957*** (42.9121)	-0.1907 (-0.3410)	2.7011*** (103.5311)
N	300	312	144	156	156	156
AR (2)	3.3301		1.9388		3.0285	

续表

解释变量	全样本		高技术国家		中低技术国家	
	两阶段估计模型	FE	两阶段估计模型	FE	两阶段估计模型	FE
P 值	0.0009		0.0525		0.0025	
Sargan	271.4875		162.9423		150.1779	
Sargan_P	231.0000		110.0000		128.0000	

在高技术国家中，OFDI 逆向技术溢出对中国低技术制造业出口技术复杂度的影响系数均为正值，分比为 0.0129 和 0.0046，且至少通过 10% 的显著性水平检验。由此可知，对"一带一路"沿线高技术国家的 OFDI 逆向技术溢出对中国制造业出口技术复杂度提升的作用较显著。然而，由于中低技术国家是中国低技术制造业组装环节转移的重点地区，因此对中低技术国家的 OFDI 以正向技术溢出为主，未能对中国制造业出口技术复杂度的提升形成带动作用。

从控制变量来看，系列控制变量对中国低技术制造业出口技术复杂度呈正向作用。其中，全球价值链参与度、人均收入水平和研发投入在高技术国家中的拟合系数较高，比如，全球价值链参与度的拟合系数分别约为 0.561 和 0.383，通过 1% 的显著性水平检验。由此可知，高技术国家人均收入水平的提高和研发投入的增加有利于 OFDI 逆向技术溢出促进低技术制造业出口技术复杂度的提升。"一带一路"沿线高技术国家的价值链分工位置较高，生活资料生产能力有限，与中国低技术制造业互补性强，为了满足国内需求，高技术国家积极参与"一带一路"价值链。而"一带一路"沿线中低技术国家人口基数大，工业基础薄弱，国内生活资料需求量大。

(2) 中技术制造业。

由表 7-13 可知，在中技术制造业领域，从核心解释变量来看，出口技术复杂度一阶滞后项系数均为正值，且均通过 1% 的显著性水平检验。由此可知，中技术制造业出口技术复杂度的提升具有连续性，前期的出口技术复杂度会显著影响未来的出口技术复杂度。在不同技术层次的样本国中，OFDI 逆向技术溢出的影响系数均为正值，且在高技术国家中的影响系数较高，分别为 0.0015（不显著）和 0.0051。由此可知，对"一带一路"沿线国家 OFDI 的投资国制造业抽离效应、投资国海外子公司资本和中间品的回馈效应、东道国市场扩张效应显著。

表 7-13 OFDI 逆向技术溢出对中国中技术制造业出口技术复杂度的影响

解释变量	全样本 两阶段估计模型	全样本 FE	高技术国家 两阶段估计模型	高技术国家 FE	中低技术国家 两阶段估计模型	中低技术国家 FE
L.ln$CITSI\_middle$	0.3989*** (4.7430)		0.1480*** (3.0710)		0.3739*** (4.5852)	
lnOFS	-0.0065** (-2.3053)	-0.0002 (-0.2022)	0.0015 (0.2680)	0.0051*** (4.2909)	0.0009 (0.3060)	0.0027 (0.8351)
lnGVC_middle	0.0074* (1.9011)	0.0005 (0.1985)	0.1051** (2.4880)	0.0458* (2.0735)	-0.0104*** (-3.9106)	-0.0028** (-2.5381)
lnBI	0.0652*** (10.6392)	0.0848*** (64.2624)	0.0775*** (3.8103)	0.1368*** (7.4509)	0.0486*** (7.5932)	0.0783*** (15.1509)
lnPI	0.0181*** (5.5025)	0.0060*** (4.1885)	0.0174*** (4.9667)	0.0015 (0.9596)	0.0226*** (6.1462)	0.0068*** (3.1189)
lnRD	0.0201*** (9.3955)	0.0124*** (11.4148)	0.0175** (2.3048)	0.0073*** (3.1982)	0.0194*** (11.3883)	0.0133*** (12.6225)
lnHC	0.0597*** (8.3895)	0.0331*** (19.9355)	0.0000 (0.0030)	0.0552*** (7.0590)	0.0743*** (12.2707)	0.0352*** (10.9324)
常数项	1.2146*** (4.0009)	2.6963*** (152.8832)	2.1897*** (10.9836)	2.4878*** (64.5732)	1.2090*** (3.9645)	2.6940*** (105.4520)
N	300	312	144	156	156	156
AR（2）	3.2072		-1.6246		3.1862	
P 值	0.0013		0.1042		0.0014	
Sargan	391.4106		265.3513		176.7434	
Sargan_P	224.0000		106.0000		124.0000	

从控制变量来看，除在中低技术国家中价值链参与度影响系数为负值外，其他系列控制变量在三类样本国中的拟合系数均为正值。由此可知，"一带一路"沿线国家基础设施、人均收入水平和研发投入等的增加有利于中国中技术制造业出口技术复杂度的提升。

（3）高技术制造业。

由表 7-14 可知，在高技术制造业领域，从核心解释变量来看，出口技术复杂度一阶滞后项系数为正值，并且通过1%的显著性水平检验。由此可知，"一带一路"沿线国家对中国高技术制造业出口技术复杂度的提升有持续性影响。OFDI逆向技术溢出在三类样本国中的影响系数均为正值，其中，在高技术国家中的拟合系数较高，分别为0.0048（不显著）和0.0017。由此可知，"一带一路"的实施有利于中国高技术制造业通过向沿线国家进行OFDI获得研发合作、市场开拓和生产分工等的溢出效益，提高高技术制造业出口技术复杂度。

表7-14　OFDI逆向技术溢出对中国高技术制造业出口技术复杂度的影响

解释变量	全样本 两阶段估计模型	全样本 FE	高技术国家 两阶段估计模型	高技术国家 FE	中低技术国家 两阶段估计模型	中低技术国家 FE
L.ln$CITSI\_high$	0.6455*** (6.3572)		0.4788*** (3.9325)		0.4158** (2.3390)	
lnOFS	0.0093** (2.3344)	0.0002 (0.3066)	0.0048 (0.5995)	0.0017** (2.5649)	0.0001 (0.0162)	0.0030 (0.9453)
lnGVC_high	0.1491*** (4.2286)	0.0861*** (3.9284)	0.3862*** (7.3843)	0.2765*** (7.2688)	0.0009 (0.0146)	0.0083 (0.3145)
lnBI	0.0362*** (3.0090)	0.0707*** (21.2748)	0.0174 (0.6296)	0.0868*** (4.8131)	0.0428*** (5.6497)	0.0739*** (13.8463)
lnPI	0.0233*** (9.8624)	0.0054*** (4.0454)	0.0241*** (5.9238)	0.0048* (1.9639)	0.0226*** (3.4248)	0.0059** (2.8551)
lnRD	0.0261*** (10.5066)	0.0128*** (11.6387)	0.0291*** (2.9188)	0.0151*** (11.5017)	0.0200*** (13.3466)	0.0128*** (11.4828)
lnHC	0.0690*** (6.8578)	0.0335*** (17.3015)	0.0509*** (2.6777)	0.0794*** (5.2863)	0.0736*** (12.6199)	0.0321*** (11.0198)
常数项	0.0517 (0.1863)	1.9318*** (90.0949)	0.4632 (1.3412)	1.5959*** (27.8110)	0.6325 (1.1959)	1.9510*** (79.9250)
N	300	312	144	156	156	156
AR（2）	3.2279		0.4589		2.9708	
P值	0.0012		0.6463		0.0030	
Sargan	323.0893		218.6974		170.1591	
Sargan_P	233.0000		111.0000		128.0000	

从控制变量来看，系列控制变量的影响系数均为正值。其中，高技术国家全球价值链参与度、研发投入和人力资本的影响系数均为正值，且通过1%的显著性水平检验。由此可知，中国与"一带一路"沿线高技术国家间的价值链生产分工、联合研发等有利于中国高技术制造业出口技术复杂度的提升。此外，"一带一路"互联互通项目和沿线国家收入增加等有利于扩大中国高技术制造业的出口规模，从而提升出口技术复杂度。

第三节 本章小结

本章基于"一带一路"OFDI制造业升级对出口技术复杂度影响的4个路径机制，以及不同流向的OFDI逆向技术溢出对制造业出口技术复杂度的影响机理，通过"一带一路"价值链分工、"一带一路"OFDI制造业升级效应分析，实证研究了样本国OFDI逆向技术溢出对中国制造业升级的间接效应并得到如下结论。

一 "一带一路"OFDI制造业升级对出口技术复杂度影响的实证结果

（一）国别层面

核心解释变量实证结果表明，出口技术复杂度一阶滞后项系数为正值，印证了前述中国制造业升级会对出口技术复杂度产生持续性影响。中国制造业生产效率提升和结构优化可以促进出口技术复杂度提高，印证了"一带一路"国际产能合作可以实现富余产能合作、参与高技术国家研发、开拓中高端装备制造业海外市场。

控制变量实证结果表明，除在高技术国家中人力资本系数为负值外，其他控制变量在三类样本国中均为正值。由此可知，基于优势互补的"一带一路"价值链分工格局建设有利于中国出口技术复杂度的提升。

（二）低技术制造业层面

核心解释变量实证结果表明，出口技术复杂度一阶滞后项系数为正值，印证了中国低技术制造业升级对出口技术复杂度的影响具有持续性。低技术制造业结构优化和生产效率提升变量系数均为正值，且在中低技术国家影响下的系数较高，印证了"一带一路"价值链分工有利于为中国低技术制造业升级为高附加值生产环节集中更多资源，从而提高中国低技术制造业出口技术复杂度。

控制变量实证结果表明，除基础设施外，主要控制变量在三类样本国中对中国低技术制造业出口技术复杂度均呈正向提升作用。由此可知，"一带一路"沿线国家研发投入的增加可以形成有效的技术积累，人均收入水平的提升可以形成对中国出口产品的有效需求，通过"一带一路"国际产能合作，可以带动中国低技术制造业升级，进而提升出口技术复杂度。

（三）中技术制造业层面

核心解释变量实证结果表明，中技术制造业出口技术复杂度的提升具有显著的积累效应，尤其"一带一路"沿线中低技术国家已成中国最大的贸易伙伴，对中国中技术制造业出口技术复杂度提升的积累效应更显著。制造业结构优化和生产效率提升系数为正值，且在中低技术国家影响下的变量系数较高。由此可知，中低技术国家为中国制造业"腾笼换鸟"和开拓出口市场，以及国内制造业升级提供了更多的资金和技术支持，进而带动了中国出口技术复杂度的提升。

控制变量实证结果表明，多数控制变量的拟合系数为正。其中，在高技术国家中的全球价值链参与度和研发投入变量系数较高。印证了前述的高技术国家研发投入、信息化水平较高，智能化和专业化生产能力较强。

（四）高技术制造业层面

核心解释变量实证结果表明，中国高技术制造业升级对出口技术复杂度的提升有长期推动作用。高技术国家掌握着核心技术和关键零部件生产，对中国高技术制造业持续改善和出口技术复杂度持续提升的效果更为显著。高技术制造业的效率提升系数为正值，但结构优化系数为负值。印证了"一带一路"研发合作、高端装备制造业市场开拓等可以形成溢出效应，为中国制造业的效率提升提供更多的资金和技术支持，从而带动出口技术复杂度的提升。高技术制造业的高附加值、高垄断性和高技术含量等特征导致在"一带一路"沿线国家影响下的中国高技术制造业结构优化未对高技术制造业出口技术复杂度形成促进作用。

控制变量实证结果表明，系列控制变量均为正值，其中，全球价值链参与度、人均收入水平和研发投入在高技术国家中的拟合系数较高。

如前所述，高技术国家在人才培养和科研创新等方面具有比较优势，可以对中国高技术制造业形成红利效应。

二 "一带一路"OFDI逆向技术溢出的制造业出口技术复杂度效应实证结果

（一）国别层面

核心解释变量实证结果表明，"一带一路"沿线OFDI逆向技术溢出对中国出口技术复杂度具有持续性影响。"一带一路"沿线高技术国家形成的OFDI逆向技术溢出有利于中国制造业出口技术复杂度的提升。

控制变量实证结果表明，除全球价值链参与度在中低技术国家中为负值外，系列控制变量的拟合系数均为正值。印证了东道国参与"一带一路"价值链分工，采取提高居民收入水平、加大研发投入和提高高等教育入学率等措施可以提升中国的出口技术复杂度。

（二）低技术制造业层面

核心解释变量实证结果表明，OFDI逆向技术溢出对中国低技术制造业升级具有持续性影响，"一带一路"沿线高技术国家的OFDI逆向技术溢出对中国制造业出口技术复杂度提升的作用较显著，而对中低技术国家的OFDI以正向技术溢出为主，未能对中国制造业出口技术复杂度的提升形成带动作用。

控制变量实证结果表明，系列控制变量对中国低技术制造业出口技术复杂度呈正向作用。由此可知，"一带一路"沿线国家参与"一带一路"价值链分工等有利于中国低技术制造业出口技术复杂度的提升。

（三）中技术制造业层面

核心解释变量实证结果表明，中技术制造业出口技术复杂度的提升具有连续性，前期的出口技术复杂度会显著影响未来的出口技术复杂度。对"一带一路"沿线国家OFDI逆向技术溢出的影响系数为正值，这说明对"一带一路"沿线国家OFDI的投资国制造业抽离效应、投资国海外子公司资本和中间品的回馈效应、东道国市场扩张效应显著。

控制变量实证结果表明，除全球价值链参与度在中低技术国家中的系数为负值外，其他控制变量的拟合系数均为正值。

（四）高技术制造业层面

核心解释变量实证结果表明，"一带一路"沿线国家对中国高技术制造业出口技术复杂度呈持续性影响。OFDI逆向技术溢出均为正值，其中，在高技术国家中的拟合系数较高。由此可知，通过向"一带一路"沿线国家进行OFDI获得研发合作、市场开拓和生产分工等的溢出效益，可以提高中国高技术制造业的出口技术复杂度。

控制变量实证结果表明，中国与"一带一路"沿线高技术国家进行价值链生产分工、联合研发等有利于中国高技术制造业出口技术复杂度的提升。此外，"一带一路"互联互通项目和沿线国家收入增加等有利于扩大中国高技术制造业的出口规模，从而提升出口技术复杂度。

第八章　研究结论与对策建议

第一节　研究结论

传统总值统计口径以海关商品进出口总值为数据基础,难以真实准确地反映中国制造业出口的真实规模,以及中国不同技术层次制造业价值链分工状况和出口获利状况,难以准确衡量中国出口产品的技术复杂度和出口竞争力水平。在全球价值链分工背景下,中国利用廉价劳动力等资源嵌入高技术国家主导的价值链分工体系下,获得加工、组装等低附加值利益,同时也面临着被锁定在价值链低端位置的危险。为了突破这一困境,中国必须转变发展思路,实施"走出去"战略,加快中国OFDI的步伐,通过获得逆向技术溢出,以及与中低技术国家进行富余产能国际合作,推动中国国内制造业升级和出口技术复杂度提升。2018年以来,中美经贸关系的不确定性呈现日益向高技术领域蔓延的趋势,美国等高技术国家对中国的OFDI限制趋紧,对中国的技术或知识获取型OFDI实施日益严格的"技术封锁和隔离"。随着中国"一带一路"的深入推进,为逆向技术溢出视角下"一带一路"OFDI的制造业升级效应提供了全新的研究思路。基于中国对"一带一路"沿线国家OFDI逆向技术溢出、制造业升级、制造业出口技术复杂度和增加值贸易核算框架的文献回顾,研究增加值贸易核算框架下的OFDI逆向技术溢出、制造业升级、出口技术复杂度的界定和核算方法,系统梳理ODFI逆向技术溢出、制造业升级和出口技术复杂度的影响机理,分析中国对"一带一路"沿线国家OFDI逆向技术溢出、制造业升级和出口技术复杂度的状况,实证分析"一带一路"逆向技术溢出对中国制造业升级的直接效应和对中国制造业升级的出口技术复杂度的间接效应,并得到如下研究结论。

一 "一带一路"OFDI 逆向技术溢出影响中国制造业升级的机理

通过分析"一带一路"OFDI 的制造业升级效应形成机理发现,"一带一路"OFDI 逆向技术溢出影响中国制造业升级的直接效应,一是 OFDI 逆向技术溢出直接影响制造业升级的路径在于中国与东道国之间通过逆向技术溢出机制、制造业关联的效应机制、制造业竞争效应机制形成 OFDI 逆向技术溢出,促进国内技术进步。二是中国技术进步促进制造业升级的机理在于中国从微观角度改进生产要素的配置方式,提升生产要素的产出能力,从而促进制造业升级,从宏观角度实现新旧制造业的技术更迭和转型升级。三是边际制造业转移影响的 OFDI 逆向技术溢出的制造业升级在于,中国对中低技术国家的 OFDI 促进投资国生产要素的释放和流动,促进国内制造业升级;而基于研发成本分摊影响的 OFDI 逆向技术溢出的制造业升级机理在于,中国对中低技术国家的 OFDI 可以分摊投资国的研发成本,其影响机理的逻辑是中国对中低技术国家进行 OFDI,海外子公司利润返回投资国,增加投资国的研发投入,提高投资国的技术水平,促进投资国的制造业升级。

"一带一路"OFDI 逆向技术溢出影响制造业升级的间接效应,一是 OFDI 通过逆向技术溢出推进国内制造业的结构升级,因此形成制造业结构升级的红利效应、溢出效应、分工专业化效应、高技术制造业渗透效应,进而带动出口技术复杂度的提升。二是中国的 OFDI 逆向技术溢出影响出口技术复杂度。向中低技术国家进行 OFDI 的逆向技术溢出对出口技术复杂度的影响机理,主要是制造业抽离效应和东道国资本和中间品的回馈效应;向高技术国家进行 OFDI 的逆向技术溢出对出口技术复杂度的影响机理,一方面可以为中国规避"一带一路"高技术东道国的技术壁垒等贸易壁垒,扩大和拓展投资国跨国企业的市场份额;另一方面对高技术国家的 OFDI 可以为国内的技术研发、高端设备制造业生产等方面产生逆向技术溢出,从而与高技术国家形成知识、技术、创新共享机制。

二 "一带一路"沿线国家的价值链分工状况和制造业升级状况

1. 国家层面和不同技术层面

一是国家层面,在价值链参与度方面,"一带一路"沿线高技术国家的价值链参与度较高,中低技术国家的价值链参与度总体呈上升态势,并且显著快于高技术国家。中国的价值链参与度整体处于下降趋势,但下降幅度整体较为平缓。在价值链分工位置方面,"一带一路"沿线高技术国家的价值链分工位置较高,价值链分工位置为负值的国家以中低技术国家为主。中国的价值链分工位置整体处于中等,并且呈上升趋势。二是在低技术制造业层面,"一带一路"沿线高技术国家的价值链参与度和分工位置整体较高,中低技术国家的价值链分工位置上升较快。中国的价值链参与度较低,价值链分工位置较高。三是在中技术制造业层面,"一带一路"沿线高技术国家的价值链参与度和分工位置整体较高,但参与度的变化趋势分化显著,多数国家的价值链分工位置呈下降态势。中国的价值链参与度整体不高,且呈逐步下降趋势,价值链分工位置不高,呈平稳态势。四是在高技术制造业层面,"一带一路"沿线高技术国家的价值链参与度和分工位置较高,且参与度呈平稳趋势,但价值链分工位置呈下降趋势。中国的价值链参与度较低,且呈微弱下降趋势,价值链分工位置较高,呈上升趋势。

2. 不同行业层面

具体到不同行业样本国在三个技术层面中的价值链参与度和价值链分工位置状况如下。

第一,在低技术制造业层面。研究结果显示,"一带一路"沿线中低技术国家在食品、饮料及烟草行业,纺织及服装制造业,皮革和鞋类制造业等行业的价值链参与度整体较高,且高于高技术国家,而高技术国家的价值链分工位置整体低于中低技术国家。中国的价值链参与度较低,价值链分工位置较高。"一带一路"沿线高技术国家在纺织及服装制造业的价值链参与度整体高于中低技术国家,价值链分工位置差异化较为显著。中国的价值链参与度较低,价值链分工位置较高。"一带一路"沿线高技术国家在纸浆、纸张、印刷和出版业,木材、木材制品及软木制品等行业的价值链参与度普遍高于中低技术国家,且多数国家的价值链参与度呈上升态势。高技术国家的价值链分工位置整体高于中低技术国家,且多数高技术国家的价值链分工位置呈平稳态势。中国的价值链参与度整体较低,价值链分工位置不高,整体呈平稳态势。

第二,在中技术制造业层面。研究结果显示,"一带一路"沿线高技术国家在石油加工、炼焦及核燃料加工业,化学原料及化学制品业,其他非金属制品业,橡胶及塑料制品业,基本金属和焊接金属制品业,运输设备制造业,废弃资源综合利用业等行业的价值链参与度整体上高于中低技术国家,且总体呈逐步上升的态势。"一带一路"沿线高技术国家在石油加工、炼焦及核燃料加工业,橡胶及塑料制品业,基本金属和焊接金属制品业,运输设备制造业,废弃资源综合利用业等行业的价值链分工位置整体高于中低技术国家,多数国家的价值链分工位置呈下降态势,或处于负值状态。中国的价值链参与度整体不高,且呈逐步下降趋势,价值链分工位置不高,且呈平稳态势。中国在运输设备制造业、废弃资源综合利用业等行业的价值链参与度较低,且相对较为平稳,价值链分工位置较高,且呈逐步上升态势。总之,"一带一路"共建的实施推进了中国通过OFDI加快富余产能合作的进程,但是对中技术制造业价值链位置提升的效果还有待加强,"一带一路"对沿线国家OFDI的逆向技术溢出效果和出口技术复杂度提升的效果并不是十分显著。

第三,在高技术制造业层面。研究结果显示,"一带一路"沿线高技术国家在机械和电气设备制造业、电子和光学设备制造业等行业的价值链参与度高于中低技术国家,且呈平稳趋势。高技术国家的价值链分工位置总体高于中低技术国家,但是发展呈下降趋势,而在电子和光学设备制造业的价值链分工位置呈上升趋势,呈现出显著的差异化。中国的价值链参与度较低,且呈逐步下降趋势,价值链分工位置较高,但在机械和电气设备制造业的价值链分工位置不高,总体呈上升趋势。

三 "一带一路"OFDI逆向技术溢出对中国制造业升级的直接效应实证分析结果

第一,国家层面的研究结果表明,中国的制造业效率提升和制造业结构优化的过程是一个积累的过程,前一期的制造业升级会对后一期的制造业升级产生正向影响。OFDI逆向技术溢出对中国制造业效率提升和结构优化均呈正向作用,其中,来自高技术国家OFDI逆向技术溢出效应产生的促进作用更显著。由此可知,中国对"一带一路"沿线国家的OFDI可以产生逆向技术溢出效应,有助于中国制造业升级。

第二,从不同技术层面来看的主要结论包括:一是从低技术制造业层面,研究结果表明,中国的制造业效率提升和制造业结构优化的一阶滞后项系数均为正值。"一带一路"沿线国家对中国低技术制造业升级的影响具有持续性,因此可持续做好同沿线国家,特别是同中低技术国家的分工合作,从而为中国低技术制造业领域的升级"腾笼换鸟"。OFDI逆向技术溢出对低技术制造业效率提升的影响系数为正,且在中低技术国家中系数较高。OFDI 逆向技术溢出对低技术制造业结构影响的系数在中低技术国家中为负值，在高技术国家中为正值。由此可知，中国对中低技术国家的 OFDI 在低技术制造业领域以正向技术输出为主，技术获取动机不显著。"一带一路"沿线高技术国家的科技创新积累优势显著，与中国的低技术制造业领域互补性较强，有利于推动中国低技术制造业的结构优化。二是从中技术制造业层面，研究结果表明，中技术制造业的效率提升和结构优化滞后一阶系数在不同技术水平的国家均为正值，且在中低技术国家中的系数值较高。OFDI 逆向技术溢出有利于中国中技术制造业的效率提升，且高技术国家的系数值较高。对高技术国家的 OFDI 逆向技术溢出有利于中国中技术制造业的结构优化，而在中低技术国家中的 OFDI 逆向技术溢出系数为负值，对中低技术国家的 OFDI 以正向技术转移为主。三是从高技术制造业层面，研究结果表明，中国的制造业效率提升和结构优化一阶滞后项在"一带一路"沿线三类样本国中的系数均为正值，且中低技术国家的拟合系数较高。由此可知，"一带一路"对中国高技术制造业的生产效率提升有持续性促进作用，而中低技术国家与中国稳定的合作关系和旺盛的市场需求等，对中国高技术制造业的结构优化持续性作用更强。OFDI 逆向技术溢出对高技术制造业效率的提升作用均为正值，且在高技术国家中的拟合系数较高。OFDI 逆向技术溢出对高技术制造业的结构优化的影响在高技术国家中的拟合系数显著为正，而在中低技术国家中的系数为负值。

四 "一带一路" OFDI 逆向技术溢出对中国制造业升级的间接效应的实证分析结果

第一，从"一带一路" OFDI 制造业升级对出口技术复杂度影响的实证分析结果中可知，在国家层面，出口技术复杂度一阶滞后项系数为正值，印证了中国制造业升级会对出口技术复杂度产生持续性影响。中国制造业生产效率提升和结构优化可以促进出口技术复杂度提升，印证了"一带一路"国际产能合作可以帮助中国实现富余产能合作，参与高技术国家研发，开拓中高端装备制造业海外市场。

第二，从不同技术层面来看，主要结论包括：一是在低技术层面，出口技术复杂度一阶滞后项系数为正值，这说明中国的低技术制造业升级对出口技术复杂度的影响具有持续性。低技术制造业的结构优化和生产效率提升变量系数均为正值，且在中低技术国家影响下的系数较高，印证了"一带一路"价值链分工有利于为中国低技术制造业参与高附加值生产环节集中更多资源，从而提高中国低技术制造业的出口技术复杂度。二是在中技术层面，中技术制造业的出口技术复杂度提升具有显著的积累效应，尤其"一带一路"沿线中低技术国家已成为中国最大的贸易伙伴，对中国中技术制造业的出口技术复杂度提升的积累效应更显著。中技术制造业的结构优化和生产效率提升系数为正值，且在中低技术国家影响下的变量系数较高，这说明中低技术国家为中国制造业"腾笼换鸟"和开拓出口市场，以及国内制造业升级提供了更多资金和技术支持，进而带动中国出口技术复杂度的提升。三是在高技术层面，中国的高技术制造业升级对出口技术复杂度的提升有长期的推动作用。高技术国家掌握着核心技术和关键零部件生产，对中国高技术制造业持续改善和出口技术复杂度持续提升的效果更为显著。高技术制造业的效率提升系数为正值，但结构优化系数为负值。印证了"一带一路"研发合作、高端装备制造业市场开拓等可以形成溢出效应，为中国制造业的效率提升提供更多的资金和技术支持，从而带动出口技术复杂度的提升。高技术制造业的高附加值、高垄断性和高技术含量等特征导致在"一带一路"沿线国家影响下的中国高技术制造业结构优化未对高技术制造业出口技术复杂度形成促进作用。

第三，从"一带一路"OFDI逆向技术溢出的制造业出口技术复杂度效应的实证结果来看。一是国别层面，"一带一路"沿线OFDI逆向技术溢出对中国出口技术复杂度具有持续性影响，沿线高技术国家形成的OFDI逆向技术溢出有利于中国制造业出口技术复杂度的提升。二是低技术制造业层面，"一带一路"沿线高技术国家的OFDI逆向技术溢出对中国制造业出口技术复杂度提升的作用比较显著，而对中低技术国家的OFDI以正向技术溢出为主，未能对中国制造业出口技术复杂度的提升形成带动作用。三是中技术制造业层面，中国对"一带一路"沿线国家进行OFDI所获得的逆向技术溢出对中国中技术制造业出口技术复杂度的影响系数为正值。四是高技术制造业层面，中国对"一带一路"沿线国家进行OFDI所获得的逆向技术溢出对中国高技术制造业出口技术复杂度的影响系数为正值，其中在高技术国家中的拟合系数较高。

第二节 对策建议

一 构建"一带一路"价值链，重构全球价值链分工格局

本书通过对"一带一路"沿线主要国家的价值链参与度和价值链分工位置进行分析，以及中国提出"一带一路"倡议的初衷，研判构建"一带一路"价值链并重构融入全球价值链分工格局成为可能。因此，可以更有针对性地搭建"一带一路"互利共赢的国际产能分工合作平台，通过该平台加快中低技术国家的基础设施完善、工业化建设和民生改善。在促进形成"一带一路"区域价值链分工的过程中，使沿线国家既是"一带一路"区域合作的参与者，也成为区域合作的受益者。通过形成"一带一路"区域价值链分工，显著增强沿线中小国家应对国际经济动荡的能力，增强同美国等发达国家利益集团博弈的能力，提升以中国为代表的发展中国家在世界秩序重构中的话语权。

构建"一带一路"价值链，努力构建"一带一路"命运共同体。

第一，在现有《推动共建丝绸之路经济带和21世纪海上丝绸之路的愿景与行动》的基础上，本着互利共赢、优势互补的原则，加强同"一带一路"沿线国家的协商谈判，推动制定一系列具有可操作性的行动纲领和建设框架，发挥"一带一路"国际产能合作的经济价值，充分体现人类命运共同体价值。

第二，发挥"一带一路"价值链分工对全球价值链分工变革的引领作用，通过"一带一路"区域合作，带动全球经济复苏，推动全球治理体系和规则变革，形成"一带一路"利益共同体与责任共同体，最终实现人类命运共同体建设。

第三，中国在推动人类命运共同体建设的过程中，应将"五位一体"的发展布局同"一带一路"建设紧密结合。一是将中国的制造业升级与"一带一路"价值链分工构建衔接；二是重点做好"一带一路"国际合作风险预判体系、预警机制和防控方案，形成新型国际合作的制度典范，为重塑全球治理体系提供蓝本；三是以"民心相通"为重点，打造以中华文化为核心的具有包容性的丝路文化，通过政府组织和民间团体的文化交流，增强"一带一路"沿线国家对丝路文化的认同感和归属感，打

造"一带一路"文化共同体；四是坚持"绿水青山就是金山银山"的发展理念，加强同"一带一路"沿线国家在生态环境保护和可持续发展等方面的合作，通过项目环评、结果互认等制度，打造休戚与共的人类可持续发展共同体。

二 争取形成"一带一路"统一货币区域，对冲国际经济波动

资金融通是"一带一路"的主要内容，发达国家通过本国货币国际化和核心技术垄断占据了全球价值链的制高点，因此中国在推动"一带一路"建设的过程中，应加强金融合作，积极推动人民币国际化，为制造业升级提供发展环境。

第一，以"一带一路"区域统一货币为长期目标，推进"一带一路"区域金融基础设施建设。目前，中国应全面推进人民币国际化，建立"一带一路"金融管理部门，专门为"一带一路"国际产能合作提供资金融通支持。加强沿线国家银行间货币清算服务的互联互通，形成"线上+线下""'一带一路'域内+域外"的金融基础设施建设路径，构建一体化和多元化的金融支持体系。

第二，加强区域金融市场建设，逐步形成统一的货币合作机制。一是建立标准化"一带一路"金融自贸合作区，通过统一货币合作机制可以降低"一带一路"价值链建设的金融风险，为打造规范透明的区域金融市场建立基础；二是探索"一带一路"金融监管合作机制，畅通区域货币流通，通过"一带一路"价值链分工，加速人民币国际化，构建"一带一路"新型金融发展道路，同时加强区域金融监管风险预警和控制等层面的制度设计，为"一带一路"区域一体化货币提供先行的制度尝试；三是发挥好丝路基金、亚投行等现有"一带一路"金融机构的作用，推动区域货币一体化，在现有区域金融机构的基础上，积极建立"一带一路"区域货币委员会等一体化机构，从而整合区域金融资源，规划区域统一货币体系制度，发挥丝路基金、亚投行在构建"一带一路"区域价值链过程中的资金保障作用，以"一带一路"国际产能合作为基础，推进区域资金融通。

三 按照不同技术层次对"一带一路"沿线国家实施差异化投资

从上述实证分析中可知，中国对"一带一路"沿线高技术国家的OFDI可以获得逆向技术溢出，从而推动中国国内的制造业升级，提升出口产品技术复杂度。因此，在今后不断推进建设"一带一路"的过程中，应注重与沿线高技术国家建立研发创新共享机制，特别是在高技术国家制造业回流和中美经贸关系不确定性呈持续化的背景下，要重点加强与航空航天、装备制造等领域具有技术优势的高技术国家的合作，通过跨国并购、人才培养交流，以及建立海外合资公司、海外研发机构等，建立技术联盟，嵌入沿线高技术国家的研发创新网络，逐步参与到沿线高技术生产分工体系当中。比如，俄罗斯在航空航天、军工等领域具有比较优势，中国可以同俄罗斯充分发挥彼此的比较优势，与俄罗斯联合航空制造集团开展合资项目，形成生产分工，在高科技领域展开重大战略性合作。目前，中国已与"一带一路"沿线数十个国家签署了数字经济国际合作谅解备忘录，着重加强数字经济和绿色能源方面的合作。加快建设数字交通和空间信息走廊，成立"一带一路"绿色发展国际联盟（BRIGC），并积极开展绿色能源项目合作，打造亚太经合组织可持续能源中心、中国—东盟清洁能源合作中心等6个区域能源合作平台。

对于"一带一路"沿线中低技术国家，要重点以市场、劳动力和资源寻求型投资为主。随着中国劳动力成本的持续上升，人口红利逐步退减，纺织及服装制造业、皮革和鞋类制造业等劳动力密集型行业，以及木材、木材制品及软木制品，纸浆、纸张、印刷和出版业，化学原料及化学制品业，橡胶及塑料制品业等资源密集型行业在中国国内逐渐失去了比较优势。通过上述分析可知，"一带一路"沿线中低技术国家的市场潜力为这些行业的持续发展提供了空间，而密切的国际合作一方面可以提高东道国的工业化水平，增加劳动力就业；另一方面可以为中国国内制造业的升级"腾笼换鸟"，提供发展要素。因此，可通过在越南、柬埔寨、巴基斯坦等国家建立园区发展纺织及服装制造业、皮革和鞋类制造业。同时借助越南、缅甸、泰国、马来西亚、印度尼西亚等国天然橡胶资源丰富的优势，合作发展橡胶及塑料制品业，以及木材、木材制品及软木制品业。此外，还应继续关注阿富汗、印度尼西亚、伊朗等石油资源丰富的国家，中亚地区国家丰富的天然气资源，以及哈萨克斯坦的锌、钨、铀储量，土库曼斯坦的天然气储量，乌兹别克斯坦的黄金储量，努力寻找与这些国家进行投资合作的机会，实现双赢格局，既可以带动东道国的经济发展，又可以提高中国专业化生产设备的出口规模，提升中国的出口技术复杂度。

四 持续提高自主创新能力,助力逆向技术溢出效应不断增强

从上述实证分析中可知,无论是在国家层面还是在技术层面,全球价值链参与度、基础设施、研发资本存量、人力资本变量的影响异质性显著。其中,全球价值链参与度、研发资本存量、人力资本变量均由一国的人均收入水平和教育水平决定,因此教育程度决定了一国的OFDI参与全球价值链的程度和获取逆向技术溢出效应的程度。虽然中国的经济总量已位居世界第二,教育支出占国内生产总值的比重超过4%,在"一带一路"沿线中低技术国家中处于较为领先的位置,但是同主要高技术国家相比仍存在差距,主要高技术国家的教育经费支出占当年国内生产总值的比重超过5%,部分国家更是超过8%。教育资金的来源更为多元化。中国在推动人才培养的过程中,应发挥好财政性教育支出和民间教育资本的作用,加强专业技能人才的培养,强化人才培养与市场需求相接轨,加大R&D投入,增加R&D的从业人才数量,提升持续创新能力,加强同"一带一路"沿线国家间的研发交流机制,形成产学研更为有效的转化机制,从而提高OFDI的逆向技术溢出效应。

五 完善逆向技术溢出效应机制,提升中国的价值链分工位置

完善要素市场可以实现生产要素流动方向的优化和配置效率的提升,从而实现生产成本的节约和企业资源配置能力的提升。在注重获取和提升"一带一路"OFDI逆向技术溢出效应的同时,要完善国内要素市场配置资源机制的对接,主要是加大对企业知识产权的保护力度,便捷知识产权申请的流程体系,提升和维护好"走出去"企业创新成果的转化和交流机制,使之带动和推动中国高技术制造业不断规模化发展。建立和完善企业创新金融服务平台,将科技创新和金融创新相融合,为科技型企业提供更为便捷和低成本的融资服务。充分发挥行业协会服务企业的作用,行业协会要面向国际化,与世界相关协会组织对接,为提高"一带一路"投资规模,进而提高OFDI逆向技术溢出效应贡献中介作用。

通过不断提升"一带一路"投资规模,提升OFDI逆向技术溢出效应,推动中国出口产品结构的优化升级,提升中国出口产品技术复杂度和出口产品国内增加值比重,提升中国价值链分工位置。为此,需要推动制造业结构从以资源和劳动力密集型为主转变为以信息和技术密集型为主,推动机械和电气设备制造、电子和光学设备制造业等高技术制造业的发展,通过信息化、智能化发展推动中国传统制造业的升级,提高出口产品的国内附加值和科技含量，从而逐步实现价值链分工位置的提升。应继续注重出口产品因地制宜地改造，以适应出口东道国的市场需求，从而提升产品的国际竞争力。同时遵循国际市场规则，运用好国际市场规则以减少贸易壁垒。此外，应注重提高出口产品的不可替代性，在产品生命周期中不断创新，达到"人无我有，人有我优"的效果，以提高中国出口贸易附加值，从而提升中国全球价值链的分工位置。

主要参考文献

一 中文文献

曹明福、李树民：《全球价值链分工的利益来源：比较优势、规模优势和价格倾斜优势》，《中国工业经济》2005年第10期。

柴庆春、张楠楠：《中国对外直接投资逆向技术溢出效应——基于行业差异的检验分析》，《中央财经大学学报》2016年第8期。

陈菲琼、傅秀美：《区域自主创新能力提升研究——基于ODI和内部学习网络的动态仿真》，《科学学研究》2010年第1期。

陈菲琼、虞旭丹：《企业对外直接投资对自主创新的反馈机制研究：以万向集团OFDI为例》，《财贸经济》2009年第3期。

陈昊、吴雯：《中国OFDI国别差异与母国技术进步》，《科学学研究》2016年第1期。

陈俊聪：《对外直接投资对服务出口技术复杂度的影响——基于跨国动态面板数据模型的实证研究》，《国际贸易问题》2015年第12期。

陈琳、朱明瑞：《对外直接投资对中国产业结构升级的实证研究：基于产业间和产业内升级的检验》，《当代经济科学》2015年第6期。

陈培如、冼国明：《中国对外直接投资的逆向技术溢出效应——基于二元边际的视角》，《科研管理》2020年第4期。

陈颂、卢晨：《不同投资方式的OFDI逆向技术溢出效应研究》，《国际商务（对外经济贸易大学学报）》2017年第6期。

陈晓华、刘慧：《国际分散化生产约束了我国出口技术结构升级？——基于省级动态面板数据GMM方法》，《科学学研究》2013年第8期。

陈岩：《中国对外投资逆向技术溢出效应实证研究：基于吸收能力的分析视角》，《中国软科学》2011年第10期。

陈愉瑜：《外向直接投资与中国外贸演化：机理与实证》，博士学位论文，浙江大学，2012年。

戴翔、金碚：《产品内分工、制度质量与出口技术复杂度》，《经济研究》2014年第7期。

戴翔、张二震：《中国出口技术复杂度真的赶上发达国家了吗》，《国际贸易问题》2011年第7期。

邓军：《所见非所得：增加值贸易统计下的中国对外贸易特征》，《世界经济研究》2014年第1期。

丁一兵、付林：《东道国特征与中国对外直接投资的逆向技术溢出——基于投资动机视角的分析》，《南京师大学报》（社会科学版）2016年第5期。

樊纲、关志雄、姚枝仲：《国际贸易结构分析：贸易品的技术分布》，《经济研究》2006年第8期。

樊茂清、黄薇：《基于全球价值链分解的中国贸易产业结构演进研究》，《世界经济》2014年第2期。

高虎城：《深化经贸合作共创新的辉煌——"一带一路"战略构建经贸合作新格局》，《国际商务财会》2014年第6期。

高燕：《基于新型工业化的产业升级特征分析》，《统计与决策》2006年第5期。

郭晶、杨艳：《经济增长、技术创新与我国高技术制造业出口复杂度研究》，《国际贸易问题》2010年第12期。

郭晶、赵越：《高技术产业国际分工地位的影响因素：基于完全国内增加值率视角的跨国实证》，《国际商务（对外经济贸易大学学报）》2012年第2期。

何建华、陈阳阳、彭建娟：《OFDI逆向技术溢出与我国技术创新能力关系研究》，《统计与决策》2016年第2期。

何瑾：《投资型国际创业、制度距离与逆向技术溢出效应关系研究》，博士学位论文，吉林大学，2019年。

黄先海、陈晓华、刘慧：《产业出口复杂度的测度及其动态演进机理分析——基于52个经济体1993~2006年金属制品出口的实证研究》，《管理世界》2010年第3期。

黄永明、张文洁：《中国出口技术复杂度的演进机理——四部门模型及对出口产品的实证检验》，《数量经济技术经济研究》2012年第3期。

黄友星、韩婷、赵艳平：《东道国知识产权保护与中国对外直接投资：直接效应与空间溢出效应的分析》,《世界经济研究》2021 年第 9 期。

霍杰:《对外直接投资对全要素生产率的影响研究——基于中国省际面板数据的分析》,《山西财经大学学报》2011 年第 3 期。

贾妮莎、申晨:《中国对外直接投资的制造业产业升级效应研究》,《国际贸易问题》2016 年第 8 期。

江小涓:《我国对外投资的战略意义与政策建议》,《中国外汇管理》2000 年第 11 期。

蒋瑛、贺彩银:《中国对外直接投资逆向技术溢出、出口技术复杂度与人力资本——基于面板门槛模型的实证研究》,《亚太经济》2016 年第 6 期。

景劲松、陈劲、吴沧澜:《我国企业 R&D 国际化的现状、特点及模式》,《研究与发展管理》2003 年第 4 期。

阚大学:《对外直接投资的反向技术溢出效应——基于吸收能力的实证研究》,《商业经济与管理》2010 年第 6 期。

孔群喜、彭丹、王晓颖:《开放型经济下中国 ODI 逆向技术溢出效应的区域差异研究——基于人力资本吸收能力的解释》,《世界经济与政治论坛》2019 年第 4 期。

黎峰:《全球价值链分工、出口产品结构及贸易收益——基于增加值的视角》,博士学位论文,上海社会科学院,2015 年。

黎峰:《增加值视角下的中国国家价值链分工——基于改进的区域投入产出模型》,《中国工业经济》2016 年第 3 期。

李东坤、邓敏:《中国省际 OFDI、空间溢出与产业结构升级——基于空间面板杜宾模型的实证分析》,《国际贸易问题》2016 年第 1 期。

李逢春:《中国对外直接投资推动产业升级的区位和产业选择》,《国际经贸探索》2013 年第 2 期。

李洪业:《OFDI 技术寻求动机与生产率提升及其异质性研究》,《科学研究》2021 年第 2 期。

李惠茹、潘涛:《OFDI 逆向技术溢出对制造业出口技术复杂度的影响》,《社会科学家》2020 年第 9 期。

李军、杨学儒:《"一带一路"战略的产业升级机制研究》,《管理现代化》2016 年第 4 期。

李磊、白道欢、冼国明：《对外直接投资如何影响了母国就业？——基于中国微观企业数据的研究》，《经济研究》2016年第8期。

李梅、金照林：《国际R&D、吸收能力与对外直接投资逆向技术溢出——基于我国省际面板数据的实证研究》，《国际贸易问题》2011年第10期。

李梅、柳士昌：《对外直接投资逆向技术溢出的地区差异和门槛效应——基于中国省际面板数据的门槛回归分析》，《管理世界》2012年第1期。

李沛瑶：《OFDI逆向技术溢出对我国制造业升级的影响探究》，《经济研究导刊》2018年第28期。

李萍、赵曙东：《我国制造业价值链分工贸易条件影响因素的实证研究》，《国际贸易问题》2015年第7期。

李强：《中国企业战略资产寻求型跨国并购的动因及特征剖析》，《北京工商大学学报》（社会科学版）2011年第2期。

李群峰：《OFDI逆向技术溢出的最佳技术差距区间研究——基于面板门槛模型方法》，《科技管理研究》2015年第17期。

李夏玲、王志华：《对外直接投资的母国贸易结构效应——基于我国省际面板数据分析》，《经济问题探索》2015年第4期。

李昕、徐滇庆：《中国外贸依存度和失衡度的重新估算——全球生产链中的增加值贸易》，《中国社会科学》2013年第1期。

李焱、赵晨熙、黄庆波：《贸易增加值视角下中美双边服务贸易失衡分析》，《东北农业大学学报》（社会科学版）2019年第5期。

李真等：《中国真实贸易利益的再评估——基于出口隐含环境成本的研究》，《财经研究》2020年第6期。

梁锶、谢吉惠、苑生龙：《中国对中东欧国家OFDI逆向技术溢出效应研究》，《宏观经济研究》2018年第8期。

林毅夫、李永军：《比较优势、竞争优势与发展中国家的经济发展》，《管理世界》2003年第7期。

刘海云、方海燕：《制度距离与企业OFDI进入模式的选择——基于中国制造业A股上市企业的实证检验》，《工业技术经济》2021年第9期。

刘海云、毛海欧：《国家国际分工地位及其影响因素——基于"GVC

地位指数"的实证分析》,《国际经贸探索》2015 年第 8 期。

刘会政、朱光:《全球价值链嵌入对中国装备制造业出口技术复杂度的影响——基于进口中间品异质性的研究》,《国际贸易问题》2019 年第 8 期。

刘凯敏、朱钟棣:《我国对外直接投资与技术进步关系的实证研究》,《亚太经济》2007 年第 1 期。

刘琳、盛斌:《全球价值链和出口的国内技术复杂度——基于中国制造业行业数据的实证检验》,《国际贸易问题》2017 年第 3 期。

刘维林、李兰冰、刘玉海:《全球价值链嵌入对中国出口技术复杂度的影响》,《中国工业经济》2014 年第 6 期。

刘文纲、侯汉坡、刘春成:《企业跨国并购中的技术转移研究——以 TCL 和万向集团的跨国并购实践为例》,《科学学与科学技术管理》2009 年第 8 期。

刘晓丹、张兵:《非正式制度与新兴经济体企业 OFDI 学习效应:基于 PSM-DID 的分析方法》,《世界经济研究》2019 年第 11 期。

刘秀玲:《跨国技术并购与辽宁省装备制造业竞争力提升》,《沈阳工业大学学报》(社会科学版)2009 年第 1 期。

刘雪娇:《GVC 格局、ODI 逆向技术溢出与制造业升级路径研究》,博士学位论文,对外经贸大学,2017 年。

刘志彪:《产业升级的发展效应及其动因分析》,《南京师大学报》(社会科学版)2000 年第 2 期。

刘志彪、张杰:《从融入全球价值链到构建国家价值链:中国产业升级的战略思考》,《学术月刊》2009 年第 9 期。

鲁桐:《中国企业海外经营:对英国中资企业的实证研究》,《世界经济》2000 年第 4 期。

马风涛、李俊:《中国制造业产品全球价值链的解构分析——基于世界投入产出表的方法》,《国际商务(对外经济贸易大学学报)》2014 年第 1 期。

马亚明、张岩贵:《技术优势与对外直接投资:一个关于技术扩散的分析框架》,《南开经济研究》2003 年第 4 期。

孟祺:《中国货物出口国内技术含量水平测算及影响因素》,《科学学研究》2012 年第 4 期。

潘文卿：《中国国家价值链：区域关联特征与增加值收益变化》，《统计研究》2018 年第 6 期。

彭继增、王怡：《"一带一路"沿线国家设施联通对贸易利益的影响》，《吉首大学学报》（社会科学版）2020 年第 3 期。

彭水军、曾勇：《FTA 深度一体化对贸易增加值的影响——基于中国签订贸易协定的实证研究》，《厦门大学学报》（哲学社会科学版）2022 年第 4 期。

朴英爱、于鸿、周鑫红：《中国对外直接投资逆向技术溢出效应及其影响因素——基于吸收能力视角的研究》，《经济经纬》2022 年第 5 期。

茹玉骢：《技术寻求型对外直接投资及其对母国经济的影响》，《经济评论》2004 年第 2 期。

沙文兵、李莹：《OFDI 逆向技术溢出、知识管理与区域创新能力》，《世界经济研究》2018 年第 7 期。

邵宇佳、刘文革、陈红：《中国 OFDI 区位分布的"制度异象"基于 OFDI 逆向技术溢出的视角》，《商业研究》2019 年第 11 期。

宋瑛、杨露、王亚飞：《东道国禀赋、本地创新与 OFDI 逆向技术溢出效应》，《西部论坛》2023 年第 1 期。

隋月红、赵振华：《我国 OFDI 对贸易结构影响的机理与实证——兼论我国 OFDI 动机的拓展》，《财贸经济》2012 年第 4 期。

孙志红、吕婷婷：《国际产能合作背景下对外直接投资逆向技术溢出效应的地区差异——基于金融门槛效应的考察》，《国际商务（对外经济贸易大学学报）》2019 年第 5 期。

谭赛：《对外直接投资、逆向技术溢出与中国创新能力——基于中国与"一带一路"沿线不同类型国家的实证分析》，《湖南科技大学学报》（社会科学版）2019 年第 3 期。

唐心智：《中国对外直接投资的贸易效应分析》，《统计与决策》2009 年第 12 期。

陶爱萍、盛蔚：《技术势差、OFDI 逆向技术溢出与中国制造业高端化》，《国际商务（对外经济贸易大学学报）》2018 年第 3 期。

田宇涵：《中美贸易摩擦背景下全球价值链上下游分工博弈研究》，博士学位论文，辽宁大学，2021 年。

田泽、许东梅：《我国对"一带一路"沿线国家的投资效率与对策》，

《经济纵横》2016 年第 5 期。

佟家栋：《对外贸易依存度与中国对外贸易的利益分析》，《南开学报》2005 年第 6 期。

童剑锋：《"全球价值链贸易增加值"系列之二：增值贸易统计研究的国际进展》，《国际商务财会》2013 年第 4 期。

屠年松、李柯、柴正猛：《中国双向 FDI 对 RCEP 成员国制造业全球价值链分工位置的影响》，《统计与决策》2023 年第 23 期。

汪斌、李伟庆、周明海：《ODI 与中国自主创新：机制分析与实证研究》，《科学学研究》2010 年第 6 期。

汪丽娟、吴福象、蒋欣娟：《国际技术势差、对外直接投资逆向技术溢出与本土企业技术进步》，《科技进步与对策》2022 年第 20 期。

汪琦：《对外直接投资对投资国的产业结构调整效应及其传导机制》，《世界经济与政治论坛》2004 年第 1 期。

汪孙达：《"一带一路"下 OFDI 的产业升级效应研究》，硕士学位论文，浙江大学，2017 年。

王岚、盛斌：《全球价值链分工背景下的中美增加值贸易与双边贸易利益》，《财经研究》2014 年第 9 期。

王英、刘思峰：《国际技术外溢渠道的实证研究》，《数量经济技术经济研究》2008 年第 4 期。

王迎、纪洁、于津平：《数字贸易发展水平如何影响一国对外贸易利益》，《国际经贸探索》2023 年第 12 期。

王直、魏尚进、祝坤福：《总贸易核算法：官方贸易统计与全球价值链的度量》，《中国社会科学》2015 年第 9 期。

王中华、赵曙东：《中国工业参与国际垂直专业化分工影响因素的实证分析》，《上海经济研究》2009 年第 8 期。

魏方、胡雅婷：《中国 OFDI 对出口技术复杂度的影响——基于省际信息化水平的门槛特征分析》，《投资研究》2021 年第 6 期。

温馨、刘晓雅、殷艳娜：《数字化能力提升可以促进制造业价值链攀升》，《学术交流》2023 年第 10 期。

吴先明：《跨国公司理论范式之变：从垄断优势到寻求创造性资产》，《世界经济研究》2007 年第 5 期。

席艳乐、汤恒运、魏夏蕾：《经济政策不确定性波动对中国出口技术复杂度的影响——基于 CEPII-BACI 数据库的实证研究》，《宏观经济研究》2019 年第 5 期。

冼国明、杨锐：《技术累积、竞争策略与发展中国家对外直接投资》，《经济研究》1998 年第 11 期。

项本武：《中国对外直接投资的贸易效应研究——基于面板数据的协整分析》，《财贸经济》2009 年第 4 期。

肖慧敏、刘辉煌：《中国对外直接投资提升了企业效率吗》，《财贸经济》2014 年第 5 期。

谢长青、叶林伟、孙丹等：《对外直接投资、逆向绿色技术创新与产业升级——有调节的中介效应》，《科技管理研究》2022 年第 13 期。

徐健、陈丽珍：《OFDI 逆向技术溢出效应和母国吸收能力——基于省际面板数据的实证分析》，《上海对外经贸大学学报》2014 年第 5 期。

徐卫武、王河流：《中国高新技术企业对外直接投资的动因分析》，《经济与管理》2005 年第 2 期。

许立伟、王跃生：《中国对外直接投资促进地区产业结构升级的门限效应研究》，《河南大学学报》（社会科学版）2019 年第 2 期。

杨成玉：《中国对外直接投资对出口技术复杂度的影响——基于"一带一路"视角》，《南京财经大学学报》2017 年第 6 期。

杨成玉、陈虹：《中国 OFDI 对出口贸易转型升级的影响——基于中国—中东欧 16 国的实证分析》，《国际商务（对外经济贸易大学学报）》2016 年第 6 期。

杨继东、杨其静：《制度环境、投资结构与产业升级》，《世界经济》2020 年第 11 期。

杨建清：《中国对外直接投资产业升级效应的区域比较研究》，《云南财经大学学报》2015 年第 2 期。

杨建清、陈思：《对外投资促进产业升级的机制与对策》，《经济纵横》2012 年第 6 期。

杨连星、刘晓光：《中国 OFDI 逆向技术溢出与出口技术复杂度提升》，《财贸经济》2016 年第 6 期。

杨汝岱、姚洋：《有限赶超与经济增长》，《经济研究》2008 年第 8 期。

杨先明等：《国际直接投资、技术转移与中国技术发展》，科学出版社 2004 年版。

杨先明、伏润民、赵果庆：《经济发展阶段与国际直接投资的效应》，《世界经济与政治》2004 年第 4 期。

杨先明、张胜利、李波：《内外双向价值链参与和中国出口技术升级：基于中国制造行业部门数据分析》，《世界经济研究》2023 年第 12 期。

杨小花、刘成：《OFDI 企业单打独斗与合作共赢创新的演化博弈——基于制造业企业视角》，《华东经济管理》2022 年第 12 期。

姚战琪：《中国对"一带一路"沿线国家 OFDI 逆向技术溢出的影响因素研究》，《北京工商大学学报》（社会科学版）2017 年第 5 期。

姚战琪：《最大限度发挥中国 OFDI 逆向溢出效应——推动对"一带一路"沿线国家 OFDI 逆向溢出的政策取向》，《国际贸易》2017 年第 5 期。

尹东东、张建清：《我国对外直接投资逆向技术溢出效应研究——基于吸收能力视角的实证分析》，《国际贸易问题》2016 年第 1 期。

尹华、朱绿乐：《企业技术寻求型 FDI 实现机理分析与中国企业的实践》，《中南大学学报》（社会科学版）2008 年第 3 期。

尹伟华：《中国制造业产品全球价值链的分解分析——基于世界投入产出表视角》，《世界经济研究》2016 年第 1 期。

尹彦罡、李晓华：《中国制造业全球价值链地位研究》，《财经问题研究》2015 年第 11 期。

俞毅、万炼：《我国进出口商品结构与对外直接投资的相关性研究——基于 VAR 模型的分析框架》，《国际贸易问题》2009 年第 6 期。

袁凯华、彭水军、余远：《增加值贸易视角下中国区际贸易成本的测算与分解》，《统计研究》2019 年第 2 期。

曾倩、曾先峰、刘津汝：《"一带一路"背景下我国逆梯度对外直接投资的产业结构升级效应——基于技术进步路径的理论与分析》，《地域研究与开发》2021 年第 4 期。

曾铮、张亚斌：《价值链的经济学分析及其政策借鉴》，《中国工业经济》2005 年第 5 期。

张诚、赵刚：《对外直接投资与中国制造业升级》，《经济与管理研究》2018 年第 6 期。

张春萍：《中国对外直接投资的贸易效应研究》，《数量经济技术经济研究》2012年第6期。

张二震：《国际贸易分工理论演变与发展述评》，《南京大学学报》（哲学·人文科学·社会科学版）2003年第1期。

张海波：《对外直接投资对母国出口贸易品技术含量的影响——基于跨国动态面板数据模型的实证研究》，《国际贸易问题》2014年第2期。

张海燕：《基于附加值贸易测算法对中国出口地位的重新分析》，《国际贸易问题》2013年第10期。

张宏、郭庆玲：《中国技术获取型ODI逆向溢出效应的实证分析——基于DEA和省际面板数据的检验》，《山东大学学报》（哲学社会科学版）2011年第6期。

张建华、赵英：《全球价值链视角下的中国制造业产品内国际分工研究——基于世界投入产出数据的测度与分析》，《工业技术经济》2015年第11期。

张杰、刘志彪：《全球化背景下国家价值链的构建与中国企业升级》，《经济管理》2009年第2期。

张平南：《贸易自由化对企业出口国内附加值影响研究》，博士学位论文，中南财经政法大学，2018年。

张瑛：《国际技术溢出对出口技术复杂度的影响研究》，博士学位论文，西北大学，2012年。

张咏华：《中国制造业增加值出口与中美贸易失衡》，《财经研究》2013年第2期。

张幼文：《从廉价劳动力优势到稀缺要素优势——论"新开放观"的理论基础》，《南开学报》2005年第6期。

张远鹏、李玉杰：《对外直接投资对中国产业升级的影响研究》，《世界经济与政治论坛》2014年第6期。

章志华、李雨佳、孙林：《OFDI逆向技术溢出、知识产权保护与省域自主创新》，《南京财经大学学报》2021年第1期。

赵佳颖、富元斋：《中国企业技术获取型FDI逆向溢出效应机制分析》，《山东经济》2009年第5期。

赵佳颖、孙磊：《全球价值链重构的利益分配及其对中国的影响研究》，《亚太经济》2023年第2期。

赵婷、赵伟：《FDI 异质性、产业集聚与东道国产业效率——基于中国 72 个行业的实证分析》，《浙江学刊》2015 年第 5 期。

赵伟、古广东、何元庆：《外向 FDI 与中国技术进步：机理分析与尝试性实证》，《管理世界》2006 年第 7 期。

赵伟、江东：《ODI 与中国产业升级：机理分析与尝试性实证》，《浙江大学学报》（人文社会科学版）2010 年第 3 期。

赵伟、马征：《垂直专业化贸易：理论模型与基于中国数据的实证》，《技术经济》2006 年第 8 期。

郑丹青、于津平：《中国出口贸易增加值的微观核算及影响因素研究》，《国际贸易问题》2014 年第 8 期。

郑丹青、于津平：《中国制造业增加值贸易成本测度与影响研究——基于价值链分工地位视角》，《产业经济研究》2019 年第 2 期。

钟飞腾：《人均 GDP 与中美国家利益界定的二元性》，《国际观察》2015 年第 6 期。

周春应：《对外直接投资逆向技术溢出效应吸收能力研究》，《山西财经大学学报》2009 年第 8 期。

周升起、兰珍先、付华：《中国制造业在全球价值链国际分工地位再考察——基于 Koopman 等的"GVC 地位指数"》，《国际贸易问题》2014 年第 2 期。

周昕、牛蕊：《中国企业对外直接投资及其贸易效应——基于面板引力模型的实证研究》，《国际经贸探索》2012 年第 5 期。

祝坤福、陈锡康、杨翠红：《中国出口的国内增加值及其影响因素分析》，《国际经济评论》2013 年第 4 期。

邹玉娟、陈漓高：《我国对外直接投资与技术提升的实证研究》，《世界经济研究》2008 年第 5 期。

二 英文文献

Antras P. and Chor D., "Organizing the Global Value Chain", *Econometrica*, Vol. 81, No. 6, 2013, pp. 2127-2204.

Antras P. and Helpman E., "Global Sourcing", *Journal of Political Economy*, Vol. 112, No. 3, 2004, pp. 552-580.

Antras P., Chor D. and Fally T. et al., "Measuring the Upstreamness of Production and Trade Flows", *The American Economic Review*, Vol. 102,

No. 3, 2012, pp. 412-416.

Assche A. V. and Gangnes B., "Electronics Production Upgrading: Is China Exceptional?", *Applied Economics Letters*, Vol. 17, No. 5, 2010, pp. 477-482.

Bayoumi M. T. and Lipworth M. G., *Japanese Foreign Direct Investment and Regional Trade*, International Monetary Fund, 1997.

Bishwanath G. and Etsuro L., "Foreign Direct Investment in Asia", *Economic and Political Weekly*, Vol. 134, No. 22, 1999, pp. 50-60.

Campa J. and Goldberg L. S., "The Evolving External Orientation of Manufacturing Industries: Evidence from Four Countries", National Bureau of Economic Research, 1997.

Cantwell J., "Innovation in a Global World Globalisation does not Kill the Need for National Policies", *New Economy*, Vol. 2, No. 2, 1995, pp. 66-70.

Coe D. T. and Helpman E., "International R&D Spillovers", *European Economic Review*, Vol. 39, No. 5, 1995, pp. 859-887.

Dani Rodrik, "What's so Special about China's Exports?", *China & World Economy*, No. 5, 2006, pp. 1-19.

Daudin G., Rifflart C. and Schweisguth D., "Who Produces for Whom in the World Economy?", *Canadian Journal of Economics*, Vol. 44, No. 4, 2011, pp. 1403-1437.

Dowlinga M. and Cheang C. T., "Shifting Comparative Advantage in Asia: New Tests of the 'Flying Geese' Model", *Journal of Asian Economics*, Vol. 11, No. 4, 2000, pp. 443-463.

Dunning J. H., "Location and the Multinational Enterprise: A Neglected Factor?", *Journal of International Business Studies*, Vol. 29, 1998, pp. 45-66.

Dunning J. H. and Lundan S. M., *Multinational Enterprises and the Global Economy*, Edward Elgar Publishing, 2008.

Dunning J. H., "The Eclectic (OLI) Paradigm of International Production: Past, Present and Future", *International Journal of the Economics of Business*, Vol. 8, No. 2, 2001, pp. 173-190.

Fosfuri A. and Motta M., "Multinationals without Advantages", *Scandinavian Journal of Economics, Vol. 101, No. 4, 1999, pp. 617–630.

Georges Siotis. , "Foreign Direct Investment Strategies and Firms'Capabilities", Journal of Economics & Management Strategy, No. 8, 2004, pp. 251–270.

Gereffi G. , "A Commodity Chains Framework for Analyzing Global Industries", Institute of Development Studies, Vol. 8, No. 12, 1999, pp. 1–9.

Goldberg L. S. , Klein M. W. , "International Trade and Factor Mobility: An Empirical Investigation", NBER Working Paper, No. 7196, 1999.

Gopinath M. and Pick D. , Vasavada U. "Exchange Rate Effects on the Relationship between FDI and Trade in the US Food Processing Industry", American Journal of Agricultural Economics, Vol. 80, No. 5, 1998, pp. 1073–1079.

Grossman G. M. and Helpman E. , "Integration versus Outsourcing in Industry Equilibrium", The Quarterly Journal of Economics, Vol. 117, No. 1, 2002, pp. 85–120.

Hausmann R. and Klinger B. , "Structural Transformation and Patterns of Comparative Advantage in the Product Space", CID Working Paper, No. 128, 2006.

Hausmann R. , Hwang J. and Rodrik D. , "What You Export Matters", Journal of Economic Growth, Vol. 12, 2007, pp. 1–25.

Head K. , Ries J. , "Offshore Production and Skill Upgrading by Japanese Firms", Journal of International Economics, Vol. 58, No. 1, 2002, pp. 81–105.

Hejazi W. and Safarian A. E. , "Trade, Foreign Direct Investment and R&D Spillovers", Journal of International Business Studies, Vol. 30, 1999, pp. 491–511.

Helpman E. , Melitz M. , Rubinstein Y. , "Estimating Trade Flows: Trading Partners and Trading Volumes", The Quarterly Journal of Economics, Vol. 123, No. 2, 2008, pp. 441–487.

Hummels D. and Klenow P. J. , "The Variety and Quality of a Nation's Exports", American Economic Review, Vol. 95, No. 3, 2005.

Hummels D. , Ishii J. and Yi K. M. , "The Nature and Growth of Vertical

Specialization in World Trade", *Journal of International Economics*, Vol. 54, No. 1, 2001, pp. 75-96.

Humphrey J. and Schmitz H., "How does Insertion in Global Value Chains Affect Upgrading in Industrial Clusters?", *Regional Studies*, Vol. 9, No. 36, 2002, pp. 1017-1027.

Jarreau J. and Poncet S., "Export Sophistication and Economic Growth: Evidence from China", *Journal of Development Economics*, Vol. 97, No. 2, 2012, pp. 281-292.

Johnson R. C. and Noguera G., "Accounting for Intermediates: Production Sharing and Trade in Value Added", *Journal of International Economics*, Vol. 86, No. 2, 2012, pp. 224-236.

June-Dong Kim and In-soo Kang, "Outward FDI and Export: The Case of South Korea and Japan", *Asian Economics*, No. 1, 1997, pp. 485-499.

Kim J. D. and Rang I. S., "Outward FDI and Export: The Case of South Korea and Japan", *Journal of Asian Economics*, Vol. 8, No. 1, 1997, pp. 39-50.

Kogut B. and Chang S. J., "Technological Capabilities and Japanese Foreign Direct Investment in the United States", *The Review of Economics and Statistics*, Vol. 73, No. 3, 1991, pp. 401-413.

Koopman R., Powers W., Wang Z., et al., "Give Credit Where Credit is Due: Tracing Value Added in Global Production Chains", National Bureau of Economic Research, NBER Working Paper, 2010.

Koopman R., Wang Z., Wei S. J., "How Much of Chinese Exports is Really Made in China? Assessing Domestic Value-added When Processing Trade is Pervasive", NBER Working Paper, 2008.

Koopman R., Wang Z., Wei S. J., "Tracing Value-added and Double Counting in Gross Exports", *American Economic Review*, Vol. 104, No. 2, 2014, pp. 459-494.

Lall S., "The Rise of Multinationals from the Third World", *Third World Quarterly*, Vol. 5, No. 3, 1983, pp. 618-626.

Lall S., Weiss J. and Zhang J., "The 'Sophistication' of Exports: A New Trade Measure", *World Development*, Vol. 34, No. 2, 2006, pp. 222-

237.

Lau L. J., Chen X., Chen L. K., et al., "Non-Competitive Input-Output Model and is Application: An Examination of the China-US Trade Surplus", *Social Sciences China*, No. 5, 2007, pp. 91-103.

Lichtenberg F. and Pottlelsberghe B., "Does Foreign Direct Investment Transfer Technology Across Borders", *Review of Economics and Statistics*, Vol. 83, No. 3, 2001, pp. 490-497.

Lipsey R., "Home and Host Country Effects of FDI", NBER Working Paper, No. 9293, 2004.

Lipsey R. E. and Feliciano Z., "Foreign Entry Into US Manufacturing By Takeovers and the Creation of New Firms", National Bureau of Economic Research, 2002.

Liu X., Gao L., Lu J., et al., "Environmental Risks, Localization and the Overseas Subsidiary Performance of MNEs from an Emerging Economy", *Journal of World Business*, Vol. 51, No. 3, 2016, pp. 356-368.

Liu X., Lu J., Chizema A., "Top Executive Compensation, Regional Institutions and Chinese OFDI", *Journal of World Business*, Vol. 49, No. 1, 2014, pp. 143-155.

Los B., Timmer M. P., Vries G. J., "How Global are Global Value Chains? A New Approach to Measure International Fragmentation", *Journal of Regional Science*, Vol. 55, No. 1, 2015, pp. 66-92.

Luo Y. and Tung R. L., "International Expansionof Emerging Market Enterprises: A Springboard Perspective", *Journal of International Business Studies*, Vol. 38, 2007, pp. 481-498.

Mathews J. A, "Dragon multinationals: New Players in 21st Century Globalization", *Asia Pacific Journal of Management*, Vol. 23, 2006, pp. 5-27.

Maurer A. and Degain C., "Globalization and Trade Flows: What You See is Not What You Get!", *Journal of International Commerce, Economics and Policy*, Vol. 3, No. 3, 2012, pp. 180-198.

Neil Foster-McGregor, Robert Stehrer and Gaaitzen J. Vries, "Offshoring and the Skill Structure of Labour Demand", *Review of World Economics*, Vol. 149, No. 4, 2013, pp. 631-662.

Ng Fand Yeats A., "Production Sharing in East Asia: Who does What for and Why?", World Bank Policy Research Working Paper, 1999.

North D. and Smallbone D., "Innovation Activity in SMEs and Rural Economic Development: Some Evidence from England", *European Planning Studies*, Vol. 8, No. 1, 2000, pp. 87-106.

Petr Pavlinek, Boleslaw Domanski and Robert Guzik, "Industrial Upgrading through Foreign Direct Investment in Central European Automotive Manufacturing", *European Urban and Regional Studies*, Vol., No. 15, 2009, pp. 120-133.

Potterie B. P., Lichtenberg F., "Does Foreign Direct Investment Transfer Technology across Borders?", *Review of Economies and Statistics*, Vol. 83, No. 3, 2001, pp. 490-497.

Robert E. L., "Home and Host Country Effects of FDI", NBER Working Paper, 2002.

Schott P. K., "The Relative Sophistication of Chinese Exports", *Economic Policy*, Vol. 23, No. 53, 2008, pp. 6-49.

Siotis G., "Foreign Direct Investment Strategies and Firms' Capabilities", *Journal of Economics & Management Strategy*, Vol. 8, No. 2, 1999, pp. 251-270.

Stephen Ross Yeaple, "The Role of Skill Endowments in the Structure of U. S. Outward Foreign Direct Investment", *Review of Economics and Statistics*, Vol. 85, 2003, No. 3, pp. 726-734.

Swenson D. L., "Foreign Investment and the Mediation of Trade Flows", *Review of International Economics*, Vol. 12, No. 4, 2004, pp. 609-629.

Van Assche, Ari and Byron Gangnes, "Economics Electronics Production Upgrading: Is China Exceptional?", *Applied Letters*, No. 4-6, 2008.

Wang Z. and Wei S. J., "What Account for the Rising Sophistication of China's Export?", NBER Working Paper, 2008.

Wang Z., Wei S. J., Zhu K., "Quantifying International Production Sharing at the Bilateral and Sector Levels", NBER Working Paper, 2013.

Wells L. T., *Third World Multinationals: The Rise of Foreign Investments from Developing Countries*, MIT Press Books, 1983.

Xu B., "The Sophistication of Exports: Is China Special?", *China Economic Review*, Vol. 21, No. 3, 2010, pp. 482-493.

Yeaple S. R., "Offshoring, Foreign Direct Investment, and the Structure of US Trade", *Journal of the European Economic Association*, Vol. 4, No. 2-3, 2006, pp. 602-611.

后 记

中国作为制造业大国，在制造业规模和成本上具有优势，但在全球价值链垂直专业化分工中主要处于劳动密集型和资源密集型加工等低端环节，"低端锁定"限制了企业的盈利能力和国际竞争力，容易使经济陷入"贫困式增长"。目前中国的制造业发展已经受到劳动力成本上涨、其他要素成本增加、资源环境约束和西方制造业回流等国内外不确定因素的影响和多重压力。"一带一路"倡议的实施为中国制造业与"一带一路"沿线国家进行优势互补性融合发展提供了平台和契机，有利于推动中国制造业升级，有利于推进中国向制造业强国转变，有利于中国构建"一带一路"沿线国家的制造业价值链，提升中国全球价值链位置。技术进步是制造业升级的内在驱动力，因此，本书就如何获取"一带一路"OFDI逆向技术溢出的制造业升级效应，在形成依据、获取状况和影响效应检验等方面进行了系统化、多层面的理论与实证分析，不仅深化了对"一带一路"倡议下OFDI逆向技术溢出效应的理论研究，还为推动中国制造业转型升级以及在全球价值链地位的提升提供参考。

在今后的研究中可以继续跟踪研究，考虑中国地区发展差异这一国情，研判东部、中部、西部地区经济发展的差异性对中国"一带一路"OFDI逆向技术溢出效应的影响状况，以及"一带一路"OFDI逆向技术溢出对中国东部、中部、西部地区产业升级和出口技术复杂度的影响的差异性。同时，还可以进一步考虑"一带一路"OFDI逆向技术溢出效应是否有利于中国区域间的协同发展，是否可以与中国的西部开发、中部崛起和东部产业高端化发展战略形成有效的互动效应与促进作用，这些都是未来值得深入探讨和研究的问题。

在完成本书的过程中，我深感荣幸能够得到河北大学李惠茹教授的悉心指导与宝贵支持。李教授深厚的学术底蕴和严谨的治学态度为我指明了研究方向，每一次讨论都让我受益匪浅。不仅在理论上给予我充分的指导，帮助我构建和完善研究框架，还在实证分析中提出了许多宝贵的建议。在此，衷心感谢李教授在研究过程中给予我的悉心指导与全力支持。这份研究成果是我们共同努力的结晶，也是我个人学术成长的重要里程碑。我将继续在科研道路上求索前行。